rororo

Museumsmeile Bonn
Bus 623

rororo

Zu diesem Buch

Immanuel Kant war ein Titan der Geisteswelt. Sein Leben freilich gilt als wenig ereignisreich, sein Werk als schwer verständlich. Zum 200. Todesjahr des großen Philosophen ist die faszinierende Gesamtdarstellung eines Denkers erschienen, der sich rückhaltlos einer undogmatischen, kritischen Philosophie verschrieb. Manfred Geier versteht es meisterhaft, die Lebensgeschichte dieses weltweisen und menschenklugen Philosophen mit dessen wichtigsten Werken zu verbinden, die einen Höhepunkt in der Geschichte des modernen Denkens und Handelns bilden. Nahezu alle großen geistigen und politischen Herausforderungen, mit denen wir uns heute konfrontiert sehen, sind von Kant bereits deutlich formuliert worden – vom Problem des Friedens über die Grenzen des Sagbaren und Denkbaren bis zu den Ansprüchen religiöser und esoterischer Glaubensformen. Diese Aktualität nachvollziehbar zu machen ist das wichtigste Anliegen von «Kants Welt».

Der Autor

Manfred Geier wurde 1943 in Troppau geboren, promovierte 1973 über Noam Chomskys Sprachtheorie und die amerikanische Linguistik. Viele Jahre lehrte er Sprach- und Literaturwissenschaften an der Universität Hannover. Manfred Geier lebt in Hamburg. Zu seinen Buchveröffentlichungen gehören die Rowohlt-Monographien «Der Wiener Kreis», «Karl Popper» und «Martin Heidegger» sowie die Bände «Das Sprachspiel der Philosophen», «Das Glück der Gleichgültigen», «Fake. Leben in künstlichen Welten» in der Reihe rowohlts enzyklopädie.

MANFRED GEIER

Kants Welt

Eine Biographie

Rowohlt Taschenbuch Verlag

Veröffentlicht im Rowohlt Taschenbuch Verlag,
Reinbek bei Hamburg, April 2005

Lektorat Burghard König
Umschlaggestaltung ZERO Werbeagentur, München
(Abbildung: akg-images)
Gesamtherstellung Clausen & Bosse, Leck
Printed in Germany
ISBN 3 499 61365 4

Aufklärung ist der Ausgang des Menschen aus einer selbstverschuldeten Unmündigkeit.
Immanuel Kant

Der Mensch ist zwar unheilig genug, aber die Menschlichkeit der Person muss ihm heilig sein.
Immanuel Kant

Lass in dein Herz nur Sonnenschein; alles andre findet sich von selber ein.
Immanuel Kant

INHALT

Kant im Alter von 66 Jahren

VORWORT

Weltbegriff *heißt hier derjenige, der das betrifft, was jedermann notwendig interessiert.*
(II, 701)

«Es ist gut.» Zwar undeutlich, aber doch verständlich soll sein letztes Wort zu hören gewesen sein. Wollte der völlig entkräftete Kant sagen, dass ihm die versüßte Mischung aus Wein und Wasser geschmeckt hatte, mit der sein letzter Durst gelöscht wurde? Oder hatte er genug davon? Vielleicht zog er ja auch die Bilanz seines Lebens, das nun, in dieser Nacht zum 12. Februar 1804, zu Ende ging. War es ein gutes Leben gewesen? Oder wollte Kant mit diesem Werturteil ausdrücken, dass seine Kunst, das Leben zu verlängern, nun endgültig an ihre Grenze gestoßen war?

So vieldeutig seine letzten Worte waren, so komplex und vielschichtig war sein Leben und Werk. Kant war nicht bereit, die Spannungen und Antagonismen zu versöhnen, die für ihn zur *conditio humana* des modernen Menschen gehörten. Die vier großen Fragen

Was kann ich wissen?
Was soll ich tun?
Was darf ich hoffen?
Was ist der Mensch?

lassen keine eindeutigen und endgültigen Antworten zu. Es gibt hier keine Gewissheit. Die Zeit der Dogmen und offenbarten Wahrheiten ist vorbei. Das theoretische Erkenntnisvermögen sieht sich unausweichlich durch seine eigene Fehlbarkeit irritiert, die es zwar zu überwinden versucht, aber niemals ausschalten kann; das praktische Interesse an einem guten Leben in moralischer Hinsicht bezieht seine Kraft und Ausdauer nur aus seinem unbesiegbaren Widersacher; das erhoffte Glück kann zwar augenblicklich erlebt werden, aber alle möglichen Glücksgüter sind nur als Illusionen real und von Dauer. Und der Mensch? In existenzieller Perspektive ist er zwar, Kant zufolge, ein frei handelndes Wesen, das aus sich selbst etwas machen kann. Aber diese Freiheit ist in einen weltgeschichtlichen Prozess verstrickt, der sich dem illusionslosen Blick als globales Chaos darstellt, ohne Ziel und ohne Ordnung, voller Torheiten, Zwangsmechanismen und Zerstörungsenergien. Dass der Mensch aus krummem Holz ist, aus dem nichts Gerades gezimmert werden kann, gehörte zu Kants Grundüberzeugungen.

Kant war kein optimistischer Aufklärer oder Fortschrittsgläubiger. Angesichts des grausamen Possenspiels auf der Weltbühne neigte er zur Melancholie. Aber auch wenn alle Tatsachen der Feststellung «es ist gut» widersprechen, so gibt es dennoch immer wieder einzelne Zeichen, die darauf hindeuten, dass es besser sein könnte oder sollte. Als sich der alte Kant ein letztes Mal fragte, ob es einen Fortschritt in der Menschheitsgeschichte gibt, brachte er ein solches «Geschichtszeichen» zur Sprache, das zwar nichts bewies, aber darauf hinwies, dass in der menschlichen Natur zumindest ein Vermögen zum Besseren existiert. Es waren die Ideen der Freiheit und Gleichheit, die Kant als Zeitgenosse der Französischen Revolution enthusiastisch aufgriff. Der revolutionäre Prozess mag zwar real in den Terror geführt haben, aber in der Begeisterung für die revolutionären Ideale hatte sich etwas gezeigt, das nicht mehr vergessen werden kann.

Für uns ist Kants Welt ein Reich der Zeichen. Auch Kant selbst ist zum Geschichtszeichen geworden. Wer sich für sein Lebenswerk interessiert, kann es nicht als bloße Tatsache betrachten. Der Name «Kant» benennt nicht nur dieses Individuum, das am 22. April 1724 in Königsberg geboren wurde, dort am 12. Februar 1804 gestorben ist und zahlreiche Schriften hinterlassen hat. «Kant» ist ein Zeichen, das innerhalb der europäischen Geistesgeschichte ein unvergessliches Ereignis darstellt. Wie die Französische Revolution ist auch Kants philosophische Existenz eine Begebenheit, die im Lauf der Menschheitsgeschichte einen möglichen Fortschritt anzeigt.

Kants Welt sind viele Welten. Eine Biographie dieses Philosophen, der sich nicht auf den Schulbegriff einer systematischen Erkenntnis spezialisierte, sondern auf den Weltbegriff einer allgemein interessierenden Einsicht konzentrierte, muss diese Mehrzahl zur Kenntnis bringen. Kants Welt: das ist zunächst das Königsberg des 18. Jahrhunderts, der Ort, an dem er sich die meiste Zeit aufhielt und der für ihn ein passender Platz zur Erweiterung seiner Menschen- und Weltkenntnis war; es ist die gesellige Welt seines Freundeskreises, in dem er sich wohl fühlte; es ist die innere Welt seiner Empfindungen, Gefühle und Stimmungen, ständig modifiziert im Lauf der Zeit, in dem sie nur eine virtuelle Gegenwart besitzen können; es ist sein geistiges Werk, die intelligible Welt seiner Probleme und Reflexionen, seiner Gedanken und Phantasien, die er vor allem lesend und schreibend entfaltete; und es ist nicht zuletzt ein Reich der Transzendenz, in das er sich hineindachte, um die drei ersten und letzten metaphysischen Fragen zu beantworten: Gibt es einen Gott? Was ist die Welt als alles, was der Fall ist? Wie habe ich mein eigenes Ich zu verstehen?

Kants Welt ist unsere Welt, wie sie sein sollte. Sie ist für uns aktuell, weil sie fast alle großen geistigen und politischen Herausforderungen, denen wir uns heute konfrontiert sehen, klar und deutlich herausgearbeitet und möglichen Lösungen zugeführt hat: vom Problem des Friedens über die Grenzen des Sag- und Denkbaren bis zu den verführerischen Heilsversprechen religiöser und politischer Moralisten; und sie deutet zugleich auf etwas hin, das durch keine Tatsachenbeschreibung oder -erklärung erfasst werden kann: auf das Ethos einer moralischen Welt, in der die Freiheit und Gleichheit aller Weltbürger möglich sein kann und der Gerichtshof der Vernunft zwar dem Streit, aber nicht dem Krieg sein Recht zugesteht.

Hamburg, den 17. Juni 2003

Ich habe mir die Bahn schon vorgezeichnet

Wie das kleine «Manelchen» zum Weltweisen Kant wurde

Frühes Bildnis. Kreidezeichnung der Gräfin Keyserling (um 1755)

Hierauf gründe ich mich.
Ich habe mir die Bahn schon vorgezeichnet,
die ich halten will.
Ich werde meinen Lauf antreten
und nichts soll mich hindern,
ihn fortzusetzen. (I, 19)

Seine Mutter, für die er immer das liebe kleine «Manelchen» gewesen war, hatte er schon früh verloren. Nun war auch sein Vater gestorben. Er war noch nicht ganz 22 Jahre alt, als er am 24. März 1746, nachmittags um halb vier Uhr, am Sterbebett stand und Abschied nahm. Es war vorbei. Ein «seeliger Tod» war es gewesen, schrieb er mit feinem Federschwung ins Gebet- und Andachtsbuch der Familie. Denn endlich war sein 63-jähriger Vater von der völligen Entkräftung befreit, unter der er zunehmend gelitten hatte, nach seinem Schlaganfall vor eineinhalb Jahren, und im Rückblick notierte der Sohn den frommen Wunsch: «Gott der ihm in diesem Leben nicht viel Freude geniessen lassen, lasse ihm davor die ewige Freude zu Theil werden.»[1] Das Begräbnis war, wie schon bei der Mutter, arm und still, also auf Kosten der Stadt und ohne die übliche Leichenbegleitung durch singende Schulkinder.

Seit dem Schlaganfall seines Vaters im Herbst 1744 hatte der Student Emanuel Kandt, wie er im Verzeichnis der Königsberger Albertus-Universität geführt wurde, kaum noch Vorlesungen besucht. Als ältester Sohn musste er sich um seinen Vater und auch die jüngeren Geschwister kümmern. Doch auf seine eigenen Studien wollte er nicht verzichten. In seiner freien Zeit hatte er begonnen, die Lösung für ein heftig umstrittenes naturwissenschaftliches Problem zu suchen. In seiner philosophischen Erstlingsschrift, die er im Sommersemester 1746, kurz nach dem Tod des Vaters, dem Dekan der philosophischen Fakultät zur Zensur vorlegte, versuchte er, seine *Gedanken von der wahren Schätzung der lebendigen Kräfte* (I, 7–218) zu entwickeln. Als hätte er das zunehmende Schwinden der väterlichen Lebenskraft in einen naturphilosophischen Streitfall übertragen, konzentrierte er sich auf das Verhältnis zwischen den Kräften, die auf den Körper nur von außen einwirken, und jener geheimnisvollen «lebendigen Kraft», die einen Körper befähigen soll, «sich selber zu erhalten». (I, 174) Er nutzte die Mehrdeutigkeit des Kraft-Begriffs. Was nur mit Bewegungen und Geschwindigkeiten natürlicher Körper zu tun hatte, schien für ihn eine existenzielle Bedeutung zu besitzen. Es ging um Leben und Tod, um Lebendigwerden und Bewegungsverlust, um innere Selbsterhaltung und äußere Fremdbestimmung. Kants erste Schrift liest sich wie die Beschwörung einer autonomen Kraft, die den Körper aus seiner inneren Bestrebung dazu befähigt, sich selbst auf seiner Lebensbahn zu erhalten.

War es ein Zufall, dass der 22-jährige Waise, der seinen Namen seit dem Tod seines Vaters «Immanuel Kant» schrieb, sich nun auch frei genug von jeder familiären Bindung fühlte, um seine eigenen Kräfte ins Spiel zu bringen? Mit einem ungeheuren Selbstbewusstsein imaginierte er sich in die Rolle jener Körper, deren lebendige Kräfte ihre selbsttätige Bewegung ermöglichen: «Hierauf gründe ich mich. Ich habe mir die Bahn schon vorgezeichnet, die ich halten will. Ich werde meinen Lauf antreten und nichts soll mich hindern, ihn fortzusetzen.» (I, 19) Ich, ich und nochmals ich. Achtmal taucht das Personal- und Possessivpronomen der 1. Person Singular in dieser philosophischen Unabhängigkeitserklärung auf, die Kant unter dem Zeichen des väterlichen Todes geschrieben hat. Wie kam es zu diesem Ich, das sich auf seiner eigenen Bahn selbst zu erhalten und zu gestalten wusste? Wie wurde das kleine «Manelchen» zu jenem großen Weltweisen, der 1746 seinen Gründungsakt als Selbstdenker vollzog?

ERSTE SCHREIE

Kurze Nachrichten und knappe Gefühlsäußerungen finden sich im Hausbuch der Familie Kandt. Geburtsdaten, Sterbefälle. Hier hatte der Sohn am 24. März 1746 den seligen Tod seines Vaters notiert. Hier hatte der Vater am 18. Dezember 1737 festgehalten, dass seine «liebe Frau im Herrn entschlafen» war. Und 13 Jahre vor ihrem Tod hatte die Mutter eingetragen: «Anno 1724 d. 22ten April Sonnabends Morgens um 5 Uhr ist mein Sohn Emanuel an diese Welt geboren und hat den 23ten die heilige Taufe erhalten. Gott erhalte ihn in seinem Gnaden Bunde bis an sein seliges Ende um J: C: Willen, Amen.»[2]

Geburt und Tod hingen eng zusammen in diesen Familiennachrichten. Auch an das Sterben ihres kleinen Emanuel dachte die Mutter schon bei seinem Zur-Welt-Kommen. Sie hatte ihre Gründe. Denn sie befürchtete, auch diesen Winzling mit seiner eingefallenen Brust nicht durchbringen zu können. Ihr erstes Kind, eine Tochter, hatte sie 1717 tot zur Welt gebracht, und ihr erster Sohn, 1722 geboren, war noch nicht einmal ein Jahr alt geworden. Nur eine fünf Jahre ältere Schwester lebte, als am frühen Morgen des 22. April 1724 Emanuel das Licht der Welt erblickte. Auf diesen Namen wurde er nicht nur getauft, weil der 22. April in alten preußischen Kalendern als sein Namenstag galt. Auch der ursprüngliche hebräische Sinn des Namens – «Gott ist mit ihm» – wird den frommen Eltern gefallen haben. Das schien ein passender Name zu sein, auf den auch der Getaufte noch im hohen Alter stolz gewesen ist. Noch fünf weitere Kinder hat Kants Mutter zur Welt gebracht, bis sie 1737 plötzlich an einem «hitzigen und giftigen Flussfieber»[3] starb. Da war ihr «Manelchen» erst 13 Jahre alt.

An seine Geburt und seine ersten Jahre hat Kant sich nicht erinnert. Aber er hat als Greis, schon über 70 Jahre alt, Überlegungen über die frühe Kindheit angestellt, die sich wie nachträgliche Reflexionen seines eigenen anfänglichen Wegs lesen lassen.

Im Bewusstsein des Philosophen begann sein Leben mit einer nachträglichen Sinngebung, die bereits seine frühesten Aktivitäten im Licht seiner späteren Philosophie verstehen ließ. Denn von Anfang an, auch wenn es nur gefühlt und nicht gedacht gewesen sein sollte, nur eine verworrene und dunkle Wahrnehmungsfülle, aber keine klare und deutliche Erfahrung, glaubte Kant sich in jenem grundlegenden Widerstreit befunden zu haben, der sein ganzes Lebenswerk durchzog und bestimmte: Die Idee der menschlichen Freiheit steht im unlösbaren Konflikt mit den tatsächlich erlebten Abhängigkeiten. Denkwürdig wegen ihres lebensgeschichtlichen Bezugs waren in dieser Hinsicht vor allem seine rechtsphilosophischen Klärungen des Ehe- und Elternrechts in der *Metaphysik der Sitten* von 1797 und seine philosophische Untersuchung der «Freiheitsneigung als Leidenschaft» im § 79 seiner *Anthropologie* von 1798. Hier schien noch einmal der Philosoph als gewesenes Kind zu sprechen, in Erinnerung an die erste Phase seiner eigenen Entwicklung zur Selbständigkeit.

Nachdem in einer ehelichen «Geschlechtsgemeinschaft (commercium sexuale)» zwei Menschen mit «Genuß» (IV, 390) ihre Geschlechtsorgane natürlich und wechselseitig gebraucht und so ihr Eherecht wahrgenommen haben, ist eine Zeugung von Kindern nicht ausgeschlossen. Nun sind aber Kinder keine Dinge, sondern Personen: aus der natürlichen Kausalität heraus gesetzte Wesen, deren Freiheit Kant hoch schätzte als das «einzige, ursprüngliche, jedem Menschen, kraft seiner Menschheit, zustehende Recht.» (IV, 345) Unabhängigkeit von der Willkür eines anderen galt ihm als angeborenes Menschenrecht. Im Licht dieses Rechts musste Kant die Geburt eines Kindes zum Problem werden. Denn niemand fragt ja das Kind, ob es in die Welt geboren werden will. Für Kant war es rechtsphilosophisch plausibel, «den Akt der Zeugung als einen solchen anzusehen, wodurch wir eine Person ohne ihre Einwilligung auf die Welt gesetzt, und eigenmächtig in sie herüber gebracht haben.» (IV, 394) Elternrecht ist in dieser Hinsicht Elternunrecht.

Für die ursprüngliche, nur dunkel gefühlte Unzufriedenheit,

mit der das Neugeborene auf den unvermeidlichen Gewaltakt seiner Eltern reagiert, konnte Kant zwar keine direkten Beweise liefern. Er konnte das kindliche Bewusstsein nicht als Zeugen aufrufen. Aber er brachte in seiner *Anthropologie* zumindest ein Indiz ins Spiel, das ihm nicht nur als älterem Bruder seiner Geschwister gut vertraut war. Es ist das Geschrei, mit dem das Kind, «nur eben dem mütterlichen Schoß entwunden» (VI, 603), lautstark seine Unzufriedenheit ausdrückt. Bereits in diesem ersten Schrei, mit dem das Kind ins Leben tritt, vernahm Kant den leidenschaftlichen Freiheitsdrang des Menschen, «wovon kein anderes Tier eine Vorstellung hat.» (VI, 603)

Kants *Anthropologie* bot keine Darstellung der frühkindlichen Entwicklung, wie sie tatsächlich vor sich geht. Auch an einer physiologischen Erforschung dessen, was die Natur aus dem Menschen macht, war der alte Kant nicht interessiert. Seine *Anthropologie* zog vielmehr die Summe aus all dem, was ihn sein Leben lang am Menschen faszinierte. In *pragmatischer Hinsicht* wollte er in seinem hohen Alter endlich begreifen, was der Mensch selbst als sein eigener letzter Zweck ist. Seine pragmatische Menschenkenntnis zielte auf das, was der Mensch, «als freihandelndes Wesen, aus sich selber macht, oder machen kann und soll.» (VI, 407)

Nur in dieser Perspektive eines geburtsphilosophischen Existenzialismus besitzt der erste Schrei des Kindes die Bedeutung, die Kant ihm zuschrieb. Er wusste, dass er sich gleichsam auf den «Flügeln der Einbildungskraft» (VI, 86) bewegte, auch wenn er sich dabei durch Erfahrungen leiten ließ. Das erhellt auch jene kleine Schrift, in der Kant 1786 seinen Blick auf den *mutmaßlichen Anfang der Menschengeschichte* zurück warf. Sie lieferte die menschheitsgeschichtliche Entsprechung zur kindheitsgeschichtlichen Entwicklung, wie Kant sie sah. Aber auch sie bezog sich nicht direkt auf das, was in der Frühgeschichte der Menschheit wirklich der Fall gewesen war. Stattdessen stellte Kant Vermutungen an über den Anfang der Menschheitsgeschichte im Licht der alttestamentarischen Erzählung, wie sie im *Ersten Buch*

Mose zu lesen war. Eigenwillig interpretierte er die Vertreibung des Menschen aus dem Paradies als Entlassung «aus dem Mutterschoße der Natur» (VI, 91) und Übergang ins Reich der Freiheit. Etwas Besseres konnte der Menschengattung nicht zustoßen.

Wer als Mensch zur Welt kommt, ist zwar in den Stand der Freiheit gesetzt worden, jedoch ohne eigenes Wollen. Diese Paradoxie hat, wie Kant im § 28 seiner *Metaphysik der Sitten* folgert, eine rechtliche Verpflichtung der Eltern zur Folge. Sie haben sich um die Folgen zu kümmern, die sie durch den genussvollen Gebrauch ihrer Geschlechtsorgane verursacht haben. Zum einen müssen sie den kindlichen Anspruch auf Versorgung erfüllen, zumindest bis das Kind so vermögend ist, «sich selbst zu erhalten.» (IV, 393) Zum andern geht es um eine Art emotionaler Wiedergutmachung. Sie müssen die neuen Weltbürger mit ihrem Zustand zufrieden machen, wobei Kant nicht zu ergänzen vergaß: «so viel in ihren Kräften ist.» (IV, 394)

Ernährung und Pflege sind notwendig. Aber noch wichtiger ist eine gute Erziehung. Nicht zufällig ist der Mensch, Kant zufolge, das einzige Wesen, das erzogen werden muss. Der widerstreitende Aspekt dieser Erziehung ist ihm nicht entgangen. «Wie kultiviere ich die Freiheit bei dem Zwange?», hat Kant in seiner Vorlesung *Über Pädagogik* gefragt und als Problem formuliert: «Ich soll meinen Zögling gewöhnen, einen Zwang seiner Freiheit zu dulden, und soll ihn selbst zugleich anführen, seine Freiheit gut zu gebrauchen.» (VI, 711)

Wenn Erziehung menschlich sein soll, dann muss sie sich an diesem Zweck orientieren, den Kant sein Leben lang verfolgte. Sie zielt auf Mündigkeit, auf einen Zustand, der aus der «Munt» befreit ist. Mit diesem althochdeutschen Wort war ursprünglich die mächtige und schützende Stellung des germanischen Hausvaters bezeichnet worden. Wer mündig ist, steht außerhalb der «Munt», ist frei von der väterlichen Vormundschaft, bestimmt selbst seine Handlungen und ist für sie auch rechtlich verantwortlich. Philosophisch hat Kant diesen Rechtsbegriff zur menschlichen Wesensbestimmung erhöht. Indem das Kind zur Mündigkeit gelangt, soll es zu dem finden, was ihm als menschlichem Wesen ursprünglich zusteht: zu seiner natürlichen Freiheit. Dann endlich kann es auch selbstbewusst sein «geliebtes Selbst» (VI, 408) zur Geltung bringen. Nichts soll es dann mehr hindern, seine selbst entworfene Bahn fortzusetzen.

Was der greise Kant über den ständigen Kampf zwischen selbstbestimmtem Freiheitsdrang und fremdbestimmtem Daseinszwang philosophisch dachte, wirft ein Licht zurück auf seine eigene Entwicklung und Erziehung. Es erhellt jene erste Phase seines Lebens, die 1724 mit der ungewollten Geburt begann und 1746, nach dem Tod des Vaters, mit seinem Selbstsetzungsakt ihren ersten Abschluss fand. Was er im hohen Alter abstrakt begründete, besitzt in seiner Kindheit und Jugend einen konkreten Grund. Wie es wirklich war, lässt sich zwar nicht feststellen. Aber im Rückblick gewinnt es doch eine lebensgeschichtliche Bedeutung, die für das Selbstbewusstsein des jungen Kant spricht.

EIN ZUFRIEDENES KIND

Kant konnte mit seinen Eltern zufrieden sein. Es gibt keine Äußerung von ihm, mit der er ihnen einen Vorwurf für sein Dasein machte. Die rechtsphilosophische Kälte, mit der er die familiäre Geschlechtsgemeinschaft auf den Begriff brachte, fand keine Entsprechung in der liebevollen Wärme, mit der er von seinen Eltern sprach. Während sich sein Vater vor allem für seine moralische Erziehung einsetzte, öffnete ihm seine Mutter das Herz für die Schönheit der Welt. Kants Begriffe des Guten und des Schönen waren familiär geprägt. Für die Wahrheit aber glaubte er nur selbst verantwortlich zu sein.

Man weiß zwar nicht allzu viel über Kants Vater. Aber auch das wenige, das biographisch gesichert ist, lässt jenes dankbare Bild entstehen, das Kant auch in seinen spätesten Jahren noch «in seinem Herzen»[4] trug, als der Vater schon mehr als 50 Jahre tot war. So jedenfalls hat es Friedrich Theodor Rink überliefert, der seit 1792 zu Kants Tischgenossen gehörte und 1805 seine *Ansichten aus Immanuel Kant's Leben* veröffentlichte. – Es ist das Bild eines «rechtschaffenen Bürgers», der zwar zur Verstandesbildung seines Sohns nicht viel beitragen konnte, «der aber des offnen geraden Verstandes völlig genug hatte, um für diesen fremde und gute Beihilfe aufzusuchen und auch Willigkeit, dazu einen solchen Kostenaufwand zu machen, als sein Handwerk ihm zuließ.»[5] Das berichtete Ludwig Ernst Borowski, Theologe, Schüler und erster Biograph Kants, 1804 in seiner *Darstellung des Lebens und Charakters Immanuel Kant's*, und er ergänzte es mit der knappen Mitteilung: «Der Vater drang auf einen fleißigen und durchaus redlich denkenden Sohn.» Er forderte Arbeit, Ehrlichkeit, «besonders Vermeidung jeder Lüge».

Wie schon sein Vater Hans war auch Johann Georg Kandt ein Handwerksmeister. Er gehörte zur Gilde der Riemer und verdiente sein Geld mit der Herstellung von Lederriemen für Pferde, Wagen, Kutschen und Schlitten. 1683 in Memel geboren, zog er schon als junger Mann in die Großstadt Königsberg, wo er als selbständiger Riemermeister zwar nicht wohlhabend wurde, aber doch genug erarbeitete, um eine Familie gründen zu können. Am 13. November 1715, bald 33 Jahre alt, heiratete er Anna Regina Reuter, die 18-jährige Tochter eines anderen Riemermeisters, der aus Nürnberg nach Königsberg gekommen war. Er muss ein stolzer Mann gewesen sein, der als Mitglied der Handwerkergilde respektiert wurde. Denn Fragen der Ehre spielten eine große Rolle bei den Handwerkern, jedoch nicht als «Ehrsucht» oder «Hochmut», die der alte Kant in seiner *Anthropologie* als niederträchtige Laster verurteilte, sondern als «Ehrliebe», «die der Mensch von anderen, wegen seines inneren (moralischen) Werts, erwarten darf.» (VI, 609)

Noch als Dreiundsiebzigjähriger schrieb Kant im Entwurf eines Briefes (13. Oktober 1797) an den schwedischen Bischof Jacob Lindblom, der in Schweden nach den Wurzeln des Kant-Stammbaums suchte, dass «meine beyde Eltern (aus dem Handwerks-

Königsberg. Ansicht der Stadt um 1766

stande) in Rechtschaffenheit, sittlicher Anständigkeit und Ordnung musterhaft, ohne ein Vermögen (aber doch auch keine Schulden) zu hinterlassen, mir eine Erziehung gegeben haben, die von der moralischen Seite betrachtet gar nicht besser seyn konnte und für welche ich bei jedesmaliger Erinnerung an dieselbe mich mit dem dankbarsten Gefühle gerührt finde.»[6] All das spricht dafür, dass der kleine Emanuel in seinem Elternhaus, nach den besten Kräften seines Vaters und seiner Mutter, mit dem Lebenszustand zufrieden gemacht worden ist, in den er ungefragt hineingeboren worden war. Er fühlte sich zu einem Menschen erzogen, der pragmatisch gelernt hatte, wie man durch fleißige Arbeit für sich selbst sorgen kann, und dessen freiheitsliebender Charakter zugleich moralisch gefestigt worden war.

Dabei spielte der Pietismus keine geringe Rolle, der seit der ersten Hälfte des 18. Jahrhunderts auch in die gesellschaftlichen

Kreise der Königsberger Handwerker eingezogen war. Gegen die strenge Kaltblütigkeit und erstarrte Orthodoxie des lutherischen Protestantismus wurde ein tätiges, eifriges Christentum wiederzubeleben versucht. Eine persönliche Religiosität sollte erzeugt werden, die in der Umkehr auf sich selbst eine ethische Qualität besaß, die sich gleichermaßen aus dogmatischer Lehre und zeremoniellem Ritus befreit hatte. Frömmigkeit sollte im einzelnen Christen durch religiöse Verinnerlichung lebendig werden. Während für die lutherische Orthodoxie «Pietismus» zunächst als spöttischer Ketzername für alle möglichen religiösen Schwärmereien diente, wurde diese Frömmigkeitsbewegung von ihren Anhängern ins Positive gewendet. Pietist war, wer Gottes Worte studierte und ihnen entsprechend ein heiliges Leben führte, wobei die innerliche Selbstkontrolle seiner Gedanken und Gefühle eine wesentliche Rolle spielte.

Seine Sympathie für diese Religion des Herzens hat Kant nie ganz verloren. Er hat später zwar davor gewarnt, sich allzu sehr auf seine innerlichen Erfahrungen moralischer Anfechtung oder religiöser Erbauung zu konzentrieren, auf die Gefühle von Gnade oder Versuchung. Denn zu leicht gerät man bei dieser pietistischen Selbstbeobachtung und Selbstumkehr in die Gefahr, dass sich der Kopf verwirrt und man vermeintlich höheren Eingebungen verfällt. Schwärmerische Illuminationen können sich dann mit Selbstquälerei verbinden und zur Gemütskrankheit oder gar ins Irrenhaus führen.[7] Und der erwachsene, aufgeklärte Kant hat auch kritisch festgestellt, dass die pietistischen Vorstellungen von Tugend und Frömmigkeit nur undeutlich und verschwommen waren. Aber trotz aller Bedenken trafen sie doch einen Punkt, den auch der alte Kant, wenn er auf seine religiöse Erziehung im Elternhaus zurückblickte, noch beredsam lobte: «Man sage dem Pietismus nach, was man will, genug! Die Leute, denen er ein Ernst war, zeichneten sich auf eine ehrwürdige Weise aus. Sie besaßen das Höchste, was der Mensch besitzen kann, jene Ruhe, jene Heiterkeit, jenen inneren Frieden, die durch keine Leidenschaft beunruhigt wurden. Keine Noth, keine Verfolgung setzte sie in Mißmuth, keine Streitigkeit war vermögend sie zum Zorn und zur Feindschaft zu reizen.»[8]

Vor allem Kants fromme Mutter Anna Regina verkörperte im Elternhaus diesen Wunsch nach innerer Heiterkeit und ruhender Heiligkeit. Mit ihren Kindern besuchte sie gern die pietistischen Bet- und Bibelstunden. «Nach dem Schema, das sie sich von Frömmigkeit machte»[9], wollte sie, wie Borowski schrieb, aus ihrem Emanuel einen frommen Sohn machen. Es scheint ihm zunächst auch gefallen zu haben. Denn mit noch größerer Zärtlichkeit als das Bild des Vaters lebte noch im greisen Kant die Erinnerung an seine Mutter, die er schon mit 13 Jahren verloren hatte.

Reinhold Bernhard Jachmann, ebenfalls Theologe, Schüler und Biograph Kants, hat 1804 in seinen *Briefen an einen Freund* berichtet, was ihm Kant mehrmals mitgeteilt hatte, wobei dessen Augen glänzten und seine Worte eine herzliche und kindliche Verehrung ausdrückten: «Meine Mutter war eine liebreiche, gefühlvolle, fromme und rechtschaffene Frau und eine zärtliche Mutter, welche ihre Kinder durch fromme Lehren und durch ein tugendhaftes Beispiel zur Gottesfurcht leitete. Sie führte mich oft außerhalb der Stadt, machte mich auf die Werke Gottes aufmerksam, ließ sich mit einem frommen Entzücken über seine Allmacht, Weisheit und Güte aus und drückte in mein Herz eine tiefe Ehrfurcht gegen den Schöpfer aller Dinge. Ich werde meine Mutter nie vergessen, denn sie pflanzte und nährte den ersten Keim des Guten in mir, sie öffnete mein Herz den Eindrücken der Natur; sie weckte und erweiterte meine Begriffe, und ihre Lehren haben einen immerwährenden heilsamen Einfluß auf mein Leben gehabt.»[10]

Ehregott Andreas Christoph Wasianski, auch er Theologe, Schüler und Biograph Kants, der 1804 *Immanuel Kant in seinen letzten Lebensjahren* schilderte, die er aus täglichem Umgang mit dem Greis kannte, wusste ähnlich zu berichten, dass Kant mit kindlicher Zärtlichkeit seine Mutter verehrte als eine Frau «von großem Verstande, einem edlen Herzen und einer echten, durchaus nicht schwärmerischen Religiosität».[11] Wie eine Entgegnung auf Kants rechtsphilosophische und anthropologische Betrachtungen über den Freiheitsdrang des Kindes liest sich der Bericht, den Wasianski von den Wanderungen ins Freie gab: «Keine Fehler der Erziehung erschwerten ihm das Geschäft späterer Selbstbildung. Seine Mutter nahm früh ihre Pflicht wahr: sie wußte bei ihrem Erziehungsgeschäfte Annehmlichkeit mit Nutzen zu verbinden, ging mit ihrem Manelchen oft ins Freie, sie machte ihn auf die Gegenstände der Natur und manche Erscheinungen in derselben aufmerksam, lehrte ihn manche nützlichen Kräuter kennen, sagte ihm sogar vom Bau des Himmels so viel, als sie selbst wußte, und bewunderte seinen Scharfsinn und seine Fassungskraft. Bei manchen Fragen ihres Sohnes geriet sie dann freilich oft etwas ins Gedränge.»[12]

So hatte der kleine Emanuel mit seinen Eltern also Glück gehabt. Er musste nicht mehr schreien, weil er zur Welt gebracht worden war. Alle biographischen Indizien sprechen dafür, dass der Knabe einen liebenswürdigen und glücklichen Charakter besaß. Er tollte zwar gern herum, aber er war kein wildes Kind. Früh hatte er gelernt, sich selbst zu führen und seinen angeborenen Freiheitsdrang als Leidenschaft zu beherrschen. In seinen Erinnerungen an die Kindheit reflektierte er sich als ein Mensch, der zu Selbständigkeit und Selbstdenken erzogen worden war. Er fühlte sich nicht dressiert wie ein Tier oder mechanisiert wie eine Maschine.

Ohne pädagogische Ausbildung oder kinderpsychologische Schulung schienen seine Eltern die schwierige Kunst der Erziehung beherrscht und eines ihrer größten Probleme gelöst zu haben. Sie hatten ihren Sohn dazu geführt, «seine Freiheit gut zu gebrauchen».[13] Auf eine natürliche Art hatten sie beachtet, worauf ihr Sohn viele Jahre später in seinen philosophischen Vorlesungen *Über Pädagogik* so großen Wert legte: «daß man das Kind, von der ersten Kindheit an, in allen Stücken frei sein lasse (ausgenommen in den Dingen, wo es sich selbst schadet, u. E. wenn es nach einem blanken Messer greift), wenn es nur nicht auf eine Art geschieht, daß es anderer Freiheit im Wege ist, z. E. wenn es schreiet.» (VI, 711) Durch Erziehung war der freiheitliche Urschrei des Neugeborenen zur lästigen Störung transformiert worden. Es kam darauf an, seinen Impuls zu respektieren, ohne seine Wirkung zu akzeptieren.[14]

Während das Vorbild seines ehrbaren Vaters in seinem kindlichen Gemüt vor allem jenes «moralische Gesetz in mir» weckte, das Kant mit immer neuer und zunehmender Bewunderung und Ehrfurcht erfüllte, hatte ihn seine zärtliche Mutter oft ins Freie geführt und sein Herz auch für den unabsehbar großen Bau des «bestirnten Himmels über mir» geöffnet, unter dem Kant später zu einem vertieften Bewusstsein seiner irdischen Existenz gefunden hat.[15] Beides lernte er in seinem Elternhaus kennen, auch wenn er es damals noch nicht begreifen konnte. Er hatte durchaus gute Gründe, sein Leben lang mit Freude an diese einfache elterliche Erziehung zu denken, die ihm selbst «ungleich herrlicher»[16] erschien als alles, was er später in gräflichen Häusern zu sehen bekam.

JUGENDSKLAVEREI

Mit der kindlichen Ungebundenheit, die sich nur am Tageslauf der Familie orientierte, war es vorbei, als Emanuel, wie es durch das Kirchen- und Schulrecht in Preußen verordnet worden war, als Fünf- oder Sechsjähriger die Schule zu besuchen begann.

Jeden Morgen machte er sich auf den Weg zur nahe gelegenen Hospitalschule in der Hinteren Vorstadt. Es gab nur einen Lehrer, der zugleich Kantor und Organist an der dortigen Kirche war, und nur eine Klasse, in der alle Schüler die elementaren Kulturtechniken zu beherrschen lernten: Lesen, Schreiben, ein wenig Rechnen. Vor allem sollten sie die Gründe des Christentums kennen lernen und zu einem gottfürchtigen Leben im Geiste des Protestantismus erzogen werden. Ob der sechsjährige Emanuel, der lieber in der väterlichen Werkstatt und auf den mit vielen Gräben durchzogenen Holzwiesen am Fluss Pregel spielte oder mit seiner Mutter ins Freie ging, bereits diesen ersten Elementarunterricht als jene disziplinierende Sklaverei empfand, gegen die er später so oft opponierte, wenn er auf preußische Erziehungsanstalten zu sprechen kam, ist nicht belegbar. Aber fest steht, dass er schnell lernte und schon bald lesen, schreiben und rechnen konnte.

Was aus Emanuel Kandt geworden wäre, wenn er die Hospitalschule bis zum Ende besucht hätte, ist ungewiss. Tatsache jedenfalls ist, dass ein besonderer Umstand eine plötzliche Wendung seiner Lebensgeschichte herbeiführte, die für sein weiteres Schicksal bedeutsam werden sollte. Er war sieben Jahre alt, als er Franz Albert Schultz begegnete.

1731 war der 40-jährige Dr. theol. F. A. Schultz nach Königsberg gekommen. Als ehemaliger Feldprediger stand er beim Soldatenkönig Friedrich Wilhelm I. in hoher Gunst und wurde von ihm zum Konsistorialrat, Pfarrer an der Altstädtischen Kirche und Theologieprofessor an der Albertus-Universität ernannt. Schultz hatte an der Universität Halle Theologie studiert und war unter den dort herrschenden Einfluss des Francke-Spener'schen Pietismus geraten. Aber er war zu sehr Rationalist, um sich dadurch zu einer gefühlsmäßigen Schwärmerei und enthusiastischen Religiosität verführen zu lassen. Statt innerliche Erleuchtungen und Selbstbeobachtungen zu kultivieren, stützte er seinen religiösen Glauben und sein theologisches Wissen lieber auf eine formale Verstandesbildung und intellektuelle Klarheit. Intensiv studierte er vor allem die vielen *Vernünfftigen Gedancken*, welche der Mathematiker und Logiker Christian Freiherr von Wolff (1679–1754) unermüdlich über das ganze Spektrum der philosophischen «Weltweisheit» entwickelte und veröffentlichte: über das gesellschaftliche Leben der Menschen *(Deutsche Politik)*, über die Kräfte des menschlichen Verstandes und ihren richtigen Gebrauch zur Erkenntnis der Wahrheit *(Deutsche Logik)*, über die Absichten der natürlichen Dinge *(Deutsche Teleologie)*, über den Gebrauch der Teile in Menschen, Tieren und Pflanzen *(Deutsche*

Christian Wolff

Physiologie) und über das Tun und Lassen der Menschen zur Beförderung ihrer Glückseligkeit *(Deutsche Ethik)*. Vor allem die *Deutsche Metaphysik*, die 1720 in Halle erschienen und äußerst populär war, lieferte eine Richtlinie, wie pietistisch und zugleich aufgeklärt der «Mangel des Verstandes und der Tugend» aufgehoben werden kann, unter dem die «gegenwärtigen unglückseligen Zeiten»[17] litten. So jedenfalls hatte es Wolff sich in der am 23. Dezember 1719 in Halle geschriebenen Vorrede seiner metaphysischen *Vernünfftigen Gedancken von Gott, der Welt und der Seele des Menschen, auch allen Dingen überhaupt* gewünscht. Durch Christian Wolff erhielt die pietistische Herzensreligiosität des jungen Schultz eine intellektuelle Zuschärfung und praktische Energie, die diesen komplexen Charakter nicht nur zu einem erfolgreichen Universitätslehrer und beeindruckenden Pfarrer werden ließen, sondern auch zu einem führenden Verwaltungsbeamten im preußischen Schul- und Kirchenwesen und zum ersten Schulmann Königsbergs.[18]

Aber all das wäre wohl vergessen, wenn dieser Franz Albert Schultz nicht 1731 als einer der Ersten die große Begabung des kleinen Emanuel erkannt hätte, der an der Hand seiner Mutter seine Bet- und Bibelstunden besuchte. Denn Anna Regina Kandt war eine «unablässige Zuhörerin und herzliche Anhängerin»[19] dieses Mannes, der von allen, die ihn kannten, als ein kluger und klarer Kopf, umsichtiger Praktiker und ehrlicher Charakter geschätzt wurde. Es ist wohl übertrieben, was Wasianski viele Jahrzehnte später über die erste Begegnung zwischen Schultz und seinem jungen Besucher berichtete: «Dieser große Menschenkenner entdeckte zuerst Kants große und seltene Anlagen und zog das unbemerkte Genie, das ohne seinen Beitritt vielleicht verkümmert wäre, hervor. Ihm verdankt Kant, was er wurde, und die gelehrte Welt das, was sie durch seine Ausbildung gewann.»[20] Aber verlässlich überliefert ist, dass Kant später «Schultzen so innig hochschätzte, daß er ihm ein Denkmal der Verehrung zu errichten wünschte.»[21]

Zumindest entging Schultz nicht, dass die Mutter zu Recht stolz war auf den Scharfsinn und die Fassungskraft ihres Sohns. Offensichtlich war dieses schmächtige Kind zu begabt für den Besuch einer Zwergschule. Mehrmals besuchte der renommierte Schultz die einfache Handwerkerfamilie in ihrem kleinen Häuschen in der Sattlergasse und redete den Eltern gut zu, ihren Sohn auf ein späteres Universitätsstudium vorbereiten zu lassen. Dazu aber empfahl sich der Besuch einer besseren Schule. Das kam dem Lieblingswunsch der Mutter entgegen, einen klugen und frommen Sohn zu haben; und auch der Vater war gern bereit, von seinen geringen Einkünften das erforderliche Geld für eine bessere Schulbildung abzuzweigen.

So kam Ostern 1732 der achtjährige Emanuel auf das Collegium Fridericianum, zu dem Schultz gute Beziehungen besaß. Ein Jahr später wurde er dort Direktor und konnte die Entwicklung seines Zöglings aus nächster Nähe beobachten und beeinflussen. Zwar sollten die Kinder erst mit zehn Jahren in diese «Pietistenschule», wie sie der Volksmund nannte, eingeschult werden, «weil sie vor solchem Jahre ihre Sachen, auch nur in einiger Ordnung zu halten, nicht geschickt sind.»[22] Sie sollten den Elementarunterricht bereits hinter sich haben und genügend diszipliniert worden sein, um dem strengen Reglement des Unterrichts folgen zu können. Doch der kleine Kandt schien schon reif genug gewesen zu sein, um vorzeitig ins Friedrichs-Kolleg eingeschult zu werden, das für die nächsten acht Jahre seinen Lebensmittelpunkt bildete, auch wenn er weiterhin zu Hause wohnen blieb und nun Tag für Tag den weiten Weg von der Hinteren Vorstadt ins zentral gelegene Collegium hinter sich bringen musste. An der Zollschranke auf dem Pregel vorbei, überquerte er die Grüne Brücke, ging dann die Kneiphöfsche Langgasse mit ihren schmucken Giebelhäusern entlang, kam am königlichen Schloss vorbei in die Französische Straße, die zum Kreuztor führte, in dessen Nähe das Collegium lag. Besonders in den eisigen Wintern, in denen die Welt vor Kälte zu zerspringen schien und kein Sonnenstrahl den frühmorgendlichen Weg erhellte, wurde Emanuels Lust zum Schulbesuch auf eine harte Probe gestellt.

Seinen Namen hatte das Pietisten-Gymnasium, das für die preußische Bildungspolitik eine wichtige Rolle spielte, in Erinnerung an seine Gründungsgeschichte erhalten. Der Holzkämmerer Theodor Gehr nämlich hatte auf seinen beruflichen Reisen auch die beiden tonangebenden Pietisten Philipp Jakob Spener (1635–1705) und August Hermann Francke (1663–1727) kennen gelernt. Selbst durch ein Erweckungserlebnis am Matthäustag 1691 zum enthusiastischen Christen geworden, beeindruckten ihn besonders Franckes Erziehungskonzepte und -anstalten in Halle an der Saale. Ähnliches wollte er in Königsberg verwirklichen. Am 11. August 1698 gründete er eine kleine Privatschule in seinem Haus. Bibellektüre stand im Vordergrund, ergänzt durch praktischen Unterricht in nützlichen Kulturtechniken wie Lesen und Schreiben, Nähen und Sticken. Ein breiter Volksunterricht, an dem auch die Armen teilnehmen können sollten, war das Ziel dieser Schule, deren Wahlspruch vom neuen Geist pietistischer Frömmigkeit zeugte: «Pietas fundamentum omnium virtutum.»[23] Der gottselige Glaube ist die Grundlage aller Tugend, wogegen sich Kants spätere Ethik wie eine kritische Umkehrung lesen lässt: «Moralität muß vorangehen, die Theologie ihr dann folgen.» (VI, 756)

Als Friedrich III., Kurfürst von Brandenburg, Anfang 1701 in Königsberg war, um sich dort mit barockem Prunk am 18. Januar zum König Friedrich I. in Preußen zu krönen und das Herzogtum Preußen zu einem Königreich zu erheben, nutzte Gehr die günstige Gelegenheit. Er richtete eine unmittelbare Eingabe an den neuen König, die wohlwollend behandelt wurde. Die Gehr'sche Privatschule erhielt den Rang einer «Königlichen Schule» und trug seit dem 10. Mai 1703 den ehrenvollen Namen «Collegium Fridericianum».

Als Emanuel Kandt 1732 ins Friedrich-Kolleg eintrat, war es mit seiner ungebundenen Lebensweise endgültig vorbei. Durch Erziehung und Fürsorge seiner Eltern hatte er schon gelernt, dass der natürlich angeborene Hang des Menschen zur Freiheit, der sich im frühkindlichen Geschrei äußert, zwar nicht gebrochen, aber doch in eine Bahn gelenkt werden muss, die ein soziales Zusammenleben ermöglicht. Ein Kind muss gehorchen lernen. Denn «es ist unnatürlich, daß das Kind durch sein Geschrei kommandiere, und der Starke einem Schwachen gehorche». (VI, 738f.) Jetzt aber kamen schulische Disziplinierung, Kultivierung und Zivilisierung hinzu.

Bemerkenswert dabei ist vor allem, dass Kant auch in seinen wenigen überlieferten Erinnerungen an die Schulzeit jenen Widerstreit wachhielt, in den er sich von Anfang an verwickelt sah.

Erzieherischer Zwang und menschlicher Freiheitsdrang lassen sich nur schwer vermitteln. Das Collegium Fridericianum schien jedenfalls dafür kein glücklicher Ort gewesen zu sein. Eigentümlich ambivalent sind Kants Bemerkungen zu seiner Schulzeit. Gute Seiten, schlechte Seiten. Aber während der anfängliche Urkonflikt sich nur im Schrei entladen konnte, war der Schüler Kant schon reflektiert genug, um dem Konflikt auch amüsante Seiten abgewinnen zu können. Nicht ohne Lachen dachte er später an

Collegium Fridericianum

sein frühes Leid. «Diese Herren», sagte er einmal zu seinem ehemaligen Mitschüler Johann Cunde, der selbst Lehrer am Collegium geworden war, «konnten wohl keinen Funken, der in uns zum Studium der Philosophie oder Mathese lag, zur Flamme bringen!» – «Ausblasen, ersticken konnten sie ihn wohl», antwortete der ernsthafte Cunde.[24]

Zwar darf man nicht zu wörtlich nehmen, was später Theodor Gottlieb von Hippel, humoristischer Schriftsteller, Königlicher Preußischer Geheimenkriegsrat, Polizeipräsident und Bürgermeister von Königsberg, in seiner *Selbstbiographie* über seinen Philosophieprofessor Kant geschrieben hat, dass nämlich Kinder, wenn sie nicht mehr unter der Aufsicht ihrer guten Eltern leben, sondern in die Hände erzieherischer «Miethlinge» geraten, außerordentlich tyrannisiert werden: «Herr Kant, der die Drangsale der Jugend auch in vollem Maaße empfunden hatte, obwohl er im Hause seiner Aeltern blieb und nur eine öffentliche Schule, die damals sogenannte Pietisten-Herberge, das Collegium Fridericianum, besuchte, pflegte zu sagen, daß ihn Schrecken und Bangigkeit überfiele, wenn er an jene Jugendsklaverei zurückdächte.»[25] Doch wenn Sklavenexistenz bedeutet, dass man noch völlig unter strengster Fremdbestimmung steht, obwohl man schon zur Selbstbestimmung fähig ist, dann trifft dieses zugespitzte Wort wohl zu. Denn am Collegium herrschte ein «Gängelwagen der Regeln», wodurch den jungen Menschen «alle Kühnheit selbst zu denken»[26] ausgetrieben wurde. Es waren beschwerliche acht Jahre, die Emanuel unter der Zucht seiner Lehrer verbrachte, von morgens sieben Uhr bis nachmittags vier Uhr, sechs Tage die Woche und ohne Ferien. Fast alles, was er an dieser Pietisten-Schule lernen konnte, war auf den Zweck zugeschnitten, «daß die Untergebene aus ihrem geistlichen Verderben errettet, und das rechtschaffene Christenthum ihren Hertzen, von Jugend auf, eingepflanzet.»[27] Man lernte den Katechismus als Ordnung des Heils nachzubeten und musste sich eine Menge frommer Sprüche und biblischer Geschichten einprägen. Wie wenig hatte dieser frömmelnde Mechanismus mit der ruhigen und heiteren Religiosität seiner Eltern zu tun! Auch der Sprachunterricht im Hebräischen, Griechischen und Lateinischen war vor allem auf religiös erbauliche Zwecke ausgerichtet. Naturlehre wurde kaum gelehrt. Es gab keinen Unterricht in Physik oder Chemie. Geschichte und Geographie waren so gut wie ausgeblendet; und Logik, Mathematik und Philosophie wurde von Lehrern vorexerziert, die jedes Interesse erstickten. So wird wohl Kant seinem alten Schulfreund David Ruhnken nicht widersprochen haben, als dieser dem «Clarissimo Cantio» Jahrzehnte später am 10. März 1771 schrieb: «Anni triginta sunt ipsi, cum uterque tetrica illa quidem, sed utili tamen nec poenitenda fanaticorum disciplina continebamur.»[28] (Gerade 30 Jahre sind es her, dass wir unter jener zwar pedantisch-finsteren, aber doch nützlichen und nicht verwerflichen Zucht der Fanatiker seufzten.)

Auf der anderen Seite darf der positive Nutzen dieser Jugendsklaverei nicht übersehen werden. Der Lateinunterricht, als Zentrum der Ausbildung, machte den lernbegierigen und äußerst fleißigen Schüler mit den römischen Klassikern auf eine Weise vertraut, «daß Liebe für diese ihm immer eingedrückt blieb».[29] Bis in sein hohes Alter fiel es ihm leicht, lange Stellen im Original aus den Werken lateinischer Dichter, Redner und Geschichtsschreiber zu rezitieren, die ihm damals gut gefallen hatten. Lateinlehrer Heydenreich muss ein ausgezeichneter Pädagoge gewesen sein, von all seinen Schülern verehrt und geschätzt. Auch der alte Kant dachte noch voller Achtung an Heydenreich, nicht zuletzt, «weil er gelegentlich bei der Lection mancherlei Kenntnisse und richtige Begriffe seinen Zöglingen mitteilte».[30]

Eindruck auf den jungen Gymnasiasten, der bereits durch seine Mutter einiges vom Bau des Himmels erfahren hatte, wird auch der Blick durch das Fernrohr hinterlassen haben, das schon 1718 im kleinen hölzernen «Observatorium» auf dem Dach des Schulgebäudes aufgestellt worden war. Es war das erste seiner Art in Königsberg, blieb bis 1793 auch das einzige und wird nicht ohne religiösen Hintersinn eingerichtet worden sein. Denn hier konnten die Schüler bei klarem Morgen- oder Abendhimmel die Gestirne betrachten und sollten dabei zugleich einen Blick für die Weisheit und Güte des himmlischen Schöpfers gewinnen.

Schließlich darf auch nicht vergessen werden, dass der Schüler Kandt auf dem Collegium Fridericianum seine ersten dauerhaften Freundschaften schloss, mit David Ruhnken und Johann Cunde. Alle drei gehörten zu den fleißigsten Schülern, bildeten ein Triumvirat, träumten sich als berühmte Gelehrte und entwarfen zahlreiche Pläne für literarische Werke, die sie unter ihren latinisierten Namen Cantius, Cundeus und Ruhnkenius veröffentlichen wollten. Gemeinsam lasen sie auch außerhalb der Schulstunde die klassischen Autoren, «und zwar in guten Ausgaben, zu deren Anschaffung Ruhnken, der der Bemitteltste war, das Geld gab.»[31]

Kant überlebte die schulische Sklaverei. Er hatte genug gelernt, um als Sechzehnjähriger in die Albertus-Universität einzutreten und aus dem Elternhaus auszuziehen. Er hatte nur sehr wenig Geld zur Verfügung. Schon in den 30er Jahren lief das Geschäft seines Vaters immer schlechter. Vor allem der ökonomische Konflikt zwischen Sattlern und Riemern hatte aus dem fleißigen Handwerksmeister Johann Georg Kandt einen armen Mann gemacht. Denn während die Sattler auch Lederriemen herstellen durften, war es den Riemern nicht erlaubt, Sättel zu produzieren. Im Kampf um den gleichen Kundenstamm war abzusehen, wer verlieren musste. Hinzu kam, dass Emanuels Mutter am 18. Dezember 1737 gestorben war und die ganze Last der Versorgung und Erziehung auf den Schultern des Vaters lag.

Emanuel Kandt wurde am 24. September 1740 in die Liste der akademischen Bürger der Albertina aufgenommen. Es war die einzige Universität im östlichen Preußen, die 1544 vor allem gegründet worden war, um für dieses weitab liegende Protestantenland die nötigen Lehrer und Prediger auszubilden. Der neu immatrikulierte Student beantragte kein Stipendium, weil er sich seine ökonomische Unabhängigkeit bewahren wollte. Er wollte sich nicht beim Staat verschulden, und auch seine Studiengebühren bezahlte er aus eigener Tasche. Die nächsten Jahre lebte er äußerst sparsam und versuchte, mit dem wenigen Geld auszukommen, das er vor allem durch Nachhilfeunterricht für einige Kommilitonen verdiente. Mit Kaffee, Brot und Kleidung unterstützten ihn besser gestellte Freunde. Auch ein Onkel mütterlicherseits, der Schuhmachermeister Richter, half seinem Neffen manchmal aus der Klemme. Mit seinem besten Freund Johann Heinrich Wlömer wohnte er lange Zeit in einer einfachen Stube zusammen. Mit ihm spielte er oft Billard. Das war nicht nur seine liebste Erholung, sondern taugte auch gut zum Gelderwerb. Der junge Student war ein äußerst geschickter Spieler, der selten ohne Gewinn nach Hause ging.[32]

In welches Studienfach sich Emanuel Kandt eingeschrieben hat, ist nicht überliefert. Die übliche Eintragung fehlt hinter seinem Namen im Immatrikulationsbuch. Sie taucht nirgends in den Listen der oberen Fakultäten auf, weder bei der theologischen noch bei der medizinischen, auch nicht bei der juristischen. Und an der unteren philosophischen Fakultät hätte er sich nicht einschreiben können. Denn Philosophie sollte zwar eine Art Orientierung für das Studium der höheren Disziplinen bieten, durfte jedoch nicht als Hauptfach belegt werden. In einer Verordnung vom 25. Oktober 1735 hatte König Friedrich Wilhelm I., der an Staatsbeamten und nicht an Freidenkern interessiert war, ausdrücklich verboten: «Der Vorwand keineswegs anzunehmen ist, daß sie sich allein auf die Philosophie oder einen Teil derselben legen wollen; sondern ein jeder soll dabei sich zu einer der oberen Fakultäten bekennen, und wenigstens etwas von selbigen zu profitieren sich angelegen sein lassen.»[33]

Doch diese königliche Regelung war nur ein kleiner Eingriff in die akademische Freiheit. Denn im Unterschied zum disziplinierten Schulbetrieb war das universitäre Studium recht ungebunden. Es gab weder eine Studienordnung noch eine Mindeststudienzeit, und auch ein ordentliches Abschlusszeugnis war eher die Ausnahme. (Erst 1770 wurde ein Studienplan erarbeitet, der ein sechssemestriges Fachstudium an einer der drei oberen Fakultäten vorsah, vorbereitet durch ein einjähriges Philosophikum.) Verpflichtend für alle Studienanfänger waren nur die Vorlesungen zur Logik und Metaphysik, für die eine eigene Professur eingerichtet worden war. Besetzt war sie mit Johann David Kypke (1692–1758), der auch die vierte Professur für Theologie innehatte. In diesem Rahmen machte sich Kant seinen eigenen Studiengang und folgte seiner selbst entworfenen Bahn. Hier fand er den Ort, der seinem Wunsch nach freiheitlicher Selbstbestimmung am besten entsprach. Die Albertus-Universität wurde zum Zentrum seines Lebens.

Vielleicht hatte Kant sich formal bei der Theologischen Fakultät eingetragen. Aber er war nie «vorgesetzter Studiosus Theologiae», wie dem ausführlichen Brief zu entnehmen ist, den sein alt gewordener Studienfreund Christoph Friedrich Heilsberg am 17. April 1804 an den Dekan der Philosophischen Fakultät schrieb, der Informationsmaterial für seine Gedächtnisrede auf den verstorbenen Kant suchte. Von Heilsberg stammen die wichtigsten Nachrichten über Kants Studienjahre an der Albertus-Universität. Bemerkenswert dabei ist vor allem sein Bericht, dass Kant ihn und Wlömer schon früh davon überzeugte: «Man müsse suchen von allen Wissenschaften Kenntnisse zu nehmen, keine auszuschliessen, auch von der Theologie, wenn man dabei auch nicht sein Brot suchte.»[34]

Kant wollte also kein Theologe werden, um später als Prediger, Pastor oder Religionslehrer sein Brot zu verdienen. Er hatte schon damals «der Versorgung im geistlichen Stande entsagt, weil er dem Pietismus abgeneigt war.»[35] Doch das hinderte ihn durchaus nicht, regelmäßig die theologischen Vorlesungen von Franz Albert Schultz zu hören, dessen Bet- und Bibelstunden er schon mit seiner Mutter besucht hatte und der als Direktor des Collegium Fridericianum sein erster Förderer gewesen war. Die Abkehr vom frömmelnden Schematismus, den der Schüler so lange erdulden musste, widersprach nicht dem großen Interesse, das der Student nun an der «Dogmatik» des Prof. Dr. theol. F. A. Schultz zeigte. «Unausgesetzt»[36] soll er dessen gelehrte Vorlesungen besucht haben, aufmerksam geworden auf die eigenartige Verbindung, die Schultz zwischen Pietismus und der Aufklärungsphilosophie von Christian Wolff hergestellt hatte, der selbst oft gesagt haben soll: «Hat mich Jemand irgend verstanden, so ist's Schultz in Königsberg.»[37]

Von einer vielsagenden Begegnung zwischen Schultz und seinem früheren Zögling berichtete Heilsberg. Zusammen mit Wlömer, der Jurist werden wollte, und Heilsberg, der unentschieden noch Glück und Gelegenheit abwartete, besuchte Kant den Theologieprofessor, der sie alle drei fragte: «Warum hören sie denn Theologica (es war wo ich nicht irre Dogmatik)?» Und Kant antwortete: «Aus Wißbegierde.»[38] Dagegen hatte Schultz nichts einzuwenden, und er bot dem Triumvirat seine Hilfe an, wenn sie einmal benötigt werden sollte.

Neben der theologischen Dogmatik galten Kants Erkenntnisinteressen vor allem der Mathematik, der Philosophie und den lateinischen Klassikern. Er soll «vorzüglich Humaniora»[39] studiert haben. Auch die Naturwissenschaften, von denen er als Schüler so wenig erfahren hatte, begannen ihn zu faszinieren, obwohl er dazu nicht die besten Lehrer fand. Beim Konsistorialrat Johann Gottfried Teske erwarb er erste Kenntnisse in theoretischer und experimenteller Physik, und vom Privatdozenten Christian Friedrich Ammon, der ein Stümper gewesen sein soll, erhielt er einen spärlichen Einblick in die höhere Mathematik.

Es war nicht abzusehen, wohin ihn diese breit gefächerte, auf keinen Beruf gerichtete Wissbegierde führen sollte. Die Zukunft war offen. Da ereignete sich für den zukünftigen Philosophen seine zweite schicksalsmächtige Begegnung. Hatte er 1731 Schultz kennen gelernt, der das große Talent des kleinen Manelchen erkannte, so traf er zehn Jahre später als frei flottierender Student den von Schultz an die Albertina berufenen außerordentlichen Professor der Logik und Metaphysik Martin Knutzen. «Knutzen galt ihm doch vor allen Lehrern am meisten. Dieser zeichnete ihm und mehreren die Bahn vor, auf der sie nicht Nachbeter, sondern dereinst Selbstdenker werden könnten.»[40] Und in diesem Fall ist es auch nicht mehr übertrieben, wenn von der Entdeckung des «Genies» die Rede ist. Denn Knutzen war nicht nur der akademische Lehrer, «an den sich Kant vorzüglich anlehnte. Seinem Unterricht in Philosophie und Mathematik wohnte er unausgesetzt bei.»[41] Er war auch der einzige Lehrer, «der auf sein Genie wirken konnte.»[42]

Wer war dieser Martin Knutzen, der am 14. Dezember 1713 in Königsberg geboren wurde und dort, nur 37 Jahre alt, am 29. Januar 1751 starb, mit den Kräften völlig am Ende wegen seiner intensiven Forschungs- und Lehrtätigkeit? Auch Knutzens Talent war von Schultz entdeckt worden, dessen Student an der Albertina er gewesen war. Bereits 1733 hatte er die «Magisterwürde in der Weltweisheit»[43] erhalten und war schon ein Jahr später von Schultz auf ein Extra-Ordinariat für Logik und Metaphysik berufen worden. Schultz muss vor allem gefallen haben, dass sein Student wie er selbst ein gläubiger Pietist und zugleich kritischer Anhänger der Philosophie Christian Wolffs gewesen ist. Deutlichkeit der Grundsätze, Klarheit der Begriffe, erfahrungsorientierte Begründung der Urteile und Strenge der logischen Folgerung galten ihm als philosophische Richtlinien vernünftiger Gedanken, denen er auch folgte, wenn er, wie 1739/40 in einer populären Artikelserie der *Königsberger Intelligenzblätter*, «aus ungezweifelten Gründen der Vernunft nach mathematischer Lehr-Art»[44] einen *Philosophischen Beweiß von der Wahrheit der Christlichen Religion* zu liefern können glaubte.

Stärker als bei seinen Gottesbeweisen wirkte Knutzens klarer Verstand, wenn er sich auf mathematisch-naturwissenschaftliche Forschungen und Theorien konzentrierte. Knutzen war unter den Königsberger Universitätslehrern der Einzige, «der den europäischen Begriff der Wissenschaft überhaupt repräsentierte.»[45] Logisch-philosophische Reflexion, mathematische Beweise und naturkundliche Forschung verbanden sich zu jener Erkenntnisform, die auf den jungen Studenten Kandt den größten Eindruck machte. So besuchte er nicht nur unausgesetzt Knutzens Vorlesungen und Disputierübungen, sondern nahm auch persönlichen Kontakt zu seinem nur elf Jahre älteren Professor auf. Oft besuchte er ihn zu Hause und wird hier auch erlebt haben, was ihn sein Leben lang begeisterte. Denn durch Knutzen gewann er einen neuen Blick in den bestirnten Himmel, der das frühkindliche Staunen in ein naturphilosophisches Erkenntnisinteresse überführte. Hatte ihm die Mutter das Herz geöffnet, so wurde nun auch noch sein Verstand herausgefordert. Was Kant selbst später als Systemtheorie des Himmels entwickelte und zugleich naturgeschichtlich herleitete, wurde ihm durch Knutzen vertraut. Ein ungewöhnliches Ereignis im Januar 1744 spielte dabei eine Schlüsselrolle.

«Was Kant's Genie unter Knutzen aufschloß und ihn auf die in seiner herrlichen *Naturgeschichte des Himmels* dargelegten originalen Ideen brachte, war der Komet von 1744, über welchen Knutzen eine Schrift herausgab.»[46] Das kam so: Als im eisigen Winter 1743/44 ein riesiger Komet mit seinen bis zu sechs großen, weit auseinander strebenden Schweifen den nächtlichen Himmel über Königsberg durchquerte, schien sich eine Voraussage zu bestätigen, die Knutzen bereits 1737 in seinen *Anmerkungen über den Anno 1736 vergeblich erwarteten Cometen* publiziert hatte, der 1698 zum ersten Mal beobachtet worden war.[47] Auf astronomische Beobachtungen und Berechnungen gestützt und von Newtons Hypothese gelenkt, dass alle Kometen periodisch umlaufende Mitglieder unseres Sonnensystems sind, hatte Knutzen das Wiederkommen dieses Kometen für 1744 prognostiziert. Daran erinnerte man sich, als nun tatsächlich das wunderbare nächtliche Schauspiel stattfand. Gönner, Freunde und Studierende wurden am 18. Januar von Knutzen eingeladen, einen Blick durch das Newton'sche Spiegelteleskop zu werfen, das er in seiner Wohnung aufgestellt hatte. Sein fleißiger Schüler Kant wird wohl zu diesen Himmelsguckern gehört haben; und Kant wird auch begeistert Knutzens Buch gelesen haben, das 1744 erschienen war: *Vernünftige Gedanken von den Cometen, darinnen die Natur und Beschaffenheit nebst der Art und den Ursachen ihrer Bewegung untersuchet und vorgestellet.*[48]

Zwar hatte sich, wie bald festgestellt wurde, Knutzen geirrt. Der Komet von 1744 war nicht der Komet von 1698. Aber der Scheinerfolg schmälerte nicht Kants Interesse an naturphilosophischen Himmelsbetrachtungen, die zugleich, wie Knutzen «physiko-theologisch»[49] schon in Paragraph 1 seiner *Vernünftigen Gedanken* schrieb, «zu mehrerer Verherrlichung unseres unendlichen weisen Schöpfers, durch nähere Erkenntniß seiner herrlichen Wercke, dienen werden.»

Doch nicht nur der Komet über ihm hatte Kants Genie unter Knutzen aufgeschlossen. Der Blick in den Himmel war bereits gelenkt worden durch viele private Unterweisungen in Himmelsmechanik, die Knutzen seinem Schüler gab. Aber all diese Anregungen verblassen gegenüber der Bedeutung, die ein Buch für den jungen Studenten spielte. Denn Knutzen «lieh ihm besonders Newtons Werke und, da K. Geschmack daran fand, fast alles, was er aus seiner herrlichen, reichlich versehenen Bibliothek irgend verlangte. So ward er zu dem Studium initiiert, in welchem er sehr bald selbst seinen Lehrer übertraf.»[50] Sein philosophisches Interesse verband sich mit Lektüreerlebnissen, die für seine weitere geistige Entwicklung eine wesentliche Rolle spielten.

Knutzen hatte Kant zunächst die 1687 veröffentlichten *Philosophiae Naturalis Principia Mathematica* von Isaac Newton zum Selbststudium ausgeliehen. Die Lektüre muss einen wahren Erkenntnisschock ausgelöst haben. Bereits der Titel dieses Buchs, das, wie Stephen Hawking bewundernd feststellte, «wahrscheinlich das wichtigste von einem einzelnen verfaßte physikalische Werk ist, das jemals erschienen ist»[51], entsprach in seiner Programmatik Kants eigenen Vorstellungen. Zum ersten Mal in der Wissenschaftsgeschichte war es gelungen, das Bedürfnis nach mathematischen Berechnungen mit dem Wunsch nach kausalen Erklärungen zu verbinden. Newtons *Mathematische Grundlagen der Naturphilosophie* erklärten physikalisch alle planetarischen Bewegungserscheinungen im Sonnensystem und ließen sie zugleich mathematisch berechnen. Durch die mathematische Methode der Beweisführung sollte demonstriert werden, dass es sich hier nicht nur um eine weitere mögliche Hypothese über die Welt handelte. In ihrer mathematischen Durchführung erhob Newtons Naturphilosophie einen realistischen Wahrheitsanspruch, der alles überstieg, was zuvor als mehr oder weniger kluges Gedankengebäude errichtet worden war.

Hinzu kam, dass Newton einer wissenschaftlich strengen Methodik folgte und klare Grundsätze des Philosophierens formuliert hatte. Statt sich nur auf die Selbstreflexion des Erkenntnissubjekts zu konzentrieren, wollte Newton die objektive Wirklichkeit der Natur erforschen, wozu er aus Erfahrungen zu «deduzieren» begann. Nicht die obersten Prinzipien einer reinen Vernunft bildeten seine Ausgangspunkte, sondern die Suche nach den wirklichen Ursachen einzelner Erscheinungen. Und nicht zuletzt hatte Newton die metaphysische Problemsituation seiner Zeit zugeschärft, der sich niemand entziehen konnte: Wie steht es um die Existenz Gottes und der Seele, wenn der ganze Kosmos nach rein naturwissenschaftlichen Grundsätzen erforscht und erklärt werden kann?

Noch ein zweites Buch aus Knutzens Privatbibliothek muss kurz erwähnt werden, um Kants heiß entbrannte Jugendliebe zur Weltweisheit nachvollziehen zu können. Denn es hatte ihm vor Augen geführt, dass er sich auf äußerst komplizierte Auseinandersetzungen einlassen musste, wenn er Antworten auf die ihn interessierenden Fragen finden wollte. Die Philosophie sprach nicht nur mit einer Stimme. Im Widerstreit befanden sich die größten Denker seiner Zeit, und ein Sieger schien nicht festzustehen, da eine auf beide Argumentationen anwendbare Urteilsregel fehlte. Diese Lektion lernte Kant, als er sich in Samuel Clarkes *Briefwechsel mit Gottfried Wilhelm Leibniz von 1715/16* vertiefte, die wohl geistreichste Korrespondenz der europäischen Geistesgeschichte. Beteiligt waren eine Prinzessin und drei Philosophen.

Caroline, Prinzessin von Wales, geborene Prinzessin Wilhelmine Charlotte von Anspach und seit 1705 die Gattin des Erbprinzen Georg von Hannover, der später als George II. die englische Krone übernahm, hatte nämlich im November 1715 in London einen merkwürdigen Brief erhalten. Aus Hannover hatte ihr der führende deutsche Philosoph und Universalgelehrte von europäischem Rang, Baron Gottfried Wilhelm Leibniz, geschrieben, dass er sich große Sorgen mache. Ihm schien in England nicht nur das Christentum, sondern selbst die natürliche Religion außerordentlich nachzulassen. «Viele machen die Seelen zu Körpern, andere machen Gott selbst zu einem körperlichen Wesen.»[52] Vor allem Newton und seine Anhänger hätten sonderbare Ansichten von

Gott und würden die Grundlagen der Religion beschädigen. Dass Leibniz und Newton keine Freunde waren und sich schon in Plagiatsstreitereien verausgabt hatten, hatte sich zwar herumgesprochen. Aber Sir Isaac Newton galt in England als der größte Kopf seiner Zeit und berühmteste Repräsentant des englischen Geisteslebens. Es war eine delikate Situation, der sich die Prinzessin plötzlich ausgesetzt sah. Zur Orientierung bat sie den Hofprediger und radikalen Atheismusgegner Samuel Clarke, der mit Newton und seiner Lehre bestens vertraut war, um eine Antwort. Damit begann jener *Briefwechsel* zwischen Clarke und Leibniz, mit Prinzessin Caroline als Vermittlerin und Newton als Souffleur im Hintergrund, wobei die Schriften immer länger und komplexer wurden und Gott und die Welt betrafen.

Gestritten wurde um die «Principles of Natural Philosophy and Religion»[53], wobei auf der einen Seite die rationalistische Systemphilosophie von Leibniz stand, auf der anderen Seite Newtons Realismus einer experimentellen Naturphilosophie. Bemerkenswert ist, dass hier fast alle Probleme zur Sprache kamen, für die Kant später eine Lösung gesucht hat. Hier stieß er auch zum ersten Mal auf die erkenntnistheoretische Grundfrage, ob Raum, Zeit und Bewegung objektiv, absolut und gleichsam «an sich» existieren, wie es Newton realistisch voraussetzte, oder ob es sich dabei bloß um ideale, gedankliche Konzepte eines Erkenntnissubjekts handelt, mit denen nur die relative Ordnung von beweglichen Dingen nebeneinander (Raum) oder nacheinander (Zeit) systematisiert und rationalisiert werden kann, wie es sich Leibniz ausdachte.

Doch auf dieses Problem wollte sich der 20-jährige Student noch nicht einlassen. Er konzentrierte sich, durch Knutzen gelenkt, auf einen besonderen Aspekt, der im Widerstreit zwischen Newtonischem Realismus und Leibniz'schem Rationalismus eine wichtige Rolle gespielt hatte. 1744 begann der junge Philosoph über das richtige Maß der «Kraft» nachzudenken, das zwischen Leibniz und Newton/Clarke heftig umstritten gewesen war. Während sein Vater immer kraftloser wurde, schrieb er sein erstes

Buch, das er 1746 der Philosophischen Fakultät zur Zensur vorlegte, kurz nach dem Tod des Vaters. Es war, streng genommen, keine akademische Arbeit. Kants studentischer Sonderweg war zu eigenwillig, um das Werk als Abschluss eines vorgeschriebenen Studiengangs anerkennen zu können. Es war das Erstlingswerk eines freien Geistes, der seiner eigenen intellektuellen Bahn folgte und sich die Freiheit herausnahm, seine Schrift «dem Urteile der Welt» (I, 15) vorzulegen. Er musste allerdings noch drei Jahre warten, bis sie 1749 erscheinen konnte, nun autorisiert mit dem Namen, unter dem er berühmt wurde: *Gedanken von der wahren Schätzung der lebendigen Kräfte und Beurtheilung der Beweise derer sich Herr von Leibnitz und andere Mechaniker in dieser Streitsache bedienet haben, nebst einigen vorhergehenden Betrachtungen welche die Kraft der Körper überhaupt betreffen, durch Immanuel Kant.*

Es schien sich dabei zunächst nur um ein mathematisch-naturwissenschaftlich zu lösendes Problem zu handeln. Wie lassen sich die Verhältnisse zwischen Masse (als Produkt von Dichte und Ausdehnung), Geschwindigkeit und Bewegungskraft von Körpern messen und berechnen? Welche gesetzmäßige Beziehung besteht zwischen diesen drei Größen? Während jedoch Masse und Geschwindigkeit leicht zu messen waren, führte der Begriff «Bewegungskraft» in eine verwirrende naturphilosophische Problemsituation. Die größten Denker der Zeit stritten um eine überzeugende Klärung, wobei sich alle, wie der junge Studiosus Philosophiae Immanuel Kant feststellen zu können glaubte, geirrt hatten. Er dagegen war von seiner eigenen Lösung überzeugt, und er ergänzte diesen selbstbewussten Anspruch mit dem koketten Hinweis: «Ich wage es nicht, diesen Gedanken zu rechtfertigen, allein ich wollte ihm auch nicht gerne absagen.» (I, 18)

Der Widerstreit um das richtige Maß der Kraft entzündete sich vor allem an der Mehrdeutigkeit dieses zentralen Begriffs. Für den erfahrungsorientierten Realisten Newton galt Kraft als der «Impetus» (Schwung, Impuls, Eindruck), der auf die bewegten Körper von außen einwirkt und ihre gradlinig-gleichförmige Bewe-

Die Grüne Brücke mit der Neuen Börse und Speichern in Königsberg um 1810

gung im widerstandslosen leeren Raum verursacht. Als Maß der Kraft berechnete er, wie schon Descartes: $K = m \cdot v$, Masse mal Geschwindigkeit. – Für den metaphysischen Rationalisten Leibniz dagegen, der das Vakuum leugnete und das Universum mit mehr oder weniger dichter Materie anfüllte, galt Kraft als der wirkende «Conatus» (Trieb, Drang, Vermögen), der allen natürlichen Körpern selbst innewohnt, sei es als «tote Kraft» *(vis mortua)* eines ruhenden Körpers oder als «lebendige Kraft» *(vis viva)*, wenn er sich bewegt und dabei äußere Widerstände der Luft, des Wassers, des Sandes oder anderer Materialien zu überwinden vermag. Als wahres Kraftmaß dieser Arbeitsenergie behauptete Leibniz: $K = m \cdot v^2$, Masse mal Geschwindigkeitsquadrat.[54]

Wie Kant diesen Streitfall für sich entschieden hat, liest sich noch heute als eine philosophische Untersuchung, in der sein kritisches Genie zum ersten Mal sichtbar wurde. Um zu seiner Lösung des Problems gelangen zu können, musste Kant zunächst seine eigene Stellung reflektieren. War es nicht vermessen, als junger unbekannter Schriftsteller ohne Studienabschluss die Gedanken der berühmtesten und bekanntesten Denker zu widerlegen oder zu verwerfen? Was legitimierte den Studenten dazu, die Großmeister der Erkenntnis als Gegner herauszufordern und dabei seinen «eigenen Gedanken den Vorzug einzuräumen» (I, 15)? Seine Antwort zeigte bereits, welchen Weg Kant als Philosoph einzuschlagen vorhatte. Er verstand sich als ein freier Denker, der von seinem eigenen Verstand Gebrauch machte. Bei der Suche nach wahrer Erkenntnis wollte er sich auf keine Autoritäten verlassen. Denn auch die größten Wissenschaftler und Philosophen können irren. Fehltritte, Irrtümer und Verblendungen des menschlichen Verstandes hat es zu allen Zeiten gegeben, und es wird sie auch in Zukunft geben. Angesichts dieser Situation war es nicht nur erlaubt, sondern auch ein Zeichen kritischer Vernunft, dass es Kant, der sich als «Gelehrter von Zwerggröße» (I, 18) vorstellte, in bestimmten Fragen mit den Geistesriesen aufnahm, die ihn mit dem ganzen Umfang ihres Wissens weit überragten. Auf dem Feld des Wissens zählt das bessere Argument, nicht die höhere Stellung.

Um sein kritisches Geschäft zum Erfolg zu führen, ging Kant zweigleisig vor. Er suchte die argumentativen Schwachstellen seiner hoch geschätzten Gegner auf, deckte ihre Irrtümer auf, versuchte ihre Vermutungen zu widerlegen. Aber er erkannte auch an, was beide Seiten an Erkenntnis bereits erreicht hatten. Er fing nicht von vorn an, sondern suchte den eigenen Punkt zu finden, an dem für ihn das Wahre der strittigen Parteien zusammenfiel. Einerseits setzte er auf Newton und die Cartesianer. Wenn Kräfte mathematisch berechnet werden, die den Körper von außen in Bewegung bringen, gelte das Newtonische Maß $K = m \cdot v$. Andererseits jedoch müsse man Leibniz und seinen Anhängern folgen, wenn es um innere Kräfte ging, die sich selbst über das Maß ihrer äußeren Verursachung hinaus vergrößern können, sobald sie erst einmal verlebendigt (vivifiziert) worden sind. Aber das Leibniz'sche Maß $K = m \cdot v^2$ müsse man dennoch durch eine radikale Einsicht außer Kraft setzen. Kant glaubte nämlich erkannt zu haben, dass die lebendigen Kräfte der «natürlichen Körper» sich grundsätzlich dem Zugriff entziehen, dem die berechenbaren «mathematischen Körper» (§§ 114, 115) unterliegen. Ihre eigenartige Beschaffenheit lasse sich überhaupt nicht mechanisch-mathematisch schätzen. Der junge Naturphilosoph plädierte dafür, «daß die lebendigen Kräfte gänzlich aus der Gerichtsbarkeit der Mathematik ausgeschlossen werden.» (I, 175) Zum ersten Mal taucht hier die Idee auf, die Kant später in seinen großen naturphilosophischen Werken entfalten wird, bis hin zu seinem letzten *Opus postumum*. Eine Philosophie des Lebens wurde angedeutet, die den Rahmen jeder möglichen mechanistischen Naturwissenschaft überschreitet.

War Kants Problemlösung, zu der er auf langen und verwickelten Fahrten durch das «Labyrinth» (I, 218) der metaphysischen Naturphilosophie und mathematisierten Naturwissenschaft gelangt war, nur eine Scheinlösung? Vor allem seine *wahre Schätzung*, dass es sich bei den lebendigen Kräften um innere Vermögen handeln sollte, die durch Vivifikation aus der Totenruhe zur Bewegung erweckt werden und sich dann ohne Widerstand ins Unendliche erhalten und steigern können, las sich wie die Beschwörung rein imaginärer Größen.[55] Was sollten das für Naturkräfte sein, die sich grundsätzlich der mathematischen Berechenbarkeit entziehen?

Kant wusste, dass er sich mit seinen Gedanken weit über den sicheren Boden der Naturwissenschaften erhoben hatte. Weder hatte er sich auf kontrollierte Beobachtungen und Experimente eingelassen, noch bediente er sich mathematisch schlüssiger Beweisverfahren. Durch die wirkende (tote oder lebendige) Kraft, die Leibniz vor allem 1695 in seinem *Specimen Dynamicum* zum bewundernswerten inneren Wesen der Naturkörper erklärt hatte, war Kant auf das schwankende Gebiet der Metaphysik gelockt worden. Ahnte er, dass es sich bei dieser «Kraft» nur um ein mysteriöses, spiritistisches Phänomen handeln konnte, das in der Entwicklungsgeschichte der wissenschaftlichen Mechanik keine Rolle spielen durfte? Jedenfalls hatte er sich begeistert auf den gefahrvollen Kampfplatz der metaphysischen Ideen begeben, wo seine schöpferische Einbildungskraft sich frei entfalten konnte. Hier fand sein Denken die entscheidenden Probleme, die ihn bis zu seinem Tod faszinierten. Dass es metaphysisch noch nicht mit rechten Dingen zuging, nahm der junge Naturphilosoph in Kauf. Doch wie eine Ermahnung an sich selbst liest sich § 19 seiner *Gedanken von der wahren Schätzung der lebendigen Kräfte*, der bereits andeutet, worauf es Kant in seiner großen Kritik der theoretischen Vernunft ankommen wird, nämlich den klaren und deutlichen Gedanken eine Grenze zu ziehen, um sich nicht in den ausschweifenden Träumen der Metaphysik zu verlieren. «Unsere Metaphysik ist wie viele andere Wissenschaften in der Tat nur an der Schwelle einer recht gründlichen Erkenntnis; Gott weiß, wenn man sie selbige wird überschreiten sehen.» (I, 42) Man wollte zwar gern eine große Weltweisheit haben, war aber dazu nicht gründlich genug. Man ließ sich durch den Reiz einer ungebundenen Spekulation verführen, ohne zu einer wirklich sachhaltig begründeten Erkenntnis zu gelangen.

Als im Sommer 1749 seine *Gedanken* endlich auf dem Buchmarkt erschienen, drei Jahre nach ihrer Drucklegung, war Kant zwar stolz und sandte am 23. August gleich ein Exemplar an den Mitarbeiter einer Kulturzeitschrift, um eine Besprechung seines ersten Werks zu erbitten mit dem Hinweis, dass durch seine *wahre Schätzung der lebendigen Kräfte* endlich die deutsche Naturphilosophie, «die in Absicht auf diesen Punckt eingeschlafen zu seyn scheinet, zu einer endlichen Entscheidung derselben aufgeweckt werde.» (Br, 1)

Aber am gleichen Tag schickte er das Buch an den berühmten Mathematiker und Physiker Leonhard Euler, den Friedrich II. an die Berliner Akademie der Wissenschaften berufen hatte, wo er ab 1744 die Mathematische Klasse leitete. In seinem Begleitbrief, der das wohl älteste handschriftliche Dokument Kants ist, verband sich der Stolz des jungen Philosophen mit einer schwankenden Selbsteinschätzung, die nicht nur der üblichen Höflichkeit entstammte. Kant schien sich unsicher gewesen zu sein, ob seine

Schrift auch vor den Augen dieses Forschers und Denkers bestehen konnte, dessen Scharfsinn er bewunderte und der mehr als alle anderen Mathematiker oder Physiker in der Lage gewesen wäre, dieses verzwickte Problem der Kraftmessung zu lösen. Denn Euler war die größte Kapazität auf dem Gebiet der höheren Mathematik, die er zugleich auf alle möglichen Naturerscheinungen anzuwenden wusste. Unter anderem war schon 1736 seine analytische Mechanik der Körperbewegungen *(Mechanica sive Motus scientia analytica exposita)* erschienen und 1744 seine *Theorie der Planetenbewegung*. Kant nahm sich die Kühnheit heraus, diesen «Hochedelgeborenen Herrn, Hochgelahrten und Hochberühmten Herrn Professor, insbesondere Hochzuverehrenden Herrn (…) zu einer geneigten und genauen Beurtheilung dieser geringen Gedanken gehorsamst einzuladen.» (Br, 925) Erst wenn Eulers Urteil vorläge, würde auch er selbst für seine Schrift «einige Achtung haben». Geschrieben in «Judtschen hinter Insterburg in Preußen, 23-ten August 1749».

Kants Erstlingsschrift war ein publizistischer Misserfolg. Sein metaphysischer Traum von der *vis viva*, verbunden mit dem überschwänglichen Selbstbewusstsein der eigenen geistigen Kräfte, fand im Urteil der Welt keine Anerkennung. Im Gelehrtenstreit um die Kräftemessung waren die Leser nicht an metaphysischen Spekulationen interessiert, sondern an mathematisch und physikalisch überzeugenden Lösungen. In dieser Hinsicht hatte vor allem der französische Mathematiker und Physiker Jean Le Rond d'Alembert bereits 1743 in seinem *Traité de dynamique* (Abhandlung über Dynamik) eine Konzeption entwickelt, deren naturwissenschaftliches Niveau Kants erstes Werk nicht erreichen konnte. Es fiel durch, weil anstelle der physikalischen Grundbegriffe metaphysische Imaginationen getreten waren, für die es keine sachbezogenen Argumente und mathematischen Beweisverfahren geben konnte. Für den jungen Philosophen und Schriftsteller Gotthold Ephraim Lessing waren Kants Gedanken nur für *das Neueste aus dem Reiche des Witzes. Monat Junius 1751* gut, und voller Spott dichtete er:

Kant unternimmt ein schwer Geschäfte
Der Welt zum Unterricht.
Er schätzet die lebendgen Kräfte,
Nur seine schätzt er nicht.[56]

Doch auf diese Einwände kommt es nicht an, wenn man sich die biographische Bedeutung von Kants Erstlingswerk vor Augen führt. Es ging ihm von Anfang an um mehr als eine mathematisch-physikalische Problemlösung. Darauf verweist bereits der unterschwellige Doppelsinn seiner *wahren Schätzung*. Hinter dem Streit um das rechte Kraftmaß stand die Hochschätzung der Lebenskraft, über die ein Mensch verfügen muss, wenn er seinen selbständigen Lauf auf der selbst entworfenen Lebensbahn halten will, auf der er durch nichts behindert werden soll. Es stand mehr auf dem Spiel als die Messung einer Bewegungskraft, bei der allein Geschwindigkeit, Masse und Zeit als mathematisch berechenbare Momente in Frage kommen.

Auf die existenzielle Dimension von Kants *wahrer Schätzung* verweisen nicht nur die zentralen Begriffe «freie Bewegung» und «Lebendigwerdung», für deren Klärung und Verwendung Kant weder die abstrakte Mechanik noch die Mathematik für zuständig erklärte. Auch die §§ 5 bis 11 seiner Schrift gingen weit über die behandelte Streitfrage hinaus und brachten Probleme ins Spiel, von denen sich die Mathematiker und Physiker nichts träumen ließen: Wie gelingt es der körperlichen Materie, die doch nur Bewegungen verursachen kann, auf die Seele des Menschen einzuwirken und auf diesem inneren Schauplatz die Einbildungskraft anzuregen? Verfügt nicht umgekehrt auch die Seele über Kräfte, mit denen sie in die Körper wirken und sie von innen in Bewegung setzen kann? Und überhaupt: Können nicht imaginäre Dinge existieren, die nirgends in der physischen Welt vorhanden sind? Ist es denn nicht metaphysisch wahr, dass mehr als eine Welt existieren kann, dass es auch wirklich viele mögliche Welten gibt und dass die Einbildungskraft zu ihnen einen Zugang hat? Noch waren die Gedanken, die Kant zu diesen Fragen entwickelte, zu unklar, um sie breiter ausführen zu können. Aber sie zeichneten schon die Bahn vor, auf der sich Kant zukünftig bewegen wollte: «Diese Gedanken können der Entwurf zu einer Betrachtung sein, die ich mir vorbehalte. Ich kann aber nicht leugnen, daß ich sie so mitteile, wie sie mir beifallen, ohne ihnen durch eine längere Untersuchung ihre Gewißheit zu verschaffen.» (I, 36)

Wenn das «Genie», wie der alte Kant feststellte, eine angeborene Gemütslage ist, die in der freien schöpferischen Einbildungskraft ihr eigentliches Feld besitzt, so lässt sich die erste Etappe in Kants Leben als Entfaltung seines Genies begreifen. Schon an ihrem freiheitsliebenden Manelchen hatte die Mutter seinen Scharfsinn und seine Fassungskraft geschätzt. Franz Albert Schultz entdeckte die große Begabung des kleinen Schülers und soll auch sein Genie gespürt haben. Die Jugendsklaverei am Collegium Fridericianum drohte zwar den Funken der Wissbegierde wieder zu löschen, und wie eine späte Kritik liest sich, was sich in einer *Vorlesungs-Nachschrift aus dem Wintersemester 1788/89* findet: «Das es so wenige genis giebt, daran haben wohl die Schulanstalten und selbst die Regierung schuld. In der Schule herrscht ein Zwang, Mechanißmus, und ein Gängelwagen der Regeln. Das benimmt den Menschen offt alle kühnheit selbst zu denken und verdierbt die genies.»[57] Doch an der Universität konnte sich Kants naturphilosophischer Enthusiasmus wieder entfalten. Unter Martin Knutzens Anleitung wurde sein Genie aufgeschlossen, und die intensive Lektüre der Werke von Newton, Leibniz, Clarke, Wolff oder Knutzen war wie ein Initiationsritus. Vor ihm lag das weite Feld der Weltweisheit, das er 1744 mit einem mutigen Schritt betrat. Er nahm sich die Freiheit heraus, «großen Männern zu widersprechen». Denn der junge Königsberger Student hatte es gewagt, «das Ansehen derer Newtons und Leibnize vor nichts zu achten, wenn es sich der Entdeckung der Wahrheit entgegen setzen sollte, und keinen andern Überredungen als dem Zuge des Verstandes zu gehorchen.» (I, 15) Zur Unterstützung für diesen kühnen Schritt zitierte er einen seiner geliebten römischen Klassiker. Aus Senecas Schrift *De vita beata* entnahm er das Motto, das nicht nur seine

Erstlingsschrift einleitete, sondern sein Grundsatzprogramm für ein glückliches Leben im Stande der Freiheit ausdrückte: «Nihil magis praestandum est, quam ne pecorum ritu sequamur antecedentium gregem, pergentes, non qua eundum est, sed qua itur.» (I, 15) Vor nichts sollten wir uns mehr in Acht nehmen als davor, wie Schafe der Herde hinterher zu trotten und dabei nicht die Richtung einzuschlagen, in die man gehen müsste, sondern die, in die man geht.

Doch auch ein Genie, das ohne vorgeschriebene Regeln aus sich selbst frei zu denken und zu handeln vermag und seinen Sonderweg einschlägt, benötigt Mittel für seinen Lebensunterhalt. 1746 war Kants Vater gestorben, und die Regelung des elterlichen Nachlasses hatte nicht viel gebracht. Auch um seine jüngeren Geschwister musste er sich kümmern. Was blieb dem armen Kant, der noch nicht einmal ein ordentliches Studium nachweisen konnte, anderes übrig, als Hauslehrer zu werden? Das war nicht nur in seiner materiellen Lage begründet, sondern auch in den wirtschaftlichen und örtlichen Verhältnissen Ostpreußens. Denn die zahlreichen adligen Gutsbesitzer, aber auch andere angesehene Persönlichkeiten auf dem Lande waren auf solche «Hofmeister» geradezu angewiesen. Und so begab sich Kant 1748 zunächst in den Dienst von Pfarrer Daniel Andersch im Dörfchen Judtschen[58] zwischen Insterburg und Gumbinnen; danach unterrichtete er die jungen Herren von Hülsen in Groß-Arnsdorf, südlich von Königsberg. Sechs lange Jahre brachte er auf dem Lande zu, bis er 1754 nach Königsberg zurückkehrte

Kant hatte etwas Geld gespart, um sich in seiner Heimatstadt nach einer neuen Arbeit umsehen zu können, die seinen Interessen und Fähigkeiten besser entsprach. Denn er hielt selbst nicht viel von seiner kinderpädagogischen Fähigkeit. Er hatte sich unterfordert gefühlt. Die große Kunst, «sich zweckmäßig mit Kindern zu beschäftigen, und sich zu ihren Begriffen herabzustimmen», habe er sich nie zu Eigen machen können, hat Kant wiederholt erklärt, und über sein Leben auf dem Land pflegte er gern zu scherzen und zu versichern, «daß in der Welt vielleicht nie ein schlechterer

Hofmeister gewesen wäre als er.»[59] Doch was konnte er stattdessen Besseres tun? Der 30-jährige Handwerkersohn, der die Metaphysik liebte, musste sich etwas einfallen lassen, um ohne familiäre Bindung und finanzielle Sicherheit, ohne praktische Ausbildung und akademischen Titel nicht aus seiner freien Bahn geworfen zu werden.

Der bestirnte Himmel über mir

Wie Kant aus dem Chaos den Kosmos neu erschaffen hat

Immanuel Kant.
Gemälde von Becker, 1768

So gibt mir der Anblick eines bestirnten Himmels, bei einer heitern Nacht, eine Art des Vergnügens, welches nur edle Seelen empfinden. Bei der allgemeinen Stille der Natur und der Ruhe der Sinne redet das verborgene Erkenntnisvermögen des unsterblichen Geistes eine unnennbare Sprache.

(I, 396)

Am 8. April 1756, zwei Wochen vor seinem 32. Geburtstag, schreibt Immanuel Kant einen Brief an Friedrich II., den «Großmächtigsten König». (Br, 2) Er bewirbt sich um eine Professorenstelle, die bereits seit fünf Jahren nicht besetzt ist. Denn am 29. Januar 1751 war Kants Lehrer Martin Knutzen, der mehr als alle anderen sein Interesse an der Naturphilosophie geweckt und gelenkt hatte, an völliger Erschöpfung gestorben. Jetzt fühlt sich sein Student kräftig genug, an seine Stelle zu rücken. Es ist zwar keine ordentliche Professur, sondern nur ein schlecht bezahltes Extra-Ordinariat, verbunden mit großer Lehrverpflichtung. Aber für Kant besitzt diese Stelle dennoch einen großen Reiz. Denn jetzt endlich sieht er in nächster Nähe das Ziel vor sich, das er seit Jahren anstrebt.

Was hat er nicht alles unternommen, um akademischer Lehrer an der Albertus-Universität zu werden. Er hat «in dieser Absicht die philosophische Wißenschaften zu dem vornehmsten Felde meiner Bestrebungen gewählet» (Br, 2), hat also die Weltweisheit in ihrer ganzen Breite studiert, Naturkunde und Metaphysik ebenso wie Logik und Mathematik. Er hat, wie er nachdrücklich unterstreicht, keine Zeit und Gelegenheit verstreichen lassen, um seiner größten Bestrebung zu folgen. Seinen universitären Sonderweg hat er mit *Gedanken von der wahren Schätzung der lebendigen Kräfte* abgeschlossen. 1748 bis 1754 hat er noch eine Hauslehrerzeit in abgelegenen Winkeln Ostpreußens auf sich genommen, um schließlich den dornenvollen Weg eines Privatdozenten an der Albertina einzuschlagen, als hätte er ein Gelübde der Armut abgelegt.

Denn in kürzester Zeit hat Kant formal die akademischen Anforderungen erfüllt, die seine Bewerbung legitimieren. Zwei Dissertationen hat er bereits vorgelegt und öffentlich verteidigt. Zunächst, im April 1755, seine lateinisch geschriebenen naturphilosophischen *Meditationes de igne* (Über das Feuer), in denen er eine Substanzialitätstheorie des Wärmestoffs entwickelte. Wärme- und Lichterscheinungen wurden als vibrierende Wellenbewegung einer elastischen Äther-Materie zu erklären versucht. Die Lagerung und das Kräfteverhältnis kleinster atomarer Teilchen spielten eine entscheidende Rolle in dieser dynamischen Theorie der Materie. Noch im gleichen Jahr reichte er seine ebenfalls lateinisch verfasste *Nova dilucidatio* ein, seine *Neue Erhellung der ersten Grundsätze metaphysischer Erkenntnis*, in der er wieder den Begriff der Kraft ins Zentrum eines Realitätsverständnisses rückte, das selbst die geistigen Funktionen des Menschen an die Energie körperlicher Stoffe band. Schließlich teilt Kant seiner Königlichen Majestät mit, dass er bald eine dritte Arbeit vorlegen werde, die für seine Bewerbung erforderlich ist. Auch diese *Monadologia physica* (Physische Monadologie), der Philosophischen Fakultät eingereicht am 23. März und verteidigt am 10. April 1756, vertieft metaphysisch, was Kant bei der Erforschung der Naturvorgänge interessiert. Denn allein die Metaphysik, die über die unmittelbaren Zeugnisse der sinnlichen Erfahrung hinausgeht, kann das Licht der Erkenntnis anzünden, wenn es darum geht, die beiden Kräfte zu begreifen, welche den Monaden, diesen einfachen, unteilbaren und ursprünglichen Elementen aller Körper, innewohnen: anziehende und zurückstoßende Kraft, Attraktion und Repulsion.[1]

Doch Kant hat nicht nur auf diese drei akademischen Arbeiten hinweisen können. Er hat auch schon einige Proben seines Könnens veröffentlicht. In seiner Bewerbung spielt er ihre Bedeutung herunter. Aber dieses Understatement kann nicht das Selbstbewusstsein des jungen Magisters verdecken, der zumindest in Königsberg zu einer öffentlichen Person geworden ist. Seine Vorlesungen im Haus von Professor Kypke, bei dem er auch wohnt, ziehen zahlreiche Hörer an, die bei ihm nicht Philosophie, sondern tätig zu philosophieren lernen. Selbst denken, selbst forschen, auf seinen eigenen Füßen stehen! Das sind seine pädagogischen Imperative, denen begeisterte Studenten folgen. Auch das gebildete Königsberger Publikum liest gern, was der junge Philosoph in den *Wöchentlichen Königsbergischen Frag- und Anzeigungsnachrichten* über naturkundliche Themen schreibt: *Über die Achsendrehung der Erde* oder über *Die Frage, ob die Erde veralte, physikalisch erwogen.* Auch will es von Kant, der als Autorität auf geologischem Gebiet gilt, wissen, was das schreckliche Erdbeben verursacht habe, das Lissabon 1755 in Schutt und Asche gelegt hat. Drei Abhandlungen hat er über dieses erschütternde Thema geschrieben.

Der 32-jährige Magister ist auf all diese Proben seiner angewandten Bemühungen in den philosophischen Wissenschaften durchaus stolz. Aber sie verblassen gegenüber jenem genialen Jugendwerk, dessen Erscheinen eine Sternstunde in der Geschichte der Kosmologie ist: *Allgemeine Naturgeschichte und Theorie des Himmels, oder Versuch von der Verfassung und dem mechanischen Ursprunge des ganzen Weltgebäudes nach Newtonischen Grundsätzen abgehandelt.*

AUF DEN SCHULTERN ISAAC NEWTONS

Kant hat sein epochales Werk vor allem während seiner Hauslehrerzeit in der Provinz geschrieben und brachte das Manuskript 1754 nach Königsberg, wo er sich um die Drucklegung im Verlag von Johann Friederich Petersen kümmerte. In seinem Bewerbungsschreiben um die vakante Knutzen-Professur hat er seine *Naturgeschichte und Theorie des Himmels* nicht besonders erwähnt. Vielleicht ist er sich sicher gewesen, dass Friedrich II. mit ihr bereits vertraut war. Denn auf Rat seiner Freunde und in der Absicht, dass man unter königlicher Autorität auch an anderen Orten zu einer fruchtbaren Auseinandersetzung mit seiner *Theorie des Himmels* angeregt werde, hat Kant sie bereits ein Jahr zuvor seinem König gewidmet.

Am 14. März 1755 schickte Kant seine Himmels-Schrift an den König, von dessen astronomischen Interessen er wusste. Er machte sich klein, wie es sich gehörte, der alleruntertänigste Knecht vor seinem großmächtigsten Herrn. Er erwähnte seine eigene «Unwürdigkeit» und «Blödigkeit». Aber er war zugleich voller Hoffnung, «daß die Kühnheit, der ich mich unterwinde, nicht mit ungnädigen Augen werde angesehen werden.» (I, 225) Kühn war nicht nur, dass Kant seine Schrift Friedrich II. sandte. Mutig war auch, dass der stellenlose, arme und in Berlin unbekannte Philosoph aus der ostpreußischen Provinz dem König, der mit den besten Kennern der neuzeitlichen Kosmologie in engem Kontakt stand, ein Werk widmete, womit die preußischen Akademien «zur Nacheiferung anderer Nationen in den Wissenschaften angetrieben werden.» (I, 225) Kant erstarb zwar in tiefster Unterwürfigkeit. Aber er erhob zugleich den höchsten Anspruch. Er fühlte sich an der Spitze der internationalen Himmelskunde. Er hat zur Kenntnis genommen, was von den größten Astronomen beobachtet, beschrieben, erklärt und philosophisch reflektiert worden ist. Er hat es weiterentwickelt und metaphysisch durchdrungen. Die universelle Weite seines Blicks verband sich mit der radikalen Kühnheit eines neuen Weltmodells, das er vom Kosmos und seiner Naturgeschichte entwarf und in einer begeisternden Sprache schilderte. Kant war sich sicher, dass er ein Werk geschaffen hatte, in dem nicht nur die größten Themen behandelt wurden: die Struktur und die Geschichte des ganzen Weltgebäudes, das Dasein eines höchsten Wesens und das Schicksal der menschlichen Seele angesichts kosmischer Unendlichkeit. Er konnte stolz sein auf sein Meisterwerk, mit dem er sich in die Geschichte der großen Kosmologien einschrieb.

So wird Kant wohl guten Mutes gewesen sein, als er sich am 6. April 1756 auf die außerordentliche Professur für Logik und Metaphysik bewirbt. Er hat mehr geleistet, als notwendig ist. Doch es ist eine schlechte Zeit für die Erfüllung seiner Hoffnungen. Ist er enttäuscht, dass sein Bewerbungsschreiben keinen Erfolg hat? Jedenfalls beschließt die Universitätsverwaltung im fernen Berlin, aus Sparsamkeitsgründen die vakante Professur nicht wieder zu besetzen. Friedrich II. plant einen Präventivkrieg, um in der europäischen Politik, in der diplomatische Revolutionen und politische Kräfteverlagerungen an der Tagesordnung sind, an Macht zu gewinnen. Berlin fiebert in Kriegsvorbereitungen, und der Staat braucht Geld. Soldaten sind wichtiger als Metaphysiker. Der Krieg gegen Frankreich, Österreich und Russland wird sieben Jahre dauern, das Land völlig verwüsten, doch Preußen dennoch, wenn auch als letzte und kleinste, in den Kreis der europäischen Großmächte einreihen. Aber der arme Magister Kant wird noch 14 Jahre warten müssen, täglich hinter dem Amboss seines Lehrpults sitzend, «den schweren Hammer sich selbst ähnlicher Vorlesungen in einerlei Takte»[2] schlagend, bis er endlich seine große Bestrebung erfüllt finden wird.

Auch Kants *Theorie des Himmels* hat kein günstiges Schicksal. In die Hände der Königlichen Majestät ist sie nicht gelangt. Hinzu kommt ein publizistisches Missgeschick. Denn der Verleger und Buchhändler Petersen macht 1755 Bankrott. Sein Buchlager wird versiegelt, und als Kants Schrift in kleiner Restauflage 1756 doch noch in den Handel kommt, wird sie kaum wahrgenommen. In der Literatur des 18. Jahrhunderts wird sie nur selten erwähnt; und Johann Heinrich Lambert, Friedrich Wilhelm Herschel und Pierre Simon de Laplace, die später zu ähnlichen Einsichten wie Kant gelangen werden, scheinen weder von Kants Architektur des Weltgebäudes noch von seiner geschichtlichen Rekonstruktion *nach Newtonischen Grundsätzen* etwas gewusst zu haben.[3]

Diese mangelnde Aufmerksamkeit mag nicht nur publizistische Gründe haben. Vielleicht spielt auch eine Rolle, dass Kant keine streng naturwissenschaftliche Leistung vollbracht hat. Denn weder hat er wie ein Berufsastronom ausdauernd den nächtlichen Himmel beobachtet, immer tiefer in den Weltraum blickend, um immer präzisere Sternkarten anfertigen zu können; noch hat er genaue Berechnungen angestellt, um den Lauf der Gestirne und das System des Weltgebäudes mathematisch in den Griff zu bekommen. Ihm fehlen gleichermaßen die Geduld eines strengen Beobachters und die gedankliche Schärfe eines Geometers oder Mathematikers. Nicht grundlos hat er in der *Vorrede* an die Nachsicht seiner Leser appelliert, sie mögen doch bitte keine «größte geometrische Schärfe und mathematische Unfehlbarkeit» (I, 243) von seiner Abhandlung erwarten. Was aber hat er dann zu bieten?

Die *Naturgeschichte und Theorie des Himmels* ist eine naturphilosophische Großtat. Sie führt dem Leser «den größten und wunderwürdigsten Gegenstand, den man sich denken kann» (I, 243), vor Augen. Kant hat ein Modell der ganzen unendlichen Schöpfung konstruiert. Er nimmt den Leser mit auf eine Reise in den unbegrenzten Tiefenraum und durch die Tiefenzeit einer Schöpfungsgeschichte, in der neue Welten entstehen und alte untergehen, in der sich das anfängliche Chaos zu wohlgeordneten Systemen bildet, die wieder vom Abgrund der Ewigkeit verschlungen werden. Kant hat nach der Rolle Gottes in diesem dynamischen Weltprozess gefragt. Er hat zu bestimmen versucht, welche Stellung der Mensch in diesem unendlichen Schauplatz der kosmischen Ordnung einnehmen kann. Und nicht zuletzt hat er dabei auf das Vergnügen gesetzt, das edle Seelen empfinden können, wenn sie sich in den Anblick eines bestirnten Himmels, bei einer heiteren Nacht, vertiefen. Statt wissenschaftlich zu beobachten und komplizierte Berechnungen vorzunehmen, hat Kant sich auf ein naturphilosophisches Abenteuer eingelassen, voller Begeisterung und mit einer überschwänglichen Einbildungskraft. Um ihm auf seiner Reise in den Himmel folgen zu können, muss man wissen, was Kant kannte. Auf welches Wissen und welche Erfahrungen hat er sich gestützt, um für seine kosmologische Phantasie einen tragfähigen Grund haben zu können?

Die Naturlehre hatte am Collegium Fridericianum zwar nur eine marginale Rolle gespielt, aber der neugierige Schüler hatte sich wohl kaum die Gelegenheit entgehen lassen, durch das Fernrohr im Observatorium einen Blick in den nächtlichen Himmel zu werfen, auf dessen erhabenen Eindruck ihn seine Mutter eingestimmt hatte. Den schulischen Mangel an naturwissenschaftlicher Ausbildung hatte Kant während seines Studiums an der Albertus-Universität zu beheben versucht. Dafür spricht vor allem die große Rolle, die Professor Martin Knutzen für seinen begabten Studenten gespielt hat. Durch seine astronomischen Arbeiten war Kant mit dem Himmel wissenschaftlich vertraut geworden. Die Indizien sind bereits erwähnt worden: Knutzens publikumswirksame, wenngleich irrtümliche Prognose, dass der Komet von 1698 im Jahr 1744 wieder erscheinen werde; seine *Vernünftigen Gedanken von den Cometen* (1744); sein Spiegelteleskop, durch das er seine Studenten das eindrucksvolle Kometen-Schauspiel am Königsberger Winterhimmel betrachten ließ; seine physikalischen Vorlesungen über das Weltgebäude. Ergänzt werden kann noch, dass Knutzen eine «physiko-theologische Gesellschaft»[4] organisiert hatte, in der über das Spannungsverhältnis zwischen Natur und Gott, wissenschaftlicher Forschung und religiösem Glauben debattiert wurde in der Hoffnung, dass die physikalische Verfassung der Natur für die Existenz Gottes einen Beweisgrund liefere. Es gibt Hinweise, dass auch Kant an diesen Diskussionen teilgenommen hat.

All diese Anregungen aber verblassen gegenüber der Bedeutung, die Newtons *Philosophiae Naturalis Principia Mathematica* für Kants philosophische Entwicklung gespielt hat. Kants Welt ist Newtons Welt. Ohne seine Lektüre von Newtons *Principia Mathematica* bliebe unklar, was Kant philosophisch umtreibt, nicht nur in seiner *Theorie des Himmels*, die er *nach Newtonischen Grundsätzen abgehandelt* hat, sondern auch in seinen späteren erkenntnistheoretischen Hauptwerken, die um die zentrale Frage kreisen werden: Wie ist eine reine Naturwissenschaft nach Newtons Art, an deren absoluter Richtigkeit Kant nie gezweifelt hat, überhaupt möglich?

Die *Principia Mathematica* sind 1687 erschienen. In den beiden ersten Büchern hat Newton eine Mathematik entwickelt, um die Bewegungen von Körpern und die Kräfte, aus denen sie hervor gehen, philosophisch begreifen zu können. Denn er sah es vordringlich als eine philosophische Schwierigkeit an, aus den Bewegungserscheinungen von Körpern auf die Kräfte der Natur zu schließen, um dann, von diesen Kräften ausgehend, natürliche Prozesse mechanisch bestimmen zu können.[5] Im Dritten Buch *De mundi systemate* hat Newton dann, was er zuvor nur mathematisch formuliert hatte, auf das *Gefüge der Welt* angewandt, worunter er die Bewegungen der Himmelskörper innerhalb unseres Sonnensystems verstand. Der abstrakte mathematische Formalismus wurde zu einem kosmologischen Modell konkretisiert.

Im Weltsystem ist eine Kraft der Schwere wirksam, die alle Himmelskörper wechselseitig gegeneinander gravitieren (von lat. *gravis*: schwer) lässt. Diese Gravitation, die anziehend wirkt und von unendlicher Reichweite ist, folgt einer einfachen mathematischen Regel. Bereits 1684 hatte der junge Astronom Edmond Halley den zurückgezogen lebenden Newton in Cambridge besucht und ihm die Preisfrage gestellt, für deren beweisbare Antwort ein Buch im Wert von 40 Shilling als Prämie lockte: Genügt eine Kraft, die in Richtung der Sonne wirkt und deren Stärke umgekehrt proportional zum Quadrat der Entfernung von der Sonne ist, um alle Planetenbewegungen erklären zu können? Ja, lautete Newtons Antwort, für die seine *Principia Mathematica* den mathematischen Beweis lieferten. Mit der Formel $1/r^2$, wobei r den Abstand zwischen Umlauf- und Zentralkörper bezeichnet, gelang es Newton, das Gefüge des Weltsystems in seiner Bewegungsdynamik zu durchschauen. Berechenbar und damit prognostizierbar war die Bewegung der Planeten um die Sonne, der Monde um die Planeten, der Kometen innerhalb des Sonnensystems.

Newton war sich sicher, dass die Schwerkraft wirklich existiert und nach den von ihm festgestellten Gesetzen wirkt; und er war auch davon überzeugt, dass die Gravitation «aus irgendeiner

Isaac Newton.
Gemälde von Godfrey Kneller, 1702

Ursache» entsteht. Aber über diese Ursache selbst konnte er nichts aussagen. «Eine theoretische Erklärung für diese Eigenschaften der Schwere habe ich aus den Naturerscheinungen noch nicht ablesen können, und bloße Hypothesen denke ich mir nicht aus.»[6] Die Ursache der Gravitation blieb ein metaphysisches Rätsel. Bis heute wissen die Physiker nichts über das Wesen der Gravitation zu sagen. Sie begnügen sich mit der Feststellung, dass es diese Urkraft des Universums gibt. Im Unterschied zu Newtons unendlich hoher Ausbreitungsgeschwindigkeit der Gravitation im unendlichen Raum rechnet man gegenwärtig jedoch damit, dass es Schwerkraftwellen gibt, die sich mit Lichtgeschwindigkeit fortpflanzen und als periodische Änderungen der Raumzeit-Krümmung messbar sind.

In seinem *Vorwort an die Leser*, geschrieben am 8. Mai 1686 zu Cambridge, im Trinity College, hat Newton seine weitreichende Vermutung geäußert, «daß alles von bestimmten Kräften abhängen könnte, durch die die Teilchen der Körper aus noch nicht bekannten Ursachen entweder wechselseitig gegeneinander stoßen und in regelmäßigen Strukturen zusammenhängen, oder sich wechselseitig fliehen und voreinander zurückweichen.»[7] Attraktion und Repulsion, Anziehung und Abstoßung galten ihm als die beiden widerstreitenden Fundamentalkräfte, deren Erforschung dazu dienen soll, einer Theorie für Alles näher zu kommen.

Newton war von der Richtigkeit seiner *Principia Mathematica*, angewandt auf die *Philosophia Naturalis*, zutiefst überzeugt. Er wollte keine Hypothesen erfinden, sondern absolute Wahrheiten entdecken. «Aufgedeckt ist des bezwungenen Himmels tiefstes Geheimnis, und bekannt ist die Kraft, die die fernsten Welten im Kreis dreht», dichtete Edmond Halley im Geleitwort zum großen Werk des hervorragenden Isaac Newton, «der die verschlossenen Bücher der Wahrheit öffnet. Keinem Sterblichen ist es erlaubt, den Göttern näherzukommen.»[8] Auch Kant war begeistert. Das Studium der *Principia Mathematica* ließ ihn zum Anhänger Newtons werden. Schon als junger Student stellte er sich auf die Schultern dieses Riesen, um das Weltall nach dessen Grundsätzen zu erforschen. In keinem anderen Teil der Weltweisheit gab es so viel Wahrheit und Gewissheit.

In seiner *Theorie des Himmels* liefert Kant zunächst einen kurzen Abriss von Newtons Naturphilosophie. Wie sein Vorbild setzt er nur zwei Kräfte voraus: Zurückstoßungskraft und Anziehungskraft, auch Gravität genannt, zwei Grundkräfte also, «welche beide gleich gewiß, gleich einfach und zugleich gleich ursprünglich und allgemein sind». (I, 242) Vor allem Newtons Gravitationskraft preist er als ein «außerzweifelgesetztes Naturgesetz» (I, 242) und «ausgemachtes Phaenomenon der Natur»(I, 251). Als ebenso zuverlässig gilt ihm das allgemeine Gesetz der Gravitation $1/r^2$, das bis in die fernsten Weiten wirksam ist. Newton ist Kants kosmologischer Prophet.

Kant sieht keinen Grund, an den ewigen Wahrheiten des größten Weltweisen zu zweifeln. Hinzu kommt, dass er auch Newtons ersten Lehrsatz des Philosophierens als erkenntnisleitenden Wegweiser anerkennt, der ihn von krummen Abwegen und schwärmerischen Erfindungen abhalten soll: «Nicht mehr Ursachen der natürlichen Dinge dürfen in den Beweisgrund eingeführt werden als die, die wahr sind und zur Erklärung ihrer Erscheinungen zureichen.»[9] Denn die Natur selbst treibt keinen Luxus mit überschüssigen Ursachen. Nur wer sich an diesen Leitfaden hält, findet in den sichtbaren Auflösungen und Zerstreuungen des materiellen Universums ein schönes und ordentliches Ganzes. Nur *nach Newtonischen Grundsätzen abgehandelt* gibt sich das Weltgebäude als ein wohlgeordneter Kosmos zu erkennen, dessen natürlicher «Beweisgrund» so weit wie möglich aus ihm selbst abgeleitet werden muss.

Als Martin Knutzen seinem jungen Studenten Newtons *Principia Mathematica* zur Lektüre überließ, muss er eine wahre naturphilosophische Lesewut hervorgerufen haben, mit der Kant nun alles verschlang, was die großen kosmologischen Probleme betraf. Auch während seiner sechsjährigen Hauslehrerzeit, zunächst in der ländlichen Einsamkeit des kleinen Kirchdorfs Judtschen (1748–1751), dann im Rittergut Groß-Arnsdorf des Majors Bernhard Friedrich von Hülsen (1751–1754), hat er sich nicht nur seiner Erziehungsaufgabe unterworfen.[10] Die langen Jahre in ländlicher Isolation und Ruhe nutzte er zur intensiven Naturforschung. Kant legte sich umfangreiche Notizen («Miszellaneen») aus allen Fächern der Gelehrsamkeit an, vor allem in Physik, Geographie und Astronomie. Noch im hohen Alter dachte er «mit vieler Zufriedenheit an diese Jahre seines ländlichen Aufenthalts und Fleißes zurück.»[11]

Von diesem Fleiß zeugen vor allem jene naturkundlichen Arbeiten, mit denen der dreißigjährige Kant nach seiner Rückkehr die Königsberger Öffentlichkeit zu interessieren begann: Abhandlungen über die Winde und das Feuer, über das Veralten und die Achsendrehung der Erde, über die Dynamik materieller Körper und über die *merkwürdigen Vorfälle des Erdbebens, welches an dem Ende des 1755sten Jahres einen großen Theil der Erde erschüttert hat.*

Auch die *Naturgeschichte und Theorie des Himmels* ist ein Ergebnis seiner naturkundlichen Forschung auf dem Lande. Aber sie zeigt auch jene tiefe Zufriedenheit, die Kant in den klaren Nächten empfunden haben muss, wenn er den staunenden Blick in der Unermesslichkeit des Sternenhimmels schweifen ließ. Jenes besondere Vergnügen muss ihn ergriffen haben, von dem seine späteren *Beobachtungen über das Gefühl des Schönen und Erhabenen* durchdrungen sind. Denn an die heiteren Nächte während seines ländlichen Aufenthalts scheinen jene schwärmerischen Betrachtungen zu erinnern, mit denen er 1764 die Erhabenheit der Nacht gegen die Schönheit des Tages abgrenzt: «Gemütsarten, die ein Gefühl vor das Erhabene besitzen, werden durch die ruhige Stille eines Sommerabendes, wenn das zitternde Licht der Sterne durch die braune Schatten der Nacht hindurch bricht und der einsame Mond im Gesichtskreise steht, allmählich in hohe Empfindungen gezogen, von Freundschaft, von Verachtung der Welt, von Ewigkeit.» (I, 827)

Der junge Philosoph, dessen Armut ihn als Hofmeister in die Provinz verschlagen hatte, erforschte nicht den Himmel, sondern betrachtete ihn voller Bewunderung und Ehrfurcht. Sein Gemüt war bewegt und zu Ideen angeregt, die der Größe des Himmels entsprachen. Diese bewundernde Augenlust wurde verstärkt und gelenkt durch intensive Lektüre. Kant las, was die berühmtesten Naturforscher seiner Zeit über den Kosmos geschrieben hatten, und zahlreiche Passagen seiner *Theorie des Himmels* sind intertextuelle Spuren dieses wissenshungrigen Lesens. Aus der Fülle des Vorgedachten sollen nur drei Arbeiten erwähnt werden, die Kant 1750/51 in die Hände fielen und ihm den unmittelbaren Anlass boten, seine eigene *Theorie des Himmels* in metaphysischer Hinsicht zu Papier zu bringen.

1750 erschien in Berlin der *Essai de cosmologie* des französischen Naturwissenschaftlers und Philosophen Pierre Louis Moreau de Maupertuis, den Friedrich II. 1746 zum Präsidenten der Preußischen Akademie der Wissenschaften ernannt hatte.[12] Ein Jahr später war die deutsche Übersetzung *Versuch einer Kosmolo-*

gie auf dem Markt. Von der Physik Newtons beeinflusst, hat Maupertuis einen Abriss des «Weltsystems» gezeichnet und die mechanischen Naturgesetze mathematisch abgeleitet, denen die Bewegungen der Planeten folgen. Doch dieses mechanistische Weltbild diente zugleich einem höheren Zweck. In der naturgesetzlichen Ordnung soll sich das höchste Wesen zu erkennen geben, die Macht und Weisheit einer «intelligence suprême». Die blinde und notwendige Mechanik der Weltmaschine fällt zusammen mit den Plänen einer aufgeklärten und freien Intelligenz Gottes.

Ebenfalls 1750 erschien die deutsche Übersetzung des ersten Bandes der voluminösen *Histoire naturelle* von Georges Louis LeClerc, Comte de Buffon: dessen *Allgemeine Naturgeschichte*, auf die bereits der Titel von Kants Schrift anspielt.[13] Auch Buffon war ein Bewunderer Newtons und seiner allgemeinen Theorie der Gravitation. Wer die Wahrheit zu erkennen weiß, dem liegt die systematische Ordnung des Weltgebäudes klar vor Augen. Aber man braucht keinen Gott mehr, der in die Naturprozesse eingreift; denn das Planetensystem folgt von sich aus einer Ordnung, und seine Entstehung lässt sich allein aus naturgesetzlichen Beweisgründen erklären. Nur am Anfang hat die mächtige Hand des Schöpfers eingegriffen, als sie die Elemente des ganzen Weltgebäudes durch eine stoßende Kraft in Bewegung setzte.

Und schließlich war Kant, wie er in der *Vorrede* unterstreicht, zum Ersten Teil seiner Schrift, der von einer *Systematischen Verfassung unter den Fixsternen, imgleichen von der Vielheit solcher Fixsternsystemen* handelt, angeregt worden durch eine ausführliche Buchrezension, die im Januar 1751 in den Hamburger *Freyen Urtheilen und Nachrichten zum Aufnehmen der Wissenschaften und der Historie überhaupt* erschienen war. Der englische Naturphilosoph Thomas Wright of Durham hatte 1750 ein kaum bekanntes Werk geschrieben mit dem Titel *An Original Theory or new hypothesis of the Universe*: eine neue mathematisch-naturgesetzliche Theorie über das sichtbare Weltgebäude, besonders über das Phänomen der Milchstraße.[14] Kant muss sofort die weitreichenden Konsequenzen erkannt haben, die sich aus dieser originellen Hypothese ergaben. «Herr Wright von Durham, dessen Abhandlung ich aus den Hamburgischen freien Urteilen vom Jahr 1751 habe kennen lernen, hat mir zuerst Anlaß gegeben, die Fixsterne nicht als ein ohne sichtbare Ordnung zerstreutes Gewimmel, sondern als ein System anzusehen, welches mit einem planetischen die größte Ähnlichkeit hat.» (I, 238) Das also war die Initialzündung für Kants kosmischen Höhenflug. Auch im scheinbar wirren Durcheinander der Fixsterne gibt es eine systematische Ordnung.

Kant war kein Astronom. Sein Studium der Schriften von Newton und Huygens, von Voltaire, Maupertuis und Buffon, von Wright of Durham und vielen anderen befriedigte vor allem sein metaphysisches Erkenntnisinteresse. Er verarbeitete die naturwissenschaftlichen Forschungsergebnisse, um Antworten auf die großen Fragen zu finden, die ihn als Liebhaber der Metaphysik bis ins hohe Alter faszinierten. Sie waren ihm traditionell vorgegeben durch jene Dreiheit, die vor allem durch Christian Wolffs «Deutsche Metaphysik»[15] von 1720 populär geworden war: *Vernünfftige Gedancken von Gott, der Welt und der Seele des Menschen, auch allen Dingen überhaupt*. Auf die Dinge überhaupt, sofern sie Dinge sind, also auf die allgemeine Metaphysik als Ontologie, hat Kant sich in seiner *Theorie des Himmels* nicht eingelassen. Konzentriert hat er sich auf die drei Bereiche der besonderen Metaphysik *(metaphysica specialis)*: auf die Welt als Gegenstand der *cosmologia generalis*; auf Gott als Thema der *theologia rationalis*; und auf den Geist und die Seele des Menschen als Herausforderung für eine *psychologia empirica et rationalis*. Äußerst kunstvoll hat Kant diese Trias ineinander verwoben. Wir wollen sie durch einen Dreischritt zu entwirren versuchen, um den vernünftigen Gedanken des philosophierenden Hauslehrers besser folgen zu können.

Bereits im ersten Satz seiner *Theorie des Himmels* gesteht Kant die ungeheure Schwierigkeit, in die ihn sein kosmologischer Versuch gestürzt hat. Er will ja nichts Geringeres entdecken als «das Systematische, welches die großen Glieder der Schöpfung in dem ganzen Umfange der Unendlichkeit verbindet»; und dazu auch noch «die Bildung der Weltkörper selber und den Ursprung ihrer Bewegungen aus dem ersten Zustande der Natur durch mechanische Gesetze» (I, 227) herleiten. Ist der menschliche Verstand, der selbst bei kleinen alltäglichen Dingen oft so verwirrt ist, überhaupt in der Lage, dieses riesige Thema zu bewältigen? Zum Glück gibt es um die Mitte des 18. Jahrhunderts bereits hervorragende Leistungen, um unter der Last dieser Schwierigkeit nicht zusammenzubrechen. Voller Erkenntnisoptimismus macht sich Kant an sein großes Werk.

Dass innerhalb unseres planetischen Weltbaus nicht die Erde, wie es die Wahrnehmung vorgaukelt, sondern die Sonne im Mittelpunkt steht, hat sich seit der 1543 erschienenen Schrift des Nikolaus Kopernikus *De revolutionibus orbium coelestium* (Über die Umdrehungen der himmlischen Kugelschalen) als heliozentrisches Weltmodell allgemein durchgesetzt. Johannes Kepler und Galileo Galilei haben dazu, gegen den Widerstand der katholischen Kirche, entscheidend beigetragen. Was zunächst nur als eine elegante mathematische Konstruktion galt, hat sich als realistisches Modell unseres Sonnensystems etabliert.[16] Auch Kant geht selbstverständlich von diesem heliozentrischen System aus, wobei er einen besonderen Akzent setzt. Wenn er von einem Welt-«System» spricht, dann meint er nicht nur die Drehung der Planeten und Kometen um die Sonne als Zentralkörper. Erst die besondere linsen- oder diskusförmige Gestalt dieser Bewegungen gilt ihm als streng systematisch: «Die Kreise der Planeten beziehen sich so nahe, wie möglich auf eine gemeinschaftliche Fläche, nämlich auf die verlängerte Äquatorsfläche der Sonne.» (I, 253)

Vom Sonnensystem erweitert Kant den Blick in den Fixsternhimmel. Jetzt kommt die *New hypothesis* zur Geltung, die Wright of Durham 1750 aufgestellt hat. Entgegen der Wahrnehmung, dass die «Fixsterne» ihre Positionen nicht zu verändern scheinen, abgesehen von der Rotation am Himmel, die durch die Drehung der Erde um ihre eigene Achse hervorgerufen wird, hält Kant es für sehr wahrscheinlich, dass diese Sterne «wohl eigentlich langsam bewegte Wandelsterne einer höhern Ordnung sein könnten.» (I, 238) In zweifacher Hinsicht widerspricht diese Vermutung den allgemein anerkannten Vorstellungen. Zum einen wird nun das Fixe als beweglich behauptet. Zum andern wird auch in dem verwirrenden, scheinbar unermesslichen Gewimmel eine «höhere Ordnung» erkannt. Erst durch Wright und Kant bekommt der Fixsternhimmel ein Gesetz. Die Betrachtung des schimmernden Bandes, das sich wie ein Gürtel über das nächtliche Firmament zieht und von den Griechen *kiklos galaxias* (Milchkreis), von den Römern *via lactea* (Milchstraße) genannt wurde, wird nicht mehr nur, wie von Galileo oder von Newton, als eine unsystematische Ansammlung zahlreicher, haufenförmig angeordneter Sterne gesehen. Auch die Galaxie bildet ein geordnetes Ganzes und ist, wie Kant zustimmend bemerkt, «als ein System anzusehen, welches mit einem planetischen die größte Ähnlichkeit hat.» (I, 238)

Die festgestellten Ordnungen, zwischen denen Kant eine Analogie annimmt, sind, modern gesagt, selbstähnlich. Sie besitzen jene geometrische Form, die durch Benoit Mandelbrot als «Fraktal» berühmt geworden ist und *The Fractal Geometry of Nature* zum Klassiker der gegenwärtigen Naturphilosophie gemacht hat.[17] Im jeweils Größeren herrscht das gleiche systematische Muster wie im Kleineren, das durch rekursive Funktionen berechenbar ist. Kant hat es bereits 1755 als Idee gedacht: Im scheinbar chaotischen Gewimmel des Sternenhimmels herrscht eine fraktale Wiederkehr des Gleichen, die sich in selbstähnlichen Ordnungen auf jeweils höheren Stufen manifestiert. Diese Einsicht bringt Kant nun auf einen originellen Gedanken, der einzigartig ist zu seiner Zeit. Er denkt über Wright hinaus, eine Stufe weiter in der Hierarchie des Weltgebäudes aus Systemen von Systemen.

Kant vermutet, dass auch die «Art neblichter Sterne» (I, 249), die Huygens, Halley und Maupertuis festgestellt haben, selbst wieder nur Erscheinungen einer höheren Ordnung sind. Besonders ihre elliptische Form lässt Kant annehmen, dass diese nebelartigen Gebilde nichts anderes sind als ein «unbegreiflich zahlreiches Sternenheer, und zwar um einen gemeinschaftlichen Mittelpunkt» (I, 240), Galaxien also, die wieder nach dem gleichen System geordnet sind wie Sonnensystem und Milchstraße. (Noch 1920 wird «Die große Debatte» um die Frage stattfinden, ob es sich bei den beobachteten Spiralnebeln um Gaswolken handelt, die innerhalb unserer Galaxie liegen, oder um eigenständige Milchstraßen. Und erst Edwin Powell Hubble wird es im Februar 1924 gelingen, die Entfernung zum Andromeda-Nebel eindeutig zu bestimmen. Es gibt keinen Zweifel mehr: Es handelt sich um eine eigenständige Galaxie, um eine von Kants zahlreichen «Welteninseln» in den unbegreiflichen Weiten des Universums.)

Und nun noch ein letzter ungeheurer Schritt, den Kant wagt und im Siebenten Hauptstück des Zweiten Teils vollzieht: *Von der Schöpfung im ganzen Umfang ihrer Unendlichkeit sowohl dem Raume, als der Zeit nach*. Die Analogie zwischen immer höheren und größeren Weltordnungen bringt den Verstand auf eine Idee, die unsere Einbildungskraft übersteigen muss: Alle Galaxien sind selbst wieder nur Glieder in der «großen Kette der gesamten Natur» (I, 328), in der Welten über Welten, Systeme über Systeme stufenförmig geordnet zusammenhängen, und die Kant nicht nur als unermesslich groß imaginiert, sondern als real existierende Unendlichkeit zu denken versucht.[18] Voller Enthusiasmus stellt er fest, wofür Giordano Bruno als Ketzer von der päpstlichen Inquisition zum Tode verurteilt und am 17. Februar 1600 auf dem Scheiterhaufen verbrannt wurde: «Wir sehen die ersten Glieder einer fortschreitenden Verhältnis von Welten und Systemen, und der erste Teil dieser unendlichen Progression gibt schon zu erkennen, was man von dem Ganzen vermuten soll. Es gibt hie kein

Ende, sondern ein Abgrund einer wahren Unermeßlichkeit, worin alle Fähigkeit der menschlichen Begriffe sinket.» (I, 267) Unvorstellbar und erfahrungswissenschaftlich unerforschbar ist diese kosmische Welt ohne Grenzen, deren Idee sich allein durch eine fraktale Selbstähnlichkeit zwischen den ersten Teilen und dem Ganzen denken lässt.

Mit seiner *Theorie des Himmels*, dass im unendlichen kosmischen Raum alles nach ähnlichen Ordnungen verfasst ist, hat Kant sich in eine Problemsituation verstrickt, die er durch eine *Allgemeine Naturgeschichte* zu bewältigen versucht. Denn er sieht sich nun einer Frage konfrontiert, an deren Beantwortung selbst der große Newton gescheitert ist. Der bewunderte Weltweise, der mehr als jeder andere Sterbliche zu Einsichten in die Gesetze der Natur gelangt ist, war verzweifelt, weil er keine mechanische Ursache für die Planetenbewegungen finden konnte. Er sah sich in einem unlösbaren Dilemma: Auf der einen Seite hatte er gute Gründe, für die Regelmäßigkeit und Ordnung seines Weltsystems natürliche Ursachen anzunehmen; auf der anderen Seite fand Newton keine natürliche Antriebskraft, die das Weltsystem zum Laufen hätte bringen können. In seiner Verzweiflung traf er deshalb, Kant zufolge, einen für einen Philosophen unrühmlichen Entschluss. Gegen seinen eigenen philosophischen Leitspruch, nicht mehr Ursachen als Beweisgrund einzuführen als die, die wahr sind und zur natürlichen Erklärung zureichen, behauptete er, «die unmittelbare Hand Gottes habe diese Anordnung ohne die Anwendung der Kräfte der Natur ausgerichtet.» (I, 274) Um seinem Dilemma zu entkommen, nahm Newton Zuflucht bei einer göttlichen Aktion. Er griff auf ein Übernatürliches zurück, das den Rahmen seiner *Philosophia Naturalis* sprengte. Sein «Finger Gottes» supplementierte den Mangel einer konsequenten naturbezogenen Ursachenforschung.

Damit hat Kant sich nicht zufrieden gegeben. Er will eine Lösung für Newtons Problem finden, ohne Gott als Hilfsmittel ins Spiel zu bringen. Und es gelingt ihm durch einen raffinierten Perspektivenwechsel. Er betrachtet nicht nur die *Verfassung des ganzen Weltgebäudes*, sondern versucht, ihren *mechanischen Ursprung* zu erhellen. Von der Systemtheorie geht er zur Naturgeschichte, von der Struktur des Raums zum Lauf der Zeit, von der Kosmologie zur Kosmogonie.

Statt sich aus gedanklicher Faulheit übereilt auf eine unmittelbare Aktion Gottes zu berufen, entwirft Kant ein Modell vom Anfang und von der Entwicklung des Himmels. Als Ausgangspunkt genügt ihm eine einfache Vorstellung. Nehmen wir doch einfach an, der jetzt so leere Raum, der ja für Newtons Dilemma verantwortlich ist, war einst gar nicht leer, sondern, zumindest in seinem Anfangsstadium, «mit genugsam vermögender Materie erfüllet gewesen» (I, 274), um die Bewegungen der Weltkörper anstoßen zu können. Was jetzt fast vollkommen leer ist, war anfänglich ganz erfüllt. Mit dieser Annahme findet Kant eine Möglichkeit, statt Gott die Naturgesetze wirken zu lassen. Er ist sich der Kühnheit seines Unternehmens voll bewusst. Denn er hat nicht nur Newton übertrumpft und mit seinen eigenen philosophischen Waffen geschlagen, sondern auch Newtons Gott in seine Schranken verwiesen. Kant braucht «Gottes Finger» nicht, um die Ursachen der natürlichen Bewegungsformen im Weltgefüge finden zu können.

Mit einer gottähnlichen Geste entwirft Kant seine eigene Welt. Mag sein, dass Gott der Weltschöpfer ist. Aber ich kann ein Modell des Weltsystems bauen, das seiner Schöpfung gleichkommt. Mit drei wuchtigen Sätzen, an deren erster Stelle jeweils «Ich» steht, erhebt der junge Naturphilosoph seinen ungeheuerlichen Anspruch: «Ich nehme die Materie aller Welt in einer allgemeinen Zerstreuung an und mache aus derselben ein vollkommenes Chaos. Ich sehe nach den ausgemachten Gesetzen der Attraktion den Stoff sich bilden und durch die Zurückstoßung ihre Bewegung modifizieren. Ich genieße das Vergnügen, ohne Beihülfe willkürlicher Erdichtungen, unter der Veranlassung ausgemachter Bewegungsgesetze sich ein wohlgeordnetes Ganze erzeugen zu sehen, welches demjenigen Weltsystem ähnlich siehet das wir vor Augen haben, daß ich mich nicht entbrechen kann, es vor dasselbe zu halten.» (I, 232) Zwischen Kants Weltmodell und dem realen Weltsystem ist kein Unterschied zu entdecken. Das Simulakrum ist perfekt, die Modellkonstruktion ist vom Modellierten nicht mehr zu unterscheiden, und Kant ist der Schöpfer einer simulativen Welt, deren Geschichte und Struktur zum Vorschein bringt, was im sichtbaren Weltsystem selbst unerkennbar oder unverständlich blieb.

Kant spricht von keinem allgemeinen Erkenntnissubjekt. Das Ich, das sich hier nach vorn drängt, ist Kant selbst. Er sieht sich als ein neuer Demiurg, der wie in Platons *Timaios* als Weltbildner und Baumeister aus dem im Weltganzen unordentlich zerstreuten Urstoff die kosmische Ordnung bildet.[19] Er selbst erzeugt das ursprüngliche Chaos, um aus ihm, nur auf die widerstreitenden Naturkräfte der Anziehung und Abstoßung setzend, den wohlgeordneten Kosmos neu zu schaffen. Für seine naturphilosophische Konstruktion braucht er nichts anderes als Materie. Gegen alle Bedenken, ob sein Unternehmen nicht viel zu anmaßend sei für den menschlichen Verstand, erhebt er den selbstbewussten Anspruch: «Gebet mir Materie, ich will eine Welt daraus bauen!» (I, 237)

Bevor wir auf die theologische Sprengkraft dieser Forderung eingehen, die Kant einem gefährlichen Atheismusverdacht aussetzt, müssen zunächst die Entwicklungsstufen von Kants naturgeschichtlichem Simulakrum kurz skizziert werden.

Am Anfang war das Chaos. Wie in zahlreichen Mythen, aber auch in den Theorien und Naturgeschichten der antiken Atomisten Leukipp, Demokrit und Epikur war der ganze unendliche Raum mit einem elementarischen Grundstoff ausgefüllt.[20] Dieses vollkommene Chaos stellt sich Kant als den einfachsten Zustand vor, «der auf das Nichts folgen kann.» (I, 275) Nichts ist gebildet oder hat Form angenommen. Die anfängliche Schöpfung ist so roh und ungebildet wie möglich, eine Art diffuser Nebel aus atomaren Partikeln.

Doch selbst dieses Chaos kann nicht vollkommen homogen sein. Wären alle Elemente gleich und wären sie alle gleichmäßig im Chaos verteilt, so könnte nichts geschehen. Um Bewegung in die allgemein verteilte Weltmaterie zu bringen, sind ursprüngliche Differenzen notwendig. Am Anfang ist der Unterschied. «Allein die Verschiedenheit in den Gattungen der Elemente träget zu der Regung der Natur und zur Bildung des Chaos das Vornehmste bei.» (I, 276) Die Differenz zwischen den Elementen führt zur Differenzierung und setzt jene Dynamik in Gang, die nach strengen Naturgesetzen zur Bildung des Weltgebäudes führt.

Kants Chaostheorie modelliert, in der Perspektive des heute weitgehend anerkannten Kosmologischen Standardmodells, einen Zustand, der etwa 300 000 Jahre nach dem vermuteten heißen Urknall bestanden hat. Nach der explosionsartigen Ausdehnung des Weltalls aus einem Zustand größter Dichte und Temperatur war die anfängliche Materie, vor allem Helium und Wasserstoff, im Universum fast gleichmäßig verbreitet. Diese gasförmige Homogenität der Materieverteilung wird jedoch durch Temperaturdifferenzen und Schwankungen der Materiedichte zunehmend strukturiert. Dichte-Inhomogenitäten, die aus Quanteneffekten stammen, sind notwendig, um Strukturbildung zu ermöglichen. Orte mit höherer Dichte ziehen Materie aus ihrer Umgebung an, und so verstärken sich die anfänglichen Schwankungen immer mehr, bis sich schließlich jene Strukturen gebildet haben, die wir heute durch das elektronische Auge des Hubble-Weltraumteleskops oder mittels der Nasa-Raumschiffsonde WMAP sehen können: unzählige Galaxien über Galaxien in einem unvorstellbar großen Tiefenraum, der sich vor etwa 13,7 Milliarden Jahren zu bilden begann.

Das anfängliche Chaos, aus dem Kant das kosmische System entstehen lässt, kann nur einen winzigen Augenblick gedauert haben. Denn die unterschiedlich dichten und schweren Partikeln beginnen, nach einer kurzen Phase chemischer Attraktion, ihre beiden bewegenden Kräfte spielen zu lassen: Newtons Anziehungs- und Abstoßungskraft. Aus ihnen allein, ohne göttliche Mitwirkung oder Anregung, leitet Kant die kosmische Massenbildung und den ersten Ursprung aller Bewegung ab. Die Materie selbst, «die in streitenden Bewegungen begriffen ist» (I, 279), lässt aus dem diffusen Chaos eine fraktale Weltordnung entstehen, wobei sich vom Kleinsten bis zum Größten alles nach dem gleichen Mechanismus und Muster vollzieht.

Die Anziehungskraft führt dazu, dass an verschiedenen Orten des Universums Elemente dichterer Art von allen Seiten her Materie geringerer spezifischer Schwere an sich ziehen. Dieses anziehende Spiel der Elemente findet im ganzen Raum des Kosmos statt. – Die Abstoßungskraft führt dazu, dass die Kräfte der Anziehung nicht «Klumpen» entstehen lassen, die ruhig und für immer unbewegt sein würden. Denn sie lenkt die zu ihren Anziehungspunkten sinkenden Elemente von ihrer gradlinigen Bewegung ab, lässt sie seitwärts ausweichen, «und der senkrechte Fall schlägt in Kreisbewegungen aus, die den Mittelpunkt der Senkung umfassen.» (I, 277)

Wie sich der Widerstreit zwischen Attraktion und Repulsion vollzieht, von den ersten Bewegungen im uranfänglichen Chaos bis zur dynamischen Himmelsmechanik des unendlichen Weltalls, hat Kant zunächst an unserem Sonnensystem detailliert ausgeführt. Von ihm ist er dann zur Milchstraße fortgeschritten, um schließlich alle Welten über Welten, alle Systeme über Systeme ohne Zahl und ohne Ende, die Unendlichkeit der ganzen Schöpfung also, aus diesem einen mechanistischen Modell zu konstruieren. «Ich habe, nachdem ich die Welt in das einfachste Chaos versetzt, keine andere Kräfte als die Anziehungs- und die Zurückstoßungskraft zur Entwickelung der großen Ordnung der Natur angewandt.» (I, 242)

Im Unterschied zur Unendlichkeit des Weltraums hat die Weltzeit einen Anfang. Plötzlich muss, aus dem Nichts, die ganze Weltmaterie da gewesen sein, einen winzigen Augenblick lang, bevor sie sich fraktal zu entfalten begann. Und da auch das Ganze ein System ist, das um einen Mittelpunkt geordnet ist, nimmt Kant ein allgemeines atomares Zentrum an, wo der Grundstoff am allerdichtesten war und die größte Anziehungskraft besaß. So hat die Bildung des Weltsystems zwar einmal an diesem zentralen

Ort angefangen, aber sie wird niemals aufhören. Die Schöpfung ist immer geschäftig, mehr Auftritte der Natur, neue Dinge und neue Welten hervorzubringen.

Die Schöpfung ist zwar ein ewiger Prozess. Aber die geschaffenen Welten unterliegen einer Dynamik von Bildung und Verfall, in dem alte Systeme, «nachdem sie ihre Rolle ausgespielt haben» (I, 340), vergehen und in gähnende Abgründe, schwarzen Löchern gleich, zusammenstürzen. Sonnensysteme und Galaxien können implodieren und in Feuerwelten untergehen, um wieder neue Weltgebäude durch Anziehungs- und Abstoßungskraft entstehen lassen zu können. Ununterbrochen findet der Widerstreit von Chaos und Ordnung statt. So gleicht der ganze Kosmos, dieses wohlgeordnete Ganze, schließlich einem Phönix, «der sich nur darum verbrennt, um aus seiner Asche wiederum verjüngt aufzuleben, durch alle Unendlichkeit der Zeiten und Räume hindurch.» (I, 343)

DAS GOTTESPROGRAMM

Mit grandioser Einbildungskraft hat der dreißigjährige Kant seinen Kosmos modelliert. Er sieht sich als demiurgischer Weltbaumeister. Newtons *Principia Mathematica* und Werke zeitgenössischer Kosmologen haben ihm das notwendige Material geliefert, um sich sein Bild vom Weltgebäude machen zu können. Auch seine Suche nach dem mechanischen Ursprung des Kosmos schien erfolgreich zu sein. Kant braucht nur die universal zerstreute Urmaterie aller Welt, um sein Simulakrum konstruieren zu können. Woher aber stammt diese Materie, die von Anfang an mit ihren bewegenden Kräften begabt ist? An wen ist der Appell gerichtet, mit dem Kant seine Baumaßnahmen ankündigt?

«Gebt mir nur Materie, ich will euch eine Welt daraus bauen!» ist ein Zitat ohne Anführungszeichen. Kant hat es im *Versuch einer Kosmologie* von Maupertuis gefunden, der 1751 in Berlin erschienen war. Dort aber war dieser Anspruch kritisch gemeint gewesen. Er richtete sich gegen die Verwegenheit von Descartes und seinen Gefolgsleuten, durch einfache Naturgesetze die ganze Weltmaschine erklären zu können. «Man gebe uns, haben sie gesagt, Materie und Bewegung, so wollen wir eine Welt daraus machen, wie diese ist. Eine in der That ausschweifende Unternehmung!»[21] Damit aber erinnerte Maupertuis wiederum an Voltaire, der sich gerade (1750–1753) als Gast des preußischen Königs in Berlin aufhielt. Voltaire hatte sich im englischen Exil durch Newtons experimentelle Naturwissenschaft begeistern lassen, und 1734 waren seine *Elémens de philosophie de Newton* erschienen, in denen er gegen das cartesianische Programm gespöttelt hatte: «Donnez-moi du mouvement et de la matière, et je vais faire une monde.»[22] Gottes Schöpfungsakt soll sich darin erschöpfen, philosophierenden Mechanikern die Materie mitsamt ihren eingepflanzten Bewegungen zur Verfügung zu stellen. War das nicht eine unerhörte Minimierung der Macht des höchsten Wesens, das hinter den Menschen als Weltbaumeister zurückgedrängt worden ist?

Kant kennt den Vorwurf gegen Descartes. Er muss ihm auszuweichen versuchen. Doch seine Argumentation klingt eher geschickt als überzeugend. Er hofft, dass die «Vernünftigen» schon verstehen werden, was er eigentlich sagen will: Wenn der Urstoff, mit dem Gott den ganzen unendlichen Raum angefüllt hat, infolge seiner innewohnenden Bewegungskräfte sich ganz natürlich zu einem schönen und ordentlichen Weltsystem bildet, dann muss ein «allgenugsamer höchster Verstand sein, in welchem die Naturen der Dinge zu vereinbarten Absichten entworfen worden.» (I, 234) «Es ist ein Gott» (I, 235), weil die Natur selbst im Chaos Naturgesetzen unterliegt. Soll das ein Beweis für die Existenz Gottes sein? Was ist das für «ein Gott», den Kant hier ins Spiel bringt, um seine *Theorie des Himmels* gegen «boshafte Eiferer» (I, 235) als einen unschädlichen und unschuldigen Versuch behaupten zu können?

Der taktische Sinn seines Gottesbegriffs erhellt sich aus der

Gefahr, in der Kant sich befindet. Er will als Naturforscher wissen, wie das Weltgebäude aufgebaut ist, wie es sich entwickelt hat und wie es in Zukunft sein wird. Als Anhänger Newtons vertraut er auf die mathematischen Grundsätze einer Naturlehre, die zu ihren Erkenntnissen ohne Offenbarungsglauben gelangen will. Er ist so verwegen, aus der sich selbst überlassenen Natur ihre Entwicklungsgesetzmäßigkeiten abzuleiten. Er stellt sich als ein Naturforscher vor, der sich kühn in unbekannte Welten wagt. Ob sich ihm auf dieser gefährlichen Reise, die durch dichte Nebel und tiefe Dunkelheiten führt, ein Ungeheuer zeigen wird oder die Herrlichkeit eines höchsten Wesens, ist zu Beginn noch nicht entschieden, auch wenn Kant hofft, im All, das er erforscht, eine unendliche Weisheit finden zu können.

Kant beginnt sein naturphilosophisches Unternehmen weder als materialistischer Gottesleugner noch als gläubiger Christ. Er sieht sich verstrickt in einen Widerstreit, in dem er sich äußerst geschickt verhalten muss, um seinen eigenen sicheren Weg finden zu können. Der Dreißigjährige nimmt in sein Werk die großen Spannungen des Jahrhunderts auf, die er auch als persönlichen Konflikt erlebt. Angesichts der Pflichten der Religion kann sein eigenes naturphilosophisches Erkenntnisinteresse nur antithetisch und zwiespältig sein.

Auf der einen Seite wirkt der durch Elternhaus, Schule und Universität vermittelte Glauben an ein höchstes Wesen nach. In der *Theorie des Himmels* spricht Kant von theologischer Weltanschauung und göttlicher Weisheit, von göttlichem Schöpfungsakt und religiöser Rechtgläubigkeit. Aber er bringt auf der anderen Seite auch die Widersacher ins Spiel und spricht von mechanistischer Welterklärung und allgemeinen Naturgesetzen, von menschlichem Erkenntnisvermögen und freigeistiger Weltsicht. Im unversöhnlichen Widerstreit liegen die «Verteidiger der Religion» und die «Naturalisten» (I, 228ff.), deren Kampf im 18. Jahrhundert einen Höhepunkt erreicht und auch Kant ergreift.[23]

Vor diesem Hintergrund erklärt sich auch, dass Kant seinen kosmologischen Versuch Friedrich II. gewidmet hat. Denn er weiß von den Spöttereien dieses aufgeklärten Monarchen, dessen religiöse Toleranz im Grunde schon auf religiöse Gleichgültigkeit hinauslief. Stillschweigend hat der preußische Staat die Stelle Gottes eingenommen, und das Pflichtgefühl gegenüber dem Staat war stärker geworden als das gegen Gott. Doch diese religiöse Offenheit, gar Indifferenz, war noch nicht zu den Menschen wirklich durchgedrungen, und von den Kanzeln wurde noch immer gegen andersgläubige Teufelsknechte oder törichte Gottesleugner gepredigt. Auch an den Universitäten hatten die christlichen Theologen und Philosophen noch ihre Bastionen, und es war nicht ungefährlich, den Pflichten der Religion nicht nachzukommen. Als bekennender Atheist hätte Kant wohl kaum eine Chance gehabt, sein Ziel erreichen zu können, Professor für Metaphysik zu werden.

Philosophiegeschichtlich hat Kant den Zwiespalt, in den er zu stürzen droht, mit den Namen der griechischen Atomisten Leukipp, Demokrit und Epikur bezeichnet, deren kosmologische Theorie mit seinem eigenen Weltmodell so eng verwandt war, dass er sich selbst dem Vorwurf ausgesetzt sieht, ein Nachkomme der antiken materialistischen Gottesleugner zu sein. Entsteht nicht auch seine Welt, wie bei den griechischen Weltweisen, aus atomaren Elementarteilchen, die wegen ihrer Schwere aufeinander zufallen, dabei durch Gegenkräfte abgelenkt und so in einen turbulenten Wirbel versetzt werden? Blinde Naturkräfte scheinen am Werk zu sein, «die göttliche Regierung ist unnötig, Epikur lebt mitten im Christentum wieder auf, und eine unheilige Weltweisheit tritt den Glauben unter die Füße.» (I, 228)

Es besteht also die Gefahr, dass Kants mechanistischer Erklärungsversuch als ein sträflicher Angriff gegen die christliche Religion verstanden wird. Ist er nicht ein wiedergeborener Demokrit, der etwa um 430 v. Chr. die Atome seines Urstoffs nach Größe und Gestalt unterschied und in einer unendlichen Leere ansiedelte, in der sie infolge ihrer Bewegung aufeinander stoßen und sich zu sichtbaren Körpern verflechten, bis sie durch eine stärkere Kraft wieder getrennt und zerstreut werden? Die Götter waren für Demokrit nur menschliche Phantasiegebilde, entstanden aus Furcht vor wunderbaren, unverstandenen kosmischen Vorgängen.[24] Und ist Kant nicht ein neuer Epikur (342–271 v. Chr.), der dessen Erkenntnisinteressen teilt? Was am Himmel geschieht, darf man, Epikur zufolge, «nicht der Leistung und der jetzigen oder künftigen Anordnung irgendeines höheren Wesens zuschreiben». Man muss den himmlischen Erscheinungen ihre erhabene Größe zugestehen und davon überzeugt sein, «daß es Aufgabe der Naturforschung ist, die Gründe für die wichtigsten und das Ganze beherrschenden Erscheinungen zu erkennen, und daß die beseligende Stimmung bei Erforschung der himmlischen Erscheinungen eben darauf beruht.»[25] Die Genauigkeit der kosmologischen Forschung, nicht der Glaube an ein höheres Wesen führt zur Glückseligkeit.

Vor der Anklage, ein Epikur im Christentum zu sein, kann Kant sich nur in Sicherheit bringen, indem er einen Unterschied markiert. Gerade angesichts der größten Ähnlichkeit mit den griechischen Atomisten sieht er sich gezwungen, «einen Gott» als Schöpfer der Weltmaterie einzuführen. Kants «Gott» ist ein Erkennungszeichen, mit dem er sich nicht als Christ bekennt, sondern von seinen metaphysischen Verwandten abgrenzt. «So viel Verwandtschaft mit einer Lehrverfassung, die die wahre Theorie der Gottesleugnung im Altertum war, zieht indessen die meinige dennoch nicht in die Gemeinschaft ihrer Irrtümer.» (I, 233) Auf welche Differenz kann sich Kant berufen?

Bei den alten Kosmologen entstand die kosmische Ordnung aus einem ewigen Chaos ohne Urheber. Blind liefen die Atome zusammen, und es war eine glückliche Kontingenz, dass sie ein wohlgeordnetes Ganzes bildeten. – Kant dagegen bindet seine anfänglich verfügbare Weltmaterie an bestimmte Naturgesetze. «Ich sehe in ihrer gänzlichen Auflösung und Zerstreuung ein schönes und ordentliches Ganze sich ganz natürlich daraus entwickeln.» (I, 234) Aus dem Chaos kann ein Kosmos nur entstehen, wenn bereits der Urstoff natürlichen Gesetzen unterliegt, nicht ungefähr, sondern ordentlich, nicht zufällig, sondern notwendig. Die elementare Urmaterie ist von Anfang an darauf programmiert, sich zu jenen fraktalen Systemen zu ordnen, die in ihrer unermesslichen Stufenfolge das ganze Weltgebäude bilden. Das ist Kants Gottesprogramm. Eine Art theistischer Algorithmus lenkt die Erzeugung des kosmischen Fraktals. «Ein Gott» gibt Kant nur das Material, um seine Welt nach Newtonischen Grundsätzen bauen zu können. Und seine Erwähnung hilft ihm dabei zugleich aus jenen Schwierigkeiten, «die von Seiten der Religion meine Sätze zu bedrohen schienen.» (I, 235)

Wie in Kants «Weltsystem» sind auch in seinem «Gott» zahlreiche Lektüreerfahrungen verdichtet. Der Gott des Philosophen ist ein intertextueller Knotenpunkt, in dem mehrere religionsphilosophische Fäden zusammen laufen. Als sicher kann gelten, dass Kant nicht nur allgemein mit dem Streit zwischen unheiliger Weltweisheit und religiöser Rechtgläubigkeit vertraut ist, der seit dem 17. Jahrhundert tobt. In der Vorrede zur *Theorie des Himmels* hat er dazu Stellung bezogen. Er kennt auch die physiko-theologischen Gottesbeweise, diese zwar schönen, aber logisch nicht zwingenden Versuche, aus der Betrachtung der Natur zur Erkenntnis Gottes zu gelangen. Der Klassiker *Physico-Theology, or a demonstration of the beeing and attributes of God* von William Derham war 1713 in London erschienen, orientiert an Newtons physikalischer Welterklärung, die mit der christlichen Lehre einer göttlichen Schöpfung in Übereinstimmung zu bringen versucht wurde.

Es war eine wahre Besessenheit, aus allen möglichen Naturerscheinungen auf die Existenz Gottes zu schließen, aus Blitz und Donner (Brontotheologie), Gras (Chorotheologie), Wasser (Hydrotheologie), Feuer (Pyrotheologie), Steinen (Lithotheologie), Insekten (Insectotheologie) oder aus den Schnecken und Muscheln, über die Friedrich Christian Lesser 1744 in seiner *Testaceotheologie* schrieb: «Die erstaunenswürdige Mannigfaltigkeit, der unvergleichliche Schmelz, die entzückende Lieblichkeit ihrer künstlichen Schattierungen setzen ein anschauendes Auge in die tiefste Verwunderung, Mit was vor Freigebigkeit sind hier nicht die Zierarten verschwendet worden? Woher soll nun diese Schönheit anders herrühren als von GOtt, dem Urheber dieser Tierlein? Gewiß, die Allmacht GOttes wird aus den Schalen der steinschalichten Tierlein durch die Farben recht mit lebendigen Farben abgemalt.»[26] Und über allem der Himmel mit seinen Sonnen, Planeten und Monden. Kant erwähnt die *Astrotheology* von William Derham, die 1715 in London erschienen war, 1732 in deutscher Übersetzung mit dem programmatischen Untertitel: *Himmlisches Vergnuegen in GOTT, bey aufmercksamen Anschauen des Himmels, und genauerer Betrachtung der Himmlischen Coerper, zum augenscheinlichen Beweiß daß ein GOTT, und derselbige ein allerguetigstes, allweises, allmaechtiges Wesen sey.*[27] Dass es sich bei all diesen Versuchen, mittels naturwissenschaftlicher Betrachtung und Forschung zur Erkenntnis Gottes hinaufzusteigen, nur um Scheinbeweise handeln kann, hat Kant einige Jahre später ausgeführt. *Der einzig mögliche Beweisgrund zu einer Demonstration des Daseyns Gottes*, den er 1763 vorlegen wird, demonstriert, dass die physikotheologische Methode zwar vortrefflich sein mag, weil sie praktisch, lebhaft, anschaulich und leicht fasslich ist. Aber die erreichte Gewissheit ist eben nicht «mathematisch», also logisch demonstrierbar oder beweisbar, sondern nur «moralisch» (I, 684), weil sie das Gefühl anspricht und Erstaunen, Demut und Ehrfurcht hervorruft. Das aber kann auch die naturalistische Beschreibung und Erklärung des Kosmos, die Kant in seinem *Beweisgrund* noch einmal ausführlich referiert und in ihren religionsphilosophischen Horizont stellt.

Eine besondere Rolle spielt, wie schon für Kants *Gedanken von der wahren Schätzung der lebendigen Kräfte*, in diesem Rahmen die Auseinandersetzung, die brieflich zwischen Leibniz und Samuel Clarke stattgefunden hat, dem englischen Theologen, Hofprediger, wissenschaftlichen Beirat Newtons und Kämpfer gegen den Atheismus. Leibniz hatte sich veranlasst gefühlt, im November 1715 einen Brief an Caroline, Prinzessin von Wales, zu schreiben und darin seine Kritik an Newtons sonderbarer Ansicht von Gottes Werk zu äußern.[28] Denn immer wieder ließ Newton seinen Gott unmittelbar in das kosmische Geschehen eingreifen, um es am Laufen zu halten. War das eines Gottes würdig, wie ein schlechter Uhrmacher sein Werk immer wieder nachbessern zu müssen? Für Leibniz brauchte Gott nur ein einziges Mal direkt tätig zu werden. Aus dem Nichts schuf er durch sein allmächtiges «Fiat»[29] – es werde! – die monadische Weltmaterie, die den ganzen unendlichen Raum ausfüllt. Zugleich ordnete er von Anfang an seine isolierten Monaden so an, dass sie eine «prästabilierte Harmonie» bilden können. Bereits 1710 hatte Leibniz in seiner *Theodizee* Gott als die mit Verstand begabte erste Ursache aller Dinge vorgestellt, die unendlich und in ihrer «Macht, Weisheit und Güte»[30] unbedingt vollkommen ist. Als überzeugter Anhänger Newtons hatte Clarke keine geringe Mühe, Leibniz zu kontern.

Kant, der Newtons *Mathematische Grundlagen der Naturphilosophie* für die mechanische Rekonstruktion seiner Welt heranzieht, tendiert zu Leibniz, wenn er auf einen Gott zu sprechen kommt, der nur am Anfang die gesetzmäßig sich organisierende Materie auf einen Schlag, wie in einem schöpferischen Urknall, geschaffen und programmiert hat. Gegen den «Finger Gottes», den Newton immer wieder eingreifen ließ, hat er größte Bedenken. Wiederholt tauchen bei Kant auch jene Prädikate auf, mit denen Leibniz seinen Gott charakterisiert hat: «Erste Ursache», «höchster Verstand», «Unendlichkeit». Und es ist sicher kein Zufall, dass er angesichts der unbegreiflichen Unermesslichkeit des ganzen Weltsystems, in deren Abgrund der Mensch zu stürzen droht, gerade jene drei Eigenschaften zitiert, die durch Leibniz zum Topos geworden sind: «Die Weisheit, die Güte, die Macht, die sich offenbaret hat, ist unendlich.» (I, 267) Doch auch gegen den Gott von Leibniz hat Kant seine Einwände. Denn zu sehr ist er von Newtons bewegenden Kräften zwischen Körpern fasziniert, um Gott als einen prästabilisierenden Harmonisator voneinander isolierter Monaden anerkennen zu können.

Das komplexe Netz, das Kant zur Sicherung seines Weltentwurfs geknüpft hat, macht es schwer, auf die Frage nach Kants Glauben und Gottesbild eine klare Antwort geben zu können.

Gottfried Wilhelm Leibniz
(1646–1716)

Noch immer streiten sich die Interpreten. Bemerkenswert ist, dass Reinhold Bernhard Jachmann, der neun Jahre lang (1783 bis 1792) bei Kant studiert und 1804 die Religiosität seines verehrten Lehrers zu charakterisieren versucht hat, vor allem auf dessen astronomische Begeisterung hinwies. Noch der greise Kant strahlt jenen Enthusiasmus aus, mit der schon der junge Naturphilosoph den bestirnten Himmel über sich betrachtet hat. Nicht die Theologie oder ein eingetrichterter Glaube, sondern die Astronomie lässt Kant von etwas Göttlichem schwärmen. «Wie oft ließ sich Kant, wenn er mit seinen Freunden über den Bau des Weltgebäudes sprach, mit wahrem Entzücken über Gottes Weisheit, Güte und Macht aus! Ein einziges solches Gespräch über Astronomie, wobei Kants stets in eine hohe Begeisterung geriet, mußte nicht allein einen jeden überzeugen, daß Kant an einen Gott und eine Vorsehung glaubte, sondern es hätte selbst den Gottesleugner in einen Gläubigen verwandeln müssen.»[31]

AUSSERIRDISCHE, SEELENWANDERUNG, GLÜCKSELIGKEIT

Durch Martin Knutzen angeregt, hat Kant Newtons Weltgebäude entdeckt und es zu einer für seine Zeit ungeheuren Vision erweitert. Selbstbewusst hat er von seiner Leistung gesprochen und als ein demiurgisches Ich sein kühnes Unternehmen vorgestellt. Der bestirnte Himmel über ihm, der schon seine kindliche Neugier geweckt hat, wird ins unermesslich Große mit Welten über Welten und Systemen von Systemen, dazu in grenzenlose Zeiten periodischer Zerstörung und Neugeburt ausgedehnt. – Als erste Ursache der chaotischen Urmaterie mit ihren innewohnenden Kräften, die zur fraktalen Selbstorganisation des Kosmos führen, hat Kant «einen Gott» eingeführt. Mit ihm hat er nicht nur sich selbst vor dem Vorwurf, ein Atheist zu sein, in Sicherheit gebracht. Er hat damit auch seine eigene hohe Begeisterung angesichts des Sternenhimmels ins Religiöse übersteigert.

Immer wieder spricht Kant von stiller «Ehrfurcht», von hoher «Achtung», vom «Genuß der wahren Glückseligkeit» (I, 344) oder von tiefer «Bewunderung», die das Gemüt dauerhaft bewegen und zu Ideen führen, die jede empirisch begreifbare Wirklichkeit transzendieren. Der religiöse Klang all dieser Prädikate des Seelischen ist unüberhörbar. Aber er bleibt dennoch subjektbezogen. Es ist kein Gott, der angebetet wird, sondern Kants Gemüt wird durch die Betrachtung des bestirnten Himmels immer wieder mit Ehrfurcht und Bewunderung erfüllt. Es geht um den Menschen, wenn vom Himmel die Rede ist. Schon die naturphilosophische *Theorie des Himmels* wendet am Ende die Aufmerksamkeit von Gott und der Welt auf die Seele, um die sich alles zentriert. Mehr als 30 Jahre später, im berühmten *Beschluss* seiner *Kritik der praktischen Vernunft*, wird Kant 1788 noch einmal daran erinnern, und es wird schließlich auch auf seiner Gedenktafel an der Schlossmauer eingemeißelt werden.[32]

Zwei Dinge erfüllen das Gemüt
mit immer neuer und zunehmender Bewunderung,
je öfter und anhaltender sich das Nachdenken
damit beschäftigt: der bestirnte Himmel über mir
und das moralische Gesetz in mir. (IV, 300)

Kant will den Himmel nicht «außer meinem Gesichtskreise» suchen oder über diesen astronomischen Gegenstand bloße Hypothesen aufstellen. Er sieht den «bestirnten Himmel über mir» und verknüpft ihn «unmittelbar mit dem Bewußtsein meiner Existenz». (IV, 300) Sein eigenes Dasein, seine Erfahrungs- und Erkenntnismöglichkeiten, seine existenzielle Bedeutung als Mensch stehen auf dem Spiel.

Es charakterisiert Kants kosmologisches Unternehmen, dass er auch hinsichtlich seines geistigen und seelischen Vermögens antithetisch argumentiert. Als körperliches Lebewesen macht er sich winzig, um sich als seelische Existenz über alle Maßen erhöhen zu können. «Der Anblick einer zahllosen Weltenmenge vernichtet gleichsam meine Wichtigkeit, als eines tierischen Geschöpfs, das die Materie, daraus es ward, dem Planeten (einem bloßen Punkt im Weltall) wieder zurückgeben muß, nachdem es eine kurze Zeit (man weiß nicht wie) mit Lebenskraft versehen gewesen» (IV, 300), beschließt Kant am Ende seiner praktischen Vernunftkritik. Er bringt damit noch einmal jenen Widerstreit zum Ausdruck, für den er schon in seiner frühen Kosmologie eine originelle Lösung gefunden hat. Es geht um die Spannung zwischen irdischem Punkt und kosmischer Unendlichkeit, körperlicher Vergänglichkeit und seelischer Unsterblichkeit, sinnlicher Erfahrung und geistigem Erkenntnisvermögen. Davon handelt vor allem der Dritte Teil der *Theorie des Himmels*, in dem die «Bewohner der Gestirne» und die «Begebenheiten in dem künftigen Leben» zur Sprache kommen, aber auch schon das ästhetische Gefühl der Erhabenheit aufscheint, das Kants Lebenswerk als Leitmotiv durchzieht.

Die Außerirdischen.[33] Die kopernikanische Revolution hatte zu einer Umstrukturierung des Weltgebäudes geführt, die mit einer beängstigenden Selbstverkleinerung des Menschen verbunden war. Durch die Niederlage des geozentrischen Weltbilds schien auch der Mensch unbedeutend geworden zu sein. Er nahm nur noch einen winzigen, dezentrierten Platz in einem unendlichen Universum ein. Der Mensch drohte in den «Abgrund einer wahren Unermeßlichkeit» (I, 267) zu stürzen. In den 1670 postum veröffentlichten *Pensées* hat Blaise Pascal den «Schrecken»[34] aufgezeichnet, der ihn angesichts der unendlichen Räume und objektiven Teilnahmslosigkeit des Alls gegen den Menschen überfiel. Der Mensch schien sich auf einen beliebigen Punkt verirrt zu haben, einsam in der Kälte und Leere des Universums.

Gegen diesen Schrecken half der Rückgriff auf eine alte Idee. Schon Demokrit hatte die Leere seines Kosmos durch unzählige Welten angefüllt, auf denen Menschen lebten. Kein göttlicher Schöpfungsmythos zwang ihn, nur die Erde als einzigartige Heimat anzuerkennen. Im 18. Jahrhundert wurde diese Vielheit der Welten wieder entdeckt, allerdings unter einer anderen Voraussetzung. Der Mensch wohnt nicht allein im unendlichen Weltgebäude, weil es nicht einsichtig ist, dass Gott allein auf diesem dezentrierten Punkt in einem riesigen All den Menschen als sein Ebenbild geschaffen haben soll. Die Vertreibung des Menschen aus dem Mittelpunkt des Kosmos wurde kompensiert durch stellare Besiedlung. Im gleichen Jahr, in dem Newton seine mathematischen Prinzipien zur mechanischen Erklärung des Weltsystems angewandt hatte, erschienen 1686 die viel gelesenen *Entrétiens sur la pluralité des mondes,* die «Gespräche von mehr als einer Welt zwischen einem Frauenzimmer und einem Gelehrten»[35], in denen der galante Aufklärer Bernard le Bovier de Fontenelle das neue heliozentrische Weltbild phantasievoll ausschmückte und dabei auch die Bewohner anderer Planeten lebhaft vor Augen führte. Der große Mathematiker und Astronom Christiaan Huygens hatte 1698 im ersten Buch seines *Cosmotheoros* ein bis in die Einzelzüge ausgemaltes Bild von der körperlichen und geistigen Beschaffenheit und Betätigung der Planetenbewohner entworfen, von denen er auch glaubte, dass sie Astronomie betrieben.[36] Christian Wolff hatte sich 1726 *Vernünfftige Gedancken von den*

Absichten der natürlichen Dinge gemacht und den Zweck der Erde und der Planeten darin gesehen, dass sie bewohnt sind, weil nur so Gott überall die Offenbarung seiner Vollkommenheit erreichen kann.[37] Und nicht zuletzt muss Alexander Pope genannt werden, einer von Kants Lieblingsautoren, aus dessen 1740 erschienener deutscher Übersetzung seines metaphysisch-poetischen *Essay on Man* (1733), dem *Versuch vom Menschen,* Kant gern zitierte. Das ganze Universum ist trotz seiner sinnlichen und gedanklichen Unbegreiflichkeit dennoch heimatlich, weil all diese Welten über Welten von menschenähnlichen Wesen bewohnt sind:

Wer riesige Entfernungen durchschaut, –
wie's Universum sich aus Welten baut,
wie ein System ins andre übergeht,
wie seiner Sonne folgt jeder Planet,
welch Lebensvielfalt jeden Stern anfüllt, –
des Himmels Plan mit uns vielleicht enthüllt.[38]

Als habe er sich angesprochen gefühlt, erfüllt Kant die Erwartungen Popes. Er dringt durch die weite Unermesslichkeit des Alls und übersieht, «how worlds on worlds compose one universe, how systems into systems runs». Er denkt sich aus, wie die verschiedenen Bewohner auf fernen Sternen und Planeten leben. Kant ist phantasievoll genug, um sich auch leere und wüste Himmelskörper vorstellen zu können, die leblos durch den unendlichen Raum gravitieren. Aber auch er hat nicht daran gezweifelt, wovon seine Zeitgenossen überzeugt waren. «Indessen sind doch die meisten unter den Planeten gewiß bewohnt, und die es nicht sind, werden es dereinst werden.» (I, 381)

Vielleicht war es der schwedische Naturforscher Emanuel Swedenborg, der Kant dazu angeregt hat, bei seinem Besuch der Bewohner anderer Gestirne seiner Phantasie ein wenig «die Zügel schießen» (I, 377) zu lassen. Denn Swedenborg hatte nicht nur bereits 1734, im ersten Band seiner *Principia Rerum Naturalium,* ein Entstehungsmodell des Kosmos entworfen, das Kants Chaostheorie ähnlich war.[39] Später hatte er auch visionären Kontakt zu den Geistern ferner Planetenbewohner aufgenommen und sie miteinander verglichen. Wovon die Astronomen und Philosophen nur hypothetisch sprachen, will Swedenborg selbst erlebt haben. Traumwandlerisch reiste er durch das Sonnensystem und besuchte die fernen Geister, die nicht nur Menschenform besaßen, sondern zusammen den *Homo maximus*[40] bilden, den kosmischen Universalmenschen.

So weit ist Kant nicht gegangen, auch wenn unter seinem Namen später ein Reisebericht ins Geisterreich der Verstorbenen erschienen ist, in dem er seine hinterbliebenen Anhänger davor warnt, «ja keinen Illusionen über unsere Aussichten im Jenseits nachzuhängen und sich vor dem Studium der Griechen sorgfältig zu hüten»: *Wahrheitsgetreuer Bericht über meine Reise in den Himmel, verfaßt von Immanuel Kant.*[41] Er bleibt auf der Erde und nimmt den Menschen zum allgemeinen Bezugspunkt seiner Überlegungen. Von der Stellung der Erde innerhalb des Sonnensystems ausgehend, schließt er auf die möglichen körperlichen, geistigen und seelischen Beschaffenheiten der Außerirdischen. Er stellt Mutmaßungen an über die Ähnlichkeit und die Unterschiede zwischen den Bewohnern der Gestirne, wobei er sich «an dem Leitfaden der physischen Verhältnisse» (I, 393) orientiert.

Wegen der Gravitation im kosmischen Raum spielt die Entfernung der Planeten von ihrem Zentralgestirn eine entscheidende Rolle. Deshalb hat Kant die Kraft der Schwere als unabhängige Variable gewählt, um die unterschiedlichen Verfassungen der kosmischen Bewohner vergleichen und einordnen zu können. Aus Newtons Gesetz der Gravitation zieht er den allgemeinen Schluss: «Der Stoff, woraus die Einwohner verschiedener Planeten, ja so gar die Tiere und Gewächse auf denselben, gebildet sein, muß überhaupt um desto leichterer und feinerer Art, und die Elastizität der Fasern, samt der vorteilhaften Anlage ihres Baues, um desto vollkommener sein, nach dem Maße als sie weiter von der Sonne abstehen.» (I, 385) Dieses natürliche Verhältnis, in dem Leichtigkeit, Feinheit und Elastizität proportional zur Entfernung von der Sonne zunehmen, betrifft nicht nur die materiellen Körper, sondern auch die damit verbundenen geistigen Fähigkeiten und seelischen Qualitäten. Kant liefert eine Art kosmo-materialistischer Erklärung mentaler Fähigkeiten. Wenn die Kraft der Schwere zunimmt, dann wächst auch die Trägheit der Denk- und Urteilskraft. Die sinnlichen Triebkräfte werden stärker; die geistige Flexibilität und Elastizität schwindet; und die Seele wird immer matter und kraftloser. Wie gut muss es dagegen den glückseligen Wesen gehen, die in den obersten Himmelssphären leben. Schnell sind sie in ihren Überlegungen und lebhaft in ihrer Begrifflichkeit.

Kant hält seine allgemeine Überlegung zwar für plausibel, aber nicht für gewiss. Immerhin bietet sie «ein offenes Feld angenehmer Mutmaßungen, die aus der Vergleichung der Eigenschaften dieser verschiedenen Bewohner entspringen.» (I, 386) Vor allem die menschliche Natur kann in einer kosmischen Perspektive gesehen werden; denn sie nimmt innerhalb unseres Sonnensystems nun eine Zwischenstellung ein, gleichsam auf der mittleren Sprosse zwischen der vollkommenen Schwere und Trägheit auf den sonnennahen Planeten und der beweglichen Leichtigkeit auf sonnenfernen Himmelskörpern. Der Mensch ist ein Zwischenwesen auf einem Zwischenplaneten. Und so lässt sich vielleicht, wie Kant zu bedenken gibt, auch die moralische Beschaffenheit des Menschen in ihrer Eigenart verstehen. Im Mittelstand zwischen schwerfälliger Unvernunft und geistiger Klarheit vermischen sich bei ihm auch Tugend und Sündhaftigkeit. Der Mensch kann nicht vollkommen sein. Denn er befindet sich auf einer «gefährlichen Mittelstraße» (I, 394), auf der ihn seine Fähigkeit, sündigen zu können, auf Schritt und Tritt begleitet, aber sein moralisches Bewusstsein dennoch nicht völlig verhärtet ist.

Seelenwanderung. Dass er auf seiner abenteuerlichen Reise durch den Himmel in Gefahr gerät, vom Pfad einer vernünftigen Glaubwürdigkeit abzuweichen, hat Kant selbst bedacht. Er weiß, dass er ins Feld der Phantasie ausschweift, wenn er die kühne Frage stellt, ob auch die moralischen Vermögen des Menschen, seine Fähigkeiten zur Sünde und zur Tugend, von der Gravitation abhängen, die Newton so präzise berechnet hat. Doch wie lassen sich die Wege begrenzen, auf denen man seine Erkenntnisse erweitern will? «Wer zeiget uns die Grenze, wo die gegründete Wahrscheinlichkeit aufhöret, und die willkürlichen Erdichtungen anheben?» (I, 393)

Diese Frage betrifft nicht nur unser Wissen von dem, was der Mensch als seelisches Wesen wirklich ist, solange er lebt. Im kosmischen Mittelstand zwischen Weisheit und Unvernunft gibt es keine endgültige Klarheit, wenn wir über das Wesen des Menschen nachdenken. «Wie vielweniger werden wir erraten können, was er dereinst werden soll.» (I, 395) Das meint nicht die Zukunft des Menschengeschlechts. Es zielt auf das Schicksal der menschlichen Seele, nachdem die körperliche Materie ihre Lebenskraft verloren hat. Kant beschließt seine *Theorie des Himmels* mit einer Imagination, für die er keine wissenschaftliche Plausibilität fordert, sondern einer Hoffnung Ausdruck verleiht. Als Naturphilosoph, orientiert an Newtons mathematischen Prinzipien und philosophischen Grundsätzen, hat er sein Modell des Kosmos entworfen und ist gedanklich bis in die fernsten Zeiten und Räume vorgedrungen. Als Metaphysiker der Seele aber träumt er von einer Wanderung, die ihn dorthin bringt, wohin er als Forscher niemals gelangen kann. Er befreit die Seele von der Erde, um sie den kosmischen Himmelskörpern näher bringen zu können. «Wer weiß, ist es ihr nicht zugedacht, daß sie dereinst jene entfernte Kugeln des Weltgebäudes, und die Trefflichkeit ihrer Anstalten, die schon von weitem ihre Neugierde reizen, von nahem soll kennen lernen?» (I, 395) Es scheint, als ob Kant die Seele vor allem deshalb ins Universum auswandern ließ, um sich seiner naturphilosophischen Jugendliebe wirklich nähern zu können. Wie auf einer Forschungsreise wollte er endlich entdecken, wohin sein Blick bei heiteren Nächten schwärmte.

Erhabene Glückseligkeit. Den unermesslichen Raum von Welten wie von Stäubchen wimmeln zu sehen, hat nicht nur Kants kosmologisches Erkenntnisinteresse geweckt und ihn zu seiner *Theorie des Himmels* animiert. Immer hat er dabei auch jenes Vergnügen empfunden, das sich zu einer epikureischen «Glückseligkeit» (I, 396) steigern konnte, die nur von einer edlen Seele erlebt, aber nicht gesagt werden kann. Dann redet «das verborgene Erkenntnisvermögen des unsterblichen Geistes eine unnennbare Sprache.» (I, 396) In der kosmischen Geisterwelt verfügt der Geist nur über «unausgewickelte Begriffe, die sich wohl empfinden, aber nicht beschreiben lassen.» (I, 396) Mit diesen Hinweisen endet Kants Himmelsschrift. Über alles, was endlich ist und klar und deutlich beschrieben werden kann, schwingt sich der unsterbliche Geist empor in eine «erhöhte Natur» (I, 395), um dort das Glück der Seligen zu finden.

Wovon Kant 1755 schwärmt, wird ihn sein Leben lang nicht loslassen. Noch in seinen späten Werken, vor allem in der *Kritik der Urteilskraft* (1790/93), wird er philosophisch zu klären versuchen, was ihn seit seiner Kindheit begeistert hat. Gegen die *Analytik des Schönen* wird er eine eigene *Analytik des Erhabenen* entwickeln, für die der Anblick des bestirnten Himmels als Anschauungsmaterial dient. Es ist ein Blick ohne wissenschaftlich-astronomische Neugier und ohne Überlegung, ob die Himmelskörper von vernünftigen Wesen bewohnt sind. Wenn man den Anblick des Himmels «erhaben» nennt, dann nur wegen seiner unermesslichen Größe. Er ist das «weite Gewölbe, was alles befaßt.» (V, 360) Als unendliches Weltgebäude ist er über alle Maßen groß und ruft dadurch jene ruhige Bewunderung und tiefe Ehrfurcht hervor, die den möglichen Schrecken vor dem kosmischen Abgrund in eine glückselige Hochstimmung umwenden.[42]

Mit seiner *Analytik des Erhabenen* wird Kant auf den philosophischen Begriff bringen, was den jungen Naturphilosophen begeistert. Und er wird dabei die Gedanken klar machen, die im Beschluss der *Theorie des Himmels* nur verschwommen vorscheinen: Das ganze Weltgebäude ist sinnlich nicht fassbar; es ist begriffssprachlich nicht darstellbar; und es ist auch zu gewaltig für die menschliche Einbildungskraft. Was aber bleibt dann noch, wenn der Mensch nicht schweigen will, wovon er nicht sprechen kann? Es bleibt ihm, neben der Poesie, zu der sich Kant nicht begabt genug hält, die metaphysische Selbsterhöhung. Als intelligibles Wesen muss der Mensch sich seiner eigenen geistigen Größe bewusst werden, die ihn über alle sinnlichen Wahrnehmungen, sprachlichen Beschreibungen und ausschweifenden Phantasien hinausführt zu einer reinen Vernunftidee des unendlichen Himmels, die über alles triumphiert, was den Menschen als natürliches Lebewesen auf diesem kleinen Punkt Erde bedroht und ängstigt. Das ästhetische Gefühl des Erhabenen ist ein Effekt im Subjekt, der durch eine unfassbare Größe und dynamisch übermächtige Natur ausgelöst wird und gerade dadurch bewirkt, dass das Subjekt sich seiner eigenen geistigen Größe innewird. Metaphysisch zu Hause ist es in seiner kosmologischen Vernunftidee des Unendlichen.

Doch so weit ist Kant 1755 noch nicht, auch wenn er voller Stolz vorführt, wie er aus dem selbst erzeugten Chaos ein wohlgeordnetes Ganzes geistig hervorzubringen vermag. Noch spricht er von den Bewohnern anderer Planeten, um sich im Weltall nicht verloren zu fühlen, und von der Seelenwanderung, um nach dem Tod die Weiten des Kosmos bereisen zu können. Aber der junge enthusiastische Himmelsbetrachter gibt schon zu bedenken, dass es nur traumartige Vorstellungen der Einbildungskraft sind, die ihm vorschweben, wenn er von Geist und Geistern redet, von Seelenwanderung und himmlischen Wohnplätzen. Lässt sich für das, was sein Gemüt erfüllt und begrifflich verworren ist, ein verlässlicher Beweisgrund finden? Oder ist auch er einer jener Schwärmer, die sich etwas einbilden, was niemals Gegenstand der Sinne sein kann? Auf diese Fragen wird sich der Doktor der Philosophie und Magister Immanuel Kant die nächsten Jahre konzentrieren. Er will die Grenze markieren, die zwischen sachhaltiger Erkenntnis und illusionärer Schwärmerei besteht, zwischen wachem Verstand und träumerischer Wunscherfüllung, zwischen dem Pfad einer vernünftigen Glaubwürdigkeit und dem unbegrenzten Feld der Phantasterei. Für sein kosmisches Abenteuer hat Kant sich den Weltweisen Isaac Newton als Führer gewählt. Für die Erkundung der Grenze, «wo die gegründete Wahrscheinlichkeit aufhöret, und die willkürlichen Erdichtungen anheben» (I, 393), wird er sich an Emanuel Swedenborg orientieren, dem berühmtesten Kundigen der Geisterwelt.

Ich weiß nicht, ob es Geister gibt

Reise durch das Schattenreich

Immanuel Kant. Holzstich nach dem
Gemälde von Becker, 1768

*Courage, meine Herren, ich sehe Land.
Vorher wandelten wir wie Demokrit im leeren
Raume, wohin uns die Schmetterlingsflügel
der Metaphysik gehoben hatten, und unterhielten
uns daselbst mit geistigen Gestalten.* (I, 983)

Im Frühjahr 1766 erscheint bei Johann Jacob Kanter, dem Königsberger Buchhändler und Verleger, eine anonyme Schrift mit dem merkwürdigen Titel: *Träume eines Geistersehers, erläutert durch Träume der Metaphysik*. Die Vignette zeigt einen sitzenden nackten Genius, der in der linken Hand einen Kranz, in der rechten eine Leier hält. Er stellt, dem römischen Glauben folgend, ursprünglich den Schutzgeist des Mannes dar, der ihn zur Zeugung von Kindern befähigt. Später wurde der Genius zum Bild einer lebendigen Kraft, die den Körper beseelt, schließlich zur Verkörperung von Inspiration und produktiver Einbildungskraft. Unter dieser hübschen Kunstfigur ein Zitat aus der *Ars poetica* des Horaz: «velut aegri somnia, vanae finguntur species» (wie Träume eines Kranken werden Wahngebilde erdichtet).[1] Zwar hatte auch Horaz in seiner Dichtkunst die Freiheit beansprucht, sich nicht auf die Abbildung bestehender Tatsachen fixieren zu müssen. Wunderbares galt als darstellbar. Aber die Einbildungskraft, als Phantasie, sollte nicht zu widersinnigen Fabelwesen führen, zu Schimären aus Mensch und Tier, aus Lämmern und Tigern, wo sich Sanftmut und Grimm vermischen. Über Unvereinbares, das wie im Fieber wild zusammengeträumt wird, kann man nur spotten und lachen.

Wirre Träume, Geisterseherei, erdichtete Wahngebilde – zu dieser verwerflichen Gesellschaft, die sich nicht an der Natur als

Vorbild orientiert, soll nun auch die Metaphysik gehören? Kann das ernst gemeint sein? Auch der Stil dieses Werks lässt auf diese Frage keine klare Antwort zu. Sprunghaft wechselt er zwischen einem tiefsinnigen Ringen mit den höchsten geistigen Problemen, denen zugleich eine entscheidende sittliche Bedeutung zugeschrieben wird, und einem luftigen «Spielwerk» (I, 961), in dem der nicht genannte Verfasser spöttelt und witzelt und zwischen amüsanten Anekdoten, kritischen Reflexionen und philosophischen Überzeugungen übermütig herumspringt. Ist diese Mischung aus Ernst und Scherz, in der Geisterseherei und Metaphysik einer gemeinsamen Träumerei zugehören, ein Grund, warum sich der Autor hinter der Maske der Anonymität verbirgt?

VERWORRENE BEGRIFFE UND DUNKLE VORSTELLUNGEN

Es war nicht schwer, den Magister Kant als Autor zu identifizieren, der seit 1762 einige seiner Schriften beim Buchhändler und -verleger Kanter erscheinen ließ, in dessen Haus er seit Anfang 1766 die linke Mansardenwohnung des zweiten Stockwerks gemietet hatte, wo er auch seine Vorlesungen hielt. Der umtriebige Kanter gab seinem bereits berühmten Mieter freigebig alle gewünschten Bücher zur Lektüre; denn Kant war recht knapp bei Kasse. Dafür erhielt er dessen Schriften zur Veröffentlichung. Auch zu den 1764 von Kanter begründeten und von Johann Georg Hamann herausgegebenen *Königsbergischen Gelehrten und Politischen Zeitungen* hatte Kant gleich in den ersten Heften seinen fünfteiligen *Versuch über die Krankheiten des Kopfes* (I, 885–901) beigetragen, in dem er die Einfalt und Genügsamkeit der Natur lobte, während er den künstlichen Zwang und die Üppigkeit der bürgerlichen Lebensform kritisierte als Grund betrügerischer Scheinhaftigkeit und illusionärer Hirngespenster. Rousseau soufflierte ihm die einschlägigen Stichworte.

Doch auch das Leben in der Natur war nicht ohne Fallen. Hamann hatte von dem «Ziegenpropheten» Jan Kormanicki berichtet, der wild im Wald lebte, nach zwanzigtägigem Fasten einmal Christus gesehen haben wollte und nun unaufhörlich, zu allen passenden und unpassenden Gelegenheiten, biblische Orakel von sich gab. Kant hatte diesen «begeisterten Faunus»[2] in seiner Wildnis besucht und zum Anlass genommen, jene gestörten Köpfe zu charakterisieren, deren Erfahrungsbegriff verkehrt worden ist. Sie sind in eine «Verrückung» geraten, weil sie Vorstellungen ihrer Einbildungskraft für wirkliche Dinge in der Welt halten. Sie sind Träumer im Wachen und werden zu «Phantasten», wenn ihre Blendwerke vorherrschend werden. Auch dieser christliche Schwärmer[3], der mit den Mächten des Himmels vertraulich zu sein und unmittelbare Eingebungen zu besitzen glaubte, war in seiner Erfahrung verrückt.

Intention, Durchführung und Stil der anonym erschienenen *Träume eines Geistersehers* sind den *Krankheiten des Kopfes* zu ähnlich, um nicht Kant als Autor vermuten zu lassen. Die Maske wird bald gelüftet. Die Freunde haben es ja schon früh gewusst, und Hamann hat bereits am 6. November 1764 dem bekannten Berliner Philosophen Moses Mendelssohn brieflich mitgeteilt, dass der Magister Kant sich mit dem nordischen Seher und Propheten Emanuel Swedenborg auseinander setze.[4] Und der junge Johann Gottfried Herder, der 1762 bis 1764 mit größter Hochachtung bei Kant studiert hat, schreibt für Kanter eine Rezension der *Träume*, die am 3. März 1766 ebenfalls in den *Königsbergischen Gelehrten und Politischen Zeitungen* erscheint.[5] Nur der scherzende Tiefsinn dieser Streitschrift lässt daran zweifeln, «ob Herr Kant die Metaphysik hat lächerlich, oder die Geisterseherei glaubhaft machen wollen.»[6] So rezensiert Mendelssohn dieses Werk, das Kant ihm am 7. Februar 1766 geschickt hat mit dem koketten Hinweis, dass es nur eine «abgedrungene Schrift» (Br, 50) und ein flüchtiger Entwurf sei.

Mendelssohn ist befremdet. Der Ton der Polemik, deren Bedeutung von ihrem Verfasser so leichthin heruntergespielt worden ist, obwohl es um die schwierigsten Probleme der Metaphysik geht, erregt seinen Unwillen, weil er Kants Überzeugungen nur zweideutig ausgedrückt sieht. Es fehlt ihm die nötige Klarheit und Deutlichkeit, die doch gerade in diesem heiklen Fall angemessen sei. Am 8. April entgegnet Kant brieflich dem erhobenen Vorwurf. Nein, seine Gemütsart sei nicht auf Schein und Maskierung angelegt. Zwar denke er vieles mit der klarsten Überzeugung, «was ich niemals den Mut haben werde zu sagen; niemals aber werde ich etwas sagen, was ich nicht denke.» (Br, 51)

Was aber hat denn Kant über Metaphysik und Geisterseherei wirklich gedacht und gesagt, die er beide unter die Träume rechnete, in engster Nähe zu den Kopfkrankheiten eines Phantasten, dessen Erfahrung verkehrt worden ist? Will er das «Andere der Vernunft»[7] – Träume, Visionen, dichterische Phantasien – als Erkrankungen fieberhafter Gehirne abwerten, um nichts als die Vernunft allein herrschen zu lassen? Oder will er zwischen Phantasie und Phantasterei, Einbildungskraft und Verrückung eine Grenze ziehen, um nicht durch jene Schimären verführt zu werden, vor denen bereits Horaz gewarnt hat? An dieser Grenze aber geht es nicht mehr nur um die Frage nach der Wirklichkeit von Geistern, die ihren medialen Sehern erscheinen. An ihr entscheidet sich zugleich das Schicksal einer Metaphysik des Geistes, die seit ihren griechischen Anfängen ein Zentrum der Philosophie bildet.

Um Kants Absicht nachvollziehen zu können, muss man auf die Methode achten, mit der er in der Geisterschrift seinen Exorzismus praktiziert. Einiges, was nicht nur seine Zeitgenossen irritiert hat, erhellt sich aus dieser Verfahrensweise, die Kant nicht zum Beweis möglicher Hypothesen oder zur Theoriekonstruktion angewendet hat, sondern als Erläuterung. Seine Philosophie ist keine Lehre, sondern eine Tätigkeit, um unklare und verworrene Gedanken über den Geist aufzuklären; und das Resultat seiner *Träume* sind keine philosophischen Lehrsätze, sondern nur das Klarwerden von Sätzen, ganz im Sinne seines Nachfolgers Ludwig Wittgenstein, dessen Sätze ebenfalls nur «erläutern» sollen, um

Moses Mendelssohn

metaphysischen Unsinn überwinden und dann die Welt richtig sehen zu können: «Die Philosophie soll die Gedanken, die sonst, gleichsam, trübe und verschwommen sind, klar machen und scharf abgrenzen.»[8]

«In der Tat wurde es mir schwer, die Methode zu ersinnen, nach welcher ich meine Gedanken einzukleiden hätte, ohne mich dem Gespötte auszusetzen» (Br, 51), schrieb Kant an Mendelssohn. Deshalb hätte er es für ratsam gehalten, durch Selbstironie dem Spott zuvorzukommen und seine unbedingte Wahrhaftigkeit durch ein raffiniertes Satyrspiel in Szene zu setzen. Kants Geisterschrift ist ein philosophisches Kunststück, das wie die poetisierte Dichtkunst des Horaz die Schimären zur Sprache bringt, die es zu überwinden gilt. Sie ist zugleich ein wissenschaftlich-literarisch-metaphysischer Knoten, in dem alle Fäden verknüpft sind, die Kant in seinen späteren Hauptwerken aufgreifen und entwirren wird. Es ist kein Zufall, dass Kant sich nie wieder mit solcher Intensität auf einen anderen Autor eingelassen hat. An Swedenborg wird ihm klar, was er selbst will.[9] Die philosophischen Erläuterungen dienen seiner Läuterung, wobei er vor allem nicht vergessen hat, was er selbst zehn Jahre zuvor in seiner *Theorie des Himmels* über erhabene Glückseligkeit, Seelenwanderung und Lebensformen auf fernen Planeten geschrieben hat.

Unmittelbarer Anlass, sich auf den «undankbaren Stoff» (I, 982) der Geisterseherei einzulassen, war, wie Kant entschuldigend vorbemerkt, seine Neugier. Er hat von einem berühmten Wissenschaftler gehört, von dem man Wunderliches erzählt. Man staunte und diskutierte über die Fähigkeit des Emanuel von Swedenborg, vor allem mit den Seelen von Verstorbenen Kontakt aufnehmen zu können, auf Erden wie im Himmel.

Bevor Kant im zweiten Teil seiner Schrift von Swedenborg erzählt und ihn auf seiner ekstatischen Reise durch die Geisterwelt begleitet, entfaltet er in ihrem ersten Teil das Phänomen des Geistes als metaphysisches Problem. Dabei kommt es zunächst darauf an, eine sprachliche Klärung vorzunehmen. Kant beginnt mit einer Begriffsexplikation. Erläutert werden muss, was unklar ist. Zwar wird der Ausdruck «Geist» allgemein gebraucht, im alltäglichen Leben ebenso wie in der Philosophie des Geistes, in der Psychologie wie in der Religion und Theologie, im Okkultismus wie in der Literatur. Aber weiß man eigentlich, wovon man redet? Bevor man die Was-ist-Frage nach dem Wesen des Geistes stellt und darauf geistreiche Antworten zu geben versucht, muss der Sinn des Wortes «Geist» geklärt werden. Begriffsexplikationen sind nicht wahr oder falsch. Es sind nützliche Präzisierungsvorschläge, die ein vages und mehrdeutiges Wort in einen Begriff überführen, der zwar an dem zu erläuternden Wortgebrauch anknüpfen muss, aber exakter und bestimmter als dieser sein soll. Nur so können auch die «dunklen Vorstellungen» (I, 760) erhellt werden, von deren Wirksamkeit Kant überzeugt ist. Er weiß, dass nicht bewusste Vorstellungen ihr verwirrendes Spiel mit den Menschen treiben, vor allem, wenn es um Gefühle geht.

Der Geist existiert, und es gibt Geister. Jedenfalls wird seit Jahrtausenden von ihnen geredet. Ein Ende ist nicht absehbar.

Jeder Blick in ein philosophisches Wörterbuch führt vor Augen, dass «Geist» ein Fundamentalbegriff der europäischen Philosophie ist. Vom Pneuma, das ursprünglich den Windhauch, die Luft und den Atem bezeichnete, sprachen bereits die griechischen Naturphilosophen, um sich vom gemeinsamen Atmen des Kosmos und eines beseelten Menschen ein Bild zu machen. Aristoteles hat sich als Metaphysiker größte Mühe gegeben, diese Pneuma-Seele als ein vom Körper Abgetrenntes, dennoch in ihm Wirksames zu begreifen. Die rigide Trennung seines Lehrers Platon, des ersten Großmeisters eines transzendenten Jenseits, schien ihm unhaltbar zu sein. Paulus unterschied in seinem *Ersten Brief an die Korinther* zwischen dem natürlichen Menschen, dem *psychikos anthropos*, lateinisch *animalis homo*, und dem geistlichen Menschen, dem *pneumatikos anthropos*, lateinisch *spiritualis homo*, der die göttlichen Worte versteht, die der Geist Gottes uns schenkt. Und das deutsche Wort «Geist», mit dem im Germanischen noch «Ekstase» gemeint war, im Althochdeutschen aber schon ein «überirdisches, vom Körper abgetrenntes Wesen», umgreift ein breites Spektrum, das vom individuellen Geist des einzelnen Menschen über soziale Instanzen eines Volks- oder Weltgeistes bis hin zum absoluten Geist reicht, der im Geist Gottes seine theologische Krönung erfährt.

Doch dieser Geist hat schon früh seinen gespensterhaften Doppelgänger zur Seite. In den geheimen Mysterienreligionen wurde immer wieder eine andere Welt beschworen, ein Reich der Geister, in das nur die Initiierten Zugang gewinnen können. Selbst der streng denkende Platon glaubte an unreine Geister, die im Schattenreich leben müssen und auf den Friedhöfen herumspuken, weil die Seelen der Verstorbenen nicht rein vom Körper abgeschieden wurden und deshalb nicht zum unsichtbaren Göttlichen heimkehren konnten.[10]

Kinder hören Geistergeschichten. Sie glauben an hilfreiche Schutzengel oder fürchten sich vor den nächtlichen Geistern, die vor allem in ihren Träumen auftreten. Von den Geistern der Verstorbenen, die wiederkehren können, erzählen alte Mythen ebenso wie der Volksglaube. Poltergeister leben in den Dingen, die außer Rand und Band zu geraten scheinen. Auch in der Literatur haben sich Geistergeschichten als ein Genre etabliert, das in der Gothic Novel seinen ersten spiritistischen Höhepunkt erreichte. Am Beginn steht das *Castle of Otranto* von Horace Walpole, das 1764 erscheint, während sich Kant gerade intensiv mit den Geheimnissen der Geisterwelt beschäftigt. Wunderwerke, Erscheinungen, Zaubermittel, Träume, «und was sonst übernatürlich heißt»[11], spielen eine zentrale Rolle in dieser Geschichte des Schreckens. Okkultisten und Magier beschwören den Weltgeist, der als Medium alle Dinge durchatmet und auch zwischen der himmlischen Seele und dem dichten Körper zu vermitteln weiß. Geisterjäger machen ihre Arbeit, und schamanistische Geistheiler sind unterwegs in ihren anderen Dimensionen. Vom teuflischen Geist, der ihnen seine Befehle mitteilt, reden noch heute die Satansjünger, die auch vor Mord nicht zurückschrecken, um ihrem Gebieter die Seelen der Opfer zuzuführen.

Wenn man das alles zusammennimmt, so scheint, wie Kant ironisch feststellt, die Rede von Geist und Geistern «keinen kleinen Teil von unserem Wissen auszumachen.» (I, 925) Aber dieses Wissen lebt von dunklen Vorstellungen und verworrenen Begriffen. All die Vielwisser, die von Geist und Geistern nur so dahinreden, bringt Kant mit einer einfachen Frage in große Verlegenheit: «Was das denn eigentlich vor ein Ding sei, wovon man unter dem Namen eines Geistes so viel zu verstehen glaubt.» (I, 925) Erst wenn geklärt ist, was sinnvollerweise mit «Geist» gemeint ist, kann man sich der weiter gehenden Frage zuwenden, ob mit diesem Namen etwas Wirkliches bedeutet oder nur ein Hirngespinst vorgespiegelt wird.

Nun wäre es leicht, diese Fragen nach Sinn und Bedeutung zu beantworten, wenn «Geist» von unseren Erfahrungsbegriffen abgeleitet wäre. Aber leider kann man sich, wenn man von der Natur des Geistes redet, ja gerade nicht unmittelbar auf sinnliche Erfahrungen körperlicher Dinge und Tatsachen beziehen. Der strittige Begriff ist nicht empirisch begründet. Denn die Sinne offenbaren uns keinen Geist. Wir können ihn weder sehen noch hören, weder schmecken noch riechen oder tasten; und nur diese Unsinnlichkeit lässt überhaupt zu, sinnvollerweise die Frage nach Realität oder Irrealität, Wirklichkeit oder Phantasma des Geistes zu stellen.

Kants Begriffserläuterung beginnt mit einem einfachen Gedankenexperiment. Was geschieht, wenn man einen materiell ausgefüllten Raum, der ausgedehnt, undurchdringlich, teilbar und den mechanischen Bewegungsgesetzen Newtons unterworfen ist, mit einer geistigen Substanz füllt? Offensichtlich findet dabei keine Räumungsaktion statt. Der Geist mag dann zwar als inneres Prinzip oder als immaterielle Kraft wirksam sein, ohne dabei jedoch den Raum körperlich auszufüllen. «Einfache Wesen von dieser Art werden immaterielle Wesen und, wenn sie Vernunft haben, Geister genannt werden.» (I, 928) Nur in radikaler Abtrennung von der Materie kann also, Kant zufolge, der Name eines immateriellen Geistes sinnvoll gebraucht werden.

An diesem Punkt angelangt, ist der «verwickelte metaphysische Knoten» (I, 925) nicht mehr zu übersehen, der uns in eine tiefe philosophische Verwirrung zu stürzen droht. Bereits Aristoteles, auf den Kant hier anspielt, hat in seiner *Metaphysik* den Zweifel im Denken als Hinweis auf einen Knoten in der strittigen Sache verstanden; «denn im Zweifel gleicht man den Gebundenen, jenen wie diesen ist es unmöglich vorwärts zu schreiten.»[12] Das Problem scheint das klare und zielstrebige Nachdenken zu überfordern. Es verknotet sich in widerstreitende Argumentationen, bei denen oft geistvolle Begründungen und phantastische Einbildungen unauflöslich verwoben sind. Die Metaphysik beginnt zu träumen. Man kann es an drei Symptomen diagnostizieren.

Kant kann zunächst nur gestehen, «daß ich sehr geneigt bin, das Dasein immaterieller Naturen in der Welt zu behaupten, und meine Seele selbst in die Klasse dieser Wesen zu versetzen. Alsdann aber: Wie geheimnisvoll wird nicht die Gemeinschaft zwischen einem Geist und einem Körper?» (I, 934f.) Der Metaphysiker neigt zum Geheimnisvollen. Er ist Initiat einer «geheimen

Philosophie» und gesteht, was ihm selbst sehr dunkel ist und wohl auch so bleiben wird. Er glaubt an die Seele, an immaterielle Naturen, geistige Wesen, innere Tätigkeiten und Zustände, die einer Welt angehören, die nicht den Bedingungen körperlicher Aktivitäten unterworfen sind. Aber wo haben sie ihren Ort? Kant vermutet, dass angesichts dieser Frage jede wissenschaftliche Erkenntnisanstrengung an ihre Grenzen stoßen muss.

Kant redet nur von Geistern, die zum Weltganzen gehören. Der unendliche Geist Gottes, an dem man ja von vornherein jede Materialität verneint, ist nicht sein Thema. Der Zusammenhang von Geist und Körper, Seele und Leib verwirrt ihn. Denn die Annahme einer menschlichen Seele als geistiger Substanz bringt den Metaphysiker in die scheinbar unlösbare Schwierigkeit: «daß ich eine wechselseitige Verknüpfung derselben mit körperlichen Wesen zu einem Ganzen denken, und dennoch die einzig bekannte Art der Verbindung, welche unter materiellen Wesen statt findet, aufheben soll.» (I, 927)

In einem Exkurs zur Moralität und Sittlichkeit verschärft Kant das Problem. Jetzt geht es nicht mehr nur um den Kopf. Auch das menschliche Herz scheint von immateriellen Kräften bewegt werden zu können, die außerhalb zu liegen scheinen. Wer nicht nur an sich selbst und seine Privatbedürfnisse denkt, ist geneigt, an eine «aus dem Grunde der Moralität entspringende Wechselwirkung des Menschen und der Geisterwelt» (I, 945) zu glauben. Es scheint sittliche Neigungen, moralische Gefühle und Regeln eines überindividuellen Willens zu geben, die in der Welt wirksam sind, obwohl sie nicht als materiell gegeben gedacht werden können. Und so kommt Kant zu einer Einsicht, die sich nur noch schwer von der Vorstellung eines Visionärs unterscheiden lässt: «Alle Moralität der Handlungen kann nach der Ordnung der Natur niemals ihre vollständige Wirkung in dem leiblichen Leben des Menschen haben, wohl aber in der Geisterwelt nach pneumatischen Gesetzen.» (I, 944)

Obwohl er also nicht sicher wissen oder beweisen kann, dass es immaterielle Geistwesen gibt, gesteht Kant erstens, dass er an ihre

Existenz zu glauben «geneigt» sei. Damit aber verstrickt er sich zweitens in jenen traditionsmächtigen Knoten, der zugleich die Verbindung von Geist und Körper und deren Abgetrenntsein zu bedenken gibt. Und drittens leitet er die Moralität von Handlungen aus einer unmittelbaren Gemeinschaft der Geister ab, die den Gesetzen eines pneumatischen Einflusses folgt, ohne Vermittlung körperlicher Dinge. Die Selbstdiagnose scheint klar zu sein. Auch er selbst gehört zu den Bewohnern jenes Geisterreichs, in dem sich die Okkultisten, Mystagogen und Esoteriker aller Zeiten und Länder vereinigen.

GEISTERSEHER SWEDENBORG

Bereits im wuchtigen Eröffnungssatz seiner Geisterschrift hat Kant metaphysische Geheimnisse, religiöse Hoffnungen und geistige Phantasmen in eine unheilige Dreifaltigkeit zusammengeführt: «Das Schattenreich ist das Paradies der Phantasten.» (I, 923) Schon der Ton, mit dem dieses Reich skizziert wird, klingt wie eine Warnung. Nein, die Grenze zu diesem Reich darf nicht überschritten werden. Der Weltweise, der Deutlichkeit und Klarheit als methodische Richtlinien seiner philosophischen Tätigkeit schätzt, darf kein Phantast sein. Er will sich nicht verblenden lassen wie die Menschen, die nicht das sehen, was da ist, sondern was ihnen ihre Neigung vorgaukelt. Um sich darüber klar zu werden, hat Kant sich Swedenborg zugewandt. Der berühmteste Geisterseher seiner Zeit, der auch in Deutschland begeisterte Anhänger findet, dient ihm als Spiegelbild und Doppelgänger, von dem er sich trennen muss, um aus den Träumen der Metaphysik aufzuwachen. Kant will den Swedenborg in sich überwinden, will den eigenen Geister-Unsinn erkennen, um ihn verwerfen zu können. Doch wer ist überhaupt dieser Swedenborg, über dessen Person und Werk sich Kant ausführlich informiert hat?

«Es lebt zu Stockholm ein gewisser Herr Schwedenberg, ohne Amt oder Bedienung, von seinem ziemlich ansehnlichen Vermögen. Seine ganze Beschäftigung besteht darin, daß er, wie er selbst sagt, schon seit mehr als zwanzig Jahren mit Geistern und abgeschiedenen Seelen im genauesten Umgange steht, von ihnen Nachrichten aus der andern Welt einholet und ihnen dagegen welche aus der gegenwärtigen erteilt, große Bände über seine Entdeckungen abfaßt und bisweilen nach London reiset, um die Ausgabe derselben zu besorgen.» (I, 966) Mit dieser knappen Nachricht, die er «mit völliger Gleichgültigkeit» dem Urteil seiner geneigten oder ungeneigten Leser überlässt, beginnt Kants Polemik. Als wisse er nicht viel mehr von diesem «gewissen Herrn», dessen Namen er noch nicht einmal richtig zu kennen scheint.

Ein Brief, den Kant bereits einige Jahre früher, vermutlich am 10. August 1763, an Charlotte von Knobloch geschrieben hat, spricht eine andere Sprache. Denn dort hat er diesem wissbegierigen «gnädigen Fräulein» mitgeteilt, dass er sich ausführlich über Swedenborg erkundigt habe. Zwar wisse er nicht, ob man an ihm jemals «eine Spur von einer zum Wunderbaren geneigten Gemütsart» habe feststellen können. Aber er sei sich gewiss, am liebsten doch der «Regel der gesunden Vernunft»[13] zu folgen. Er glaube nicht so recht an allerlei Geschichten von Erscheinungen und Handlungen des Geisterreichs, die ihm ja durchaus bekannt seien. Er wolle zwar nicht deren Unmöglichkeit behaupten, doch wolle er sich auch nicht leichtgläubig betrügen lassen. In dieser Gemütslage machte er sich mit der Geschichte des Herrn von Swedenborg bekannt, der ihm von Personen, deren klares und besonnenes Urteilsvermögen Kant schätzte, als ein «vernünftiger, gefälliger und offenherziger Mann»[14] geschildert worden war, als ein hervorragender Gelehrter, der voller Überzeugung über die wunderliche, ihm von Gott verliehene Gabe redete, mit Geistern und Engeln kommunizieren zu können, und dafür auch zahlreiche Beweise lieferte. Nicht zuletzt ein Brief, den Kant an Swedenborg schrieb, um aus erster Hand über dessen Geisterverkehr informiert zu werden, dokumentiert das starke Interesse, das Kant an

Emanuel von Swedenborg.
Naturforscher und Geisterseher

diesem sonderbaren Mann hat. Wie aber ist es zu dessen wundersamer Begabung gekommen?

Emanuel Swedberg wurde am 29. Januar 1688 in Stockholm als Sohn des Regimentspfarrers Jesper Swedberg geboren.[15] Frühe naturwissenschaftliche Neugier veranlasste ihn, in England, wo er Newtons Vorlesungen hörte, Mathematik, Mechanik und Astronomie zu studieren. Er profilierte sich vor allem als Erfinder, und 30 Jahre lang, von 1716 bis 1747, hatte er in Schweden als Bergwerksassessor gearbeitet. Zur Anerkennung seiner praktischen Leistungen und wissenschaftlichen Forschungen wurde er mit dem Namen «von Swedenborg» geadelt und Mitglied der Königlichen Akademie der Wissenschaften. Kosmogonische Überlegungen zur Erschaffung der Planeten und Monde, wobei er bereits 1734 seine Nebularhypothese aufstellte, beschäftigten ihn ebenso wie die physiologische Erforschung der Gehirntätigkeit, wobei er zunächst von einem Materialismus des Geistigen ausging, um es in sein mechanistisches Weltbild integrieren zu können.

Anfang der vierziger Jahre ist er auf der Höhe seines wissenschaftlichen Ruhms. Er arbeitet sein großes Werk *Regnum Animale* aus und schreibt eine bemerkenswerte Abhandlung über das Gehirn: *De Cerebro*. Doch zugleich gerät er angesichts dieser wissenschaftlichen Arbeit in eine tiefe Krise. Von zwei Seiten fühlt er sich bedroht. Einerseits befürchtet er, dass vor allem das Leib-Seele-Problem seine wissenschaftlich geschulten Verstandeskräfte übersteigt. Es gelingt ihm nicht, seelische Ereignisse zu naturalisieren. Swedenborg ist an eine Grenze der forschenden Naturerkenntnis gestoßen, die ihm als unüberwindbar erscheint. Er sehnt sich nach Zeichen einer göttlichen Bestätigung, ob er auf dem richtigen Erkenntnisweg ist. Auf der anderen Seite steht ein zunehmender Zweifel an seiner religiösen Überzeugung. Es fällt ihm besonders schwer, für die Wunder, von denen die Heilige Schrift berichtet, eine wissenschaftlich plausible Erklärung zu finden. Auch weiß er, dass zeitgenössische Denker wie David Hume oder Voltaire den Wunderglauben am Leitfaden der Frage zu erörtern begonnen haben, ob es Beweise für Wunder gebe, und nicht, was Wunder bewiesen. Auch bei aufgeklärten Theologen stehen sie unter dem Verdacht des Aberglaubens.[16]

In dieser janusartigen Krise, in der das naturbezogene Wissen an seine Grenze stößt und der religiöse Glaube in den Strudel des wissenschaftlichen Zweifels gerät, werden Swedenborgs Träume immer intensiver und irritierender.[17] Auch perfektioniert er jetzt eine Technik, die ihm schon als Kind vertraut war. Er reduziert extrem seine Atmung und bringt sich so beinahe in den Zustand eines Erstickenden, wobei er traumartige Halluzinationen erlebt. Hypnagogisch spielt sich alles in ihm ab, vor seinem inneren Gesicht. Mit seinen «geistigen Augen» sieht er in sich Feuer brennen, und seine Gedanken werden immer «lichtroter».[18] Auch fühlt er sich in Gesellschaft himmlischer Engel, die in ihm anwesend sind.

Swedenborg ist bereits 56 Jahre alt, als er Ostern 1744, in der

Nacht vom 6. zum 7. April, seine erste große Christusvision erlebt.[19] Er ist zwar nicht ganz wach gewesen, als der Gottessohn ihn zum Geliebten wählt. Aber das hindert ihn nicht, in seinem Leben eine entscheidende Wende zu vollziehen. Er hat bisher nach wissenschaftlicher Erkenntnis auf verschiedenen Gebieten gestrebt, wobei er meist streng empirisch vorging, vertrauend auf Experiment und Beobachtung. Jetzt aber glaubt er einzusehen: Die Grenze, an die er als Wissenschaftler gestoßen war, muss übersprungen werden. Er sucht das ganz Andere, und das göttliche Mysterium geschieht. In einer himmlischen Anwunderung wird ihm in London sein Begehren von der obersten Instanz bestätigt. Nach erschreckenden Albträumen offenbart sich ihm im April 1745 Gott selbst. Von ihm erfährt er, wozu er ausersehen ist. Er soll den Menschen den geistigen Sinn der Heiligen Schrift auslegen. Angeleitet allein durch göttliche Hilfe soll er den Rest seines Lebens diesen Auftrag zu erfüllen streben. Er soll die himmlischen Geheimnisse zu lüften versuchen, die in Gottes veröffentlichtem Wort verborgen sind. «Mir wurde in derselben Nacht zu meiner Überzeugung die Geisterwelt, die Hölle und der Himmel geöffnet, wo ich viele Bekannte desselben Standes wiedererkannte: Von dem Tage an entsagte ich aller weltlichen Gelehrsamkeit und arbeitete in geistigen Dingen, wie mir der Herr befahl zu schreiben.»[20] Swedenborg ist zum Theosophen geworden, zum Liebhaber himmlischen Wissens. Aus der Krise, in die ihn sein wissenschaftlicher Naturalismus gestürzt hat, rettet er sich durch eine spiritualistische Wende, die ihn zur eigentlichen göttlichen Wahrheit bringen soll.

Zurück zu Kant. Nun wäre auch für diesen Liebhaber der Weltweisheit die theosophische Wende des Wissenschaftlers Emanuel Swedenborg nur eine gleichgültige Episode in der langen Geschichte religiöser Schwärmerei und Phantasterei, wenn er im Werk dieses ekstatischen Geistersehers nicht auch ein verführerisches Modell seiner eigenen metaphysischen Sehnsucht gesehen hätte. Kant erkannte Swedenborg als seinen geistesverwandten Widersacher. Der Philosoph reflektiert im Theosophen einen Teil seines eigenen Genius, der ihn wie im Märchen ins «Schlaraffenland der Metaphysik» (I, 968) zu verführen droht.

Kant hält den nordischen Seher für keinen Schwindler. Er gesteht ihm zu, erlebt zu haben, wovon er spricht. «Er scheint vollkommen von dem, was er vorgibt, überredet zu sein, ohne einigen Anschein eines angelegten Betruges oder Scharlatanerei.» (I, 966) Deshalb greift Kant zunächst dort an, wo es öffentlich zugeht. Er sucht nach diesseitigen Beweisen für Swedenborgs jenseitige Gewissheiten und Erlebnisse. Am Ende seiner Überprüfungen wird Kant zwar selbstironisch bekennen, dass er bei seiner Nachforschung – «wie gemeiniglich, wo man nichts zu suchen hat» (I, 924) – auch nichts gefunden habe. Doch ganz so einfach ist die Sache nicht. Betrachten wir nur den einen Fall, den auch Kant ausführlich referiert hat: die wieder gefundene Quittung.

SCHEINERFAHRUNGEN

Madame von Marteville, die Witwe des holländischen Gesandten in Stockholm, wurde von einem Goldschmied aufgefordert, eine unbezahlte Rechnung ihres am 25. April 1760 gestorbenen Mannes zu begleichen. Sie war zwar überzeugt davon, dass ihr Mann bereits bezahlt hatte, fand aber in seiner Hinterlassenschaft keinen Beleg. 1761 wandte sie sich deshalb an Swedenborg, der mit der Seele des Verstorbenen reden sollte, um sie nach der Quittung zu fragen. Swedenborg versprach zu helfen «und stellte der Dame nach wenig Tagen in ihrem Hause den Bericht ab, daß er die verlangte Kundschaft eingezogen habe, daß in einem Schrank, den er anzeigte und der ihrer Meinung nach völlig ausgeräumt war, sich noch ein verborgenes Fach befinde, welches die erforderliche Quittungen enthielte. Man suchte sofort seiner Beschreibung zufolge und fand nebst der geheimen holländischen Correspondence die Quittungen, wodurch alle gemachte Ansprüche völlig getilgt wurden.» (I, 967f.)

Kant weiß zunächst nicht recht, was er von dieser Geschichte halten soll. Er ist in einem Dilemma. Was von Swedenborgs Fähigkeiten erzählt wird, erscheint ihm unbegreiflich. In sich spürt er die «Gegenwehr eines unüberwindlichen Zweifels» (I, 923). Aber es gibt für die Beteuerungen durchaus vernünftige Augenzeugen, wonach die erzählte Begebenheit tatsächlich stattgefunden habe.

Kant rettet sich, indem er die Beweiskraft dieser mitgeteilten Tatsachen in Frage stellt. Das Spiel zwischen Unerklärbarem, Beweis und Tatsache ist zu kompliziert, um eine vorschnelle spiritualistische Lösung zu favorisieren. Vor allem der Zeugenbericht des Bankkaufmanns Carl Robsahm hilft in diesem Fall weiter. Denn der Geisterseher selbst hat ihm mitgeteilt, dass er zwar, nach der entsprechenden Bitte der Witwe, mit deren verstorbenem Gatten gesprochen habe. Aber er habe von ihm nur gehört, dass er nächtens in sein Haus kommen wolle, um nach der Quittung zu suchen. Mehr habe Swedenborg auch der Witwe nicht sagen können. «Nachher habe ich gehört, – fügte Swedenborg noch hinzu, – daß sie das wichtige Dokument seither gefunden habe. Sonst habe ich keinen Theil an der Sache genommen. Es gieng ein Gerücht, daß der Wittwe geträumt habe, sie spreche mit ihrem Manne, der ihr sagte, wo das Papier in seinen ehemaligen geheimen Behältnissen zu finden sei.»[21] Wie anders hört sich das an als die allgemein kolportierte Wundergeschichte!

Geisterseherei hat mit der Interpretation von Wahrnehmungen zu tun. Das zeigt sich auch am erstaunlichen Fall der Madame Marteville. Es gibt keine Augenzeugen, die verlässlich von Tatsachen berichten. Es gibt hier nur eine verzweifelte Frau, die etwas sucht und, von ihrem suggestiv angemeldeten Geistermann träumend, später auch findet. Nichts zwingt, hier ein geheimes Geisterreich anzunehmen, zu dem Swedenborg einen privilegierten Zugang besitzt. Wie aber steht es mit dessen Beteuerung, mit der Seele des Verstorbenen gesprochen zu haben? Das ist die Schlüsselfrage, auf die Kant in seiner Streitschrift eine plausible Antwort sucht. An ihr schärft er seinen kritischen Verstand. Es geht um das erkenntnistheoretische Problem einer verlässlichen Erfahrungsbasis, auf der sich wissenschaftliche Theorien und metaphysische Systeme gründen lassen.

Kant hat sich die acht Quartbände *Arcana Coelestia*, Swedenborgs erstes visionäres Hauptwerk[22] nach Christusvision und Gottesbesuch, das 1747 bis 1758 in London erschien, besorgt, dafür beträchtliche sieben Pfund Sterling bezahlt und diese Offenbarung studiert. Seine eigene Neigung, an das Dasein immaterieller Naturen zu glauben, schien hier eine Entsprechung zu finden. Doch bei genauerer Lektüre entpuppte sich dem neugierigen Leser dieses große Wunderwerk als eine wirre Ansammlung der «wilden Hirngespinste des ärgsten Schwärmers unter allen» (I, 980), als «acht Quartbände voll Unsinn» (I, 973). Doch wieso eigentlich Unsinn, wenn doch auch Kant selbst als geistiger Abenteurer sich so gern auf das «Luftschiff der Metaphysik» (I, 969) gewagt hat?

Kant lässt sich kaum auf die theosophische Systemkonstruktion Swedenborgs ein. Er stellt zwar die Quintessenz all der Gestaltungen und Wunderdinge vor, die der nordische Visionär bei seinem ständigen und ununterbrochenen Verkehr in der Geisterwelt und im Himmel der Engel gesehen haben will und deren Einsicht er allein vom HERRN her erhalten habe. Aber er interpretiert sie als Einbildungen eines Menschen, der seine eigene, aus mythischen, biblischen und literarischen Quellen intertextuell zusammengelesene Schöpfung als geheime Weltordnung missversteht.

Viel stärker interessiert Kant sich für das, was Swedenborg mit eigenen Augen gesehen und mit eigenen Ohren gehört haben will, für die empirische Basis seines Wissens. Denn wesentlich lehrreicher als die «Scheingründe aus der Vernunft» sind für Kant die «Scheinerfahrungen», die er als eigenwillige, verkehrte Interpretationen subjektiver Wahrnehmungserlebnisse interpretiert. Einige Beispiele mögen zur Erläuterung genügen.

Das biblisch überlieferte «entrückt werden»[23] gehört zu den außerordentlichen Erscheinungen, in die Swedenborg sich versetzt fühlte. Damit aber verhielt es sich ihm zufolge so, dass er in einen Zustand zwischen Schlafen und Wachen geriet, in ein Zwischenreich, in dem dennoch seine Sinne äußerst geschärft blieben, vor allem der Tastsinn. Dann wurden die Engel und Geister leibhaftig «betastet», auch wenn sein Körper dabei fast völlig untätig war. – Auch «vom Geist an einen anderen Ort weggeführt werden» wurde von Swedenborg mehrfach wahrgenommen, nämlich so: Er wanderte durch die Gassen einer Stadt, dachte dabei intensiv an andere Orte und Menschen, die vor seinem inneren Auge erschienen. Er scheint recht geistesabwesend gegangen zu sein, weder an die Zeit noch an den Ort denkend, bis er wieder «im Sehen des Körpers» war. «Ich wurde gewahr, daß ich an einem anderen Orte sei, worüber ich sehr erstaunt war. Dies geschah, damit ich auch wissen möchte, daß der Mensch vom Herrn geführt werden kann, ohne daß er weiß, woher und wohin.»[24] – Wie das Sterben des Menschen und seine «Auferstehung»[25], die Herausführung der Seele aus dem Körper in eine geistige Welt, vor sich geht, ist Swedenborg immer wieder durch lebendige Erfahrung offenbart worden. Durch extreme Atemhemmung nämlich wurde er in einen Zustand der körperlichen Empfindungslosigkeit versetzt, «somit beinahe in den Zustand der Sterbenden gebracht». Inwendiges Atmen trat an die Stelle des Atmens des Körpers. In diesem totenähnlichen Zustand erschienen aus der Ferne engelhafte Lichtgestalten, die sich in der Nähe seines Kopfes niederließen, bis er endlich wieder «auferweckt» und ins Körperreich zurückgeführt wurde. – Besondere Denkwürdigkeiten stellen schließlich die sprachlichen Wahrnehmungen Swedenborgs dar, vor allem seine «Sprache der Engel».[26] In dieser Universalsprache hat der stark stotternde Geister- und Engelhörer am liebsten kommuniziert. Denn hier erlebte er eine paradiesische Sprache, in der alle ursprünglichen Begriffe und Denkvorstellungen ihren passenden Ausdruck fanden und sich alle menschlichen Neigungen unmaskiert äußern konnten. Es war eine vorzügliche geistige Sprache, zugleich «tönende Neigung und artikuliertes Denken»[27], eine reine Gedankensprache, die in ihm klang, gewählt und klar, sinnvoll und authentisch.

Kant stellt nicht in Frage, was Swedenborg erlebt hat. Denn an diesen Phänomenen ist nichts wirklich verrückt, weder an den Affektionen im Halbschlaf noch bei geistesabwesenden Spaziergängen, weder bei den hypnagogischen Suggestionen noch beim geistreichen inneren Selbstgespräch. Jeder kennt solche Wahrnehmungserlebnisse. Aber Kant stellt die Verkehrtheit der Erfahrungsbegriffe fest, mit denen Swedenborg zu beschreiben und zu erklären versuchte, was in und mit ihm geschah. Hier neigte ein Phantast zu einer verrückten Scheinerfahrung, die sich vor allem durch einen Rückgriff auf eine schwärmerische Bibellektüre als Offenbarung missverstand. Swedenborgs Verbindung mit der Geisterwelt war eine Art von Selbstbetrug über die Wahrnehmungen und Empfindungen, die intensiv erlebt und visionär überinterpretiert wurden.

Mit seiner kritischen Analyse der *Träume eines Geistersehers* hat Kant auch die *Träume der Metaphysik* als möglichen Schein entlarvt. Alles Reden von Geist und Seele als immateriellen Wesen, zu dem er selbst zu neigen gesteht, alle Spekulationen über die geheimnisvolle Gemeinschaft von Leib und Seele, seine Imagination einer moralischen «Geisterwelt nach pneumatischen Gesetzen», die metaphysischen Luftgebilde einer transzendenten Welt, gezimmert aus erschlichenen Begriffen – waren auch das alles nur Blendwerke einer Einbildungskraft, die nur Scheineinsichten mit sich bringen konnte? Was hat Kant aus seiner Erläuterung philosophisch gefolgert? Es lassen sich fünf Punkte festhalten, die für Kants weitere Entwicklung relevant sind.

TRAUMDEUTUNG

Gemeinschaft statt Privatheit, Newton statt Swedenborg. In all seinen theosophischen Offenbarungen über die Geheimnisse und Wunder in Himmel und Hölle, im Geisterreich und auf Erden hat Swedenborg immer wieder darauf hingewiesen, dass ihm allein alles vom HERRN mitgeteilt worden sei. Es handle sich dabei um lebendige Erfahrungen seines «inneren Menschen», dem all diese staunenswerten Dinge nur vor dem «inneren Auge» erschienen. Es waren also, wie Kant zusammenfasst, nur «Privaterscheinungen» (I, 981), die Swedenborg zur Beglaubigung seines Wissens anführen konnte. Er war sein einziger Zeuge. Er lebte in seiner eigenen Welt und kommunizierte in seiner engelhaften Privatsprache.

Gegen diesen Solipsismus, der allenfalls zur Gründung einer «Neuen Kirche» von gläubigen Swedenborgianern[28] führen kann, stellt Kant die intersubjektive Welt gemeinsamer Erfahrungsmöglichkeiten aller Menschen. Er vertraut auf die Übereinstimmung der Erfahrungsbasis verschiedener Subjekte, die sich auch im öffentlichen Gebrauch einer Sprache manifestiert, deren Weltbezug jeder mitvollziehen kann. Gegen Swedenborgs innere Wahrnehmungserlebnisse irdischer und himmlischer Geheimnisse stellt Kant eine Erkenntnisform, für die ihm Newtons *Mathematische Prinzipien der Naturlehre* als vorbildlich gilt. Weil wir den subjektiven Wahrnehmungen solche Gegenstände, Tatsachen und Prozesse zuordnen können, welche sich nach Grundsätzen Newtons betrachten und erklären lassen, ist eine intersubjektive Verständigung über die Welt möglich. Nicht als Geheimnis, sondern als alles, was tatsächlich der Fall ist, interessiert den Naturphilosophen die Welt.

Als Newtonianer hat Kant gegen das solipsistische Ich und seine Privatsprache auf das intersubjektive Wir gesetzt, das eine gemeinsame Welt bewohnt. Bereits der vorsokratische Heraklit, dessen gegen mystische Schwärmerei gerichtetes Fragment 89 Kant versehentlich Aristoteles zuschreibt, habe treffend bemerkt: «Wenn wir wachen, so haben wir eine gemeinschaftliche Welt, träumen wir aber, so hat ein jeder seine eigne.» (I, 952) Indem er den zweiten Satz umdreht, gelangt Kant zu jener Einsicht, die seine Polemik gegen Geisterseherei und Metaphysik begründet: «Wenn von verschiedenen Menschen ein jeglicher seine eigene Welt hat, so ist zu vermuten, daß sie träumen.» Das ist die zentrale erkenntnisleitende Annahme einer «gemeinen» Philosophie, die alle Illusionen der «geheimen» Philosophie zu überwinden erlaubt.

Wie die radikalen Kämpfer der Wissenschaftlichen Weltauffassung, die im 20. Jahrhundert «Überwindung der Metaphysik»[29] auf ihre Fahnen geschrieben haben, stellt auch Kant um 1766 die Metaphysik unter Sinnlosigkeitsverdacht, weil sie sich jeder Überprüfbarkeit anhand intersubjektiv erfahrbarer Tatsachen entzieht. Sie bietet weder wahre noch nachweislich falsche Sätze. Ihre Scheinerfahrungen, Scheinbegriffe und Scheinurteile sind nicht zu verifizieren, aber auch nicht zu falsifizieren, weil sie allein den Imaginationen einzelner Subjekte entspringen, die seherisch begabt zu sein scheinen. Damit will Kant nichts mehr zu tun haben. Am Ende seiner Reise durch das Schattenreich gilt ihm die Metaphysik als erledigt. Sie soll ihn künftig nichts mehr angehen. Es gibt Nützlicheres zu tun, als sich mit diesem Unsinn herumzuplagen. Voltaires ehrlicher Candide hat gezeigt, was zu tun ist: «Laßt uns unser Glück besorgen, in den Garten gehen, und arbeiten.» (I, 989)

Begrenzung statt Grenzenlosigkeit. Man könnte den Sinn von Kants Geisterseherschrift in die Worte des Kantianers Wittgenstein fassen: Was sich gemeinsam denken und sagen lässt, muss begrenzt sein, «und was jenseits der Grenze liegt, wird einfach Unsinn sein.»[30] Bereits im zweiten Satz seiner Traumanalyse hat Kant das Schattenreich, in dem sich die Phantasten paradiesisch zu Hause fühlen, als ein «unbegrenztes Land» skizziert, «wo sie sich nach Belieben anbauen können.» (I, 923) Auch die anderen Bilder, mit denen er die metaphysischen und spiritualistischen Träumereien erhellt, spielen auf Unbegrenztes an: Luftschlösser; ein leerer Raum, wohin uns die «Schmetterlingsflügel der Metaphysik» (I, 983) zu heben scheinen; in der *Kritik der reinen Vernunft* wird er 1781 von dem platonischen Trieb ins Grenzenlose reden, vom Flug einer leichten Taube, welche die Sinnenwelt verlässt und sich «auf den Flügeln der Ideen in den leeren Raum des reinen Verstandes» (II, 51) hebt; oder vom weiten und stürmischen Ozean, diesem eigentlichen Sitz des «Scheins», wo Nebel und schmelzendes Eis festes Land vorspiegeln und «herumschwärmende Seefahrer mit leeren Hoffnungen» (II, 267) in täuschende Abenteuer gelockt werden.

Kant aber will auf dem Boden bleiben und Land sehen. Gerade die philosophischen Fragen nach der geistigen Natur und der seelischen Immaterialität fordern zu klaren Grenzziehungen. Denn zu leicht gelangt man hier in den Wetteifer träumerischer Spekulationen. Gegen alle metaphysischen Hirngespinste verpflichtet Kant die Metaphysik auf eine gleichsam nur negative Aufgabe. Was er in seiner Auseinandersetzung mit Swedenborg für vollendet hält, ist kein positives Wissen über die Seele und den Geist. Das Positive, auf das wir uns verlassen können, enthält, paradox gesagt, etwas Negatives: nämlich die Schranken und Grenzsteine eines Wissens, über das wir nicht hinausreichen können. Keine philosophische Untersuchung dürfe über sie «ausschweifen» (I, 985). «In so ferne ist die Metaphysik eine Wissenschaft von den Grenzen der menschlichen Vernunft.» (I, 983) Man soll erst einmal seine Besitzungen gut kennen und behaupten können, bevor man blindlings auf Eroberungen in einem unbegrenzten Scheinreich ausgeht, oder sein kleines Inselreich, ehe man sich auf den Ozean wagt.

Sokratisches Nichtwissen statt platonischer Erkenntnisanspruch. Wenn es um Geist und Seele geht, um eine immaterielle Welt und ein moralisches Geisterreich nach pneumatischen Gesetzen, an deren Existenz Kant zu glauben geneigt ist, so ist die Metaphysik eine nützliche Wissenschaft. Doch sie ist es nicht, weil sie das wissenschaftliche Wissen erweitert, sondern weil sie Irrtümer, Scheinerfahrungen und Illusionen verhindert. Man lernt durch sie, was Sokrates wusste: Ich weiß es nicht. Ein bescheidenes Misstrauen stellt sich ein, wenn der Gelehrte an die Grenzen des Erkennbaren stößt und gestehen muss: Wie viele Dinge gibt es doch, die ich nicht einsehe. «Ich weiß also nicht, ob es Geister gebe.» (I, 926) Diese Unwissenheit führt zu dem Schluss, dass man in Zukunft zwar von den Geistern und von dergleichen

Königsberg,
im Vordergrund das Königliche Stadtgericht,
im Hintergrund das Kanter'sche Haus, in dem Kant
um 1770 seine Vorlesungen abhielt.
Lithographie von Bils, 1842

Wesen «noch allerhand meinen, niemals aber mehr wissen könne.» (I, 963) Kant leugnet nicht die Möglichkeit, dass es Geister geben kann, und er erhebt auch nicht den Anspruch, «so gänzlich alle Wahrheit an den mancherlei Geistererzählungen abzuleugnen.» (I, 962) Aber er ist ein überzeugter Agnostiker, der jeden Wissensanspruch in Zweifel zieht, mit dem man die Grenze einer intersubjektiven Welterfahrung zu überschreiten versucht.

Das festgestellte Nicht-wissen-Können geht über das bloße «Ignoramus» hinaus, das auch in den empirischen Realwissenschaften anerkannt ist: Wir wissen es zwar noch nicht, aber wir können es wissen und werden es einst auch wissen. Ein solches problematisches Nichtwissen, das immer wieder zu neuen Vermutungen und Widerlegungen führt, um endlich die Wahrheit zu finden, meint Kant nicht, wenn er sich fragt, wie es in der materiellen Welt etwas Seelisches oder Geistiges geben kann und ob dieses auch ohne Verbindung mit dem Körper denkbar ist. Denn weil es sich hier nicht um Gegenstände der Natur handelt, die den Sinnen erscheinen und erfahrungswissenschaftlich analysiert werden können, kommt ein «Ignorabimus»[31] ins philosophische Spiel: Wir werden es niemals wissen. Der metaphysische Lehrbegriff von geistigen Wesen liefert uns kein Problem, das wissenschaftlich gelöst werden kann. Er konfrontiert uns mit einem Rätsel, das die Grenze jeder möglichen Erfahrungswissenschaft übersteigt. Das Mysterium des Geistes und der Seele ist theoretisch unbegreifbar. Selbst die einfache Erfahrung, dass mein bloßer Wille meinen Arm bewegen kann, ist rätselhaft. Wie macht er das, wenn er doch als immateriell vorgestellt wird?

Als Weltweiser sah sich Kant also in der gleichen Situation wie der Gelehrte Swedenborg, als dieser sich dem Gehirn zuwandte, um das Leib-Seele-Problem zu lösen. Das erklärt sein großes Interesse am nordischen Seher. Doch während Swedenborg, nach seiner Erkenntnis- und Glaubenskrise Anfang der vierziger Jahre, die Grenze der theoretischen Naturerkenntnis übersprang und theosophisch von Geistern zu phantasieren begann, ist Kant sokratisch bescheiden geblieben.

Angesichts der Rätsel des Geistigen gesteht er eine Unwissenheit, die durch keine Theorie aufgehoben werden kann. Denn weder kann der menschliche Verstand begreifen, was jenseits seiner Grenzen liegt; noch kann sinnlich erfahren werden, was in einer anderen Welt möglicherweise existiert, in unserer Welt aber nicht anzutreffen ist außer in Scheinerfahrungen eines Phantasten, der seine Wahrnehmungserlebnisse missversteht.

Traumdeutung. Wer nur seine eigene Welt hat, ist vermutlich ein Träumer, der einer eigenartigen Paradoxie unterliegt. Seine geträumte Erlebniswelt ist in ihm begrenzt und öffnet sich nicht zur Intersubjektivität gemeinsamer Erfahrungen. Aber sie ist zugleich grenzenlos wie der weite Ozean oder der leere Himmel. Das erklärt, warum es in Träumen nur dunkle Vorstellungen und verworrene Begriffe geben kann. Sie sind nicht begrenzt durch die Regeln eines gemeinsamen Sprachgebrauchs, an dem wir teilnehmen, wenn wir wach und bei klarem Bewusstsein sind.

Kant hält es für kein Wunder, dass Träume, solange sie dauern, für wahrhafte Erfahrungen wirklicher Dinge gehalten werden. Auch kann die träumende Einbildungskraft stärkste Vorstellungen evozieren, die weit über das hinausreichen, was im wachen Zustand erlebbar ist. Für die nächtlichen Spiele der Einbildungskraft gibt es keine festen Regeln, und Kant hat ein feines Gespür für all die Bilder, die vor allem im Schattenreich zwischen Tiefschlaf und Wachsein auftauchen. Nur soll man diese Traumgespinste weder für wirkliche Erfahrungen halten, noch für Offenbarungen aus einer unsichtbaren Welt.

Kant hat sich nicht die Mühe gegeben, die einzelnen Quellen freizulegen, aus denen die himmlischen Traumtexte Swedenborgs gespeist wurden. Denn diese geträumte Welt war zwar privatsprachlich geschlossen; aber sie war auch konstruiert aus zahlreichen Bruchstücken der kulturgeschichtlichen Tradition. Sie schöpfte frei aus dem Fundus des Zusammengelesenen. Die Texte des Geistersehers waren intertextuelle Patchworks aus mythologischen, religiösen, theologischen, philosophischen und literarischen Lektüreresten, die durch seine Traumarbeit so miteinander verwoben worden waren, wie es ihm gefiel: die ersten Bücher des Alten Testaments mit ihren mosaischen Engeln, die er mit der Sternseelenlehre der griechischen Philosophie und Astronomie verknüpfte; homerische Geisterfiguren der Toten in der Unterwelt; die platonischen Ideen, zu denen man aus dem Schattenreich emporsteigt, um dem Göttlichen nahe zu sein; die himmlischen Intelligenzen aus der *Metaphysik* des Aristoteles; die neuplatonische Dämonologie, deren Geister und Genien in einem Zwischenreich zwischen unserer und einer intelligiblen Welt existieren; aber auch poetische Bestandteile aus Ovids *Metamorphosen* und John Miltons *Paradise Lost* – all das und vieles mehr hat Swedenborg herbeizitiert und zusammengeträumt zu seinen *Arcana Coelestia*. Zum visionären Phantasten wurde er nur, weil er seine traumhaften Verdichtungen und Verschiebungen, seine Symbolisierungen und bilderreichen Darstellungen als eine Wirklichkeitserkenntnis missverstand, die allein ihm durch göttliche Gnade verliehen worden war.

Hinter jeder echten Geisterseherei steht ein starkes Gefühl. Auf diese Neigung, die dazu treibt, Grenzen zu überspringen, hat Kant sich konzentriert. Er hat den intertextuellen Knoten des Swedenborg'schen «Unsinns» nicht in seine einzelnen Fäden aufgelöst. Er hat ihn zerschlagen und seinen Erkenntnisanspruch zurückgewiesen. Dieser Schlag war verbunden mit einer psychologischen Aufklärung, die er bereits zwei Jahre zuvor geleistet hatte. Denn in seinen *Beobachtungen über das Gefühl des Schönen und Erhabenen* hatte er 1764 analysiert, dass die eigensinnige Schwärmerei eines Swedenborg, der sich nur auf seine eigenen Einsichten stützen will, vor allem für einen melancholischen Charakter bezeichnend ist. Die Reize des Schönen berühren ihn kaum. Kein Wunder also, dass in allen theosophischen Werken Swedenborgs das Erhabene vorherrscht, im Erschrecken über die Qualen der Hölle ebenso wie im Wunschbild eines glücklichen, auch sexuell erfüllten Lebens im Himmel oder in der kolossalen Imagination des Größten Menschen. «Bedeutende Träume, Ahndungen und Wunderzeichen» (I, 842) lassen ihn erschauern und ein Geisterreich erleben, das seine Seelenkräfte aufs Äußerste anspannt. Etwas Dämonisches in seiner Menschenseele lässt die Traumwünsche zur lebendigen Erfahrung werden. Dann gerät er ganz außer sich und kann nur noch hoffen, im göttlichen Schoß oder im himmlischen Paradies seinen Frieden und das Glück eines Seligen zu finden.

Vielleicht war es ja letztlich eine solche Hoffnung, die Kant mit Swedenborg geteilt hat. Denn so abgeklärt seine Dekonstruktion der *Träume eines Geistersehers* auch ist, dieser ungezügelten Phantastik und privaten Grillenfängerei, so ist sie doch auch affiziert von jenem Geist der Utopie, der durch dunkle Vorstellungen zum Licht zu führen verspricht. Kants «Verstandeswaage» will zwar neutral und gleichgültig sein. Aber sie neigt sich doch, wie er gesteht, ein wenig zu jener Seite, auf der «Hoffnung der Zukunft» geschrieben stand: «Nun gestehe ich, daß alle Erzählungen vom Erscheinen abgeschiedener Seelen oder von Geistereinflüssen, und alle Theorien von der mutmaßlichen Natur geistiger Wesen und ihrer Verknüpfung mit uns, nur in der Schale der Hoffnung merklich wiegen; dagegen in der der Spekulation aus lauter Luft zu bestehen scheinen.» (I, 961)

Die Geliebte Metaphysik. Swedenborg fühlte sich aufgefordert, Christus zu lieben. Die Denkwürdigkeiten des Spiritualisten legen Zeugnis ab vom Trieb eines Menschen, die Grenzen einer intersubjektiven Sprache und einer gemeinsamen Welt zu überspringen, um seine sinnliche Glückseligkeit und sein geistliches Heil zu finden. So kam jener «Unsinn» zustande, mit dem sich Kant nur unwillig beschäftigt haben will. Vorwitzige und müßige Freunde, die nichts anderes zu tun wussten, hätten ihn leichtsinnig zu einer Lektüre und Auseinandersetzung verführt, die seinen ernsthaften Interessen widersprachen. «Undankbar» und «schlüpfrig» soll der Stoff gewesen sein. Fehltritte waren nicht zu vermeiden. Doch am Ende bekennt Kant, dass er mit seinem metaphysikkritischen Kunststück, in dem Ernst und Scherz sich verwirren, doch einen Zweck verfolgt habe, «der mir wichtiger scheint, als der, welchen ich vorgab.» (I, 982) Denn auch er ist von einem Genius verführt worden, der mehr und anderes will als seinen wissenschaftlichen Verstand.

Als habe ihn die metaphysische Weltweisheit aufgefordert, nur sie wirklich zu lieben, lässt Kant sich auf die religiös schwärmenden Phantasmen Swedenborgs ein. Er will mit seiner eigenen Geliebten ins Reine kommen. «Die Metaphysik, in welche ich das Schicksal habe verliebt zu sein, ob ich mich gleich von ihr nur selten einiger Gunstbezeugungen rühmen kann» (I, 982), führt ihn auf einen Weg, auf dem er sein geistiges Glück zu finden hofft. Doch was ist der richtige Weg, der ihn vor den Abwegen in den Unsinn abhält? 1766 hat Kant zwar das Schattenreich der Phantasten durchquert. Aber kann er an jenem Ort stehen bleiben, der ihm von einer Metaphysik als «Wissenschaft von den Grenzen der menschlichen Vernunft» (I, 983) zugewiesen worden ist? Mit einer bloß negativen Bestimmung von «Geist» und «Seele» will sich Kant nicht zufrieden geben. Am Horizont tauchen die Umrisse einer positiven Metaphysik der Natur und des Geistes auf. Sich dieser Metaphysik zu nähern, ist Kants philosophische Triebkraft. Deshalb kann ihn auch eine psychologische oder anthropologische Untersuchung von Seelenphantasterei und traumartiger Geisterseherei nicht wirklich befriedigen. Seele und Geist müssen philosophisch erhellt werden, auch wenn sie sich einer empirisch fundierten Erfahrungswissenschaft entziehen. Der Geliebte der Metaphysik muss ihre Zuneigung zu erreichen versuchen, indem er sie auch in jener anderen Welt liebt, deren Betreten einer theoretischen Wissenschaft verboten ist. Erst in einer Metaphysik der praktischen Vernunft und des sittlichen Lebens wird Kant finden, wohin es ihn treibt.

Der kritische Weg ist allein noch offen

Wie Kant die Philosophie revolutionierte

Immanuel Kant. Holzstich nach dem Gemälde von Doebler, 1791

Diesen Weg, den einzigen, der übrig gelassen war, bin ich nun eingeschlagen und ich schmeichle mir, auf demselben die Abstellung aller Irrungen angetroffen zu haben. (II, 13)

Am 16. März 1770, bald 46 Jahre alt, schreibt der Magister Kant einen dringlichen Brief an den Geheimen Etat- und Kriegsminister Freiherr von Fürst und Kupferberg. Er bewirbt sich um eine Professorenstelle, die gerade frei geworden ist. Einen Tag zuvor ist nach langwieriger Krankheit der Oberhofprediger und Professor der Mathematik Langhansen gestorben. Ist das nicht eine letzte Gelegenheit, sein Ziel zu erreichen, das ihm schon so lange vorschwebt? Schon 1756 hat Kant sich vergeblich um eine Professorenstelle bemüht, und auch eine Bewerbung zwei Jahre später wurde nicht berücksichtigt. Statt als ordentliches Mitglied des Lehrkörpers ist er nun bereits 15 Jahre als unbezahlter Magister tätig. Bis zur Erschöpfung hat Kant durchschnittlich 20 Stunden pro Woche gelehrt und auch fleißig geschrieben. Jetzt fürchtet er, auf der Gelehrtenlaufbahn, die er sich schon als junger Student vorgezeichnet hat, stecken zu bleiben. Auch in seiner ökonomischen Situation fühlt er sich unsicher. Er ist zunehmend beunruhigt wegen eines «künftigen Mangels» (Br, 64), der nicht zuletzt seine körperlichen Kräfte angreifen würde. Sein Schicksal, das ihm oft trübe und unsicher erscheint, nähert sich einer Entscheidung.

Kant dramatisiert seine Situation. Denn er bekam für seine universitäre Arbeit zwar kein Gehalt. Aber seine Vorlesungen waren gut besucht, und die Studierenden zahlten in der Regel ihre Kolleggelder. An Entbehrungen war er seit seiner Jugend gewöhnt.

Jedenfalls konnte der Magister Kant, ohne sich zu verschulden, seine zwei Zimmer beim Buchhändler Kanter bezahlen, seit Ende der fünfziger Jahre auch einen Bediensteten, den ehemaligen Soldaten Martin Lampe, beschäftigen und sich in Gasthäusern ein gutes tägliches Mahl leisten. Und seit dem Februar 1766 verdiente er auch ein wenig Geld als Unterbibliothekar an der Königlichen Schlossbibliothek, mit dem willkommenen Nebeneffekt, hier auch über die Bücher für seine Forschungen frei verfügen zu können.

Kant weiß, dass der Minister von Fürst seinen Wunsch einer Professur wohlwollend zu unterstützen bereit ist. Schließlich hat er zwei Rufe an die Universitäten Erlangen (Dezember 1769) und Jena (Januar 1770) abgelehnt mit der Entschuldigung, dass sich ihm durch eine bevorstehende Stellenvakanz an der Königsberger Universität bald die Chance biete, in seiner geliebten Vaterstadt und ohne Verlust seines ausgedehnten Freundes- und Bekanntenkreises eine Professur für Philosophie zu erhalten. Es gibt nur ein Problem, das Kant bekümmert. Langhansen ist Mathematiker gewesen, und Kant erlaubt sich, seine Erwartung «nur auf solche Stellen einzuschränken, die meiner Geschicklichkeit und Neigung angemessen sind.» (Br, 63) Untertänigst schlägt er deshalb einen Tausch vor. Wie wäre es, wenn man das frei gewordene Ordinariat mit Herrn Christiani, dem Schwiegersohn des Verstorbenen, besetzen würde? Carl Andreas Christiani wäre zwar Professor für Moral, aber auch ein guter Kenner der Mathematik. Für ihn selbst wäre das eine sehr glückliche Lösung; denn dann «würde ich bei der Bewerbung um die moralische Profession in demütiger Hoffnung auf Dero hohes Vorwort, meiner eigentlichen Bestimmung zu folgen glauben.» (Br, 64)

Kant ist sich der Eigendynamik seiner geistigen und existenziellen Entwicklung bewusst. Nach seinen naturphilosophischen Anfängen drängte es ihn immer stärker zur praktischen Philosophie. Schon seine *Naturgeschichte und Theorie des Himmels* von 1755 öffnete am Ende den Blick in ein moralisches Universum, in dem die Seele und die Glückseligkeit wichtiger waren als die Verfassung und Geschichte des Weltgebäudes. Nicht zufällig endete auch seine Deutung der okkulten und metaphysischen Träume 1766 mit der lebenspraktischen Empfehlung von Voltaires Candide: «*Laßt uns unser Glück besorgen, in den Garten gehen, und arbeiten.*» (I, 989)

Das Interesse am Weltganzen hat zunehmend moralphilosophischen Reflexionen Platz gemacht. Der Mensch auf Erden ist wichtiger als das System des Himmels. Das erhellt auch jener Brief, mit dem Kant am 9. Mai 1768 seinem ehemaligen Studenten Johann Gottfried Herder mitteilt, dass er von einer «tiefen Gleichgültigkeit» (Br, 56) gegenüber theoretischen Wissenssystemen beherrscht sei. Wirklich interessiere ihn nur, «die eigentliche Bestimmung und die Schranken der menschlichen Fähigkeiten und Neigungen zu erkennen», wobei Sittlichkeit im Zentrum stehen müsse. Deshalb arbeite er an einer «Metaphysik der Sitten», deren Grundsätze er zu bestimmen versuche. So hofft der nicht mehr ganz junge Magister also auf eine Professur für Moral, in der seine philosophische Bestimmung und sein universitäres Berufsziel glücklich zusammenfallen.

DIE PROFESSUR ZWEITER WAHL

Sollten «wider Verhoffen» bei seinem Bewerbungsvorschlag Hindernisse auftauchen, hat Kant noch eine zweite Tauschmöglichkeit in Reserve. Auch Herr Doktor Johann Friedrich Buck, der seit 1759 zwar Professor für Logik und Metaphysik ist, aber davor auch Mathematik gelehrt hat, könne auf die Langhansen-Stelle umgesetzt werden. Dann würde Kant halt Professor Ordinarius der Logik und Metaphysik werden, wozu er ja auch schon einiges beigetragen habe. Drei Tage später, am 19. März 1770, richtet er sein offizielles Gesuch an König Friedrich II. höchstpersönlich. Es ist ihm wirklich ernst. Falls er die ersehnte Professur nicht erhalte, sei in ihm «alle fernere Hoffnung zu künftigem Unterhalte in meinem Vaterlande» (Br, 65f.) vergangen.

Jetzt geschieht, was nicht nur für das weitere Schicksal des Königsberger Philosophen bestimmend wird, sondern auch für die moderne abendländische Kulturgeschichte überhaupt. Kants moralische Berufung findet keine Unterstützung. Stattdessen verfügt der großmächtigste König und Herr bereits am 31. März 1770 mit einer Kabinettsorder, «daß Wir den Magister Immanuel Kant (...) zum Professore Ordinario der Logik und Metaphysik allergnädigst ernannt und angenommen haben.» (Br, 66) Auf diesem Gebiet soll er als treuer, redlicher und geschickter Königlicher Diener und Professor sein Lehramt fleißig wahrnehmen, unermüdlich unterrichten und auch zum besten Ansehen der Universität Königsberg beitragen.

So ist Kant zwar endlich Professor. Aber es ist ein fragwürdiger Erfolg. Denn das erhoffte Glück seines Lebens, auf dem praktischen Feld der Moral und Sittlichkeit seiner Bestimmung folgen zu können, ist ihm durch königlichen Befehl versperrt. Was soll er tun? Kant wird zehn Jahre benötigen, um aus dieser Bredouille einen Weg zu finden. Es ist ein Jahrzehnt des Schweigens, an dessen Ende nicht nur die bedeutendste philosophische Schrift deutscher Sprache stehen wird, sondern das Grundbuch der modernen Philosophie überhaupt, das, lebensgeschichtlich betrachtet, eine Verlegenheitslösung aus Pflichtgefühl ist: die *Kritik der reinen Vernunft*.

Doch zunächst hat Kant noch eine akademische Formalität zu erfüllen. Am 2. Mai 1770 ist er zwar vom Senat der Albertus-Universität in sein neues Amt eingeführt worden. Aber offiziell kann er das Ordinariat nur wahrnehmen, wenn er noch einmal eine lateinisch verfasste Inaugural-Dissertation vorlegt und öffentlich verteidigt. So verbringt Kant den Sommer 1770 also damit, ein logisch-metaphysisches Problem zu behandeln, statt sich auf die besonderen Qualitäten einer sittlichen Lebenspraxis konzentrieren zu können. Er knüpft dazu noch einmal dort an, wo er in seiner Polemik gegen die Träume der Metaphysik und Geisterseherei geendet hat.

Wieder geht es um eine Grenzziehung. Doch die Perspektive

hat sich verändert. Hat er gegen Swedenborgs halluzinierte Reisen in das Geisterreich eingewendet, dass eine kritische Metaphysik die Grenzen der menschlichen Vernunft festzulegen habe, um auf dem Boden der Erfahrung zu bleiben und nicht in lauter geistigen Luftgebilden herumzuschweben, so führt Kant nun eine neue Differenz ein. Er scheidet radikal zwischen zwei Welten. Seine Dissertation, die er am 20. August 1770 beim Buchhändler und -verleger Kanter drucken lässt und seinem allergnädigsten König und Herrn Friedrich widmet, handelt von der Form der Sinnen- und Verstandeswelt und ihren Gründen: *De mundi sensibilis atque intelligibilis forma et principiis.* (III, 7–107) Einen Tag später, am 21. August, verteidigt er sie im großen Hörsaal der Universität, wobei ihm der 23-jährige Student der Medizin und Philosophie Marcus Herz (1747–1803) als Mitstreiter (Respondent) zur Seite steht. Nicht nur, dass der neu ernannte Professor seine Thesen von Herz, «aus Berlin, jüdischer Herkunft» (III, 9), verteidigen lässt, irritiert die Fakultätskollegen. Vor allem den auch in Königsberg tonangebenden Schulphilosophen gilt Kant als schlecht geschulter Außenseiter. Was soll man von seiner dualistischen Aufspaltung der Welt in zwei Welten halten, die so rigoros ist, dass eine Vermittlung kaum noch vorstellbar oder denkbar ist?

Auf der einen Seite gibt es die Sinnenwelt. Sie ist der Sinnlichkeit gegeben, der Empfänglichkeit menschlicher Individuen für die Objekte, in deren zeitlicher Gegenwart und räumlicher Nähe sie sich jeweils befinden. Die natürliche Beschaffenheit der verschiedenen Subjekte und ihrer Sinnesorgane, die von den verschiedenen Objekten auf unterschiedliche Weise angeregt werden, lässt die Sinnenwelt vielfältig, mannigfaltig und veränderlich erscheinen. Sinnliche Erkenntnis hängt also von den besonderen sinnlichen Anlagen der Individuen ab, und die Gegenstände der sinnlichen Welt sind das, was den Menschen «erscheint». In den alten philosophischen Schulen wurde es *phaenomenon* genannt, Erscheinung, in der sich uns die Gegenstände sinnlich als Phänomene zu erkennen geben.

Auf der anderen Seite gibt es die Verstandeswelt. Erkennbar ist sie, weil der Mensch über eine Verstandes- oder Vernunftausstattung verfügt. Er besitzt das Vermögen, sich auch etwas vorstellen oder denken zu können, das «nicht in seine Sinne eindringen kann.» (III, 29) Den Gegenstand, sofern er allein durch die Verstandesausstattung des Menschen erkannt werden kann, nennt Kant «intelligibel», womit er philosophiegeschichtlich vor allem an die unveränderliche und ewige «Idee» Platons erinnert. In der Schule der Alten wurde er als *noumenon* bezeichnet, als ein von der Sinnlichkeit unabhängiger Gegenstand, wie er wirklich ist und nicht nur so, wie er erscheint.

Während Kant in seiner früheren Kritik der Metaphysik, bis hin zu den *Träumen eines Geistersehers*, ständig nach den Sinnesdaten gefragt hat, auf die sich die Erkenntnis stützen können muss, um nicht in übersinnliche Welten zu schwärmen, hat er nun eine eigenständige Welt des sinnlich nicht affizierten Verstandes anerkannt. Sein Blick auf den Geist hat sich verändert. In der Swedenborg-Polemik war er nur einer «geheimen Philosophie» sichtbar, einem Gespenst ähnlich, das im Reich der Schatten herumgeistert. 1766 hat Kant sich darüber noch amüsiert. Die immateriellen Wesen der Geisterwelt sollen ohne Vermittlung körperlicher Dinge untereinander zusammenhängen. Swedenborg imaginierte sie als *homo maximus*, in dem alle körperlosen Seelen «unmittelbar vereinigt vielleicht ein großes Ganzes ausmachen mögen, welches man die immateriale Welt *(mundus intelligibilis)* nennen kann.» (I, 937) Doch jetzt, 1770, ist der *mundus intelligibilis* nichts Überschwängliches mehr, in das man sich nur träumen kann. Er ist zu etwas Über-Sinnlichem erklärt worden, das eine höhere Qualität besitzt als der niedere *mundus sensibilis* verschiedener Individuen. Damit hat sich die Aufgabe der Metaphysik verschoben. Sie ist nicht mehr nur negativ auf die Abgrenzung menschlicher Vernunft von übersinnlicher Schwärmerei verpflichtet. Jetzt wird sie positiv ausgerichtet: «Die Philosophie nun, welche die *ersten Grundsätze* des Gebrauchs des *reinen Verstandes* enthält, ist die METAPHYSIK. Die Wissenschaft jedoch, die ihr zur *Vorübung* dient, ist die, welche den Unterschied der sinnlichen von der Verstandeserkenntnis lehrt; wovon wir in dieser unserer Abhandlung eine Probe liefern.» (III, 37)

Doch nicht nur mit seiner Grenzziehung zwischen *mundus sensibilis* und *mundus intelligibilis* hat Kant sich als Professor der Metaphysik zur Diskussion gestellt. Er hat zugleich jenes «große Licht»[1] erstrahlen lassen, das ihm ein Jahr zuvor aufgegangen ist. In seiner autobiographischen *Reflexion zur Metaphysik* (R 5037) hat er es später besonders hervorgehoben. Es geht um die Frage, welchen Realitätsgehalt Raum und Zeit besitzen, sofern sie für unsere sinnlichen Empfindungen bedeutsam und unverzichtbar sind. «Wie in einer Dämmerung» waren ihm Raum und Zeit zum philosophischen Problem geworden. Er befand sich in einem Wirrwarr, weil er nicht mehr an jenen objektiv gegebenen und absolut gedachten Raum und die entsprechende Zeit glauben konnte, wie sie nach Newtons Grundsätzen existieren sollten. «Das Jahr 69 gab mir großes Licht.»

In seiner Inaugural-Dissertation von 1770 ist dieses Licht zum ersten Mal öffentlich ausgestrahlt worden. Es ist ein folgenschwerer Gedanke, den Kant vor seinen Zuhörern entwickelt. In seiner *Naturgeschichte und Theorie des Himmels*, die er 1755 *nach Newtonischen Grundsätzen abgehandelt* hat, war das kosmische Fraktal in einer objektiven Raumzeit angesiedelt worden. Es war zu einem bestimmten Zeitpunkt aus dem materiellen Chaos entstanden und erfüllte den unendlichen Raum. Die Verlagerung der Aufmerksamkeit vom Himmel auf die *Form der Sinnenwelt und ihre Gründe* öffnet eine neue Perspektive.

Aus Newtons objektiver Raumzeit kippt Kant in eine subjektive Phänomenologie räumlicher und zeitlicher Vorstellungen. Denn wenn man die Welt als *Phaenomenon* betrachtet, wie sie endlichen Subjekten erscheint, dann zeigen sich Raum und Zeit gleichsam nur als Schemata oder Bedingungen von allem, was sinnlich erfahren werden kann. In *§ 14. VON DER ZEIT* werden die wegweisenden Lehrsätze vorgestellt und erläutert: Die Vorstellung der Zeit entspringt nicht den Sinnen, sondern wird von ihnen vorausgesetzt. «Denn ob das, was in die Sinne eindringt, zugleich ist oder nacheinander, kann nur durch die Vorstellung der Zeit vorgestellt werden, und die Aufeinanderfolge erzeugt nicht den Begriff der Zeit, sondern fordert zu ihm heraus.» (III, 47) «*Die Zeit ist nicht etwas Objektives und Reales.*» (III, 53) Sie ist nur eine subjektive Bedingung, um die Phänomene der Sinnenwelt in ihren stetigen Veränderungen ordnen zu können. – Die gleiche Idee entwickelt Kant in § *15. VON DEM RAUME*: Auch die Vorstellung des Raums wird nicht von äußeren Sinnesempfindungen abgeleitet, sondern wird von ihnen vorausgesetzt. «Denn ich kann etwas nicht als außer mir gesetzt erfassen, wenn ich es nicht als an einem Orte vorstelle, der von dem, an dem ich selbst bin, verschieden ist, und die Dinge nicht außereinander, wenn ich sie nicht an verschiedene Orte des Raumes stelle.» (III, 57) «*Der Raum selbst ist nicht etwas Objektives und Reales.*» (III, 61) Er ist nur ein subjektives, ideales Schema, um alle äußeren Empfindungen der Sinnenwelt einander zuordnen zu können.

Als Kant am 21. August 1770, unterstützt von Marcus Herz, seine neuen professoralen Thesen vorträgt und verteidigt, weiß er noch nicht, in welches dunkle Labyrinth von Schwierigkeiten er sich sowohl mit seinem Zwei-Welten-Dualismus als auch mit seiner Subjektivierung von Raum und Zeit begeben hat. Aber er scheint zu ahnen, dass ihm eine harte Arbeit bevorsteht. Denn schon einige Tage später schreibt er an Minister von Fürst und Kupferberg, dass seine Inaugural-Dissertation nur eine «akademische Probschrift» (Br, 68) sei, die noch lange nicht den königlichen und ministeriellen Wünschen entspreche, welche mit seiner Professur für Logik und Metaphysik verbunden sind. Kant fühlt sich gefordert. Und in dieser Situation gibt er ein folgenschweres Versprechen: «Meine künftige Bemühungen werden darauf gerichtet sein, diesem Ziele näher zu kommen und den Nutzen sowohl als die Ehre der Universität nach allem Vermögen zu befördern.» (Br, 68)

Es ist der 2. September 1770, und weil er, endlich zum Professor ernannt, gerade so optimistisch ist, schreibt Kant gleich noch einen Brief. Bereits im September 1765 hat der in Berlin als Mathematiker und Philosoph tätige Johann Heinrich Lambert (1728–1777) sich darum bemüht, Kant als einen Briefpartner zu gewinnen, um mit ihm die «eigentliche Methode der Metaphysik» (Br, 37) aufzuklären. Kant hat sich darauf nicht recht eingelassen. Aber jetzt, fünf Jahre später, nutzt er die Gelegenheit, Lambert durch Marcus Herz seine Dissertation zu schicken und brieflich zu kommentieren. Voller Selbstvertrauen verweist er auf seine subjektivistische Wende von 1769 und ihre Folgen: «Seit etwa einem Jahre bin ich, wie ich mir schmeichle, zu demjenigen Begriffe gekommen, welchen ich nicht besorge jemals ändern, wohl aber erweitern zu dürfen und wodurch alle Art metaphysischer Quästionen nach ganz sicheren und leichten Kriterien geprüft und, inwiefern sie auflöslich sind oder nicht, mit Gewißheit kann entschieden werden.» (Br, 70)

Das klingt selbstbewusst. Das große Licht von 1769 hat ihn erkennen lassen, was er niemals ändern will. Sicher und leicht scheint der Weg zu sein, der ihn zur Lösung aller metaphysischen Probleme führen soll. Allerdings benötigt er zur Ausführung seines schönen und wichtigen Vorhabens noch einige Zeit. Denn im kommenden Winter hat er zunächst vor, seine «Metaphysik der Sitten in Ordnung zu bringen u. auszufertigen.» (Br, 70) Ungebrochen ist Kants praktisches Interesse an Moral und Sittlichkeit. Doch es gilt auch das Versprechen zu halten, als Professor der Logik und Metaphysik für die theoretische Erkenntnis den Plan eines sicheren metaphysischen Gebäudes zu entwerfen.

IN DER KRISE

Beides ist schwieriger als gedacht. Weder bringt Kant seine Moralphilosophie zu Papier, noch gelingt es ihm, die metaphysischen Fragen zu beantworten, die in seiner Dissertation aufgetaucht sind: Welche Beziehung besteht zwischen sinnlicher und intelligibler Welt, wenn beide durch klare Grenzzeichen getrennt sind? Wie verhalten sich denn die subjektiven Bedingungen der sinnlichen Erkenntnis von Gegenständen, wie sie erscheinen, zu den Dingen oder Substanzen selbst, wie sie wirklich sind? Und worauf kann sich denn überhaupt eine Metaphysik des reinen Verstandes oder der reinen Vernunft stützen, wenn es nicht sinnliche Anschauungen sein dürfen?

Im Winter 1770/71 scheint Kant in eine tiefe Krise gestürzt zu sein. Er kommt mit seiner geplanten Metaphysik der Sitten nicht voran, und seine Lambert mitgeteilte Hoffnung, dass sich seine Säuberung einer Metaphysik der reinen theoretischen Vernunft «durch nicht eben große Bemühungen zu einer brauchbaren Ausführlichkeit und Evidenz leichtlich bringen ließe» (Br, 71), droht sich in nichts aufzulösen. Die philosophischen Untersuchungen, in die er sich verwickelt sieht, lassen keine schnelle Beantwortung der metaphysischen Fragen zu. Kant muss einsehen, wie er am 7. Juni 1771 an seinen Freund Marcus Herz schreibt, dass die angestrebte Problemlösung wohl eine ziemlich lange Zeit benötigen wird. Hinzu kommt, dass im vergangenen Winter seine Gesundheit merklich gelitten hat und die wenigen produktiven Augenblicke zu kurz waren, um «den Unterschied dessen, was auf subjektivistischen Prinzipien der menschlichen Seelenkräfte (…) beruht, von dem, was gerade auf die Gegenstände geht» (Br, 94), sicher zu bestimmen und kritisch aufzuklären.

Kant spielt die Krise herunter, in der er sich befindet. Er beruhigt sich selbst und will so auch die Befürchtungen zerstreuen, die seinen Schüler ergriffen haben. Denn Herz, der nach Kants professoraler Disputation Königsberg verlassen hat, will erfahren haben, dass sein hoch geehrter Lehrer metaphysische Reflexionen nur noch als nutzlose und allgemein unverständliche Grübelei sieht, die nur wenige Gelehrte in ihren Studierstuben interessiert, aber nichts mit dem Leben zu tun hat und keinerlei Nutzen für die moralische Erziehung besitzt. «Kalter Widerwille» gegen seine akademische Profession soll den Professor für Logik und Metaphysik ergriffen haben, und «Ekel» soll an die Stelle des Rauschs getreten sein, mit dem Kant einst der Metaphysik schicksalhaft verfallen war. Herz zittert bei der Nachricht, die er erhalten hat: «Die Moral für den gemeinen Mann, meinten Sie daher, wäre *allein* das einem Gelehrten angemessene Studium.» (Br, 96)

Marcus Herz hat seinen Brief am 9. Juli 1771 geschrieben. Er erreicht Kant, als er gerade in den *Königsbergischen Gelehrten und Politischen Zeitungen* (Beilagen vom 5. und 12. Juli 1771) die anonymen *Nachtgedanken eines Zweiflers* gelesen hat. Er weiß, dass es sich dabei um das von seinem Freund Johann Georg Hamann übersetzte Schlusskapitel[2] aus David Humes frühem moralphilosophischen Hauptwerk von 1739/40 handelt: *A Treatise of Human Nature* (Ein Traktat über die menschliche Natur, I. Buch, 4. Kapitel, Abschnitt 7). Nun hat Kant, wie einer der ersten Studenten des jungen Magisters feststellen konnte, zwar die Untersuchungen des schottischen Aufklärers und Skeptikers auf dem Feld der theoretischen Philosophie seit langem geschätzt. Schon 1755, als gerade die deutsche Übersetzung der *Philosophical Essays concerning Human Understanding* (1748) erschien, war ihm Hume «in seinen tiefen Untersuchungen ausnehmend wert. Durch ihn besonders bekam seine Denkkraft einen ganz neuen Schwung.»[3] Der neue Ton der *Philosophischen Versuche über die Menschliche Erkenntniß*, mit denen die traditionelle Schulphilosophie in ihrer Sicherheit und Ruhe gestört wurde, hat ihn begeistert. Aber jetzt droht ihn die Energie des Skeptikers in eine schwarze Leere zu schleudern. Denn seine *Nachtgedanken* stellen Kants professorale Berufung in Frage. Humes *Treatise I, 4, 7* macht Schluss mit jeder herkömmlichen Metaphysik als einer Form des Wissens. Ihr Scheitern lässt den Zweifler wie einen Schiffbrüchigen auf einem nackten Felsen zurück, wo er seinem Tod entgegensieht, statt sich «auf den gränzlosen Ozean zu wagen, der sich ins Unendliche erstreckt.»[4] Jede metaphysische Betrachtung der Welt, ihrer ersten Ursachen und fundamentalen Gründe, führt in unlösbare Widersprüche, die alles erfassen. Nichts als Irrtümer, Blendwerke, Betrügereien und Antinomien, die den Verstand mit der schwärzesten Finsternis umgeben. «Der angestrengte Anblick dieser mannigfaltigen Widersprüche und Unvollkommenheiten in der menschlichen Vernunft hat mich so benommen und mein Gehirn erhitzt, daß ich geneigt bin, allen Glauben, alle Beweise und alle Grade der Wahrscheinlichkeit aufzugeben. Wo oder was bin ich? Von welchen Ursachen leite ich mein Daseyn, und wohin geht meine künftige Bestimmung?»[5]

Vor allem Humes Selbstbefragung hat Kant im Innersten getroffen. Er erkennt sich selbst wieder in seiner eigentlichen Bestimmung und moralischen Profession. Humes Wende von den Blendwerken der Metaphysik zu den existenziellen und moralischen Lebensfragen zeigt ihm den Weg, den er selbst gehen will, doch beruflich nicht einschlagen darf. Mehr als sieben Monate zögert er, auf die Befürchtungen von Marcus Herz zu antworten. Erst am 21. Februar 1772 sendet er ihm eine «kleine Erzählung von der Art der Beschäftigung meiner Gedanken.» (Br, 100) Die nächtliche Dunkelheit hat sich etwas gelichtet. Am Horizont taucht eine Möglichkeit auf, wie die königliche Berufung auf eine Professur *für* Logik und Metaphysik mit Humes Angriff *gegen* jede mögliche Metaphysik und ihre unlösbaren Widersprüche vermittelt werden könnte. Kant sieht eine neue Aufgabe vor sich. Zum ersten Mal zeichnet er die Umrisse einer «Kritik der reinen Vernunft, welche die Natur der theoretischen sowohl als praktischen Erkenntnis, sofern sie bloß intellektual ist, enthält.» (Br, 103) Das ist der Geburtsort und -tag jenes neuen Konzepts, das unauflöslich mit Kants Namen verbunden ist: *Kritik der reinen Vernunft.*

Mit ihr will Kant nicht nur das Für und Wider reflektieren, in das ihn seine berufliche Situation verstrickt hat. Er will auch Licht in die Dunkelheit bringen, in die ihn seine Scheidung von Sinnlichkeit und Verstand, Vorstellung und Gegenstand, *Phaenomenon* und *Noumenon* verführt hat. Ihren praktischen Teil, der sich mit den reinen Prinzipien der Sittlichkeit beschäftigen soll, will Kant später ausarbeiten. Den theoretischen Teil, in dem er die Quellen, Methoden und Grenzen der metaphysischen Welterkenntnis aufklärt, will er zuerst vorlegen. Mit ihm will er sich aus der Krise befreien, in die ihn nicht zuletzt Humes radikale Skepsis gestürzt hat. Mit bloß negativen Sätzen, mit denen man alles niederreißt und als reine Illusion wegwischt, will er sich nicht begnügen. Es gilt, eine neue «reine Verstandeseinsicht» aufzubauen oder zumindest deren Grenzen zu zeichnen. «Damit bin ich nun beschäftigt», und er glaubt noch, sein Projekt «binnen etwa 3 Monaten» (Br, 103) abschließen zu können.

Die Chronik dieses angekündigten Werks ist ausführlich geschildert worden. *Der schweigende Kant* ist zu einer philosophiegeschichtlichen Person geworden.[6] Vor allem sein Briefwechsel mit Herz ist ein Fundus, aus dem sich Kants Gedankenentwicklung und Stimmungswechsel in diesem Jahrzehnt rekonstruieren lässt, in dem er kaum etwas publiziert. Denn nicht nur die drei Monate, die er projektiert, sind schnell vorbei. Jahre vergehen. Immer wieder tauchen neue Materialien und Probleme auf, die es zu bewältigen gilt. Wiederholte Versprechen, sein Werk bald abzuschließen, wechseln sich immer wieder mit neuem Aufschub ab. Kant erfüllt seine professoralen Pflichten, hält seine Kollegien und Repetitorien. Vor allem seine Vorlesungen über Metaphysik, Physische Geographie und Anthropologie finden ein interessiertes Publikum. Studentische Mitschriften kursieren in der gelehrten Welt. Darüber ist Kant nicht recht glücklich. Denn es ist, wie er am 28. August 1778 Herz mitteilt, vor allem im Hinblick auf seine metaphysischen Kollegs fast unmöglich, «aus dem Nachgeschriebenen die Idee präzise herauszubekommen.» (Br, 180)

Mit den Kollegen, die seine Berufung von Anfang skeptisch beurteilten, hat Kant kaum gesellschaftlichen Kontakt. Mit ihren kleinlichen Rivalitäten und Schikanen will er nichts zu tun haben. Auch über ihre akademische «Gelehrteneinbildung und -pedanterie»[7] spottet er gern. Er bevorzugt die gemischte Gesellschaft, die er vor allem in den öffentlichen Gasthäusern trifft, wo er täglich zu Mittag isst. Er hasst intellektuelle Angeberei und affektierte Künstelei. «In einer Bauernschänke kann der Philosoph mehr zu Hause sein als unter verdrehten Köpfen und Herzen»[8], wird später über seinen sozialen Umgang berichtet. Am liebsten jedoch ist Kant die Gesellschaft von weltmännischen Freunden[9], mit denen er plaudern, scherzen und debattieren kann. Der englische Kaufmann Joseph Green, sein bester Freund, mit dem er sich täglich trifft, gehört dazu, auch dessen Geschäftspartner Robert Motherby, der Jurist und Schriftsteller Johann George Scheffner und der städtische Verwaltungsbeamte im Kriminalkolleg Theodor Gottlieb Hippel, mit dem er besonders häufig im Gasthof «bei Gerlach» speist, einem Billard-Haus auf der Pregelinsel. Nach dem Essen geht Kant gern spazieren, gewöhnlich zum Holländischen Baum oder auf jenem Weg am Fluss, der später als «philosophischer Gang» bekannt werden wird. Gute Gedanken wollen ergangen werden, in frischer Luft und freier Bewegung. Wahrscheinlich hat Borowski etwas übertrieben, als er schrieb: «Hier nur noch der eigentliche Geburtsort des Entwurfs zu seiner Kritik der reinen Vernunft! – Dieser ist unser sogenannte philosophische Gang, auf dem Kant damals fleißig spazierte.»[10] Aber sein früherer Schreibfluss scheint völlig versiegt zu sein.

So geht das Leben seinen ruhigen Gang, und es wäre vielleicht so weiter verlaufen, wenn nicht ein Roman Kant aufgeschreckt hätte. 1778 erscheint der erste Band der humoristischen *Lebensläufe nach aufsteigender Linie*. Darüber kann Kant noch herzlich lachen. Vor allem in der Kritik an der Universität und ihren bornierten Professoren, die der Ich-Erzähler Alexander von seinem Vater zu hören bekommt, glaubt er seine eigene Haltung zu erkennen. Viele seiner Kollegen entsprechen voll und ganz dem Bild, das Alexanders Vater gezeichnet hat. Es sind Sklaven, die sich Reglements und Lehrbuchweisheiten zu unterwerfen haben. Sie denken nicht selbst, sondern käuen Gedanken wieder. Ihre Schulweisheit pauken sie vom Katheder in die Köpfe junger Leute. Sie sagen nicht, was lebenspraktisch zu wissen nötig ist, sondern nur, was sie selbst in ihren abgegrenzten Fachgebieten gerade gelesen haben. Meist sind es trockene Pedanten, die nur dann ein wenig lebendig werden, wenn sie sich untereinander streiten. «Professores sind stehende Wasser, die faul werden.»[11]

1779 erscheint der zweite Band der *Lebensläufe*. Die väterlichen Warnungen haben den jungen Alexander nicht davon abgehalten, nach Königsberg zu reisen und sich an der Albertus-Universität beim Dekan der philosophischen Fakultät einer Aufnahmeprüfung zu unterziehen. So lernt er ein gebrechliches altes Männchen kennen, den «Professor Großvater», der ihm alles Mögliche auf eine reichlich verwirrte Weise vorphilosophiert. Er scheint seine Gedanken nicht mehr auf die Reihe bringen zu können. Gut Durchdachtes wechselt mit unverständlichen Einfällen, ziellos und oft in höheren Unsinn abschweifend. Von einer «Philosophie der engelreinen Vernunft und der menschlichen Sinne»[12] wird geredet, von Seelennaturlehre und Geisterseherei, auch von notwendigen Begriffsanalysen und einer dialektischen «Logik des Scheins»[13]. Doch es gelingt dem jungen Examenskandidaten nicht, die Idee herauszubekommen, die der skurrile alte Philosoph im Kopf hat.

Vor allem, wenn er auf die Metaphysik zu sprechen kommt, empfindet Alexander, es werde ihm Sand in die Augen gestreut. Die Metaphysik soll kein Verhältnis zu den Sinnen haben, sondern ein Lexikon der reinen Vernunft bieten, wo man die Sätze des reinen Denkens in eine Tabelle oder Urteilstafel bringen kann. Unverständlich klingen besonders widerstreitende Aussagen wie: «Die Metaphysik enthält Alles und enthält Nichts. Sie macht nichts von den Gegenständen aus, allein ohne sie kann man nichts von Gegenständen ausmachen.»[14] Und als der Professor der Logik und Metaphysik dann endlich so weit ist, dem verwirrten Studenten seinen allerneuesten Einfall mitzuteilen, wird er nicht nur von einer herumschwirrenden Mücke abgelenkt, sondern auch von seiner Frau unterbrochen, dem «Großmütterchen» mit dem Brand im rechten Auge, der wie der Strahl einer Lampe durch die Ritze der Tür ins Zimmer blitzt. «Vernünftelei (Se. Spectabilität wurden von einer Mücke verfolgt, die um sie herumsausete und sich nicht haschen ließ) ist das, was kein Objekt hat. Was eine Bedingung der Vorstellung und des Begriffs vom Gegenstande ist, machen wir oft zur Bedingung des Gegenstandes selbst, die subjective Bedingung zur objectiven. – Die Mücke verhinderte Se. Spectabilität, dieses Thema weiter auszuführen.»[15]

Es fällt den Lesern nicht schwer, die metaphysische Spektabilität als Kant zu identifizieren, der 1776 zum ersten Mal Dekan der philosophischen Fakultät gewesen ist, und die Großmutter mit dem blitzenden Feuer im Auge als seinen langjährigen Diener Lampe. Auch die Themen und der Sprachstil waren Originalton Kant.

So hat sich der bald 55-jährige Kant, der seit fast einem Jahrzehnt nichts mehr publiziert hat, als humoristische Witzfigur erkennen müssen. Schon am 21. Februar 1779, als gerade der zweite Band der *Lebensläufe* erschienen ist, informiert Hamann den gemeinsamen Freund Herder: «Kant, den ich wieder zu besuchen anfange findet in den Lebensläufen hundert Winke aus seinen Vorlesungen. Man muß das Ende abwarten.»[16] Vor allem eine Nachschrift aus Kants *Vorlesung über philosophische Enzyklopädie*, die er wahrscheinlich im Wintersemester 1777/78 gehalten hat, findet sich ausführlich zitiert. (Sie ist erst 1961 veröffentlicht worden und führte zu detaillierten Vergleichen von Roman und Vorlesung, wobei darüber gestritten wurde, ob es sich in den *Lebensläufen* um eine freundlich gemeinte Popularisierung von Kants abstrakten Gedanken handelt oder um ihre humoristische Persiflage.[17])

Kant weiß nicht, wer der Autor dieses ersten großen humoristischen Romans ist, in dem er nicht nur seine Lebenssituation, sondern vor allem seine Metaphysik der reinen Vernunft dargestellt findet. Es muss jemand aus seinem engeren Bekanntenkreis sein. Soll er darüber lachen? Viele Jahre später wird er gute Miene zum bösen Spiel machen. Denn am Ende hat er erfahren, dass es sein vertrauter Freund Theodor Gottlieb Hippel (1741–1796) gewesen ist, der sich einen Spaß mit ihm und seiner Philosophie erlaubt hat. Hippel also, diese schillernde Doppelexistenz und Rätselfigur: ein ausgezeichneter Jurist und Tatmensch mit praktisch-organisatorischem Verstand, ein nüchterner preußischer Verwaltungsfachmann, der 1780 zum Kriminaldirektor und Oberbürgermeister Königsbergs ernannt worden ist; doch auch ein religiöser Grübler und sinnlich ausschweifender Lustmensch, immer wieder heimge-

Theodor Gottlieb von Hippel

sucht von Nachtgedanken, desillusioniert von den Menschen und von metaphysischen Zweifeln an seiner Gottgläubigkeit geplagt, die ihn zum Selbstmord zu treiben drohen.[18] Bereits als 17-jähriger Student hat er 1758 auch Kants Kollegien über Philosophie, Physico-Geographie und Metaphysik besucht. Engere Kontakte gibt es seit 1766. Sie treffen sich, lassen sich grüßen und fahren auch zusammen aufs Land. Vor allem in den 70er Jahren speisen sie oft gemeinsam, wobei Hippel auch Kants philosophische Entwicklung aus nächster Nähe verfolgen kann.

Viele Jahre später wird Kant sich über den Scherz amüsieren, den sich Hippel mit ihm geleistet hat.[19] Aber 1779 sieht es noch anders aus. Kant droht zu verzweifeln, weil er wie so viele Professoren faul geworden zu sein scheint. Man erwartet nichts mehr von ihm. Man lacht über den lebensfremden «Professor Großvater» in den *Lebensläufen*, der sich in seine eigenen Gedanken versponnen hat. Am 18. April 1779, vier Tage vor seinem 55. Geburtstag, besucht ihn Hamann, der sofort Herder erschrocken mitteilt, dass Kant «voller Lebens- und Todesgedanken war.»[20] Kant muss aufschreiben, was er so oft aufgeschoben hat. Er will keine lächerliche Figur sein, sondern demonstrieren, was er philosophisch zu leisten in der Lage ist.

1780 muss der Drang immer stärker geworden sein, sein System endlich ans Licht der Öffentlichkeit zu bringen. «Aus Furcht, ein so weitläufiges Geschäfte würde mir, bei längerer Zögerung, endlich selber zur Last werden und meine zunehmende Jahre möchten es mir, der ich jetzt noch das ganze System im Kopf habe, zuletzt vielleicht unmöglich machen» (Br, 226), schreibt Kant mit einer ungeheuren Energie und gleichsam im Fluge in vier bis fünf Monaten die Gedanken nieder, die er mehr als zwölf Jahre hintereinander sorgfältig entwickelt hat. Im Herbst 1780 ist das Manuskript abgeschlossen. Kant bietet es Gottlieb Lebrecht Hartung, der gerade Kanters Buchhandlung übernommen hat, zur Veröffentlichung an. Doch der lehnt ab. Mit dieser abstrakten metaphysischen Abhandlung lasse sich kein Geld verdienen, sondern nur verlieren.[21] Kant weiß nicht recht, was er tun soll. Hamann kommt ihm zu Hilfe. Er vermittelt den Kontakt zum Rigaer Buchverleger und -händler Hartknoch, der sich interessiert zeigt und sogar bereit ist, Kant für seine Arbeit ein geringes Honorar zu zahlen.[22] Endlich, nach so vielen Aufschüben, ist es dann so weit. Im Mai erscheint auf der Leipziger Ostermesse die erste Auflage der *Critik der reinen Vernunft, von Immanuel Kant, Professor in Königsberg. Riga, verlegts Johann Friedrich Hartknoch 1781.*

ICH, GOTT UND DIE GANZE WELT

Eine «geschwinde günstige Aufnahme meiner Schrift gleich zu anfangs» (Br, 226) habe er selbst nicht erwartet, wird Kant mehr als zwei Jahre später an den bekannten Popularphilosophen Christian Garve schreiben, der ihm freimütig gestanden hat, kein

Buch in der Welt zu kennen, «das zu lesen mir so viel Anstrengung gekostet hätte.» (Br, 221) Dieses schwere und tiefsinnige Werk sei nicht für ihn geschrieben, und fast unwillig sei er geworden angesichts unüberwindlicher Schwierigkeiten. Wer aber soll es dann überhaupt lesen und verstehen können? Das Buch verkauft sich miserabel. Niemand scheint Kants Gedanken folgen zu wollen.

Selbst die besten Freunde schütteln den Kopf. Mystisch und kryptisch ist, was Kant ihnen zu lesen zumutet. Hippel schreibt am 17. Juli 1781 an Scheffner: «Haben sie schon Kants Kritik der reinen Vernunft gelesen? Eine Dunkelheit darin, die ihres gleichen sucht! Mir ist's zu hoch und so etwas auszuklauben, was kann es helfen?»[23] Mendelssohn legt das Exemplar, das ihm durch Herz überbracht wird, gleich ganz zur Seite, was Kant, wie er sich bei Herz beklagt, «sehr unangenehm ist, aber ich hoffe, daß es nicht auf immer geschehen sein werde.» (Br, 196) Erst zwei Jahre später, am 10. April 1783, wird sich Mendelssohn melden und ironisch auf seine Nervenschwäche hinweisen: «Ihre *Kritik der reinen Vernunft* ist auch ein Kriterium der Gesundheit. So oft ich mich schmeichele an Kräften zugenommen zu haben, wage ich mich an dieses Nervensaft verzehrende Werk, und ich bin nicht ganz ohne Hoffnung, es in diesem Leben noch ganz durchdenken zu können.» (Br, 213) Herz hält sich zurück und schweigt. Und Hamann, der sich am intensivsten mit Kants *Kritik* auseinandersetzt und 1784 seine auch sprachphilosophisch wegweisende *Metakritik über den Purismum der reinen Vernunft* verfassen wird, schreibt am 10. Oktober 1781 an Herder: «Bin in meiner dritten Lectur des Kantschen Werks im Stecken geraten; werd es wohl zum 4ten mal durchgehen müßen. Will ihn aber ausreden laßen und sein nächstes Werk abwarten, welches ein Auszug oder Lesebuch seyn soll.»[24]

Auch der Verleger muss bei Laune gehalten werden. Hamann, der den Kontakt hergestellt hat, wünscht sich, dass Hartknoch sich weiterhin um Kant als Autor kümmert. Der ökonomische Misserfolg soll ihn nicht abschrecken; denn zumindest ist Kant «*bona fide* mit Ihnen zu Werk gegangen und schmeichelt sich damit, daß je älter sein Werk werden, desto mehr Leser finden wird.»[25] Am besten wäre es, wenn Hartknoch bei nächster Gelegenheit Kant «mit *reinem Wein* zu berauschen oder aufzumuntern» versuchen würde, eine populäre, auch für den philosophischen Laien lesbare Kurzfassung seiner *Kritik* zu verfassen. Hamann kennt Kants Lieblingsgetränk, und Kant lässt sich tatsächlich überzeugen. Im Frühjahr 1783 erscheinen bei Hartknoch in Riga seine *Prolegomena zu einer jeden künftigen Metaphysik, die als Wissenschaft wird auftreten können*, in denen er seine wichtigsten Gedanken und ihren philosophischen Hintergrund für ein breiteres Publikum verständlich zu machen versucht.

Zwar sind auch diese *Prolegomena* kein Buch für Anfänger. Vor allem in der Geschichte der Metaphysik muss man sich schon ein wenig auskennen, um Kant auf seinem neuen Weg folgen zu können. Aber er gesteht nun auch selbstkritisch, dass seine *Kritik der reinen Vernunft* von einigen Lesern nur durchgeblättert, aber nicht durchdacht worden ist, weil sein Werk «dunkel, weil es allen gewohnten Begriffen widerstreitend und überdem weitläufig ist.» (III, 120) All das habe dem Buch geschadet. Deshalb will er jetzt alles viel klarer formulieren und deutlicher entwickeln.

Doch auf die Klagen wegen mangelnder Popularität will er sich nicht einlassen. Denn nicht an einem großen Publikumserfolg hängt sein Herz, sondern am Wohl der Metaphysik als einer ernst zu nehmenden Erkenntnisform. Wenn es ihm nur um den öffentlichen Erfolg gegangen wäre, dann hätte er nämlich auch seine *Kritik* durchaus populärer konzipieren können. Er hätte ja nur jenem anderen Plan folgen müssen, den er bereits in seinem Brief an Marcus Herz vom 11. Mai 1781 skizziert hat. Statt zunächst auf mehreren hundert Seiten eine abstrakte *Analytik* der Begriffe und Grundsätze zu entwickeln, ohne anschauliche Beispiele und Erläuterungen, hätte er mit der später folgenden dramatischen *Dialektik* beginnen können, um die Scheinlogik und den antinomischen Widerstreit der überlieferten Metaphysik zu entlarven.

Er hätte das Alte zerstören können, um dann das Neue aufbauen zu können. So hätte das Werk auch «Popularität bekommen». (Br, 195) Es wäre ihm leicht gefallen.

Stattdessen hat Kant seine Lösung vor das Problem gestellt, seine Antwort vor die Frage, seine Konstruktion vor die Destruktion. Er hat sein Hauptwerk offensichtlich nicht mit einer weitläufigen Diskussion der dialektischen Schlüsse der reinen Vernunft beginnen wollen, die er für alle Irrtümer der herrschenden Metaphysik verantwortlich erklärt. Von Anfang an hat er den Grund seines eigenen Systems stabil absichern wollen. Gegen die dramaturgische Spannung hat er sich deshalb für die analytische Logik entschieden.

Dabei hätte die umgekehrte Reihenfolge nicht nur der Popularität des Werks genutzt. Sie entsprach auch Kants geistiger und seelischer Entwicklung. Das erhellt vor allem die Rolle, die David Humes Zerstörung metaphysischer Glaubenssysteme nicht nur für die moderne Geistesgeschichte, sondern auch für Kant selbst gespielt hat. Im Prolog der *Prolegomena* setzt er dem skeptischen Aufklärer, dessen *Nachtgedanken eines Zweiflers* ihn mehr als ein Jahrzehnt früher irritiert und aufgerüttelt haben, ein Denkmal. Nichts war entscheidender für das «Schicksal» der Metaphysik «als der Angriff, den *David Hume* auf dieselbe machte.» (III, 115) Also wieder eine Schicksalsfrage, die Kant mit seiner eigenen Entwicklung verbindet. Hat er in seiner «Ekstatischen Reise eines Schwärmers durch die Geisterwelt» noch den undankbaren Stoff der *Himmlischen Geheimnisse* Swedenborgs behandelt, weil es sein Schicksal war, in die Metaphysik «verliebt zu sein» (I, 982), so hat ihn Hume vollends desillusioniert. Für Kant hat er die Metaphysik «zu einer mit uns entzweiten Geliebten» (II, 708) entfremdet. Er hat den verliebten Träumer aus seinem «dogmatischen Schlummer» (III, 118) geweckt. Auch wenn Kant sich zunächst gesträubt hat, den *Nachtgedanken eines Zweiflers* Gehör zu schenken, so hat er doch einsehen müssen, dass der Skeptiker Hume ihm die Augen geöffnet hat: Metaphysik kann kein gesichertes Wissen bieten, und auch alle Versuche, ihre Einsichten logisch zu begründen oder abzuleiten, können nur dialektische Fehlschlüsse sein.

Wie unter Geständniszwang hat Kant wiederholt auf Hume verwiesen, wenn es um die «skeptische» Zerstörung einer Metaphysik ging, die «dogmatisch» über die drei großen Themen alles zu erkennen glaubte, über jene fundamentalen Begriffe also, mit denen die letzten, unbedingten Bedingungen der spekulativen Psychologie, Kosmologie und Theologie bezeichnet worden sind: Seele, Welt und Gott. Schon während seines Studiums, vermittelt über seinen Lehrer Martin Knutzen, hat er sie vor allem durch die *Deutsche Metaphysik* kennen gelernt: *Vernünfftige Gedancken von Gott, der Welt und der Seele des Menschen, auch allen Dingen überhaupt, den Liebhabern der Wahrheit mitgetheilet von Christian Freyherrn von Wolffen*, Halle 1720. Im Licht einer dialektischen Skepsis gibt sich diese Vernunft als dogmatische Despotin zu erkennen.

Bereits in der ersten Philosophiegeschichtsschreibung, in der Diogenes Laertius *Leben und Meinungen berühmter Philosophen* dargestellt hat, wurde zwischen Dogmatikern und Skeptikern unterschieden. Während Dogmatiker von der Voraussetzung ausgehen, «daß die Dinge unserm Verstande erfaßbar sind», halten die Skeptiker mit ihrem Urteil zurück «in der Voraussetzung, daß die Dinge für unsern Verstand unfaßbar sind.»[26] Kant knüpft an diese Klassifikation an. Aber er dramatisiert sie zu einer philosophischen Fortschrittsgeschichte. Anfänglich gab es die Dogmatiker, die despotisch ihre jeweiligen metaphysischen Wahrheiten behaupteten und sich dabei untereinander erbittert bekriegten. Noch der berühmte Wolff gehört in ihre Abstammungslinie. Dann aber kamen die Skeptiker, «eine Art Nomaden, die allen beständigen Anbau des Bodens verabscheuen.» (II, 12) In David Hume haben sie ihren zeitgenössischen Führer gefunden.

Hume hat sich vor allem auf den Grundbegriff der Kausalität bezogen. Im Rahmen der kosmologischen Welt-Metaphysik bezeichnet er die Verknüpfung von Ursachen und Wirkungen, der jedes Ding der natürlichen Welt notwendigerweise unterliegen

David Hume.
Porträt von Allan Ramsey, 1766

soll. Im alltäglichen Leben mag man sich, wie Hume in den *Nachtgedanken* zu denken gibt, an die Verbindung zwar gewöhnt haben, «die den Übergang von einem Gegenstand zu seinem gewöhnlichen Gefährten, und von dem Eindruck des einen zur lebhaften Idee des andern veranlaßte.»[27] Aber wie steht es mit dem metaphysischen Endbegriff der Kausalität selbst, sofern er sich auf einen ursprünglich letzten Grund bezieht, aus dem die Ursachen als solche ihre wirksame Kraft entfalten? Wir scheinen durch unsere philosophische Neugier auf eine unbedingte kausale Notwendigkeit gelenkt zu werden, die alle Bedingungsverhältnisse letztlich begründet. Aber das kann eben nur ein Schein sein. «Dieses aber kommt bloß von einem Betruge der Einbildungskraft her, und es ist die Frage, in wie weit wir einem solchen Blendwerke nachgeben können.»[28] Denn es ist ja gar nicht zu sehen, warum etwas notwendigerweise folgen muss, weil etwas anderes geschieht. Nur die Gewohnheit und das subjektive Assoziationsvermögen lassen uns daran glauben. Nichts aber ist für die spekulative Vernunft gefährlicher, als von diesem Glauben auf eine metaphysische Tatsache zu schließen. Dann schweift die Einbildungskraft zu unerkennbaren Blendwerken, und ihr Trugschluss bringt jene philosophischen Ideen hervor, die Hume mit seinem skeptischen Hammer zertrümmert.

Kant hat Humes Problem[29] verallgemeinert. Er dehnt den skeptischen Zweifel am metaphysischen Endbegriff «Kausalität» auf alle drei großen Bereiche der traditionellen *metaphysica specialis* aus. Das «ganze Vermögen der reinen Vernunft» (III, 119) gerät in den Blick einer *Transzendentalen Dialektik* als Logik des Scheins. Der Professor für Logik und Metaphysik entlarvt die Fehlschlüsse, vor denen sich auch der «Weiseste unter allen Menschen» (II, 340) kaum zu schützen vermag, wenn er über die niemals aufhörenden letzten und tiefsten metaphysischen Fragen nachzudenken beginnt. Es sind zugleich die drei Schlüsselfragen, die auch in Kants existenzieller und philosophischer Entwicklung eine wichtige Rolle gespielt haben:

Was ist das Ich in seiner seelischen Identität?
Was ist die Welt in ihrer absoluten Totalität?
Was ist Gott in seiner höchsten Idealität?

Mit diesen Fragen betritt Kant den «Kampfplatz» (II, 11) der Metaphysik. Er stürzt sich in Dunkelheit und Widersprüche, um durch sie zum Licht einer über sich selbst aufgeklärten Vernunft zu gelangen. Er arbeitet sich durch Dogmatismus und Skepsis hindurch, zunehmend davon überzeugt, dass nur eine dritte Denkweise zum Ziel führen kann: «Der *kritische* Weg ist allein noch offen.» (II, 712) Mit dem Titel seines philosophischen Hauptwerks hat er es zum Programm erhoben: *Kritik der reinen Vernunft*, wobei er bewusst die Doppeldeutigkeit dieser Genitivkonstruktion ausnutzt. Seine *Kritik* tritt zunächst als *genitivus objectivus* gegen die reine Vernunft auf, als «Abstellung aller Irrungen, die bisher die Vernunft im erfahrungsfreien Gebrauche mit sich selbst entzweiet hatten» (II, 13), bevor sie dann als *genitivus subjectivus* sich auf sich selbst bezieht und mit einem grandiosen Selbstbewusstsein die philosophische Szene revolutioniert. In beiden Hinsichten hat Kants *Kritik der reinen Vernunft*, wie Michel Foucault in seiner Beantwortung der Frage *Was ist Kritik?* festgestellt hat, das «historische Schema unserer Modernität»[30] entworfen.

ICH oder: das nicht identifizierbare X. Kants Enthüllung der Illusionen der spekulativ-rationalen Psychologie ist brillant. «Es handelt sich um eine philosophische Kritik ersten Ranges», schwärmt nicht nur Peter F. Strawson als einer der scharfsinnigsten Kommentatoren der *Kritik der reinen Vernunft*, auch wenn «die Entwicklung des Gedankens im Text oft dunkel und verwickelt ist.»[31] In ihrer Selbst-Dezentrierung ist sie absolut modern und aktuell[32], obwohl das Problem eine lange Tradition besitzt, die auch Kant vertraut gewesen ist. Er kennt die alte Formel der Selbst-Frage: Wer bin ich? Was bin ich? Bereits in der stoischen Philosophie galt sie der kritischen Prüfung des eigenen Selbst, um Seelenruhe finden zu können. Auch in Humes *Nachtgedanken eines Zweiflers* ist Kant darauf gestoßen: «Wo oder was bin ich? Von welchen Ursachen leite ich mein Daseyn, und wohin geht meine Bestimmung?»[33] Und Jean-Jacques Rousseaus Selbstvergewisserung, die er 1762 in seinem *Glaubensbekenntnis des savoyischen Vikars* philosophisch entfaltet hat, um dem jungen Emile die Augen über Seele, Welt und Gott zu öffnen, gehört nicht zufällig zu Kants Lieblingslektüren: «Wir kennen uns selber nicht; wir kennen weder unsre Natur noch unser aktives Prinzip. (...) Aber wer bin ich? mit welchem Recht entscheide ich über die Dinge? und was entscheidet über meine Urteile?»[34] Besteht nicht die Gefahr einer ständigen Zersplitterung des Ich in eine unaufhörlich sich verändernde Fülle unterschiedlicher Empfindungen? Wie also kann ich überhaupt, sei es unmittelbar oder aus meiner Erinnerung, wissen, dass ich ein Ich bin?

Kant hat all diese Impulse aufgegriffen und radikalisiert. Er hält die Frage nach einem Subjekt des Empfindens und Denkens zwar nicht für sinnlos. Jeder erlebt sich ja als ein Ich. Eine Art innerer Sinn lässt uns ein Ich annehmen, das sich in den Urteilen «ich denke» oder «ich empfinde» ausdrückt, wie mannigfaltig und vielfältig auch immer die jeweiligen Gegenstände dieses Denkens oder Wahrnehmens sein mögen. Es scheint also dieses Etwas zu geben, das in der rationalen Psychologie als immaterielle seelische Substanz, absolutes Subjekt oder identische Person gedacht worden ist. Doch das ist eben nur ein Trugschluss. Verwechselt wird die mögliche Einheit der Erfahrung mit der Erfahrung einer tatsächlichen Einheit. Denn es ist zwar richtig, dass sich im ständigen Fluss von Vorstellungen und Gedanken ein virtuelles Selbstbewusstsein bildet, eine *Identität im Übergang*, die, um Kant selbst ins Spiel zu bringen, das kleine Manelchen mit dem großen Weltweisen verknüpft, den unterhaltsamen Gesprächspartner mit dem grübelnden Philosophen, den Liebhaber des reinen Weins mit dem nüchternen Analytiker der reinen Vernunft.[35] Aber kann daraus auf eine Seelen- oder Ich-Substanz geschlossen werden, die sich durch Beharrlichkeit, Einheit und Einfachheit auszeichnet?

Kant antwortet mit einem definitiven Nein, das er ausführlich und detailliert begründet. Denn es ist ein Fehlschluss, aus der subjektiven Bedingung all unserer möglichen Erfahrungen, die das Leben des Menschen als denkendes Selbst (Seele) bildet, auf die absolute Einheit eines Ich zu schließen, wie es im Zentrum der rationalen Seelenlehre steht. Denn wenn wir Ich gleichsam wie ein Ding zum Erkenntnisobjekt erklären, dann finden wir nur eine «gänzlich leere Vorstellung: *Ich*, von der man nicht einmal sagen kann, daß sie ein Begriff sei, sondern ein bloßes Bewußtsein, das alle Begriffe begleitet.» (II, 344) Vielleicht ist bereits zu viel gesagt, überhaupt von einem «Ich» zu sprechen. Vielleicht gibt es nur eine Art fraktales Subjekt, dessen Selbstähnlichkeit in der Vielfalt seiner Erlebnisse eine imaginäre Größe ist, die nicht identifiziert und benannt werden kann. Es existiert nur wie jene mathematische Größe, die als Variable eine Leerstelle ausfüllt: «Durch dieses Ich, oder Er, oder Es (Ding), welches denket, wird nun nichts weiter, als ein transzendentales Subjekt der Gedanken vorgestellt = x, welches nur durch die Gedanken, die seine Prädikate sind, erkannt wird, und wovon wir, abgesondert, niemals den mindesten Begriff haben können.» (II, 344)

WELT oder: der kosmologische Widerstreit. Während die Seelenlehre der metaphysischen Psychologie einem Trugschluss unterliegt, besteht der unerhörte Skandal der metaphysischen Kosmologie darin, ihre widerstreitenden Thesen mit rein logischer Argumentation zugleich beweisen und widerlegen zu können. Kants Nachweis der vierfachen Antinomie, der die Vernunft unvermeidlich unterliegt, sobald sie über die Welt rein, also ohne Befragung von Erfahrungstatsachen, spekuliert, gehört zu den berühmtesten Ereignissen der Philosophiegeschichte. Nachhaltig provoziert sie noch heute die kosmologische Neugier und Reflexion.[36] Mehr als alles andere hat Kant sich gewünscht, dass die kritischen Leser sich vor allem mit dieser Antinomie beschäftigen, «weil die Natur selbst sie aufgestellt zu haben scheint, um die Vernunft in ihren dreisten Anmaßungen stutzig zu machen und zur Selbstprüfung zu nötigen.» (III, 213) Es ist ein seltsam verwirrendes Problem, das «am kräftigsten wirkt, die Philosophie aus ihrem dogmatischen Schlummer zu erwecken, und sie zu dem schweren Geschäfte der Kritik der Vernunft selbst zu bewegen.» (III, 209f.) Das bezieht sich nicht nur auf Kants eigene Kosmologie, wie er sie 1755 in seiner *Naturgeschichte und Theorie des Himmels* entworfen hat, wo er noch unkritisch von Weltanfang, unendlichem Weltraum, atomaren Grundelementen, mechanischen Kausalitäten und einem höchsten Wesen mit seiner unendlichen Schöpfungskraft sprach. Auch die schlummernde Anspielung auf David Hume ist unüberhörbar. Viele Jahre später wird er sie in seinem Brief vom 21. September 1798 an Christian Garve noch ein letztes Mal unterstreichen: «Nicht die Untersuchung vom Daseyn Gottes, der Unsterblichkeit etc. ist der Punct gewesen, von dem ich ausgegangen bin, sondern die Antinomie der r. V.: ‹Die Welt hat einen Anfang –: sie hat keinen Anfang etc. bis zur vierten: Es ist Freyheit im Menschen, – gegen den: es ist keine Freyheit, sondern alles ist in ihm Naturnothwendigkeit›; diese war es welche mich aus dem dogmatischen Schlummer zuerst aufweckte und zur Critik der Vernunft selbst hintrieb, um das Scandal des scheinbaren Wiederspruchs der Vernunft mit ihr selbst zu heben.» (Br, 779)

Antinomisch ist, was gegen das Gesetz *(nomos)* verstößt, genauer: was im Gesetz selbst sich widerstreitet. Antinomisch ist ein Gesetzeswerk, das einen besonderen Fall sowohl als gesetzmäßig als auch -widrig ableiten lässt. Vor dem Hintergrund dieses neuzeitlichen juristischen Sprachgebrauchs erhellt sich die Funktion der kosmologischen Antinomien. Es geht Kant hier nicht um Unklarheiten in der mathematischen Formulierung von Naturgesetzlichkeiten. Auch die stets hypothetischen Kenntnisse der physikalischen Experimentalwissenschaft beschäftigen ihn nicht. Die Welt als absolute Totalität im Zusammenhang all ihrer möglichen Erscheinungen, zusammen mit dem metaphysischen Begriff des Weltganzen, wird vor den Gerichtshof der Vernunft gestellt, damit aber auch die Leistung einer gesetzgebenden Vernunft selbst, die sich ins unauflösbare Für und Wider von Satz und Gegensatz verstrickt sieht, wenn sie die vier metaphysischen Weltfragen stellt:

1. Hat die Welt der Zeit und dem Raum nach einen Anfang (Grenze), oder ist sie unendlich und unbegrenzt?

2. Besteht alles in der Welt aus Einfachem, oder ist alles zusammengesetzt?

3. Geschieht alles in der Welt lediglich nach Gesetzen der Natur, oder gibt es auch Ursachen durch Freiheit?

4. Gibt es, als Teil oder als Ursache der Welt, irgend ein notwendiges Wesen, oder ist alles zufällig?

Das sind keine willkürlichen Fragen, die zu sophistischen Spitzfindigkeiten herausfordern. Jede menschliche Vernunft muss auf sie stoßen, wenn sie sich dem Ganzen der Welt zuwendet. Aber welche sichere Antwort kann es hier geben? Die Dogmatiker aller Zeiten haben schon immer geglaubt, ihre Siege auf einer der beiden Seiten errungen zu haben. Aber das konnten nur Selbsttäuschungen sein. Denn mit diesen Fragen geraten alle Dogmatiker in einen Widerstreit[37], der grundsätzlich nicht geschlichtet werden kann, «weil sowohl Satz als Gegensatz durch gleich einleuchtende klare und unwiderstehliche Beweise dargetan werden können.» (III, 212)

Betrachten wir nur den Fall der Ersten Antinomie, sofern er die Zeit betrifft. Kant kennt die geschichtliche Dimension des Problems. Dass die Welt vor einer endlichen Zeit begonnen haben soll, erzählen mythologische Schöpfungsgeschichten und alttestamentarische Genesis ebenso wie Platons Bericht vom demiurgischen Weltenbauer oder Newtons Kosmologie. Dagegen findet sich die Lehre von der unendlichen Dauer einer anfangslosen Welt bereits bei Parmenides, dem alles Seiende ungeworden und unvergänglich ist, oder bei Demokrit, der das All als unendlich, unveränderlich und ohne Anfang annahm, auch bei Aristoteles, der sich dabei vor allem auf die scheinbar unveränderliche Bewegung der Gestirne bezog, oder bei Leibniz, auch wenn dieser die Möglichkeit einer endlichen Dauer zumindest ins Auge fasste. Doch an dieser Problemgeschichte ist Kant nicht besonders interessiert. In seiner Transzendentalen Dialektik hat er dem Streit eine rein systematische Form gegeben. Er behandelt ihn nicht historisch, sondern logisch. Wenn wir nicht die Dauer von einzelnen Ereignissen zeitlich messen, sondern wenn wir wissen wollen, ob die Welt als Ganzes zeitlich begrenzt oder unendlich ist, dann gibt es nur zwei logische Möglichkeiten: Entweder hat die Welt einen Anfang in der Zeit, oder sie hat ihn nicht.

Nehmen wir also zuerst die These, die Welt habe zeitlich nie angefangen, sondern sie sei schon ewig da. Dann ist bis zum gegenwärtigen Zeitpunkt eine unendliche Folge von Jahren (oder Tagen oder irgendwelchen anderen Intervallen) vergangen. Eine unendliche Zeitreihe aber ist eine Folge, die niemals abgeschlossen vorliegen kann. Eine «unendliche verflossene Zeitreihe» (II, 414) ist für Kant undenkbar und unmöglich. Durch unsere eigene Gegenwart ist sie zur Endlichkeit begrenzt, entgegen der Annahme. – Betrachten wir dagegen die Antithese, die Welt habe einen Anfang. Dann muss es eine Zeit gegeben haben, in der die Welt nicht existiert hat, «d. i. eine leere Zeit». (II, 415) Aus einer leeren Zeit aber kann nichts entstehen. Dann jedoch muss man zugeben, dass zwar in der Welt viele Dinge und Ereignisse anfangen können, aber die Welt selbst keinen Anfang in der Zeit haben kann.

Sie ist also unendlich, auch in diesem Fall wieder entgegen der Annahme.

Kant ist sich sicher, These und Antithese gleichermaßen als in sich widersprüchlich abgeleitet zu haben. Die rein logische Argumentation hat einen unauflösbaren dialektischen Gegensatz zwischen dogmatischen Annahmen aufgezeigt. Die kosmologische Vernunft, sofern sie die Welt als Totalität vorzustellen oder zu denken versucht, sieht sich gleichsam mit sich selbst entzweit. Darüber mag sich nun der Skeptiker freuen oder, wie Hume in seinen *Nachtgedanken eines Zweiflers*, verzweifeln, weil er sich angesichts offenkundiger Widersprüche in der menschlichen Vernunft völlig benommen, verwirrt und umnebelt fühlt. Für den Kritiker der reinen Vernunft jedenfalls, der weder Dogmatiker noch Skeptiker sein will, gibt es hier ein ernsthaftes Problem zu lösen, das ihn «in Nachdenken und Unruhe versetzt.» (III, 212)

GOTT oder: das unbeweisbare Ideal. Bereits in der vierten Antinomie der spekulativen Kosmologie (es existiert / existiert nicht ein «schlechthin notwendiges Wesen» [II, 434f.] als Weltelement oder -ursache) hat Kant, ohne ihn beim Namen zu nennen, auf den höchsten Punkt der reinen theoretischen Vernunft angespielt: Gott. Im kosmologischen Argument tritt er als das Unbedingte auf, das alles Bedingte und Kontingente durch seine absolute Totalität begründet. Im Dritten Hauptstück der Transzendentalen Dialektik wendet sich Kant dann dem Gotteskonzept exklusiv zu. Dabei stellt er nicht den Glauben eines Menschen in Frage, sofern er dessen moralische Lebenspraxis orientiert. Auch bei ihm selbst hat die fromme, vor allem mütterlich vermittelte Erziehung ihre Spuren hinterlassen, obwohl es später mit seinem christlichen Glauben «sehr windig» ausgesehen hat. Oft hat er seinem ehemaligen Studenten und späteren Freund Karl Ludwig Pörschke versichert, «er sey schon lange Magister gewesen und habe noch an keinem Satze des Christentums gezweifelt. Nach und nach sey ein Stück ums andere abgefallen.»[38] Doch diese Skepsis hat seinen Respekt vor der moralischen Qualität des christlichen Glaubens nicht geschmälert. Und durchaus wohlwollend hat Kant auch die Theologen beurteilt, sofern sie sich auf die Tradition der religiösen Überlieferung und nicht auf ihre Dogmatik konzentrieren. Er schätzte sie als «die Bewahrer der echten Gelehrsamkeit.»[39]

Anders steht es um die Möglichkeit einer Philosophischen Theologie. Für sie stellt der metaphysikkritische Kant eine radikale Herausforderung dar. Hier geht es nicht um praktische Gläubigkeit oder historische Bildung. Vor dem Gerichtshof der Vernunft wird die transzendente «Idee eines höchst vollkommenen Urwesens» (III, 222) verhandelt, deren theologische Dogmatisierung Kant logisch-argumentativ als bloßen Schein entlarvt. Schon in seiner *Naturgeschichte und Theorie des Himmels* hat er 1755 den physiko-theologischen Beweis, dass aus der zweckmäßigen und kunstvollen Ordnung der Natur auf einen weisen oder vernünftigen Urheber geschlossen werden kann, als Fehlschluss kritisiert. Denn aus der sinnlich vermittelten Erfahrung einer bewundernswerten Natur lässt sich nicht auf die Existenz eines übersinnlichen Gottes schließen. 1763 hat er dieses Argument in seiner Auseinandersetzung mit dem *einzig möglichen Beweisgrund zu einer Demonstration des Daseins Gottes* weiter entfaltet. Zwar war er damals noch von der beweisbaren Existenz eines «schlechterdings notwendigen Wesens» (I, 642) überzeugt, das einzigartig, einfach, unveränderlich und ewig ist und in seiner absoluten Vollkommenheit auch real sein muss, wäre es sonst doch nicht wirklich vollkommen. Aber auch dieser ontologisch abgeleitete Geist nimmt am Ende der *Beweisschrift* nur eine flüchtige Gestalt an: «Es ist durchaus nötig, daß man sich vom Dasein Gottes überzeuge; es ist aber nicht eben so nötig, daß man es demonstriere.» (I, 738) Nicht zuletzt hat ihn die kritische Lektüre der *Himmlischen Geheimnisse* Swedenborgs davon überzeugt, dass es mit Geist und Geistern windig aussieht, wenn man sie zu Wissensobjekten machen will. Es brauchte nur noch einen kleinen Schritt, um sich ganz aus dem Bann der theologisch geträumten Idee «Gott» zu befreien.

Dass die Existenz Gottes in theoretischer Hinsicht überhaupt nicht demonstriert werden kann, hat Kant in der *Kritik der reinen Vernunft* dann endgültig nachgewiesen. Er stellt den kosmologischen, physiko-theologischen und ontologischen Gottesbeweis vor Gericht und unterzieht alle drei einer kritischen Prüfung. Seine bald 30-jährige Auseinandersetzung mit der Theologie als Scheinwissen von Gott kommt damit zum Abschluss. Am Ende steht die aufgeklärte Kritik, dass für das Dasein eines höchsten Wesens, als einer Gottheit, grundsätzlich kein Beweis in theoretischer Hinsicht möglich ist. Alles, was zu diesem Zweck unternommen worden ist, hat nur zu dogmatischen Blendwerken, Verirrungen und Gaukelwerken geführt. Denn wir können nicht aus dem weltimmanenten Gebrauch unseres Verstandes, der sich in den Grenzen möglicher Erfahrung hält, zu einem transzendenten Wissen hinsichtlich jenes Übersinnlichen aufsteigen, das Gegenstand der Theologie als Metaphysik sein soll. «Ich behaupte nun, daß alle Versuche eines bloß spekulativen Gebrauchs der Vernunft in Ansehung der Theologie gänzlich fruchtlos und ihrer inneren Beschaffenheit nach null und nichtig sind.» (II, 559)

Doch diese Nichtigkeitserklärung hat Kant nicht zum Nihilisten oder Atheisten werden lassen. Das Fehlen eines Beweises für die Existenz Gottes ist ja kein Beweis für dessen Nichtexistenz. Die Behauptung «es ist kein Gott» ist deshalb ebenso dogmatisch wie ihr Widersacher. «Denn, wo will jemand durch reine Spekulation der Vernunft die Einsicht hernehmen, daß es kein höchstes Wesen, als Urgrund von allem, gebe.» (II, 562f.) Was auf dem Feld der reinen Vernunft nicht bewiesen werden kann, kann auch nicht widerlegt werden.[40]

Kants Destruktion der Metaphysik, die er an den drei Fundamentalbegriffen der spekulativen Psychologie, Kosmologie und Theologie durchgeführt hat, öffnete dem nachmetaphysischen Denken der europäischen Moderne eine neue Perspektive. Die Überwindung der Metaphysik, die im 20. Jahrhundert vor allem zum Programm einer Wissenschaftlichen Weltauffassung erklärt worden ist, hat in Kants «Logik des Scheins» ihren nachhaltigen Stichwortgeber. Jede Metaphysik, die sich von der Erfahrung weltlicher Tatsachen abhebt und zu einem absoluten oder unbedingten Wesen aufsteigen will, sei es nun ein reines Ich, ein totalisiertes Weltganzes oder ein idealisierter Gott, kann nur zu Scheinbegriffen, Scheinurteilen und Scheinproblemen führen.

Kulturgeschichtlich war diese dialektische Desillusionierung nur möglich im Rahmen einer Aufklärung, die als Kritik keine andere Autorität mehr anerkannte als ihre eigene Selbstprüfung. In der Vorrede zur ersten Auflage der *Kritik der reinen Vernunft* hat Kant es deutlich akzentuiert: «Unser Zeitalter ist das eigentliche Zeitalter der *Kritik*, der sich alles unterwerfen muß.» (II, 13) Auch die Religion konnte sich dieser Kritik nicht entziehen, weder durch ihre Heiligkeit noch durch ihre Dogmatik. Sie war der zentrale Streitfall kritischer Aufklärung. Vor allem an ihr erprobte sich die «gereifte Urteilskraft des Zeitalters, welches sich nicht länger durch Scheinwissen hinhalten läßt.» (II, 13)

AUF DEM TERRITORIUM DER REINEN VERNUNFT

Kant ist sich des Risikos bewusst, das mit seiner Kritik an der Metaphysik verbunden ist. Wie soll der Mensch die metaphysische Finsternis ertragen, in der es keine verlässliche Orientierung mehr zu geben scheint? Wenn er sich seiner eigenen Ich-Identität nicht mehr sicher sein kann und auch heilige Schriften oder traditionsmächtige Weltbilder keine Autorität mehr besitzen, sondern einer kritischen Prüfung unterworfen werden, die keine «Machtsprüche» (II, 13) anerkennt, dann tut sich der Abgrund einer radikalen Skepsis auf, die nur schwer zu ertragen ist. Es droht jene Gefahr, die in Humes *Nachtgedanken eines Zweiflers* den schiffbrüchigen Helden in die Schwermut treibt. Misstrauisch und allein gelassen sitzt er auf seinem Felsen, verzweifelt angesichts all der nachgewiesenen Fehlschlüsse, Antinomien und Blendwerke, denen er zuvor ausgesetzt war. «Ich winke andern sich mit mir zu vereinigen, um wenigstens eine kleine Gesellschaft besonders auszumachen. Jeder aber hält sich in einer gewißen Entfernung von mir und fürchtet den Sturm, der mich allenthalben umlagert und angreift.»[41]

Als Kant am 5. Juli 1771 Hamanns Übersetzung von Humes *Treatise I, 4, 7* liest, findet er seine eigene Verzweiflung ausgedrückt. Auch ihn scheint kalter Widerwille ergriffen zu haben angesichts der spekulativen Weltweisheit, die er nur noch voller Skepsis verachten kann. Und ebenso sehr bedrückt ihn die intellektuelle Einsamkeit, in die ihn seine Kritik metaphysischer Fiktionen geführt hat. In seiner «Vorerinnerung von dem Eigentümlichen aller metaphysischen Erkenntnis», mit der er 1783 seine *Prolegomena* einleitet, wird er rückblickend noch einmal auf Humes *Nachtgedanken* anspielen, die ihn 1771 wie ein Albtraum heimgesucht haben. Er zeichnet das Bild nach, wie der Zweifler «sein Schiff, um es in Sicherheit zu bringen, auf den Strand (des Skeptizismus) setzte, da es denn liegen und verfaulen mag.» In diesem Zustand wollte er sich nicht einrichten. Ihm kam es darauf an, seinem Schiff «einen Piloten zu geben, der, nach sicheren Prinzipien der Steuermannskunst, die aus der Kenntnis des Globus gezogen sind, mit einer vollständigen Seekarte und einem Kompaß versehen, das Schiff sicher führen könne, wohin es ihm gut dünkt.» (III, 121)

Das also ist die neue konstruktive Absicht, die der Professor der Logik und Metaphysik mit seiner *Kritik der reinen Vernunft* verfolgt. Er will einen sicheren Weg finden, der ihn weder zu dogmatischen Blendwerken noch in eine skeptische Dunkelheit führt. Zehn Jahre ist er schweigsam unterwegs. Zunächst ist es nur ein kleiner «Fußsteig», der sich ihm eröffnet. Aber er hofft, ihn zu einer «Heerstraße» (II, 712) für alle ausbauen zu können, die in seiner Gesellschaft mitwandern wollen. Es ist nicht zuletzt ein Weg, auf dem Kant wieder zur Metaphysik, «wie zu einer mit uns entzweiten Geliebten» (II, 708), zurückkehrt. Denn seine Liebe zur Metaphysik war zwar problematisch geworden, aber nie wirklich erkaltet. Mit dem Überdruss oder der Gleichgültigkeit, die sich gegenüber der Metaphysik breit gemacht haben und ihn selbst um 1770 zu beherrschen drohten, kann sich Kant nicht abfinden. Er ist davon überzeugt, dass der «gänzliche Indifferentism» (II, 12), der aus der Skepsis geboren worden ist, dem metaphysischen Interesse widerspricht, dieser «Naturanlage (metaphysica naturalis)», die zu allen Zeiten und in allen Menschen existiert, «so bald Vernunft sich in ihnen bis zur Spekulation erweitert.» (II, 60)

Die *Kritik der reinen Vernunft* ist, in ihrem ersten konstruktiven Teil, Kants Einspruch gegen das zeitgenössische Desinteresse an seiner Geliebten. Doch der ernst zu nehmende Gegenstand metaphysischer Nachforschungen kann nun nicht mehr in jenem übersinnlichen Schattenreich angesiedelt sein, das die Skeptiker und Aufklärer zu Recht für null und nichtig erklärt haben und das auch Kant selbst dialektisch überwunden hat. Im Zeitalter der Kritik taucht er vor allem als Problem der erfolgreichen naturwissenschaftlichen Erkenntnis auf.

«*Was kann ich wissen?*» (II, 677) ist die Schlüsselfrage von Kants *Kritik*, sofern sie sich auf die reine theoretische Vernunft konzentriert. Beantwortbar ist sie nur durch eine Metaphysik, welche die grundlegenden Bedingungen einer sachhaltigen Welterkenntnis aufklärt. Dafür aber können spekulative Psychologie, Kosmologie und Theologie nicht mehr exemplarisch sein. Stattdessen kommen wieder Mathematik und Physik ins Spiel, für die er sich schon als junger Student interessiert hat und die ihn zu seinen *Gedanken von der wahren Schätzung der lebendigen Kräfte* angeregt haben. Er ist auf diesen Gebieten zwar nie Fachmann gewesen. Er hat seine Schwierigkeiten mit der Physik, und auch in der höheren Mathematik war er nicht besonders qualifiziert. Aber naturwissenschaftliche Lehrbücher, wie die *Anfangsgründe der Naturlehre* (1768) von Johann Christian Polycarpus Erxleben oder die *Theorie der Bewegung* (1765) von Leonhard Euler, gehören zu seiner Lieblingslektüre, die ihn immer wieder zum philosophischen Nachdenken anregt.

In der *Kritik der reinen Vernunft* hat Kant die Mathematik und Physik ins Zentrum gerückt. An ihnen will er die metaphysischen

Grundlagen freilegen, die ein wirklich verlässliches Wissen der Natur im weitesten Sinn ermöglichen. Für diese Arbeit braucht Kant ein Modell oder Vorbild, an dem er seine logisch-metaphysischen Untersuchungen durchführen kann. Und er ist sich auch sicher, es bereits gefunden zu haben. Er orientiert sich vor allem an jenem Werk, das ihm sein Lehrer Martin Knutzen 1744 zum Selbststudium ausgeliehen hatte, an Isaac Newtons *Philosophiae Naturalis Principia Mathematica* von 1687. Langzeitwirkung einer enthusiastischen Lektüre; denn vor allem in den beiden ersten Büchern der *Principia* hatte der 20-jährige Student nicht nur die mathematischen Grundlagen und Voraussetzungen entwickelt gefunden, von denen jede Naturphilosophie auszugehen hat, die sich nicht für einzelne Erkenntnisse bestimmter Phänomene interessiert, sondern die fundamentale Frage zu beantworten versucht: Wie ist die logische Widerspruchslosigkeit, strenge Allgemeingültigkeit und Notwendigkeit einer theoretischen Erkenntnis der realen, physischen Welt überhaupt möglich? Als 30-Jähriger hatte Kant, gelenkt durch Newtons Gravitationstheorie, auch sein geniales naturphilosophisches System entworfen. Seine *Allgemeine Naturgeschichte und Theorie des Himmels* hatte er 1755 *nach Newtonischen Grundsätzen* konstruiert, die ihm eine verlässliche Bauanleitung boten. So denkt der nun bald 60-jährige Kant nicht nur dem unbezweifelbaren Wahrheitsanspruch von Newtons *Principia* nach, sondern reflektiert zugleich auf sein eigenes naturphilosophisches Weltmodell, «um endlich den ganzen Umfang der reinen Vernunft, in seinen Grenzen sowohl, als seinem Inhalt, vollständig und nach allgemeinen Prinzipien zu bestimmen.» (III, 119)

Das ist das Programm einer Meta-Physik, die nicht mehr die Physik als Erfahrungswissenschaft der Natur übersteigt, sofern diese nach allgemeinen Gesetzen bestimmt ist. Sie geht nicht über sie hinaus, schweift nicht in ein hyperphysisches Reich, sei es nun die Transzendenz des Ich, des Weltganzen oder eines allmächtigen, ewigen Gottes. Kants Metaphysik zielt stattdessen auf den Grund, auf dem eine mathematisch systematisierte Erkenntnis der

Königsberger Schloss.
Links vorn das Wohnhaus Kants

Natur aufgebaut werden kann. Wenn der junge Himmelstheoretiker einst auf den Schultern Isaac Newtons stand, so will der alte Vernunftkritiker nun endlich klären, auf welchem Fundament Newton selbst seine realistische Naturphilosophie nach mathematischen Prinzipien entwickeln konnte.

Wenn Kant dabei bildlich von Insel und Ozean, Seekarte und Kompass spricht, von Fußsteig, Heerstraße und sicherem Gang, von «einem Weg, der noch ganz unbetreten ist» (II, 162) und die Leser anfänglich in Dunkelheit führen muss, dann geht es ihm nicht um einzelne Erkenntnisse, die im Rahmen des Newton-Paradigmas möglich sind. Kant forscht nicht als mathematisch orientierter Physiker, sondern argumentiert als Metaphysiker. Als Liebhaber der Weltweisheit erzeugt er neue Konzepte für die Problemsituation, in der er sich befindet. Sie bilden ein eigenes Territorium, um sich im Denken orientieren zu können. «Stets neue Begriffe erschaffen ist der Gegenstand der Philosophie. Weil der

Begriff erschaffen werden muß, verweist er auf den Philosophen als denjenigen, der ihn potentiell innehat oder der über die Macht und die Kompetenz dazu verfügt.»[42]

Die unpopuläre Dunkelheit seiner *Kritik*, über die seine Zeitgenossen klagen, verdankt sich nicht nur, wie Kant im Mai 1781 an Marcus Herz schreibt, der «gänzlichen Veränderung der Denkungsart in diesem uns so innigst angelegenen Teile menschlicher Erkenntnisse.» (Br, 195) Sie hängt vor allem von seiner begrifflichen Schöpferkraft ab. Gegen den Vorwurf des irritierten und überforderten Christian Garve, dass sein System «populärer» hätte formuliert werden müssen, um wirklich brauchbar zu sein, und dass die «neue Sprache» (Br, 223) die Lektüre unverantwortlich erschwere, hat Kant sich am 7. August 1783 mit dem hoffnungsvollen Hinweis gerechtfertigt: «Die erste Betäubung, die eine Menge ganz ungewohnter Begriffe und einer noch ungewöhnlichern, obzwar dazu notwendig gehorigen neuen Sprache, hervorbringen mußte, wird sich verlieren.» (Br, 227)

Kants konstruktive *Metaphysik der Erfahrung*[43] lässt mit ungeheurer Macht neu geschaffene Leitbegriffe in den philosophischen Diskurs einbrechen, um ihm bisher unbegangene, dennoch sichere Wege zu eröffnen. Gegen die Illusionen einer objektiv gegebenen Transzendenz begründen und begrenzen sie ein modernes Territorium der Immanenz, in dem das erkennende Subjekt die zentrale Rolle spielt. Sie alle tragen Kants Signatur und haben in eigenen Kant-Wörterbüchern[44] ihren Platz gefunden: a priori / a posteriori; Bedingung der Möglichkeit; Deduktion der reinen Verstandesbegriffe; Ding an sich; Ideal der reinen Vernunft; synthetische Einheit der Apperzeption; synthetische Urteile a priori; Transzendentalphilosophie; transzendentale Analytik und Dialektik usw.

Noch immer ist die erste Betäubung, die Kant mit seinem philosophischen Hauptwerk ausgelöst hat, nicht gänzlich vergangen. Das erhellt die ununterbrochene Flut stets neuer Kommentare, Interpretationen, Rekonstruktionen oder Anleitungen zur Lektüre, die seit zwei Jahrhunderten strömt und in den letzten

Jahren noch angestiegen zu sein scheint.[45] Der vielfältige oder verborgene Sinn, der begriffliche Reichtum und die sprachliche Innovation von Kants *Kritik der reinen Vernunft* haben nicht nur eine neue Möglichkeit zu philosophieren eröffnet. Sie haben auch unzählige Kommentatoren in die paradoxe Situation verstrickt, «zum ersten Mal das zu sagen, was doch schon gesagt worden ist, und unablässig das zu wiederholen, was eigentlich niemals gesagt worden ist.»[46]

Zu dieser Situation kann hier nichts beigetragen werden. Es sollen vier kurze Stichworte genügen, um den Stand der Dinge zu skizzieren, bei dem Kant 1781 angelangt ist. Akzentuiert wird die Rolle von Newtons *Principia Mathematica*, die für Kants *Kritik der reinen Vernunft* eine wegweisende Rolle gespielt haben, in zustimmender und ablehnender Hinsicht.

Newtons Scheinbegriffe. Nicht zuletzt gegen Newton hat Kant seine dreigliedrige Logik des Scheins gerichtet. Aber das war nicht der Naturphilosoph Newton, sondern der Spiritualist, Okkultist und Gottgläubige, der in seinem *Scholium Generale*, der erklärenden Schlussbemerkung zum Dritten Buch *Über das Gefüge der Welt*, drei metaphysische Fiktionen[47] ausgemalt hatte: Die immaterielle menschliche Seele soll zu allen verschiedenen Zeiten und bei allen unterschiedlichen Wahrnehmungen «doch ein und dieselbe unteilbare Person» bleiben, absolut identisch in ihrem raum- und zeitlosen Urgrund; das eigentliche Wesen der Dinge oder «das Innere der Substanzen» sei weder sinnlich erfahrbar noch verstandesmäßig erkennbar, aber dennoch Gegenstand der Naturphilosophie; und schließlich beschwört Newton einen höchsten Gott als das ewige, unendliche und absolut vollkommene Sein, als reine Identität ohne jede Körperlichkeit, deren Existenz er dennoch als eine «unausweichliche Tatsache» annimmt: «Über ihn auf der Grundlage der Naturerscheinungen Aussagen zu machen, gehört unbedingt zur Naturphilosophie.»

Diese drei Gegenstände der Newton'schen Philosophie hat Kant als Traumfiguren gedeutet. Ganz will er auf Seele, Wesen oder Gott zwar nicht verzichten. Aber er kann sie nicht als Objekte eines möglichen naturphilosophischen Wissens anerkennen. Wenn überhaupt, dann können sie nur als «Dinge an sich selbst» imaginiert werden, die theoretisch absolut unerkennbar sind und niemals als «Erscheinungen» gegeben sein können, an denen sich das menschliche Erkenntnisvermögen orientieren muss. Mit dieser strengen Trennung glaubt Kant den Schlüssel gefunden zu haben, um den dialektischen Schein der reinen Vernunft kritisch auflösen zu können. Das identische Ich, die Welt in ihrer Totalität und das Gottesideal erscheinen nicht. Sie können folglich keine Gegenstände der Erfahrung und des Wissens sein. Nur wenn man sie als die letzten unbedingten Bedingungen der bedingten Erscheinungen zu vergegenständlichen versucht, gerät man notwendigerweise in Fehlschlüsse, Antinomien und bloße Idealisierungen.

Ästhetik der Mathematik. An die *mathematischen Grundlagen* von Newtons Naturphilosophie stellt Kant die Frage: «*Wie ist reine Mathematik möglich?*» Seine Antwort findet er im Rahmen der *Transzendentalen Ästhetik*, wobei er unter Ästhetik eine Theorie der Sinnlichkeit (von griech. *aisthesis*, Wahrnehmung) versteht. Recht eigenwillig verortet er die Mathematik im *mundus sensibilis*, der eine selbständige Grundquelle der menschlichen Erkenntnis bildet. Durch unsere Sinne vermittelt werden uns die Gegenstände gegeben, die sich mental als «Anschauungen» präsentieren. Anschauungen aber sind nur möglich, weil sie den subjektiven Bedingungen von Raum und Zeit unterliegen. Auch damit knüpft Kant an Newton an, und er widerspricht ihm zugleich. Das «große Licht von 68» hat an Intensität noch zugenommen. Denn Newton nahm eine absolute, wirkliche Zeit an, die in sich gleichförmig, ohne Beziehung auf irgendwelche Dinge oder Ereignisse fließt, und einen absoluten, wirklichen Raum, der unbeweglich und sich immer gleich bleibt und ebenfalls «ohne Beziehung zu irgendetwas außer ihm existiert.»[48] Relative Zeit und relativer Raum sind dagegen unmittelbar sinnlich wahrnehmbar an der Bewegung und Lage von Körpern.

Kant dagegen hält Newtons Absolutismus für überflüssig. Er

erklärt Raum und Zeit zu rein formalen Bedingungen unserer Sinnlichkeit. Er subjektiviert sie und verwirft ihren objektiven Charakter. Dabei erklärt Kant es nun zur Aufgabe der reinen Mathematik in metaphysischer Hinsicht, diese formalen Bedingungen zu rekonstruieren, die unsere sinnlichen Anschauungen der Objekte in Raum und Zeit a priori ermöglichen. Die reine Anschauungsform des Raums zu konstruieren, ist Aufgabe der Geometrie; während die Arithmetik ihre Zahlbegriffe «durch sukzessive Hinzusetzung der Einheiten in der Zeit zu Stande» (III, 145) bringt.

Logik der Physik. An Newtons *Naturphilosophie* stellt Kant die Frage: *«Wie ist reine Naturwissenschaft möglich?»* Im Zentrum steht die Physik. Sie bezieht sich auf die Natur *(*physis*)* als Inbegriff aller Gegenstände der Erfahrung, sofern deren Dasein «nach allgemeinen Gesetzen bestimmt ist.» (III, 159) Die Frage nach ihrer möglichen Gültigkeit beantwortet Kant im Rahmen seiner *Analytischen Logik*. Das ist keine rein formale Logik, die sich nur auf die Regeln des rechtmäßigen Schlussfolgerns konzentriert. Als eine inhaltliche Logik betrifft sie die strenge Allgemeinheit und Notwendigkeit, die mit Newtons naturwissenschaftlichem Erkenntnisanspruch verbunden sind. Denn Newton wollte ja nicht bloß versuchsweise Hypothesen über einzelne Phänomene aufstellen, sondern er erhob einen objektiven Wahrheitsanspruch, der auf alles abzielte, was immer und notwendigerweise nach universellen Gesetzen geschieht.

Die reine Naturwissenschaft kann deshalb nicht mehr innerhalb der Ästhetik behandelt werden, die sich auf die menschliche Sinnlichkeit konzentriert. Der Verstand kommt ins Spiel als zweiter Stamm der menschlichen Erkenntnis: *mundus intelligibilis*. Das Vermögen des Menschen, die Dinge denken zu können, klare und deutliche Begriffe bilden und objektiv gültige Urteile fällen zu können, muss geklärt werden. Die schöpferische Spontaneität seiner theoretischen Kompetenz, mit der er, wie Newton demonstriert hat, die allgemeinen Gesetze der Bewegungen und Kräfte im Weltgefüge mathematisch zu deduzieren und zu begreifen vermag, erfordert eine Analytik der Verstandesbegriffe und Urteilsformen. Sie war, wie Kant rückblickend auf sein jahrzehntelanges Nachdenken bemerkt, «das Schwerste, das jemals zum Behuf der Metaphysik unternommen werden konnte.» (III, 119)

Kopernikanische Wende. Doch diese Schwierigkeit verblasst geistesgeschichtlich gegenüber der Pointe, mit der Kant das fundamentale Prinzip aller möglichen Erkenntnis nach Newtonischen Grundsätzen überhaupt feststellt. Sie zieht nicht nur die Konsequenz aus der Abwehr hyperphysischer Spekulationen über die unerkennbaren «Dinge an sich selbst», aus der Subjektivierung von Raum und Zeit und aus der Hochschätzung der menschlichen Erkenntnisspontaneität. Sie liest sich auch wie eine nachträgliche metaphysische Rechtfertigung seines eigenen gigantischen Unternehmens, mit dem Kant 1755 das Weltganze zunächst ins Chaos stürzte, um es dann modellartig neu zu erzeugen. Er selbst war ja der Schöpfer einer naturphilosophischen Konstruktion, die erkennen ließ, wie der Weltbau naturgeschichtlich entstand und systematisch geordnet ist.

Mehr als zwei Jahrzehnte später hat Kant seinem Freund Herz stolz mitgeteilt: die *Kritik der reinen Vernunft*, sie mag stehen oder fallen, ist «eine gänzliche Veränderung der Denkungsart» (Br, 195), die zunächst jedem Leser als dunkel, befremdlich und unpopulär erscheinen muss. Denn sie dreht die vertrauten Verhältnisse völlig auf den Kopf. Sie mag zwar trocken und abstrakt sein. Aber sie ist absolut revolutionär in ihrer Umkehr der eingespielten philosophischen Positionen. Während nämlich der *Rationalismus* davon ausging, dass zwischen dem Erkenntnissubjekt und seinem Objekt eine Entsprechung oder Übereinstimmung bestehe, weil die Wirklichkeit selbst nach rationalen Prinzipien organisiert sei, und sein Widersacher, der *Empirismus*, darauf vertraute, dass all unsere Erkenntnis mit der sinnlichen Erfahrung anfange und auch daraus entspringe, hat Kants *kritischer Weg* zu einer «Revolution» (II, 23) der theoretischen Philosophie in metaphysischer Hinsicht geführt.

In vielfältigen Variationen vollzieht Kant seine Wendung und unterwirft das Erkenntnisobjekt dem Erkenntnissubjekt. Das mag, wie er selbst gesteht, übertrieben und widersinnig erscheinen. Aber er hält es dennoch für richtig und der Erfahrung angemessen. Dass ihn seine «Revolution» begeistert, dokumentiert nicht zuletzt die Steigerung, mit der er sie durchführt. Es beginnt mit einer einfachen physiologischen Feststellung und endet mit der Inthronisierung eines autonomen Erkenntnissubjekts im Zentrum der modernen Philosophie: Als Objekt der Sinne richtet sich der Gegenstand nach der Beschaffenheit unseres Anschauungsvermögens; die Erfahrung, durch die die Gegenstände erkannt werden, hängt von den Begriffen ab, durch die wir sie vorstellungsmäßig bestimmen; die Erkenntnis richtet sich nicht nach den Gegenständen, sondern die Gegenstände müssen sich nach unserer Erkenntnis richten; «die Ordnung und Regelmäßigkeit also an den Erscheinungen, die wir *Natur* nennen, bringen wir selbst hinein, und würden sie auch nicht darin finden können, hätten wir sie nicht, oder die Natur unseres Gemüts ursprünglich hineingelegt» (II, 179); «der Verstand ist selbst die Quell der Gesetze der Natur» (II, 181); *«der Verstand schöpft seine Gesetze (a priori) nicht aus der Natur, sondern schreibt sie dieser vor.»* (III, 189)

Das ist Kants gewagte Revolution, die er mit dem Namen *«Kopernikus»* (II, 25) signiert. Wie in den 1543 erschienenen Büchern des Frauenberger Domherrn *De revolutionibus orbium coelestium* (Über die Umdrehungen der himmlischen Kugelschalen) hat sich auch bei Kant eine Umdrehung zwischen menschlicher Position und ihren Erkenntnisobjekten ergeben. Aber Kants Revolution ist zugleich antikopernikanisch. Sie ist eine Wiedergutmachung der Kränkung, die mit der kopernikanischen Dezentrierung der menschlichen Stellung im Weltall verbunden war. Der Mensch schien bedeutungslos geworden zu sein, weggerollt aus dem Mittelpunkt in einen beliebigen Winkel des Universums. Dagegen hat Kant in seiner *Kritik der reinen Vernunft* den Menschen wieder neu zentriert. Denn es ist der Mensch selbst, der sein Wissen von der Welt kreativ erschafft. Er hat eine ungeheure Souveränität gewonnen. Er lässt sich nicht «am Leitbande der Natur gängeln» (II, 23), sondern fasst alle Erscheinungen unter seine eigenen Gesetze. Er nötigt die Natur, auf seine Fragen zu antworten. Mit einem neu erwachten Selbstbewusstsein betritt ein kreatives Subjekt die Bühne, das die metaphysische Dunkelheit, in der der Mensch jede Orientierung zu verlieren drohte, durch seine eigene Schöpferkraft aufhellt. Alle modernen Hauptströmungen der Philosophie, die auf die konstruktiven Leistungen, kritischen Vermögen und autonomen Kräfte des menschlichen Erkenntnissubjekts setzen, haben in Kants *Kritik* ihr Gründungsdokument. Und auch die Befürworter einer Erkenntnis, die nicht als intellektuelle Aneignung der Natur nach dem Vorbild eines gerichtlichen Verhörs verfahren will, kommen an Kant als ihrem größten und schärfsten Gegner nicht vorbei. Noch in der Alternative, die der Natur nichts vorschreiben, sondern ihr entsprechen will, soufliert Kant die entscheidenden Stichworte.

So hat doch noch eine glückliche Wendung genommen, was Kant 1770 in die Krise gestürzt hat. Gegen seine «eigentliche Bestimmung» zur Moral war er von König Friedrich II. zum Professor der Logik und Metaphysik ernannt worden. Er sollte zum besten Ansehen der Universität Königsberg auf einem Gebiet beitragen, das ihm gleichgültig geworden war. Zehn Jahre hat er gebraucht, um seinem Ruf gerecht zu werden. Am Ende hat er seinen kritischen Weg gefunden, der ihn zum Ziel der theoretischen Philosophie zu führen versprach: «nämlich, die menschliche Vernunft in dem, was ihre Wißbegierde jederzeit, bisher aber vergeblich, beschäftigt hat, zur völligen Befriedigung zu bringen.» (II, 712) Die drei großen Fragen der praktischen Philosophie allerdings, die ihn moralisch herausforderten, waren auf diesem Weg nicht zu beantworten. Gibt es eine unsterbliche Seele, die das Eigentliche des Menschen ausmacht? Wie steht es mit der Freiheit des menschlichen Willens in einer naturgesetzlich bestimmten Welt? Und ist das Dasein Gottes mehr als ein Phantasma, das nur in den Vorstellungen von Geistersehern wirklich existieren kann? Dass die Metaphysik der theoretischen Vernunft diese Fragen aus dem

Gebiet des naturphilosophischen Wissens ausgegrenzt hat, schmälert nicht ihren Reiz. Aber sie dokumentiert damit zugleich auch ihre eigene Begrenzung. Sie erreicht nicht jene Dimensionen, die «wohl eigentlich nur das *Praktische* angehen müssen.» (II, 673) Die «letzten Zwecke des reinen Gebrauchs unserer Vernunft», von denen Kant am Ende seiner *Kritik der reinen Vernunft* spricht, wird er nur in einer Metaphysik der Sitten und einer Kritik der praktischen Vernunft behandeln können. Das wird seine nächste große Aufgabe sein. Der alte Kant hat sich noch viel vorgenommen.

Als Kants kopernikanische Wende 1781 publik wird, nimmt niemand an ihr teil. Selbst gutwillige Freunde wissen mit seiner *Kritik* nichts anzufangen. Man versteht sie nicht und legt sie als eine dunkle Schrift ohne aktuelle Relevanz zur Seite. Kant scheint seinem literarischen Double zu entsprechen, dem «Professor Großvater» in Hippels *Lebensläufen*. Man hat den Eindruck, als streue auch er seinen Lesern metaphysischen Sand ohne lebenspraktische Bedeutung in die Augen.

Nur Johann Georg Hamann, sein wichtigster «Zeitgenosse im Widerspruch»[49], empfindet sofort die Provokation, die von Kants Revolution der Denkweise ausgeht. Am 10. Mai 1781 schreibt er an Herder, Kant verdiene den «Titel eines preußischen Hume».[50] Aufmerksam hat Hamann die Niederschrift der *Kritik* verfolgt und sich auch von Hartknoch die Druckbögen schicken lassen, um das so lange aufgeschobene Werk seines Freundes schon vor seiner Veröffentlichung lesen zu können. Aber immer wieder ist er bei der Lektüre ins Stocken geraten. Zwar entdeckt er zahlreiche «reizende und blühende Ruheplätze, nachdem man lange im Sande gewatet»[51], schreibt er am 8. April an den Verleger. Das Ganze aber scheint ihm auf einen reinen Formalismus hinauszulaufen, mit dem er nicht recht warm werden kann. Doch das soll ihn nicht hindern, zur Popularität des Werks beizutragen, auch im Interesse des finanziell angeschlagenen Hartknoch. Am 1. Juli entwirft er eine Rezension für die *Königsbergischen Gelehrten und Politischen Zeitungen*. Aber er legt sie zur Seite, «weil ich den

Autor, als einen alten Freund, und ich muß fast sagen Wohltäter, weil ich ihm fast gänzlich meinen ersten Posten zu danken hatte, nicht gern vor den Kopf stoßen möchte.»[52]

Die Erinnerung, dass er unter anderem durch Kants Vermittlung 1767 eine Übersetzerstelle in der Königsberger Zollverwaltung erhalten hat, verschleiert Hamanns wahres Motiv. Denn seine (erst 1801 postum veröffentlichte) *Rezension* ist durchaus wohlwollend und kündigt Kants *Kritik* mit «unverstellter Achtung»[53] an, um bei den Lesern eine freie und öffentliche Prüfung dieses schwer lesbaren Buchs zu erleichtern. Plausibler ist die Annahme, dass Hamann sich 1781 noch nicht in der Lage sieht, wirklich sachkundig Kants Vernunftkonzept zu kritisieren, sofern es seine eigenen Überzeugungen infrage stellt. Dafür spricht die Intensität, mit der er sich in den nächsten Jahren immer wieder Kants Werk vornimmt. Im April 1782 entwirft er eine *Metakritik über den Purismum der Vernunft*, die er dann 1784 ausführt. Auch sie erscheint nicht zu seinen Lebzeiten, und Hamann selbst hält sie für verunglückt. Aber sie trifft, aus der Perspektive des Schrift- und Gottgläubigen, den zentralen Punkt von Kants *Kritik*, deren *reine Vernunft* Hamann als eine puristische «Reinigung der Philosophie» von all dem versteht, was ihm selbst heilig ist: Überlieferung, Tradition, Geselligkeit, Glauben und sinnliche Erfahrung, vor allem aber «*Sprache*, das einzige erste und letzte Organon und Kriterion der Vernunft, ohne ein ander Creditiv als *Ueberlieferung* und *Usum.*»[54] Kant setze nur auf die selbstherrliche Vernunft und ihre abstrakte Begriffs- und Urteilslogik. Gegen sie stellt Hamann die Macht des lebendigen Worts, die Zeichen und das «Sacrament der Sprache»[55], in denen auch der wahre Glaube und der Geist Gottes eine sinnliche Gestalt finden können.

Es braucht seine Zeit, um Kants theoretisches Hauptwerk als revolutionäre Programmschrift für eine geistige Autonomie lesen zu können, die sich nicht mehr durch transzendentes Scheinwissen und tradierten Sprachgebrauch beherrschen lassen will. Das betrifft nicht nur das weite Feld der dogmatischen Metaphysik.

Kritisiert werden alle «Machtsprüche» (II, 13), die sich der selbstkritischen Vernunft entziehen. Kant nennt die Gegner, gegen die er seine *Kritik der reinen Vernunft* politisch in Stellung bringt: «Unser Zeitalter ist das eigentliche Zeitalter der *Kritik*, der sich alles unterwerfen muß. *Religion*, durch ihre *Heiligkeit*, und *Gesetzgebung*, durch ihre *Majestät*, wollen sich gemeiniglich derselben entziehen. Aber alsdenn erregen sie gerechten Verdacht wider sich, und können auf unverstellte Achtung nicht Anspruch machen, die die Vernunft nur demjenigen bewilligt, was ihre freie und öffentliche Prüfung hat aushalten können.» (II, 13) Drei Jahre später wird Kant diese kritische Haltung zur Maxime der Aufklärung erklären. Der Metaphysiker wird sich an die bürgerliche Öffentlichkeit als sein neues Forum wenden, vor dem er seinen *eigenen* Verstand zu gebrauchen weiß; und wieder wird er in seinem Freund Hamann den klügsten Gegner finden.

Habe Mut, dich deines eigenen Verstandes zu bedienen!

Der Wahlspruch eines Aufklärers

Kant. Miniatur von
Friedrich Wilhelm Senewaldt, 1786

Wenn denn nun gefragt wird: Leben wir jetzt in einem aufgeklärten *Zeitalter? so ist die Antwort: Nein, aber wohl in einem Zeitalter der* Aufklärung. (VI, 59)

Am 18. Dezember 1784 schreibt Johann Georg Hamann einen vier Seiten langen Brief an Christian Jacob Kraus (1753–1807), der seit 1780 als Professor für praktische Philosophie und Staatswissenschaft an der Königsberger Universität nicht nur ein Kollege seines ehemaligen Lehrers Kant ist, sondern auch dessen enger Vertrauter und guter Freund, trotz des fast 30-jährigen Altersunterschieds. Es ist ein persönlicher Brief aus konkretem Anlass. Aber es ist doch auch, vergleichbar den Briefen, die Hamann 25 Jahre früher wie Liebesbriefe an Kant geschrieben hat, mehr als ein Gelegenheitstext. Hamann fühlt sich ins Herz getroffen durch das, was Kant in der Dezemberausgabe der *Berlinischen Monatsschrift* als *Beantwortung der Frage: Was ist Aufklärung?* veröffentlicht hat. Er erinnert sich an den stürmischen Anfang ihrer Bekanntschaft und greift zu seinem Gänsekiel, um noch einmal ihre Gemeinsamkeiten und Differenzen zu reflektieren, jetzt, «wo seine alten steifen Knochen zur peripatetischen Philosophie kaum mehr taugen.»[1] Er will sich nicht wie Aristoteles in einer philosophischen Systematik bewegen, sondern bringt wieder Gedanken zu Papier, die das aufgeklärte Selbstbewusstsein in seinem Kern treffen sollen.

Schon damals, am 27. Juli 1759, als ihn die Freunde Berens und Kant für die Ideen der französischen Aufklärung begeistern wollten, hatte er dem Vernünftler Kant abgesagt. Er wollte lieber ein Sokrates sein, der die bloß eingebildete Vernunft seiner Gesprächspartner störte, weil sie zwar in die Ordnung der Welt eingreifen konnten, aber sich dabei nicht selbst erkennen würden. Deshalb schätzte er auch die lyrische Sprache des Herzens höher als eine begriffliche Argumentation des Verstandes, die von jeder subjektiven Selbsterkenntnis gesäubert ist. – Aber damals hatte es zugleich das gemeinsame Projekt einer *Kinderphysik* gegeben, das Hamann an Kant die Frage stellen ließ, ob er, dieser so kluge und aufgeklärte Philosoph, denn auch einen so großen «Narren an den Kindern gefressen» (Br, 21) habe, um sich auf die Einfalt und scheinbare Torheit der Kinder einlassen zu können. Gelehrten etwas zu vermitteln, schien Hamann so leicht zu sein wie ehrliche Leute zu betrügen. Doch eine Physik für Kinder zu schreiben, erfordere den Verzicht auf jede Überlegenheit, Eitelkeit oder angelernte Wissensform. Es brauche ein empfindsames Herz und Mut zu einem Selbstdenken, das jede Nachahmung fremder Gedanken verwirft. «Sapere AUDE!» gab Hamann als Gruß zu bedenken – Zu wissen habe Mut! – und er ergänzte diesen Appell mit dem Hinweis: «Fühlen Sie unter Ihren Schoßneigungen die Schwäche einer solchen Kinderliebe, so wird Ihnen das Aude sehr leicht fallen, und das Sapere auch fließen.» (Br, 21)

Kein Wunder, dass Hamann «bis in die Seele»[2] geht, was Kant 1784 so geschrieben hat, als habe er dabei an seinen schärfsten Kritiker gedacht, für den die meisten Aufklärungsphilosophen nur Lügen-, Schau- und Maulpropheten waren ohne Mut zum Selbstdenken. Warum nur hat Kant gerade das Zitat als Wahlspruch der Aufklärung gewählt, das ihm Hamann 25 Jahre früher zu bedenken gab, um ihn aus der Nachahmung einer aufklärenden Vernünftigkeit ohne Herz und Selbsterkenntnis herauszulösen? «Sapere aude! Habe Mut, dich deines *eigenen* Verstandes zu bedienen!» (VI, 53) Um sich darüber klar zu werden, schreibt er an den gemeinsamen Freund Kraus, der sich nicht nur stark zu Hamann hingezogen fühlt, dessen «Herz» er liebt, sondern auch zu seinem alten Professor Kant, dessen «Kopf» er bewundert.[3]

Hamanns privater Brief an Professor Kraus ist ein philosophisches Dokument, das Kants öffentlicher Programmschrift für ein aufgeklärtes Publikum gleichwertig entgegensteht. In seiner Kritik der Aufklärung ist es an Scharfsinn und Kraft bis heute nicht überboten worden. Seine Bedeutung geht weit über den konkreten Anlass hinaus, der Hamann zur Feder greifen ließ. Gestritten wird um ein Problem, das seit mehr als 200 Jahren nicht nur die Philosophiegeschichte beherrscht, sondern das Selbstverständnis unserer Zeitgenossenschaft betrifft.[4] «Es gibt kaum eine vergleichbare Kontroverse, wie sie in einer bestimmten Textkonstellation dokumentiert ist, die in solch hohem Maße exemplarischen Charakter trüge und in der so gedrängt und vielschichtig nach dem gefragt wurde, was wahre, radikale Aufklärung ist.»[5] Doch wie kam es überhaupt zu dieser Frage, an deren Beantwortung sich auch die unterschiedlichen Charaktere Hamanns und Kants ablesen lassen, die selbst in ihren heftigsten Auseinandersetzungen noch Freunde blieben?

WAS IST AUFKLÄRUNG?

Wenn man zunächst etymologisch auf das Wort hört, so ist «Aufklärung» eine meteorologische Metapher. Zu den großen Herkunftslinien des Begriffs gehört der Wunsch, dass es, nach Zeiten der Dunkelheit und der Schatten, endlich licht, hell und klar werde. Die Lichtmetaphorik, die bis in die Antike zurückreicht und dabei auch das *lumen supranaturale* einbezog, ist dabei zunehmend säkularisiert worden. Wie der Himmel aufklart, so soll auch der Verstand erhellt werden, wobei Glaube, Offenbarung oder übernatürliche Erleuchtung keine Rolle mehr spielen sollen. Schon 1691 wird der Ausdruck «Aufklärung des Verstandes» lexikalisch verzeichnet. Helle Köpfe sollen mittels deutlicher Begriffe und klarer Urteile erkennen können, was wirklich der Fall ist. «Aufklärung» ist eine neuzeitliche Kampfidee gegen die dunklen Vorstellungen, die alles wie in einem Nebel verschwimmen lassen. Schließlich wurde der Begriff zur Bezeichnung einer ganzen Epoche erhöht. Die Selbstdeutung der Aufklärung des 18. Jahrhunderts bezieht sich auf eine metaphorisch als Licht gedeutete Vernunft, die aktiv in die Welt ausstrahlt. Im Entwurf zu seinem *Colleg über Anthropologie aus den 70er Jahren* hat sich Kant notiert: «Ein erleuchtetes Zeitalter (aufgeklärtes, das deutliche Begriffe verlangt); ein heller Kopf (aufgeklärt).»[6]

Doch diese positiv gemeinte Bedeutung von «Aufklärung» bedeutet nicht, dass die Aufklärung vor allem in Deutschland nicht umstritten war. Während in Frankreich «les philosophes» (vor allem Voltaire, Montesquieu oder die aufklärenden Enzyklopädisten Diderot und d'Alembert) als Beispiele für die Freiheit und Kühnheit eines eigenen Urteils, für das sie auch das Risiko von Exil und Gefängnis auf sich nahmen, stets hohes Ansehen genossen, galten die deutschen Aufklärer vielen ihrer Zeitgenossen nur als kalte Verstandesarbeiter, die weder die lebendige Fülle und Vielfalt der Natur noch die tiefen Geheimnisse des Herzens zu verstehen vermochten. Die tonangebenden deutschen Aufklärer, die von Christian Thomasius (1655–1728) über Christian Wolff (1679–1754) bis zu Hermann Samuel Reimarus (1694–1788) und Immanuel Kant nicht zufällig alle Universitätsprofessoren waren, neigten oft zu einer pedantischen Gründlichkeit und systematischen Begriffskonstruktion, die nur schwer begeistern konnten. Auch wenn Aufklärungsphilosophie als Weltweisheit propagiert wurde, weil sie nicht nur in der Welterkenntnis auf die profane Vernunft vertrauen wollte, sondern weil sie auch für die Menschen von Welt nützlich sein sollte, so war sie doch vor allem akademische Angelegenheit. Ihre Welt galt als entzaubert, ihre Begrifflichkeit als abstrakt, ihre Systematik als hierarchisiert, ihre Vernunft als formalisiert, ihre Theoriegebäude als allgemein unzugänglich. Von den stürmerisch drängenden, empfindsamen und romantischen Gegnern der Aufklärung gegen Ende des 18. Jahrhunderts bis zu Max Horkheimers und Theodor W. Adornos Urteil in ihrer *Dialektik der Aufklärung* (1944), dass Aufklärung «totalitär wie nur irgendein System»[7] sei, oder zu Hartmut und

**Aufklärung.
Radierung von Daniel Chodowiecki, 1791**

Gernot Böhmes Kritik der Rationalitätsstrukturen am Beispiel Kants, gegen die sie das *Andere der Vernunft* (1985) wieder zur Geltung bringen wollten, reicht die Phalanx ihrer Kritiker und Widersacher.

Bemerkenswerterweise hat ein anderer radikaler Kritiker der Aufklärung, der in seinen geistes- und zivilisationsgeschichtlichen Untersuchungen vor allem deren Disziplinarmacht offen legte, kurz vor seinem Tod eine andere Perspektive eröffnet, die auch Kants Programmschrift neu lesen lässt. 1983 hielt Michel Foucault eine Vorlesung über Kants *Beantwortung der Frage: Was ist Aufklärung?* Über den Zeitabstand von 200 Jahren hinweg führte er die unüberholte Aktualität dieses Textes vor Augen.

Foucault bezog sich dabei nicht nur auf die philosophiegeschichtliche Tatsache, dass es von Fichte und Hegel über Schopenhauer und Nietzsche bis zu Horkheimer und Habermas kaum eine Philosophie gab, die nicht direkt oder indirekt mit Kants Frage konfrontiert wurde. Denn ohne Zweifel hat die Aufklärung einen Prozess in Gang gebracht, der das moderne Denken und Handeln als solches bestimmt und nicht mehr rückgängig gemacht werden kann. Foucault legte den Akzent jedoch vor allem auf den Aspekt der reinen Aktualität selbst. Denn Kant war ja nicht nur ein herausragender Aufklärer des 18. Jahrhunderts, der in seiner Kosmologie eine wissenschaftliche Theorie und Naturgeschichte des Himmels entworfen hatte; der gegen die verworrenen Begriffe, dunklen Vorstellungen und verrückten Erfahrungen aller möglichen Geisterseher und Mystagogen die Mittel einer intersubjektiven Überprüfbarkeit einsetzte; oder der in seiner Kritik der reinen theoretischen Vernunft die Frage beantwortete, unter welchen Bedingungen eine wahre Erkenntnis der Welt überhaupt möglich ist. Kant hat 1784 die Frage nach der Aufklärung mit einer philosophischen Geste beantwortet, die als solche absolut modern ist. Er hat seine Gegenwart nicht danach befragt, wie sie sich von der Vergangenheit unterscheidet, ob sie ihr überlegen ist oder dekadent hinter sie zurückfällt. Mit der klassischen Querele über die Vorbildlichkeit der Alten und die Ebenbürtigkeit der Modernen hat er nichts zu tun. In Kants Antwort auf die Frage *Was ist Aufklärung?* taucht, Foucault zufolge, zum ersten Mal das Problem der Gegenwart als eines philosophischen Ereignisses auf, zu dem der Philosoph, der davon spricht, selbst gehört: «Die Philosophie als Problematisierung einer Aktualität und als Befragung dieser Aktualität durch den Philosophen, der an ihr teilhat und sich durch sie situieren muß – dies alles dürfte die Philosophie als Diskurs der Moderne über die Moderne charakterisieren.»[8] Mit Kant hat die moderne Philosophie seit dem Ende des 18. Jahrhunderts ihre eigene Aktualität zu befragen begonnen. Foucault hat, wie Jürgen Habermas anlässlich dessen Todes am 25. Juni 1984 schrieb, in Kant den ersten Philosophen erkannt, «der wie ein Bogenschütze den Pfeil auf das Herz einer zur Aktualität verdichteten Gegenwart richtet und damit den Diskurs der Moderne eröffnet.»[9]

Doch dieser Eröffnungszug des 60-jährigen Kant ist nicht nur ein allgemeines geistesgeschichtliches Ereignis. Kants Genialität besteht nicht zuletzt darin, dass er, wenn er allgemein von «der Aufklärung» spricht, zugleich sich selbst als ein lebendiges Exempel ins Spiel bringt; wie er umgekehrt seine eigene Erkenntnisabsicht innerhalb einer aktuellen Problemsituation erhellt, an der er aktiv teilnimmt. Was ist geschehen, um Kants Einspruch zu provozieren?

Eine fast völlig vergessene Schlüsselrolle spielte in diesem Kontext ein eigenwilliges Individuum, dessen Charakter Johann Wolfgang Goethe in seiner *Harzreise im Winter* eindrucksvoll porträtiert hat: Friedrich Viktor Leberecht Plessing.[10] Das war einer jener jungen Zerrissenen, die klug und geistig rege, aber ohne Konzentration und klares Ziel alles zu studieren suchten, was ihrer eigenen Gefühlswelt entsprach. Plessing, wie Goethe 1749 geboren, war der Sohn des Oberpredigers im kleinen Vorharzer Ort Wernigerode, wo er sich als junger Mann völlig einsam fühlte, eingeschlossen in seine düstere Innenwelt, unverstanden und verachtet von seinen Mitmenschen. Die Lektüre von Goethes *Leiden des jungen Werthers*, die 1774 erschienen waren, hatte seine selbstquälerische Isolation noch verstärkt. Um ihr zu entkommen, entschied sich Plessing, in Königsberg zu studieren. Am 22. Oktober 1779 immatrikulierte er sich an der Albertus-Universität. Er studierte, was ihn interessierte, ohne sich an einem Berufsziel zu orientieren. Er versenkte sich in die Geschichte der Religionen, spürte den ägyptischen Mysterienkulten nach und den Anfängen der griechischen Philosophie. So kam er schließlich zu Kant, der in den kommenden Jahren sein philosophischer Lehrmeister wurde und die Schmerzen des Einsamen zu lindern schien. Jedenfalls gelang es Plessing, geschickt und hartnäckig Kant in sein Lebensdrama hineinzuziehen. Immer wieder bat er ihn um Hilfe und Unterstützung, die ihm auch gewährt wurden. Schließlich hatte Kant auch Plessings drängendem Wunsch nachgegeben, ihm ein Empfehlungsschreiben nach Berlin an Johann Erich Biester (1749–1816) mitzugeben, den Privatsekretär des preußischen Kultusministers Karl Abraham Freiherr von Zedlitz, des einflussreichsten

Förderers der Berliner Aufklärung.[11] Denn Plessing wollte dem Minister vorgestellt werden, um seinem Ziel einer Professur näher kommen zu können. So war er also, mit Kants besten Wünschen und seinem Empfehlungsbrief, im Sommer 1783 nach Berlin gereist, wo er in eine bemerkenswerte Gesellschaft geriet.

Am 15. Oktober 1783, zurück in Wernigerode, schrieb Plessing an Kant. Noch einmal bedankte er sich überschwänglich bei seinem alten Professor, seinem Wohltäter und großmütigen Freund, den er ewig zu lieben versprach. «Sie haben mich aus dem Strudel gerissen, der mich zu verschlingen begann. Alles was ich gegenwärtig bin, habe ich Ihnen zu verdanken. Sie sind der Urheber aller Ruhe und des Wohlseyns, welches ich gegenwärtig genüsse, da ich vorhin viele Jahre meines Lebens, in dem traurigsten Seelen-Zustande hingebracht.»[12] Doch dieses Glück war getrübt worden durch Informationen, für die Plessing, dessen Mentalität schon immer zu dunklen Geheimnissen und verborgenen Wahrheiten neigte, leicht empfänglich war. Vorsichtig deutete er eine Verschwörung an, über die er kaum zu schreiben wagte: «Leider stehen uns vielleicht bald wieder traurige Zeiten der Schwärmerei und Unwissenheit bevor; die Schwärmerei wandelt schon mit mächtigen Schritten heran; es ist nicht jedem bekannt, von welchen Seiten für den menschlichen Geist aufs neue solche Gefahren zu befürchten sind: allein es ist beinahe gefährlich, seine aufrichtigen Gedanken hierüber einem Briefe anzuvertrauen. Doch vielleicht wissen Ew. Wohlgeb. hierüber schon selbst mehr als ich.»[13]

Zumindest wusste Kant, dass solche Befürchtungen vor allem in jenem Berliner Kreis kursierten, in dem sein Schützling freundschaftlich aufgenommen worden war. Denn Plessing war Gast gewesen unter anderem bei Geheimrat von Dohm und Probst Wilhelm Teller, bei dem Philosophen Moses Mendelssohn und dem Berliner Hauptaufklärer Friedrich Nicolai, bei Ministersekretär Biester und Schuldirektor Friedrich Gedike, der ihn dann sogar in seiner Heimat besucht hatte, um gemeinsam den Brocken zu besteigen.[14] Die gleichen Namen finden sich nicht zufällig auf der Mitgliedsliste der 1783 gegründeten «Mittwochsgesellschaft», der geheimen «Gesellschaft von Freunden der Aufklärung», die sich regelmäßig in reihum wechselnden Privatwohnungen trafen, «um durch freundschaftlichen Gedankenwechsel sich wechselseitig den Geist aufzuklären und dadurch Begriffe mancher Art sich selbst deutlich zu machen.»[15] Sekretär dieses Netzwerks von Juristen, Politikern, Theologen, Philosophen, Pädagogen und Ärzten war Biester, ein kleiner verwachsener Mann, der mit überwältigender Lebhaftigkeit und einer kräftig tönenden Stimme sich für das gemeinsame Projekt engagierte. Es ging, wie es auch in den Statuten festgelegt war, primär nicht um das Erreichen eines vorher festgelegten Ziels, über das Einigkeit bestanden hätte. Man versuchte stattdessen, bestimmten Regeln zu folgen, um durch wechselseitiges Argumentieren das herauszufinden, was man gemeinsam für richtig halten konnte. Dabei wurden jedem Einzelnen zunächst auch ungereimte Meinungen oder kühne Vermutungen zugestanden. Aber es kam darauf an, zu ihrer Begründung sich weder auf äußere Machtpositionen noch auf innere Stimmen zu berufen. Allein im Für und Wider innerhalb der gemeinsamen Diskussion, durch Argumente und Gründe, sollte sich die Kraft der gegenseitigen Aufklärung manifestieren. Auch Kants kritische Philosophie diskutierte man voller Eifer, wovon, wie Nicolai autobiographisch *Ueber meine gelehrte Bildung* berichtete, «das *Dafür* und *Dawider* umständlich und zuweilen eben derselbe Gegenstand mehrmal in verschiedenen Aufsätzen auf verschiedene Art abgehandelt ward.»[16] Nicht unerwähnt bleiben soll, dass Kants alter Studienfreund und Stubengenosse Johann Heinrich Wlömer, mit dem er einst so erfolgreich Billard gespielt hatte, als Geheimer Oberfinanz-, Kriegs- und Domänenrat eines der einflussreichsten Mitglieder der Mittwochsgesellschaft war.

Mit dieser programmatischen Ausrichtung hatten die Freunde der Aufklärung zugleich eine Frontlinie gegen ihre Gegner gezogen. Gemeinsam stellten sie sich gegen Schwärmer aller Art, die sich von ihren Gefühlen beherrschen ließen und ihre Einfälle für göttliche Offenbarungen hielten, aber auch gegen alle Widersacher der Denkfreiheit, vor allem Jesuiten und Kryptokatholiken, die man als kulturpolitische Gegner nicht nur argumentativ widerlegen wollte, sondern auch organisatorisch mit ihren eigenen Mitteln zu bekämpfen suchte.[17] Deshalb achtete man auf strenge Geheimhaltung der Diskussionen, Vorträge und verschlossen zirkulierenden Manuskripte. Man wollte den Gegnern der Aufklärung keine offene Flanke zum Gegenangriff zu bieten.

Kein Wunder, dass der zum Geheimnis neigende Plessing ein offenes Ohr hatte für den Verschwörungsverdacht der Berliner Aufklärer, den er seinem alten Professor mitteilte. Doch so leicht ließ sich Kant nicht einwickeln, auch wenn er sich in seinem Brief vom 3. Februar 1784 durchaus neugierig zeigte: «Von welcher Seite die Gefahr einer wiederum einbrechenden Schwärmerei und Unwissenheit drohen möge, kann ich nicht erraten, es müßten denn einige *Logen* sein, wo mir aber die Gefahr nicht sonderlich groß zu sein scheint, wie ich denn auch das Gefährliche, das darin liegen soll, seine Gedanken darüber einander offenherzig mitzuteilen, nicht begreife und das letztere also gelegentlich von Ihrer Gefälligkeit erwarte.» (Br, 246)

Plessing tat Kant den gewünschten Gefallen. Er antwortete ihm am 15. März 1784 und verstärkte seine Befürchtungen. Schließlich habe er selbst ja in Berlin in Gesellschaft von vornehmen Personen gehört, dass Schwärmerei, Aberglaube und Geisterbannerei in ganz Europa wieder auf dem Vormarsch seien. Der preußische Kronprinz stehe unter dem Einfluss eines Geistersehers. Vor allem die Jesuiten vergifteten die Herzen der Menschen. Die Feinde der Vernunft und der menschlichen Glückseligkeit trieben ihr verwerfliches Geschäft. Ein wenig Hoffnung bestände nur, weil Friedrich II. noch leben würde. Und nach der Bitte, dass der aufgeklärte König, dem die menschliche Vernunft so viel zu danken habe, nicht so bald sterben möge, forderte Plessing auch seinen geschätzten Professor Kant auf: «Rechtschaffener Mann, Sie befinden sich in einer Lage, dass Sie es können, brauchen Sie Ihre Feder noch, um die Sache der Vernunft und Menschlichkeit, durch irgend etwas Frappantes zu führen.»[18]

Schlagend, überraschend und treffend war tatsächlich, was Kant in dieser Hinsicht schon bald zu Papier brachte. Auch das Medium war geschickt gewählt. Im November 1784 erschien in der *Berlinischen Monatsschrift* seine *Idee zu einer allgemeinen Geschichte in weltbürgerlicher Absicht*. Es war sein erster großer geschichtsphilosophischer Essay, mit dem er seinen öffentlichen Einsatz für Vernunft und Menschlichkeit leisten wollte. Er nutzte die Gelegenheit, um seine kritische Philosophie auch für die «Weltbürger» als relevant vorzustellen. Ohne direkt auf Plessings Warnungen und Befürchtungen einzugehen, entwickelte Kant seine Idee, dass das menschliche Handeln «auf der großen Weltbühne» schon immer «aus Torheit, kindischer Eitelkeit, oft auch aus kindischer Bosheit und Zerstörungssucht zusammengewebt» (VI, 34) war. Die meisten Menschen sind nun einmal nicht vernünftig. Der Mensch ist «aus so krummem Holze» (VI, 41), dass daraus nichts Gerades planmäßig hergestellt werden kann. Verwickelt und regellos ist das Leben und Treiben der meisten Individuen. Doch dieser klare Blick auf die *conditio humana* schließt nicht aus, dass die Menschheit insgesamt sich der Idee eines weltbürgerlichen Handelns zunehmend annähert, das durch den freien Gebrauch der Vernunft gelenkt wird. Denn die «bürgerliche Freiheit» setzt als solche einen Prozess in Gang, in dem die produktiven Kräfte des vergesellschafteten Menschen sich immer stärker gegen den individuellen Hang zu Macht, Bosheit und Zerstörung durchsetzen. «Daher wird die persönliche Einschränkung in seinem Tun und Lassen immer mehr aufgehoben, die allgemeine Freiheit der Religion nachgegeben; und so entspringt allmählich, mit unterlaufendem Wahne und Grillen, *Aufklärung*, als ein großes Gut.» (VI, 46)

Kant hat seine Idee der Aufklärung gezielt in der *Berlinischen Monatsschrift* veröffentlicht, für die er in den kommenden Jahren immer wieder seine Feder gebrauchen wird. Von den 15 Abhandlungen, die er von 1784 bis 1796 geschrieben hat, sind mit einer Ausnahme alle in dieser Zeitung, die 1796 eingestellt wurde, zuerst veröffentlicht worden. Das hatte vor allem zwei Gründe.

Zum einen war Kant nach der geringen Resonanz, auf die seine *Kritik der reinen Vernunft* gestoßen war, schmerzlich bewusst geworden, was ihn schon seit einigen Jahren beschäftigte: Wenn der Kulturstaatsminister Freiherr von Zedlitz und sein Privatsekretär Biester das ihnen zugesandte Widmungsexemplar nur schweigend zur Kenntnis genommen hatten; wenn selbst der hoch geschätzte Moses Mendelssohn sein Werk als «Nervensaft verzehrend» (Br, 213) zur Seite gelegt hatte; wenn sein alter Studienfreund Wlömer witzig zu bedenken gab, dass ihm zum Lesen der *Kritik der reinen Vernunft* die Finger fehlten («Ja, lieber Freund, Eure Schreibart ist so reich an Klammern und Vorbedingtheiten, welche ich im Auge behalten muss; da setze ich denn einen Finger aufs Wort, dann den zweiten, dritten, vierten, und ehe ich das Blatt umschlage, sind meine Finger alle.»[19]); dann musste Kant sich ernstlich fragen, welche gesellschaftliche Relevanz seine geistige Leistung besaß. Niemand schien zu verstehen oder zu interessieren, was er geschrieben hatte. Offensichtlich verursachte nicht nur die gedankliche Arbeit, sondern auch der ungewöhnlich komplexe Sprachstil seinen potenziellen Lesern größte «Unannehmlichkeit», schrieb Kant am 7. August 1783 an Christian Garve und gab zu bedenken: «Sie belieben des Mangels an Popularität zu erwähnen, als eines gerechten Vorwurfs, den man meiner Schrift machen kann, denn in der Tat muß jede philosophische Schrift derselben fähig sein, sonst verbirgt sie, unter einem Dunst von scheinbarem Scharfsinn, vermutlich Unsinn.» (Br, 227f.) Wie ließ sich dieser Mangel aufheben? Schon seit einiger Zeit beschäftigten Kant, wie er bereits im Januar 1779 an Marcus Herz geschrieben hatte, «die Grundsätze der Popularität in Wissenschaften überhaupt, vornehmlich in der Philosophie.» (Br, 185) Angesichts dieses Problems kam das Angebot, für die *Berlinische Monatsschrift* zu schreiben, gerade zur rechten Zeit.

Zum andern war die *Berlinische Monatsschrift* keine der traditionellen Gelehrten- oder Universitätszeitschriften. Sie war das öffentliche Publikationsorgan der geheimen Mittwochsgesellschaft. Was privat hinter verschlossenen Türen diskutiert worden war, sollte zur Bildung einer bürgerlichen Öffentlichkeit beitragen. Die Zeitschrift war Anfang 1783 von Johann Erich Biester und Friedrich Gedike gegründet worden, und fast alle Mitglieder der Mittwochsgesellschaft gehörten zu ihren Autoren. Sie war das bedeutendste publizistische Forum, das die deutsche Aufklärung in ihrer letzten und höchsten Phase besaß. In der Vorrede der ersten Ausgabe, deren Frontispiz ein Porträt des Ministers Zedlitz zeigt, waren die programmatischen Ziele skizziert worden: «Eifer für die Wahrheit, Liebe zur Verbreitung nützlicher Aufklärung und zur Verbannung verderblicher Irrthümer, und Ueberzeugung einer nicht verdienstlosen Unternehmung.»[20] Publizität war das wichtigste Ziel, verbunden mit einem großen Engagement für Denk- und Druckfreiheit, selbständiges Nachdenken und gesellschaftspolitische Liberalität. Man stritt gegen dunkle Gefühlsphilosophie, Fesseln der Unvernunft, religiösen Dogmatismus und kirchlichen Zwang, Schwärmerei und Aberglauben.

Das entsprach ganz und gar Kants eigenen Überzeugungen. Sein Wunsch nach Publizität und Popularität stieß bei beiden Herausgebern auf offene Ohren. Mit Biester stand er schon seit 1779 in Briefkontakt und hatte ihm seinen Zögling Plessing als einen klugen Kopf empfohlen. Und Kant wusste ja auch, dass vor allem in Berlin, vermittelt über die täglich besser besuchten Vorlesungen seines Schülers Marcus Herz, ein großes öffentliches Interesse an seiner Philosophie geweckt worden war. Was also lag näher, als Autor der *Berlinischen Monatsschrift* zu werden, um durch sie seine Gedanken und Überzeugungen ans gebildete Publikum zu bringen?

Doch mit der Tendenz zum Verschwörerischen, das in Berlin herrschte, wollte der Königsberger nichts zu tun haben. Das erhellt vor allem seine *Beantwortung der Frage: Was ist Aufklärung?* in der Dezemberausgabe 1784, mit der er direkt in eine aktuelle Diskussion eingriff. Geschickt wandte er das Publizitätsprinzip der Aufklärung gegen die Verschwörungstheorien und Geheimaktionen der Aufklärer. Konkreten Anlass dazu bot ein Beitrag von Johann Friedrich Zöllner (1753–1804), der Prediger und Diakon an der Marienkirche war und zum engsten Kreis der Berliner Aufklärung gehörte.

Die *Berlinische Monatsschrift* war ein Streitorgan. Unterschiedliche Meinungen oder Erkenntnisse sollten vorurteilsfrei und unparteiisch diskutiert werden, wobei man allein auf den zwanglosen Zwang des besseren Arguments zu achten hatte. Ein besonders strittiger Fall war 1783 das Verhältnis zwischen christlicher und bürgerlicher Ehe. Der radikale Jurist Biester hatte nämlich, versteckt hinter der Chiffre E. v. K., dafür plädiert, Ehebündnisse ohne Geistliche zu vollziehen. Beim Kontrakt zwischen mündigen Menschen sei die Einmischung von Religion und Geistlichkeit völlig überflüssig und unnütz. Das Gesetz des Staates sei bindend genug und könne auch, wie jeder Kontrakt, wieder außer Kraft gesetzt werden. Gegen die «allenthalben sich zudrängende regiersüchtige Geistlichkeit»[21] müsse man sich entschieden zur Wehr setzen.

Dagegen wandte der Theologe und Pastor Zöllner im Dezember 1783 ein: Mehr als andere Vertragsverhältnisse müsse die Ehe durch die Religion sanktioniert werden. Ohne diese religiöse Weihe gerate auch die Tugend der Aufgeklärtesten in Gefahr. Der Verfall der Sitten sei schon beklagenswert genug. Da sei es unverantwortlich, «den Werth der Religion herabzusetzen, und unter dem Namen der *Aufklärung* die Köpfe der Menschen zu verwirren.» Und an dieser Stelle tauchte nun auch jene Schlüsselfrage auf, an der sich das Selbstverständnis der deutschen Spätaufklärung profilieren sollte. Denn Zöllner merkte an: «*Was ist Aufklärung?* Diese Frage, die beinahe so wichtig ist, als *was ist Wahrheit*, sollte doch wohl beantwortet werden, ehe man aufzuklären anfinge! Und noch habe ich sie nirgends beantwortet gefunden!»[22] Das war zwar nur eine kleine Anmerkung. Aber mit ihr schlug die gesellschaftspolitische Auseinandersetzung in eine philosophische Grundsatzdiskussion um, die nicht nur Kant zu seiner Antwort herausforderte und Hamann zum entschiedenen Widerspruch provozierte, sondern die auch heute noch so strittig und aktuell ist wie 1784.

Mit vier wuchtigen Sätzen eröffnet Kant seinen Beitrag. Es ist nicht seine Absicht, eine historisch genaue Analyse der sozialen, politischen und kulturellen Situation am Ende des 18. Jahrhunderts zu liefern. Kant reflektiert die Aktualität seines eigenen Denkens. Er verbindet die Situation, in der er schreibt, mit der Absicht, die er selbst philosophisch sein Leben lang verfolgt hat, seit er sich seine eigene Gelehrtenlaufbahn vorgezeichnet hatte, auf der ihn nichts hindern sollte.

Bereits 40 Jahre früher, als er noch studierte und seine *Gedanken von der wahren Schätzung der lebendigen Kräfte* formulierte, hatte er beschlossen, nur seinem eigenen Verstand zu gehorchen. Für die Freiheit, die er sich damals herausnahm, selbst großen Männern wie Descartes, Newton, Leibniz oder Wolff zu widersprechen, schien ihm die Zeit bereits reif gewesen zu sein. Er bildete sich ein, «der menschliche Verstand habe sich schon der Fesseln glücklich entschlagen, die ihm Unwissenheit und Bewunderung ehemals angelegt hatten» (I, 15), auch wenn er ahnte, dass wahrscheinlich die meisten Menschen niemals die Bequemlichkeit aufgeben werden, wie Herdenvieh hinter ihren Leithammeln herzutrotten. 40 Jahre später knüpft Kant an seine jugendliche Kühnheit an und hämmert seinen Zeitgenossen noch einmal ein: «*Aufklärung ist der Ausgang des Menschen aus seiner selbst verschuldeten Unmündigkeit. Unmündigkeit* ist das Unvermögen, sich seines Verstandes ohne Leitung eines anderen zu bedienen. *Selbstverschuldet* ist diese Unmündigkeit, wenn die Ursache derselben nicht am Mangel des Verstandes, sondern der Entschließung und des Mutes liegt, sich seiner ohne Leitung eines andern zu bedienen. Sapere aude! Habe Mut, dich deines *eigenen* Verstandes zu bedienen! ist also der Wahlspruch der Aufklärung.» (VI, 53)

Der Ton, mit dem Kant sein großes Thema anschlägt, hat dazu geführt, seine Aufklärungsschrift als eine philosophische Verkündigung zu verstehen, die keine konkreten Probleme an sich herankommen lasse. Mit einer erhabenen Zeitlosigkeit habe er «die hohe Warte des dem eigentlichen Parteikampf entrückten Philosophen» und eines «von geistiger Freiheit kündenden Propheten»[23] eingenommen. Gegen diesen Eindruck, der Kants *Beantwortung* in die Nähe einer wirklichkeitsentrückten Erbauungsschrift rückt, gilt es vier Punkte besonders hervorzuheben.

Selbst verschuldete Unmündigkeit. Aufklärung ist kein Zustand. Sie ist ein Prozess, der uns einen «Ausgang» aus einer Situation ermöglicht, die erwachsenen Menschen nicht mehr angemessen ist. Kant sagt nicht, dass der Mensch mündig ist. Er stellt fest, dass Unmündigkeit vorherrscht; und er deutet zugleich darauf hin, dass es an der Zeit ist, sich aus ihr lösen zu können. Begriffsgeschichtlich hat Kant dabei zunächst auf den juristischen Fachterminus *majorennes* (volljährig) zurückgegriffen. Das römische Rechtskonzept der *majorennitas* bezeichnet den Zustand, in dem das Kind sich aus der väterlichen Abhängigkeit und Unterstützung befreit hat und zur eigenen Selbsterhaltung fähig ist. Ins deutsche Recht übernommen, konnte die Vorstellung der Majorennität mit der germanischen «munt» verknüpft werden: Wer mündig ist, benötigt weder die herrschaftliche Fürsorge noch den helfenden Schutz der häuslichen «munt». So hat bereits 1721 Christian Wolff in seiner *Deutschen Politik* festgestellt: «Sobald die Kinder sich selbst versorgen und regieren können, werden sie nach dem Rechte der Natur mündig.»[24] Dieser Bestimmung hat sich auch Kant angeschlossen, wenn er feststellt, dass die meisten Menschen bedauerlicherweise auch dann noch unmündig bleiben, «nachdem sie die Natur längst von fremder Leitung freigesprochen (naturaliter majorennes).» (VI, 53) In der *Rechtslehre* seiner *Metaphysik der Sitten* wird er 1797 diesen rechtlichen Aspekt der Mündigkeit noch einmal unterstreichen (IV, 396); und auch in der *Anthropologie* von 1798 findet sich die Bestimmung: «Kinder sind natürlicherweise unmündig und ihre Eltern ihre natürlichen Vormünder.» (IV, 522)

Doch während es in der natürlichen Entwicklung liegt, dass

Kinder «mündig (majorennes), d. i. ihre eigene Herren (sui iuris)» (IV, 396) werden und so ihre natürliche Selbständigkeit außerhalb der familiären Gemeinschaft finden, bieten das gesellschaftliche Sein und allgemeine Bewusstsein ein trauriges Bild. Überall herrscht Unmündigkeit. Es ist ja auch bequem, unmündig zu sein, wie Kant an mehreren Beispielen aufzeigt. Man glaubt an das, was man in Büchern gelesen hat, ohne es selbst zu durchdenken, wobei vor allem religiöse oder symbolische Schriften eine große Autorität besitzen. Der Klerus hält die Gläubigen streng und beständig in ihrer Unmündigkeit, kümmert sich als Seelsorger um ihr Wohl und weist ihnen den Weg zum Himmelreich, wobei es nicht eigener Augen bedarf, um dahin zu gelangen. Auch der Arzt, «der für mich die Diät beurteilt» (VI, 53), mag zwar fürsorglich um seinen Patienten bemüht sein. Aber oft genug maßt er sich eine Autorität an, der man sich freiwillig unterwirft. In der *Anthropologie* wird Kant noch auf zwei weitere Fälle hinweisen. Er erwähnt die Staatsoberhäupter, die sich «Landesväter» nennen, weil sie besser als ihre Untertanen zu wissen beanspruchen, wie diese als großer Haufen zu ihrem Glück gelenkt werden können; und auch für die Gelehrten, die doch am ehesten mündig sein sollten, hat Kant einen kritischen Witz zur Hand: «Gelehrte lassen sich in Ansehung der häuslichen Anordnungen gemeiniglich gern von ihren Frauen in der Unmündigkeit erhalten. Ein unter seinen Büchern begrabener Gelehrter antwortete auf das Geschrei eines Bedienten, es sei in einem der Zimmer Feuer: ‹ihr wißt, daß dergleichen Dinge für meine Frau gehören›.» (VI, 523)

All diese Unmündigkeiten existieren tatsächlich. Sie sind der Normalfall. Doch sie sind weder naturgegeben noch unaufhebbar. Darauf zielt das Prädikat «selbstverschuldet». Denn es ist offensichtlich zweierlei, etwas als mündiger Mensch tun zu können und, was man vermag, auch wirklich zu tun. Die Ursache dafür, das Mögliche nicht wirklich werden zu lassen, sieht Kant nicht allein bei den autoritären, religiösen, staatlichen, ärztlichen oder familiären Vormündern. Es sind die Menschen selbst, die sich wie Kinder bequem in ihrer Unmündigkeit eingerichtet haben. An sie appelliert Kant, endlich das Recht der Majorennität in Anspruch zu nehmen, das ihnen von der Natur doch schon längst zugesprochen worden ist. Kant unterschätzt nicht die Schwierigkeit, eigene Schritte außerhalb der Gängelwagen zu unternehmen und allein, ohne Leitung durch Vormünder, zu gehen. Wer Angst vor dem Stolpern und Fallen hat, die bei den ersten freien Schritten drohen, «schreckt gemeiniglich von allen ferneren Versuchen ab.» Deshalb ist es für jeden einzelnen Menschen durchaus schwer, «sich aus der ihm beinahe zur Natur gewordenen Unmündigkeit herauszuarbeiten. Er hat sie sogar lieb gewonnen.» (VI, 54)

Doch dass es zur eigentlichen Natur des Menschen gehört, sich selbst erhalten und selbst denken zu können, haben die Menschen bereits zu erkennen gelernt. Etwas zu können schließt ein Wissen darüber ein, was man tun kann und dass man es tun kann. Aber dieses Wissen ist noch keine Gewissheit. Denn erst wenn man tut, was man kann, kann man sicher sein, es gekonnt zu haben. Zu diesem Schritt ist eines unverzichtbar: Mut. Gegen den zur zweiten Natur gewordenen Hang zur Faulheit, Feigheit und Bequemlichkeit setzt Kant «Entschließung» und «Mut». Es gilt, etwas zu wagen.

Sapere aude! Zu denken habe Mut! Ob Kant sich 1784 noch daran erinnert, dazu 1759 von Hamann aufgefordert worden zu sein, ist nicht sicher. Aber er weiß, dass es sich dabei um die Aussage eines seiner lateinischen Lieblingsautoren handelt, den er immer wieder gern zitiert. In seinem Brief an Lollius Maximus hat nämlich Horaz den jungen Freund aufgemuntert, sich nicht dem Müßiggang und der geistigen Trägheit hinzugeben, sondern tätig zu sein und seine seelischen Kräfte anzuspannen: *Sapere aude, incipe!* «Zur Weisheit entschließe dich! Wage den Anfang!»[25] Denn wer ein neues Leben anfangen will und den ersten Tag vertagt, der macht es wie jener bedauernswerte Bauer: Er steht still und wartet, bis der Strom abfließt; der aber fließt und flutet und wird ewig strömen. – Es ging Horaz um eine lebenspraktische Empfehlung. Von einer philosophischen Maxime der

Aufklärung war sein *sapere aude* noch weit entfernt. Es musste erst kultursemantisch aufgeladen werden, um für Kants philosophisches Programm zitierbar zu sein.

Es ist ein sehr verschlungener Pfad, der intertextuell von Horaz zu Kant führt. Mehrere Philosophiehistoriker sind den Spuren gefolgt, und selbst im Feuilleton einer großen Tageszeitung ist noch vor kurzem diskutiert worden, was es mit dieser Maxime auf sich hat.[26] Als gesichert kann gelten, dass das *sapere aude* eine zentrale Rolle für die «Alethophilen», die «Liebhaber der Wahrheit», gespielt hat, eine kleine gelehrte Gesellschaft, die 1736 in Berlin um den Grafen Ernst Christoph von Manteuffel gegründet wurde. Diese *Societas Alethophilorum* hatte sich zur Aufgabe gemacht, vor allem die Philosophie von Christian Wolff vor Angriffen aus konservativen christlichen Kreisen zu schützen. Man erinnerte sich noch zu gut daran, dass Wolff 1723 aus Halle vertrieben worden war und erst zehn Jahre später dort wieder lehren durfte, misstrauisch beobachtet und angefeindet von der orthodoxen Geistlichkeit. Das philosophische Forschen sollte aus dem Bann religiöser und ideologischer Vorurteile befreit werden. Dabei kam man auch auf die Idee, im Stil italienischer Gesellschaften eine Medaille prägen zu lassen, deren emblematisches Motiv der radikale Freidenker Johann Friedrich Wachter entwarf. In *Der Wöchentlichen Historischen Muenz-Belustigung 47. Stueck, den 23. Nov 1740* findet sich eine Abbildung mit der Beschreibung dieser Gedächtnismünze: «Die Vorder-Seite stellet das Brust-Bild der Minerva im Profil, von der lincken Gesichts-Seite, mit Helm und Schild, vor. Der Helm ist mit den Antlitzen des Leibnitzen und Wolffens, welche ein Lorbeer-Krantz bedeckt, und mit Federn, ausgeschmückt. Die Überschrift: SAPERE AUDE, d. i. Erkühne dich vernünfftig zu sein, ist aus des Horatius Lib. I. ep. 2 v. 40.»[27] Dass Minerva, die Göttin der Handwerkergilden und eine ausgezeichnete Kriegerin, mit Leibniz und Wolff zusammengebracht wurde, zeigt den kämpferischen Aspekt der Aufklärungsphilosophie. Man muss mutig sein, wenn man nichts als die Wahrheit liebt, wie es der *Hexalogus Alethophilorum*, die Gesetzestafel der wahrheitliebenden Gesellschaft, bestimmte: dass nämlich «die Glieder nichts für wahr oder für falsch ansehen sollten, ohne durch zureichenden Grund – das Wolffische Stichwort – davon überzeugt zu sein.»[28]

Anderen Spurenlesern, die das *sapere aude* bereits im Humanismus eines Johannes Cochläus fanden, der 1512 angesichts der Entdeckungsreisen des Kolumbus der Jugend *«sape!»* zurief, oder es als das *«sapere audete»* 1518 von Philippus Melanchthon, Luthers humanistischem Berater, identifiziert haben, kann hier nicht weiter gefolgt werden.[29] Jedenfalls hat sich Kant mit seinem Wahlspruch in eine Tradition eingegliedert, in der die Freiheit des Forschens und der Wille zu selbständigem Denken von zentraler Bedeutung waren. Mit dem Akzent auf dem *eigenen* Verstandesgebrauch hat er eine Programmidee der Aufklärung hervorgehoben, die bereits im Humanismus und in der Frühaufklärung entwickelt und vor allem durch Wolff popularisiert worden ist. Auch der alte Kant hat nicht vergessen, was ihm der Wolffianer Martin Knutzen einst vermittelt hatte: Was die philosophische Erkenntnis *(cognitio philosophica)* von anderen Wissensintentionen oder bloßen Kenntnissen, die sich auf Tatsachen beziehen, auszeichnet, ist das Vermögen mündiger Menschen, selbst zu denken und Wahrheitsansprüche zu prüfen, frei von fremder Leitung. Gegen die Heteronomie eines fremdbestimmten Verstandes steht die Autonomie des vernünftigen Selbstdenkens. Zwei Jahre nach seiner *Beantwortung der Frage: Was ist Aufklärung?* wird Kant es in der *Berlinischen Monatsschrift* noch einmal nachdrücklich unterstreichen. *Sich im Denken orientieren* zu können setzt voraus, sich seines *eigenen* Verstandes zu bedienen.[30] «*Selbstdenken* heißt den obersten Probierstein der Wahrheit in sich selbst (d. i. in seiner eigenen Vernunft) suchen; und die Maxime, jederzeit selbst zu denken, ist die *Aufklärung.*» (III, 283)

Öffentlicher Vernunftgebrauch oder: die Freiheit des Gelehrten. Kants Begriff der Aufklärung scheint rein formal zu sein. Im Unterschied zu anderen Aufklärern, die sich stärker auf bestimmte Kenntnisse oder positiv gewertete Bildungsgüter beziehen, hat

Medaille der «Liebhaber der Wahrheit» mit dem Wahlspruch «Sapere aude» und Bildnissen von Leibniz und Wolff im Helm der Minerva

Kant nichts anderes gefordert als die Freiheit des Selbstdenkens. Über die möglichen Inhalte vernünftiger Gedanken hat er nichts präjudiziert. Seine Maxime ist «ein negativer Grundsatz im Gebrauche seines Erkenntnisvermögens» (III, 283). Sie richtet sich gegen jeden Zwang durch vorgegebene Lehrmeinungen, religiöse Systeme, fundamentalistische Zielvorgaben oder staatlich verordnete Dogmen. Doch sie wäre auch für Kant nur eine imaginäre Größe, hätte er nicht ein positives Beispiel vor Augen. Jetzt bringt er seine eigene Arbeit ins Spiel. «Zu dieser Aufklärung aber wird nichts erfordert als *Freiheit*; und zwar die unschädlichste unter allem, was nur Freiheit heißen mag, nämlich die: von seiner Vernunft in allen Stücken *öffentlichen Gebrauch* zu machen.» (VI, 55)

Wer aber verfügt über diese Freiheit in einem Staat, in dem militärische Disziplin, politische Macht und religiöse Autorität ausgeübt werden? «Der Offizier sagt: räsonniert nicht, sondern exerziert! Der Finanzrat: räsonniert nicht, sondern bezahlt! Der Geistliche: räsonniert nicht, sondern glaubt!» (VI, 55) Wer kann dagegen schon die freie Kraft der «raison», der Vernunft um ihrer selbst willen, behaupten? Es ist allein der Gelehrte, der seine

Gedanken verbreiten kann. «Ich verstehe aber unter dem öffentlichen Gebrauche seiner eigenen Vernunft denjenigen, den jemand *als Gelehrter* von ihr vor dem ganzen Publikum der *Leserwelt* macht.» (VI, 55)

Die Zuordnungen, die Kant an dieser Stelle einführt, sind recht eigenwillig. Sie entsprechen nicht dem allgemeinen Sprachgebrauch. Was er als «öffentlichen» vom «privaten» Vernunftgebrauch unterscheidet und der Freiheit bzw. dem Gehorsam zuordnet, widerspricht auf den ersten Blick der eingespielten Vorstellung, dass die Gedanken frei sind, die man sich privat macht, während man Zwängen unterliegt, wenn man sie öffentlich äußert. Genau das aber verdreht Kant auf provokante Weise und verleiht damit seinem Aufklärungskonzept eine gesellschaftspolitische Stoßrichtung.

Als *Privatgebrauch* der Vernunft gilt ihm nämlich, was Menschen auf den ihnen anvertrauten *«bürgerlichen Posten»* (VI, 55) denken und äußern dürfen. Hier sind sie «Teil der Maschine» (VI, 56) und müssen ihre Rollen spielen und Funktionen erfüllen. Offiziere und Soldaten befolgen Befehle, Bürger zahlen ihre Steuern, Geistliche predigen in Gottes Namen und kümmern sich um ihre Gemeinde. All das macht die Menschen zu Gliedern eines Mechanismus, der nur so viel freie Verstandestätigkeit zulässt, wie es den jeweiligen Umständen angemessen ist. – Unter dem *öffentlichen* Gebrauch seiner eigenen Vernunft versteht Kant dagegen, was der Mensch nicht auf seinem eingeschränkten Posten zu befolgen hat, sondern was er als vernünftiges Wesen einem Publikum mitteilen will, das nicht begrenzt ist. Letztlich ist es die universale «Weltbürgergesellschaft» (VI, 56), vor der sich der öffentliche Vernunftgebrauch in voller Freiheit zu entfalten vermag. Denn es ist, Kant zufolge, das uneingeschränkte Recht des Gelehrten, zu seinem eigentlichen Publikum, «nämlich der Welt» (VI, 57) zu sprechen und sich dabei nur seines eigenen Verstandes ohne Leitung durch religiöse, staatliche oder militärische Vormünder zu bedienen.

Kants Trennung hat, worauf er selbst großen Wert legt, eine

bemerkenswerte Spaltung zur Folge. Sie löst die Einheit der Person auf und plädiert für ein Doppelleben, das Unruhe ins Getriebe der Staatsmaschine bringt. Denn Kant gesteht auch den Offizieren, den Bürgern und den Geistlichen uneingeschränkte Gedanken- und Publikationsfreiheit zu, wenn sie «als Gelehrte» ihre Vernunft öffentlich gebrauchen. Dann kann auch der Offizier über Fehler im Kriegsdienst räsonieren, der Bürger gegen die Ungerechtigkeit staatlicher Auflagen protestieren oder der Geistliche mit voller Freiheit die Symbole, Einrichtungen und Dogmen seiner Kirche kritisieren.

Kants dichotomische Zuordnungen zwischen privatem Vernunftgebrauch, Regelbefolgung, bürgerlichem Posten und gesellschaftlichem Mechanismus einerseits und öffentlichem Vernunftgebrauch, Freiheit, menschlicher Existenz und Weltbürgergesellschaft andererseits sind zwar eigenwillig. Aber sie knüpfen doch auch an Ereignisse und Diskussionen an, die zu seiner Zeit stattgefunden haben. Dass Kant den Hauptpunkt der Aufklärung besonders «*in Religionssachen* gesetzt» hat, weil auf diesem Feld die Machthaber ein besonderes Interesse haben, «den Vormund über ihre Untertanen zu spielen» (VI, 60), ist zwar noch kein Beweis für die Annahme, dass sich Kant dabei konkret auf zwei Religionsprozesse bezogen hat, in die der aufklärerische Zedlitz 1776 und 1783 durch Ministerialerlasse des Geistlichen Departements eingegriffen hat mit der Begründung: Man dürfe Theologen ihre Gedankenfreiheit nicht beschränken, wenn sie sich als Gelehrte an ein öffentliches Publikum wenden. Nur als Seelsorger ihrer Gemeinden dürfen sie von ihren Vorgesetzten kontrolliert und auf ihre Pflichten hingewiesen werden. Den beschuldigten Predigern könne durchaus zugetraut werden, dass sie beides zu unterscheiden wissen.[31] Jedenfalls dokumentiert Kants Plädoyer dafür, «in Religionsdingen den Menschen nichts vorzuschreiben, sondern ihnen darin volle Freiheit zu lassen» (VI, 59f.), die Aktualität dessen, was er für Aufklärung hält.

Als sicher kann angesehen werden, dass Kant gelesen hat, was Ernst Ferdinand Klein in der Aprilausgabe 1784 der *Berlinischen*

Monatsschrift anonym *Über Denk- und Druckfreiheit* veröffentlicht hatte. Nachdem er zunächst geschickt zusammengestellt und ausführlich zitiert hatte, was Friedrich II. vor allem gegen die «herrschsüchtigen Priester» gewettert hatte, die nicht länger die Freiheit zu denken einschränken sollten, kam Klein auf jene Trennung zu sprechen, die Kant dann ausgeführt hat: Während die Gewalt des preußischen Militärs und die Ordnung des «preußischen Civilstandes» auf «*Subordination*» beruhen, haben die Schriftsteller «die Freiheit laut zu denken». Als Bürger, Offizier oder Staatsbeamter müsse man zwar gehorchen. Aber jeder Schriftsteller, der sich an das allgemeine Publikum wendet, könne, müsse und dürfe ein «kühner Räsonneur» sein, der mutig die Lanze der Minerva zu gebrauchen weiß.[32]

Der Philosoph und sein König. Die königlichen Zitate, die Klein collagiert hat, um für die Freiheit des Denkens den nun schon seit 44 Jahren herrschenden Friedrich II. als Garanten vorzustellen, müssen Kant gefallen haben. Er stellt sich vor, wohin Klein die Einbildungskraft seiner Leser gelenkt hat. Wie der junge Friedrich, der die Philosophie und die schönen Künste liebt, 1740 den Thron besteigt, seine Gedanken sammelt und sein Aufklärungsprogramm entwickelt. – Alle Menschen haben das gleiche Recht auf Glückseligkeit. Auch über seinen Untertanen soll die Morgenröte der Philosophie und des guten Geschmacks aufgehen. Je mehr Aufklärung, desto weniger Aberglaube. Es soll nicht nur eine Religion im Staat geben, denn deren Monopol würde zur geistigen Tyrannei führen. Alle Glaubensmeinungen, auch agnostische und atheistische Überzeugungen, sollen mit gleicher Freiheit vorgetragen werden können. Herrschsüchtige Geistliche sollen die Gedankenfreiheit nicht einschränken. In meinem Staat muss ein jeder nach seiner Façon selig werden.[33] – All diese Äußerungen hat Kant in seinem Urteil resümiert: Es fehlt den Menschen zwar noch sehr viel, in Religionssachen sich ihres eigenen Verstands sicher und gut zu bedienen. Das Zeitalter ist noch lange nicht *aufgeklärt*. Aber der König hat doch seinen Untertanen «das Feld geöffnet, sich dahin frei zu bearbeiten». In dieser Hinsicht ist das Zeitalter der *Aufklärung* für Kant identisch mit dem «Jahrhundert *Friederichs*». (VI,59)

Aber Kant kennt auch die Kehrseite der Medaille, die Klein unter dem Stichwort «Subordination» zusammengefasst hat. Mag sein, dass Friedrich der Große sein politisches Handwerk verabscheut hat, zu dem ihn nur der blinde Zufall seiner Geburt verdammt habe. Aber er hat voller Energie und mit machtpolitischer Unerbittlichkeit eine militärische und staatliche Maschinerie entwickelt, in der die Bürger zu gehorchen und zu funktionieren haben. Der preußische Staat hat den leeren Platz Gottes eingenommen, und die Pflicht gegenüber dem Staat ist an die Stelle der Gottesfurcht getreten. In Preußen herrscht Staatsräson; und so schließt Kant sich dem Urteil von Klein an, dass auch der «kühne Räsonneur» bedingungslos die unentbehrliche Subordination anzuerkennen habe, die «gleichsam die Seele des preußischen Staates»[34] ist. Kant hat dem Alten Fritz die Worte in den Mund gelegt, die aus der Feder von Klein stammen. «Aber auch nur derjenige, der, selbst aufgeklärt, sich nicht vor Schatten fürchtet, zugleich aber ein wohldiszipliniertes zahlreiches Heer zum Bürgen der öffentlichen Ruhe zur Hand hat, – kann das sagen, was ein Freistaat nicht wagen darf: *räsonniert, so viel ihr wollt, und worüber ihr wollt; nur gehorcht!*» (VI, 61)

Es charakterisiert den freiheitsliebenden Philosophen Kant, dass er den Widerstreit zwischen offenem Feld und geschlossenem Mechanismus, zwischen dem öffentlich freien Vernunftgebrauch und der staatsbürgerlichen Pflichterfüllung nicht einfach auf sich beruhen lässt. Er deutet an, wie diese Spannung aufgelöst werden könnte. Fast liest es sich wie eine Warnung. Denn ist es nötig gewesen, in diesem Kontext von «Freistaat» und «Revolution» zu sprechen? Schon in seiner *Idee zu einer allgemeinen Geschichte in weltbürgerlicher Absicht* hat Kant einen Monat früher, im Novemberheft der *Berlinischen Monatsschrift*, darauf hingewiesen, dass die Aufklärung, gerichtet gegen die äußerst bedenklichen Kriege der herrschenden Staatsapparate, schließlich zu einem weltbürgerlichen Zustand führen kann, in dem «nach manchen

Revolutionen der Umbildung» (VI, 74) die Anlagen der Menschen frei entfaltet werden können. Auch am Ende seiner *Beantwortung der Frage: Was ist Aufklärung?* blitzt ein ähnlicher Gedanke auf. Zwar hat Kant zuvor die herrschenden Gemüter mit dem ambivalenten Hinweis scheinbar beruhigt, er selbst wünsche sich zwar keine Revolution, weil durch sie keine wahre Reform des Denkens zustande komme, sondern nur neue Vorurteile «zum Leitbande des gedankenlosen großen Haufen dienen.» (VI, 55) Aber was geschieht, wenn das *sapere aude!* zum Wahlspruch der Massen wird und die menschliche Möglichkeit des freien Denkens zur allgemeinen Wirklichkeit? Kant lässt die politische Dimension einer zu Ende gedachten Aufklärung zwar in der Schwebe. Aber er deutet die Tendenz an, wie der Widerstreit zwischen zwanghafter Staatsräson und ungezwungenem Räsonieren gelöst werden kann. Wenn die Natur den menschlichen Hang und Beruf zur Mündigkeit «ausgewickelt» und das *freie Denken* den «Geist des Volks» ergriffen hat, dann wirkt die Aufklärung allmählich «auf die Sinnesart des Volks (wodurch dieses der *Freiheit zu handeln* nach und nach fähiger wird), und endlich auch sogar auf die Grundsätze der *Regierung*, die es ihr selbst zuträglich findet, den Menschen, der nun *mehr als Maschine* ist, seiner Würde gemäß zu behandeln.» (VI, 61)

In kaum verhüllten Worten schlägt der gelehrte Philosoph seinem philosophierenden König eine Art Vertrag vor: Der öffentliche und freie Gebrauch der autonomen Vernunft ist der beste Garant einer gesellschaftlichen und staatlichen Ordnung, aber nur unter der Bedingung, dass das politische Prinzip, dem gefolgt werden soll, selbst mit dem freien, universalen und öffentlich uneingeschränkten Vernunftgebrauch übereinstimmt. Gegen die Unmündigkeit, zu der die meisten Mensch-Maschinen als Teile der großen Staats-Maschine abgerichtet worden sind, steht schon 1784 die Drohung des revolutionären Handelns im Raum. Fünf Jahre später wird sie in Frankreich wahr gemacht, und die Französische Revolution wird in Kant ihren enthusiastischen Beobachter finden.

Auf Zöllners Was-ist-Frage nach dem Wesen der Aufklärung hat Kant seine allgemeine Antwort gegeben. Scheinbar sind es reine Aussagesätze oder Definitionen, mit denen Kant sagt, was Aufklärung «ist». Doch unüberhörbar ist, dass es sich dabei vor allem um den Ausdruck von Kants Charakter und gesellschaftlicher Position handelt. Er selbst ist der mutige Gelehrte, der öffentlich seinen *eigenen* Verstand zu gebrauchen weiß. Und auch der Appellcharakter seiner Antwort ist deutlich vernehmbar. Gezielt hat er sie in der *Berlinischen Monatsschrift* veröffentlicht, weil er damit die Leserwelt zu erreichen hofft, die sich als bürgerliche Öffentlichkeit selbst aufzuklären begonnen hat.

Als Hamann von Professor Kraus die *Berlinische Monatsschrift* mit Kants Essay zugeschickt bekommt, fühlt er sich herausgefordert. Am «heiligen Abend des vierten und letzten Advent Sonntags 84» schreibt er jenen berühmten Brief[35], in dem auch er nicht nur darstellt, was Aufklärung ist. Wie all seine Briefe bietet dieses Dokument ein lebendiges Bild von Hamanns ruhelos hin- und hergeworfener Lebens- und Denkweise; und es richtet sich ebenfalls appellatorisch an einen Empfänger, der aufgerüttelt und zur eigentlichen Freiheit ermutigt werden soll. Zwar schreibt Hamann an Kraus, aber er will Kant treffen, weil er sich mit dessen Erklärung, was Aufklärung ist, absolut nicht zufrieden geben kann.

Hamann wendet sich nicht als anonymer Gelehrter in einem öffentlichen Medium an ein unbestimmtes Publikum. Er schreibt in seinem unverwechselbaren Stil einen privat vermittelten Brief an einen Freund, an dessen Sprache er sich angleicht, um seine Irrtümer und Vorurteile entlarven zu können. Mit einem Wortspiel eröffnet er das Feuerwerk seiner kantkritischen Argumente. Er schlüpft hinter die Maske eines «cant-style», mit dem er nicht nur die abstrakte Sprache des Gelehrten als Kants individuellen Sprachgebrauch imitiert, sondern sie zugleich ironisch auf eine

Johann Georg Hamann
(1730–1788)

niedrigere Ebene herunterzieht. Denn «cant-style» nannte man im England des 18. Jahrhunderts die Sprache der Gauner, auch eine Art von Kauderwelsch des einfachen Volks. Jeder Satz dieses raffinierten Briefs, in dem der arme Packhofverwalter die Sprache und Denkweise des gelehrten Berufsphilosophen gegen ihn selbst wendet, wäre einen längeren Kommentar wert.[36] Wir wollen stattdessen nur die vier zentralen Punkte erwähnen, in denen Hamann seinem Freund Kant widerspricht.

Selbst verschuldete Unmündigkeit warf Kant den Unaufgeklärten vor. Sie sollten einen Ausgang finden aus jenem Zustand, für den sie selbst verantwortlich waren. Aber ist es wirklich nur eine Frage der mangelnden Entschlusskraft, dass so viele Menschen nicht mündig sind und sich von «anderen» leiten lassen? Für Hamann liegt das «proton pseudos», also der erste Irrtum Kants, aus dem sich alle weiteren Verkehrtheiten ergeben, «in dem vermaledeyten adiecto oder Beywort *selbstverschuldet*.» Denn damit wird die ganze Schuld den Unmündigen selbst zugesprochen, während die «anderen» entlastet werden. Wer aber sind diese «anderen», die Kant mehrmals erwähnt, aber nicht beim Namen nennt? Wie eine Katze schleiche der Metaphysiker um den heißen Brei. Er beschreibt nur die Haltung der Unmündigen. Hamann dagegen will «dialectisch» erklären. Deshalb fragt er: «Wer ist der andere Bärenheuter oder Leiter, den der Verf. im Sinn aber nicht auszusprechen das Herz hat?» Und er antwortet: «der leidige Vormund, der als das correlatum der Unmündigen implicite verstanden werden muß.» Hamann wendet seine Aufmerksamkeit den Vormündern zu, die über die Macht verfügen, Unmündige zu leiten. Er greift die Mächtigen an, statt die Ohnmächtigen für schuldig zu erklären. Die allerhöchst *«selbstverschuldete Vormundschaft»* ist für Hamann der eigentliche Gegner.

Sapere aude! forderte Kant die Unmündigen auf. Ohne es zu wollen, schlüpfte er damit selbst in die Rolle jener «anderen». Er zählte sich selbst, wie Hamann entlarvt, zu den Vormündern. Stolz darauf, sich seine eigene Freiheit als Gelehrter herausgenommen zu haben, steigerte er vor dem Publikum sein Ansehen als ein Vorbild, dem man zu folgen habe, wenn man mündig sein will. Deshalb kann sein Appell *sapere aude!* nur paradox und verwirrend sein. Wenn die Unmündigen ihm folgen, bleiben sie fremdbestimmt unter seiner Leitung; wenn sie ihm nicht folgen, bleiben sie selbst verschuldet unmündig. Um aus diesem Dilemma einen Ausweg zu finden, ergänzt Hamann das *sapere aude!* des Horaz durch dessen *nil admirari,* das sich in seinem Brief an den Freund Numicius findet: «Nil admirari prope res est una, Numici, solaque, quae possit facere et servare beatum.» (Epist. I, 6) Nichts anstaunen oder bewundern: Nur dies im Grunde, dies allein kann Menschen glücklich machen und erhalten. Auch Kants Gelehrter ist nur eine abstrakte Größe, die kein Vorbild sein kann. Denn sie gibt sich zwar für sehend aus, ist aber blind angesichts der konkreten Lebensverhältnisse all der Unmündigen. Warum soll man dem Appell dieses Räsoneurs und spekulativen Kopfs folgen, «der hinter dem Ofen und in der Schlafmütze» sein Gelehrtendasein verbringt? Dieser gelehrte Vormund ist doch nur ein «Maulaffe des ganzen Schauspiels», der aus der Distanz sein Urteil spricht.

Öffentlicher Vernunftgebrauch sollte, Kant zufolge, die unschädlichste Freiheit sein, die zur Aufklärung erfordert wird. Im Privatgebrauch, auf seinem bürgerlichen Posten, zur Subordination eines Unmündigen verpflichtet zu sein, im öffentlichen Räsonieren dagegen frei als Vormund reden zu wollen: Diese Unterscheidung hält Hamann für komisch und schief. Die Freiheit kann sich doch nicht im gelehrten Schreiben für eine aufgeklärte Leserwelt erschöpfen. Wahre Aufklärung muss in die realen Machtverhältnisse der Lebenswelt eingreifen, die Kant als bloß «privat» aus der gewünschten öffentlichen Freiheitssphäre ausgegrenzt hat. «Was hilft mir das *Feyerkleid* der Freyheit, wenn ich daheim im Sclavenkittel.»

Als *Jahrhundert Friederichs* hat Kant das Zeitalter der Aufklärung charakterisiert. Er hat den absolutistisch herrschenden König als aufgeklärt geschätzt; und er hat sich dabei zugleich selbst in eine königliche Rolle imaginiert. Im Unterschied zum «gedankenlosen großen Haufen» (VI, 55) wollte er fleißig und mutig nur seinem *eigenen* Drang zum freien Denken folgen. «Unseren Plato» nennt Hamann Kant. Denn wie dieser königliche Philosoph habe auch Kant für sich die Machtposition eines öffentlichen Vormunds beansprucht, der von oben räsoniert und sich als gelehrter Gesprächspartner mit seinem König auf gleiche Stufe stellt. Hamann dagegen sieht sich als ein Sokrates, der als Individualist und Außenseiter aus seiner privaten niedrigen Position seine Pfeile gegen alle schießt, die als Vormünder und Führer handeln und sprechen, sei es auch noch so gut gemeint. Das erhellt nicht zuletzt sein französisch geschriebener Brief an Friedrich II., den «Salomon de Prusse», in dem Hamann sich als ein armer Teufel vorstellt, der vor Hunger umzukommen droht und gesellschaftlich als «Le *Monstre*» (das erstaunlichste Ungeheuer) gilt: als «un *esclave*, qui *pense librement*» (ein Sklave, der frei denkt).[37]

All diese Umkehrungen von Kants Position kulminieren in einem Urteil, das Hamann so wichtig ist, dass er es zweimal fällt. Als aufgeklärter Vormund ist Kant der eigentliche *«Mann des Todes»*. Der gemeinsame Freund Christian Jacob Kraus wird die Anspielung verstanden haben, in die Hamann verdichtet hat, was ihn an Kants *Beantwortung der Frage: Was ist Aufklärung?* bis in die Seele getroffen hat. Denn vom «Mann des Todes» erzählt das alttestamentarische *Zweite Buch Samuel* in der Parabel vom reichen und vom armen Mann, die Hamann aktualisiert und gegen Kant richtet.

Der Prophet Nathan hatte König David von dem reichen Mann erzählt, der sehr viele Schafe und Rinder besaß, doch lieber das einzige Schaf des armen Mannes stehlen und zur Speise für seinen Gast zubereiten ließ. Darüber geriet David in großen Zorn und sprach zu Nathan: «So wahr der HERR lebt: der Mann ist ein Kind des Todes, der das getan hat!» Da sprach Nathan zu David: «Du bist der Mann!» (2. *Samuel* 12, 7) Denn es war David selbst, der getan hatte, was Gott missfiel. Er hatte den armen Hethiter Uria erschlagen lassen und dessen Witwe zur Frau genommen. Wie Nathan den königlichen Herrscher als «Mann des Todes» identifizierte und durch sein eigenes Urteil treffen ließ, so hat Hamann den philosophischen Vormund Kant als den eigentlich Schuldigen festgestellt. Denn das Unvermögen oder die Schuld des fälschlich angeklagten Unmündigen besteht für ihn nur «in der Blindheit seines Vormundes, der sich für sehend ausgibt, und deshalb alle Schuld verantworten muß.»

Im Widerstreit um die wahre Aufklärung hat Kant die unmündigen Menschen aufgefordert, einen Ausgang aus ihrer selbst verschuldeten Unmündigkeit zu wagen. Hamann dagegen wendet sich gegen eine allerhöchst selbst verschuldete Vormundschaft, an der auch Kant teilhat, ohne es zu merken. Doch dieser Streit um die Rolle des wahren Aufklärers besitzt nicht nur eine philosophische oder politische Dimension. Es geht nicht nur um die aktuelle Stellung und Verantwortung des Intellektuellen zwischen Vormund und Unmündigen, Landesvätern und Untertanen, Herren und Knechten, Regierenden und Regierten, Führer und Volk. Auf wessen Seite steht er, und welche Rolle spielt er in dieser immer währenden Dialektik? Es handelt sich auch um eine Frage des Charakters. Ist Kant, wie Hamann andeutet, tatsächlich nur ein unbeteiligter «Maulaffe», dessen gelehrte Aufklärung nur ein «kaltes unfruchtbares Mondlicht» ohne mitmenschliche Wärme ausstrahlt?

KANTS CHARAKTER

Ganz so schlimm kann es nicht gewesen sein. Denn Hamann beginnt seinen Brief an Kraus mit einem Freundschaftsbekenntnis. «Wie sehr ich unsern Plato liebe und wie gern ich ihn lese wißen Sie.» Und am 9. April 1786 wird er an den befreundeten Philosophen und Schriftsteller Friedrich Heinrich Jacobi schreiben, der gerade mit Moses Mendelssohn seinen Atheismus-Streit[38] führt, in den auch Kant mit seiner Schrift *Was heißt: Sich im Denken orientieren?* (III, 265–284) interveniert: «Kant ist ein Mann von eben so großen Talenten, als guten und edlen Gesinnungen, der sich von Vorurtheilen sehr begeistern läßt, aber sich nicht scheut selbige zu wiederruffen, abzulegen und zu verleugnen. Man muß ihm nur dazu Zeit laßen, selbst in sich zu gehen. (...) Kant ist überhaupt bey aller seiner Lebhaftigkeit ein treuherziger unschuldiger Mann. (...) Ich habe schon manchen harten Strauß mit ihm, und bisweilen offenbar Unrecht gehabt; er ist darum immer mein *Freund* geblieben, und Sie werden ihn auch nicht zum Feinde machen, wenn Sie der Wahrheit die Ehre geben.»[39]

Kants Charakter ist schon von vielen dargestellt und analysiert worden. Er selbst hat in Unterhaltungen, Briefen und Charakterstudien von sich gesprochen, von seinem Naturell, seinem Temperament und seiner Denkweise. Freunde, die bei ihm studiert hatten, beschreiben begeistert seinen Lehrstil. Tischgenossen, mit denen er sich regelmäßig zum gemeinsamen Essen, Trinken und

Reden traf, zunächst in Gaststätten, ab 1787 in seinem eigenen Haus in der Prinzessinstraße, haben seine typischen Verhaltensweisen und merkwürdigen Äußerungen festgehalten und kommentiert. Menschen, die ihn aus nächster Nähe kannten, haben sein Leben und seinen Charakter dargestellt. Kurz nach seinem Tod sind bereits 1804 die ersten großen Biographien von L. E. Borowski, R. B. Jachmann und E. A. Ch. Wasianski erschienen, die dann vor allem von Kuno Fischer (1860) und Karl Vorländer (1911/1924) bis Arsenij Gulyga (1977), Wolfgang Ritzel (1985) und Manfred Kuehn (2001) weiter geschrieben worden sind. Über Mangel an Material zu Kants Leben und Charakter kann man sich nicht beschweren.

Doch eigenartig schillernd ist das Bild, das man sich von Kants Charakter gemacht hat. Es reicht von liebevollen, mit größter Dankbarkeit und Hochachtung geschriebenen Schilderungen über indifferente Neutralisierungen («die wirklichen Ereignisse geschehen im Denken; Kant hat keine andere Biographie als die Geschichte seines Philosophierens»[40]) bis hin zu psychoanalytisch orientierten Interpretationen, die hinter den manifesten Äußerungen des Philosophen eine grauenhafte latente Bedeutung entziffern. Kants eigentlicher Charakter offenbare den «Wahnsinn der Vernunft», die pathologische Struktur eines «bezwungenen Lebens», das von Abwehr, Verdrängung, Lustfeindlichkeit, Zensur, Triebkontrolle, Zwang, Panzerung und narzißtischer Einpuppung beherrscht gewesen sein soll. Analytisch könne festgestellt werden, «daß Kant, auf unbewußter Ebene, seit dem Tod der Mutter nicht mehr lebt.»[41] Kant, der «Mann des Todes», lebenslang eingesponnen ins ödipale Netz von Mutter und Sohn, Mama und Manelchen?

Bleiben wir bei einigen Dingen, die man weiß. Doch es gilt zunächst die Frage zu beantworten: Was heißt es überhaupt, einen Charakter zu besitzen? Darauf hat Kant 1798 in seiner *Anthropologie* selbst geantwortet. Der Charakter einer Person ist nicht allein eine bestimmte Sinnesart oder natürliche Veranlagung. Für Kant «hat einen *Charakter*» (VI, 633), wer in seinem

Handeln und Denken bestimmten Grundsätzen folgt, die seinem eigenen Wollen entspringen. Ein Mensch mit Charakter hüpft nicht «wie in einem Mückenschwarm bald hiehin bald dahin.» (VI, 634) Was ein Mensch unter Befolgung praktischer Prinzipien oder Maximen, die ihm seine eigene Vernunft vorgeschrieben hat, aus sich selbst macht, kann als sein Charakter verstanden werden, wobei diese Grundsätze durchaus fehlerhaft oder bösartig sein können. Auch der größte Schuft kann einen Charakter haben, sofern er seine Handlungen an bestimmten Prinzipien ausrichtet, die für seine personale Identität wesentlich sind. Kant hat diesen «Charakter» nicht nur begrifflich analysiert. Er hat auch selbst nach Prinzipien zu leben versucht, noch dazu als ein guter Charakter, dessen Maximen er auf der Grundlage menschlicher Humanität zu verankern suchte. Darauf haben alle hingewiesen, die mit ihm näher vertraut waren. «Das eigentlich Charakteristische bei Kant nach der Wahrnehmung aller, die ihn kannten, war ein stetes Bestreben, nach durchdachten und, wenigstens *seiner* Überzeugung nach, wohl begründeten Grundsätzen zu verfahren in allem.»[42]

Maximen sind des Handelns eigene Regeln. Sie sind nicht von außen wie Gesetze oder Vorschriften dem Subjekt auferlegt. Jeder Mensch kann sich, infolge von Gewohnheit, täglicher Übung und selbst entwickelter Überzeugung, bestimmte Handlungsregeln zu Leitsätzen machen. Sie lenken ihn durch die komplexe Lebenspraxis, aber besitzen doch nicht die Strenge des Gesetzes. Als subjektive Grundsätze des Handelns und des Wollens bleiben sie auf seine konkrete Lebenswelt bezogen. Ihr Spektrum reicht von harmlosen oder hilfreichen Empfehlungen an sich selbst (ich stehe früh auf, wenn der Morgen noch jung ist; ich trinke gern in Gesellschaft, will aber nicht betrunken sein; ich helfe Freunden, wenn sie mich um Unterstützung bitten; ich gebe zurück, was ich mir geborgt habe) bis zu eigenwilligen Marotten, gleichsam versteinerten Maximen, die das Verhalten einem Zwangsmechanismus unterwerfen, der die Flexibilität lebenskluger Maximen verloren hat.

Die Befolgung von Maximen kennzeichnete nicht nur Kants Handeln. Sie spielten auch für sein Selbstbewusstsein eine entscheidende Rolle. Das erhellt die enge Beziehung, die Kant zwischen Maximen und Charakter hergestellt hat. Er hat versucht, seinen eigenen Charakter zu stabilisieren, indem er gut durchdachte und rational begründete Regeln zu befolgen sich bemühte. Doch über der für sich selbst geforderten Strenge der Begründung dürfen die Gefühle nicht vergessen werden, die dabei entscheidend mitspielen. Mag sein, dass in Kants späterem Leben der Wille zu einer vernünftig begründeten Lebensart vorherrschte. Gegen Ende scheint sein ganzes Leben nur noch «eine Kette von Maximen»[43] gewesen zu sein, in der auch skurrile Rituale eine Rolle spielten. Als sich sein Charakter herausbildete, sah es jedenfalls noch anders aus. Davon zeugen vor allem seine *Beobachtungen über das Gefühl des Schönen und Erhabenen*, die er 1764 im Alter von 40 Jahren mitgeteilt hat. Zwar hat er auch dort, bezogen auf erhabene und schöne Eigenschaften am Menschen, darauf hingewiesen, dass «echte Tugend» (I, 839) aus Grundsätzen entstammt. Er wollte mit flatterhafter Lustigkeit und dem Unbestand eines Leichtsinnigen nicht viel zu tun haben. Aber er vermutete bereits, dass seine gewollte charakterliche Festigkeit vor allem durch jenes Gefühl bestimmt oder gelenkt wurde, das er so gut kannte: ein Gefühl für das Erhabene, das ihn stärker bezauberte als die «gaukelnden Reize des Schönen» (I, 840). Dieses Gefühl hatte ihn zunächst angesichts des «bestirnten Himmels» ergriffen, der sich über dem winzigen Menschen ins Unendliche erstreckt und das «Gemüt» des Betrachters mit Bewunderung und Ehrfurcht erfüllt. In seiner *Naturgeschichte und Theorie des Himmels* hatte Kant 1755 diesen Himmel wissenschaftlich zu begreifen versucht, ohne dabei das Gefühl des Erhabenen zu verlieren. (In seiner *Kritik der praktischen Vernunft* wird Kant sich 1788 mit dem gleichen Gefühl dem «moralischen Gesetz» zuwenden, das in seinem eigenen unsichtbaren Selbst als unendliche Größe wirksam ist, weit erhaben über die psychischen Besonderheiten und Eigenarten der Individuen.)

Wer für das Erhabene empfänglich ist, neigt zur Melancholie. Bereits in seinen *Beobachtungen* von 1764 hat Kant sich auf die Lehre von den vier Temperamenten (melancholisch, sanguinisch, cholerisch und phlegmatisch) bezogen, um sich über seinen Charakter klar zu werden. Kant sah sich zwar nicht als Melancholiker, der sich in einem schwermütigen Zustand verliert. Aber er tendierte zur Melancholie und fühlte sich zu ihr «gestimmt». (VI, 629) «Die echte Tugend also aus Grundsätzen hat etwas an sich, was am meisten mit der *melancholischen* Gemütsverfassung im gemilderten Verstande zusammenzustimmen scheinet.» (I, 839) In diesem Zusammenhang findet sich auch jene gefühlszentrierte Beschreibung, die noch immer das schönste Selbstporträt seines Charakters bietet. Lassen wir deshalb Kant selbst ausführlich zu Wort kommen:

> «Der Mensch von melancholischer Gemütsverfassung bekümmert sich wenig darum was andere urteilen, was sie vor gut oder vor wahr halten, er stützet sich desfalls bloß auf seine eigene Einsicht. Weil die Bewegungsgründe in ihm die Natur der Grundsätze annehmen, so ist er nicht leicht auf andere Gedanken zu bringen; seine Standhaftigkeit artet auch bisweilen in Eigensinn aus. Er sieht den Wechsel der Moden mit Gleichgültigkeit und ihren Schimmer mit Verachtung an. Freundschaft ist erhaben und daher vor sein Gefühl. Er kann vielleicht einen veränderlichen Freund verlieren, allein dieser verliert ihn nicht eben so bald. Selbst das Andenken der erloschenen Freundschaft ist ihm noch ehrwürdig. Gesprächigkeit ist schön, gedankenvolle Verschwiegenheit erhaben. Er ist ein guter Verwahrer seiner und anderer Geheimnisse. Wahrhaftigkeit ist erhaben und er hasset Lügen oder Verstellung. Er hat ein hohes Gefühl von der Würde der menschlichen Natur. Er schätzet sich selbst und hält Menschen vor ein Geschöpf, das die Achtung verdienet. Er erduldet keine verworfene Untertänigkeit und atmet Freiheit in einem edlen Busen. Alle Ketten, von denen vergoldeten an, die man am Hofe trägt, bis zu dem schweren Eisen des Galeerensklaven sind ihm abscheulich. Er ist ein strenger Richter seiner selbst und anderer, und nicht selten seiner so wohl als der Welt überdrüssig.» (I, 842)

Im Licht dieser Selbstanalyse erhellen sich zahlreiche Eigentümlichkeiten, die für Kants Charakter typisch waren. Denn hier finden sich die wichtigsten Werte zusammengestellt, die bei so vielen Ereignissen seines Lebens wie Maximen wirksam waren: eigene Einsicht, verlässliche Freundschaft, Wahrhaftigkeit sich selbst und anderen gegenüber und ein autonomes Freiheitsbedürfnis.

Schon in seinem ersten Werk, den *Gedanken über die wahre Schätzung der lebendigen Kräfte,* hat Kant den Wunsch nach Freiheit als seine wichtigste Denk- und Lebensmaxime formuliert. Nichts sollte ihn hindern, seine selbst vorgezeichnete Laufbahn fortzusetzen. Seine schulische Jugendsklaverei hatte er hinter sich. Er strebte nach Autonomie, Unabhängigkeit und Selbstdenken und munterte dazu später auch alle auf, mit denen er als Lehrer oder Freund zu tun hatte. Das betraf nicht nur die innere Freiheit eines geistigen Subjekts. Es orientierte auch den Charakter des Menschen Kant in seiner realen Lebenswelt. Die Ketten, die ihm «abscheulich» waren, gab es nicht nur in der Einbildung. Vermutlich hat Kant auch deshalb nicht geheiratet, weil er die Abhängigkeiten ablehnte, die eine Ehe mit sich bringt. Er wollte weder als Gelehrter unter den Pantoffel einer häuslich herrschenden Frau geraten noch selbst sich als Hausherr aufspielen; und es ist ihm offensichtlich auch nie in den Sinn gekommen, Kinder in die Welt zu setzen, ohne ihren freien Willen zur Existenz berücksichtigen zu können.

In seinem finanziellen Verhalten achtete Kant zeitlebens auf Unabhängigkeit. Er studierte ohne Stipendium und verdiente sich sein Geld mit Billardspiel und Nachhilfeunterricht, weil er dem Staat nichts schuldig sein wollte. «Schuldenfrei seinen Gang durchs Leben zu machen, und dies, um von andern Menschen, hier in Hinsicht auf Geld, so wie überhaupt in allen Beziehungen – unabhängig sein und bleiben können, dies war Maxime.»[44] Aber die gleiche Freiheit gestand er auch allen zu, mit denen er näheren Kontakt hatte. Vielleicht erklärt das die eigenartige Marotte, mit der er seine Freunde in sein Haus einlud. Er ließ sie erst am Morgen desselben Tages zu Tisch bitten, «weil er seinem Gast dadurch Gelegenheit zu geben glaubte, auch nach Gefallen absagen zu können.»[45]

Kant war kein familiärer Mensch. Die eingeschränkte Triangulation von Papa – Mama – Ich entsprach nicht seinem Charakter. Auch mit seinen Geschwistern hatte er wenig zu tun, und er soll 25 Jahre lang nicht mit seiner Schwester gesprochen haben, obwohl sie ebenfalls in Königsberg lebte. Aber Kant war auch kein verschrobener Einzelgänger. Er nahm gern an Gesellschaften teil, «die nicht bloß aus Gelehrten und Vernünftlern, sondern auch aus Leuten von Geschäften oder Frauenzimmer bestehen.» (IV, 289) Er hatte gute Freunde, mit denen er sich regelmäßig traf. Sein liebster und vertrautester Freund, der englische Kaufmann Joseph Green, und dessen Geschäftspartner Robert Motherby, sein junger Kollege Christian Jacob Kraus und der streitbare Johann Georg Hamann, Kriegsrat Johann George Scheffner und Bankdirektor Wilhelm Ludwig Ruffmann, der so schillernde Jurist und Schriftsteller Theodor Gottlieb Hippel, dazu viele studentische Freunde und einige gebildete Frauen[46] aus reichen und adligen Häusern, die seine Klugheit und Galanterie schätzten, sie alle fühlten sich in Kants Gesellschaft wohl. Kant liebte «Tischgesellschaften», wo er nicht der «dunkle kritische Weltweise» war, sondern «ein lichtvoller, populärer Philosoph»[47]. Dafür hatte er sich sogar einen guten Grund zurechtgelegt. Denn besonders für den Philosophen, der ständig seine schweren Gedanken mit sich herumschleppen muss, ist das gemeinsame Essen ein entlastender Genuss. «*Allein* zu essen (solipsismus convictorii) ist für einen *philosophierenden* Gelehrten ungesund.» (VI, 619) Gemeinsam zu essen und zu trinken ist dagegen gesund, weil man hier gesellig erzählen, räsonieren und scherzen kann ohne die Kraftanstrengung des einsamen Denkens.

Kants Hang zur Melancholie verwandelte sich in Gesellschaft zu einer schalkhaften Ironie. Seine Vorlesungen waren «mit Witz und Laune gewürzt.»[48] Darauf hat besonders Johann Gottfried Herder hingewiesen, der 1762 bis 1764 bei Kant studierte. Seine «offene, zum Denken gebaute Stirn war ein Sitz unzerstörbarer Heiterkeit und Freude; die Gedankenreichste Rede floß von seinen Lippen; Scherz und Witz und Laune standen ihm zu Gebot.»[49] Selbst für das lebhafte und laute Lachen, das er bei seinen Tischgesellschaften so gern provozierte, hatte Kant sich eine witzige Begründung einfallen lassen. Wenn ein zur Gesellschaft der Freunde gehörender durchtriebener Schalk mit scheinbarer Einfalt eine gespannte Erwartung plötzlich in nichts zerreißen lässt, dann «ist *das Lachen immer* Schwingung der Muskeln, die zur Verdauung gehören, welche dieses weit besser *befördert*, als es die Weisheit des Arztes tun würde.» (VI, 595) Als vergnüglicher Zustand einer krampfhaften Erschütterung von Zwerchfell und Unterleib wirke das Lachen besser als ein Abführmittel. Manchmal wusste man wirklich nicht, ob Kant es als Witz gemeint hatte, womit er seine Zuhörer zum Lachen brachte, ohne dabei selbst eine Miene zu verziehen. Über die Witze der anderen jedenfalls hat er gern und herzlich gelacht.

«Wenn der Erbe eines reichen Verwandten diesem sein Leichenbegängnis recht feierlich veranstalten will, *aber* klagt, daß es ihm hiemit nicht recht gelingen wolle, denn (sagt er): je mehr ich meinen Trauerleuten Geld gebe, betrübt auszusehen, desto lustiger sehen sie aus.» (V, 438) Nicht nur die paradoxe Widersprüchlichkeit dieses Witzes hat Kant gefallen. Er kam auch seiner melancholischen Gemütsverfassung entgegen. Denn Kant liebte Wahrhaftigkeit und hasste Verstellungen. Effektvoll trauern, weil man dafür bezahlt worden ist, kann nur ein gekünstelter Charakter. Aber Kant hatte auch einen realistischen Blick für menschliche Schwächen. Die erhabene Größe einer reinen Sittlichkeit, die das Gefühl des Melancholikers anspricht, reibt sich mit den kleinen Täuschungsmanövern, mit denen jeder Mensch durchs Leben kommt. Kant muss ein ironischer Mensch gewesen sein, gerade weil er Wahrhaftigkeit als moralische Maxime hoch schätzte und zu befolgen suchte. Er verachtete künstliche Verstellungen und lehnte ab, mehr zu scheinen als zu sein. «Von unserem Weltweisen kann man mit völliger Gewißheit behaupten: es ist kein Betrug in seinem Munde erfunden; denn wenn je ein Mensch der Wahrheit huldigte, diese Huldigung durch sein ganzes Wesen offenbarte und auch an andern über alles schätzte, so war es Kant. Er selbst wollte nie anders scheinen, als er wirklich war, aber ihm war auch nichts so sehr zuwider, als wenn er eitle Anmaßungen an andern Menschen bemerkte.»[50]

Vor allem Jean-Jacques Rousseau hat Kant in dieser Hinsicht die Augen geöffnet. Als er 1762 dessen *Emile oder Über die Erziehung* zu lesen begann, soll er so gefesselt gewesen sein, dass er sogar einige Tage auf seine gewöhnlichen Spaziergänge verzichtete. Er war fasziniert von Rousseaus Bild eines natürlichen Menschen, der ohne Maske zu leben erzogen werden sollte. Doch es lag Kant fern, den Wunsch nach Wahrhaftigkeit mit einer quälerischen Selbstbeobachtung und -offenbarung zu verbinden, die alles ans Licht bringt. Denn davor hatte ihn schon seine frühe Erfahrung mit dem Pietismus abgeschreckt. Zur Melancholie geneigt, wusste er seine Geheimnisse gut zu verwahren. Und auch der Brief vom 8. Juli 1766 an Mendelssohn, der sich über seine *Träume eines Geistersehers* befremdet gezeigt hatte, dokumentiert, dass Kant zwar jede auf den Schein gerichtete Gemütsart für sich verwarf, aber deshalb noch lange nicht alles zu enthüllen bereit war. «Zwar denke ich vieles mit der allerkläresten Überzeugung und zu meiner großen Zufriedenheit, was ich niemals den Mut haben werde zu sagen; niemals aber werde ich etwas sagen, was ich nicht denke.» (Br, 51)

Als er sich mit dem Geisterseher Emanuel Swedenborg auseinander setzte und in dessen Schattenreich eintauchte, wollte Kant sich auch über seinen eigenen Charakter bewusst werden. Darauf verweist der enge Zusammenhang, den er in seinen *Beobachtungen über das Gefühl des Schönen und Erhabenen* zwischen Melancholie und Schwärmerei festgestellt hatte. Wessen Charakter zum Melancholischen neigt, dessen Gefühle und Gedanken drohen in Schwärmerei auszuarten, vor allem in Religionssachen. «Bei der Verkehrtheit seines Gefühls und dem Mangel einer aufgeheiterten Vernunft verfällt er aufs *Abenteuerliche*. Eingebungen, Erscheinungen, Anfechtungen. Ist der Verstand noch schwächer, so gerät er auf *Fratzen*. Bedeutende Träume, Ahndungen und Wunderzeichen. Er ist in Gefahr ein *Phantast* oder ein *Grillenfänger* zu werden.» (I, 842) Die Ehrfurcht vor dem Erhabenen kann leicht in eine Schwärmerei umkippen, die alles nur aus dem eigenen dunklen Inneren hervorbringt, ohne intersubjektive Kontrolle, gesellige Aufgeschlossenheit und hellen Kopf. Deshalb hat Kant die *Träume eines Geistersehers* auch mit den *Träumen der Metaphysik* in Verbindung gebracht, «in welche ich das Schicksal habe, verliebt zu sein». (I, 982) Mit analytischem Verstand und ironischem Witz hat er die Gemeinsamkeiten und Unterschiede zwischen metaphysischer und mystisch-spiritistischer Traumarbeit herausgearbeitet, um sich nicht blindlings in einem Reich der Schatten und Blendwerke zu verlieren. Und aus dem gleichen Grund hat er in seiner *Kritik der reinen Vernunft* dem Verstand eine Grenze ziehen wollen, die ihm ein unkontrollierbares Ausschwärmen erschweren sollte.

Als Kant am 15. Oktober 1783 von seinem zum Geheimnis und zur Trauer und Melancholie neigenden Studenten Plessing aus Berlin einen Brief erhält, in dem ihm mitgeteilt wird, dass bald wieder traurige Zeiten der Schwärmerei und des Aberglaubens bevorstehen, erkennt er die kulturpolitische Aktualität seiner kritischen Philosophie. Als ihn Plessing dann auch noch am 15. März 1784 auffordert, etwas «Frappantes» zu publizieren, um seine Stimme für die Sache der Vernunft und der Menschlichkeit zur Geltung zu bringen, schreibt er seinen ersten großen geschichtsphilosophischen Essay, mit dem er sich in die Reihe der Aufklärer eingliedert. Das wichtigste Organ der Berliner Aufklärung, die *Berlinische Monatsschrift*, publiziert im November 1784 seine *Idee zu einer allgemeinen Geschichte in weltbürgerlicher Absicht.*

Zöllners Frage *Was ist Aufklärung?* bietet Kant einen Monat später die Gelegenheit zu seiner grundsätzlichen *Beantwortung*. Jetzt gewinnt eine zeitgeschichtliche Aktualität, was Kant schon vor 20 Jahren in seiner Kritik an Swedenborg entwickelt hat. Er verbindet den Gebrauch des *eigenen* Verstandes mit dem Prinzip einer *Publizität*, die nicht auf die akademische Gemeinschaft beschränkt ist, sondern eine prinzipiell universelle Leserwelt umfasst. Gegen unkontrollierbare Schwärmerei setzt Kant die geistigen Fähigkeiten des Gelehrten, für die er nichts anderes als die Freiheit fordert, «von seiner Vernunft in *allen Stücken* öffentlichen Gebrauch zu machen.» (VI, 55) Denn nur vor dem offenen Forum eines unbegrenzten Publikums lasse sich, Kant zufolge, aufklären und erhellen, was in der Dunkelheit und im Geheimen schwärmt und jeden klaren und freien Gedanken in seinen Strudel zu reißen droht.

Das moralische Gesetz in mir

Zwischen gutem Willen und radikal Bösem

Immanuel Kant.
Gemälde von Döbler, 1791

Also entspinnt sich eben sowohl in der praktischen gemeinen Vernunft, wenn sie sich kultiviert, unvermerkt eine Dialektik, *welche sie nötigt, in der Philosophie Hülfe zu suchen.* (IV, 33)

Am 8. April 1785 kommt der Buchhändler und Verleger Johann Friedrich Hartknoch nach Königsberg. Aus Halle, wo er Bücher beim Drucker Grunert herstellen lässt, bringt er einige druckfrische Exemplare von Kants *Grundlegung zur Metaphysik der Sitten* mit. Vier davon erhält der Verfasser. Lange und mit Spannung hat man auf diese Schrift gewartet, in der Kant sich zum ersten Mal grundsätzlich mit Problemen der Ethik beschäftigt. Jetzt hat er endlich eingelöst, worüber seit 20 Jahren gesprochen wird. Denn schon am 1. Februar 1764 hat Hamann dem gemeinsamen Freund Johann Gotthelf Lindner berichtet: «Er hat eine Menge Arbeiten im Kopfe: *Sittlichkeit.*»[1]

Bereits der 40-jährige Magister dachte also darüber nach, was er nun als 60-jähriger Professor zu Papier gebracht hat, jene 128 Seiten, *Riga, bey Johann Friedrich Hartknoch 1785*, die nicht nur schnell großes öffentliches Interesse finden, sondern auch die philosophische Ethik auf eine völlig neue Grundlage stellen und zugleich den wohl tiefsten Einblick in Kants Charakter ermöglichen. Keine andere Schrift von Kant offenbart so sehr, worauf er mit seiner kritischen Philosophie hinauswollte und worum es ihm in seinem Leben ging. Die *Grundlegung zur Metaphysik der Sitten* ist nicht nur einer der wichtigsten Meilensteine der modernen Ethik, der in seiner geschliffenen Reinheit und Abstraktion ein philosophisches Meisterwerk ist. In jedem Satz ist der Mensch

Kant präsent, mit seinem Erfahrungsreichtum und seiner reflexiven Kraft, mit seiner realistischen Menschenkenntnis und seinem humanistischen Ideal. Doch warum hat es zwei Jahrzehnte gedauert, bis er jene *Grundlage* zur Sprache bringen konnte, auf der er seine eigene Idee der Sittlichkeit zu begründen versuchte?

EINE WELT VON GANZ ANDERER ART

Es brauchte seine Zeit, um jene waghalsigen Schritte zu vollziehen, mit denen Kant sich langsam und zunächst ohne klares Bewusstsein von den wahrnehmbaren Phänomenen des menschlichen Handelns und dem bloßen Gefühl, das Gute empfinden zu können, löste, um sichere Übergange zum reinen Gesetz der Sittlichkeit finden zu können. Kants Ethik versetzte den Menschen aus seiner vertrauten Lebenswelt «in eine andere Ordnung der Dinge und in ein Verhältnis zu bestimmenden Gründen von ganz anderer Art» (IV, 94).

Rückblende. Bereits die Preisfrage der Königlichen Akademie der Wissenschaften zu Berlin für das Jahr 1763 stellte Kant vor das Problem: Lassen sich die metaphysischen Grundsätze der Moral ebenso gut beweisen wie die Wahrheiten der Geometrie? Und wenn das nicht möglich sein sollte, wie können sie dann gewiss und überzeugend sein? Um den Abgabetermin am 31. Dezember 1762 einzuhalten, hat Kant sehr schnell geschrieben und vieles nur angedeutet. Doch die Tendenz war schon deutlich, der er folgen wollte, um auch die Moralphilosophie zu revolutionieren. Um die gestellte Aufgabe lösen zu können, war zunächst eine Begriffserläuterung und -analyse nötig. Denn die praktische Philosophie, wie sie vor allem Christian Wolff in seiner *Deutschen Ethik* von 1720 entwickelt hatte, war noch weit davon entfernt, «die zur Evidenz nötige Deutlichkeit und Sicherheit der Grundbegriffe und Grundsätze zu liefern.» (I, 770) Man brauchte sich ja nur den zentralen Begriff der «Verbindlichkeit» ansehen, um die herrschende Unklarheit erkennen zu können. Pflichten definierte Wolff als Handlungen, «die wir zu vollbringen verbunden sind.»[2] Jedes Gesetz besitzt Verbindlichkeit. Man soll dieses oder jenes verbindlich tun! Aber was heißt hier «sollen»?

Der Begriff ist doppeldeutig, wie es Kant in einem ersten Schritt nachzuweisen gelingt. Das «ich soll» kann zum einen sich auf die Mittel beziehen, mit denen ich einen bestimmten Zweck erreichen kann. Es ist ein Imperativ der Klugheit, der Anweisungen zu einer geschickten Wahl der Mittel gibt. Ich soll zum Beispiel in der Schule fleißig sein, um ein gutes Zeugnis zu bekommen, soll Sport treiben, um gesund zu bleiben, soll sparsam sein, um meine Steuern bezahlen zu können. Daraus aber lässt sich keine wirklich moralische Verbindlichkeit des Tuns ableiten. Zum andern kann sich «ich soll» direkt auf die Zwecke richten. Erst dann gewinnt das Gebot moralisches Gewicht. Das «ich soll», sofern es die ersten Gründe der Moral und eine «unmittelbare oberste Regel aller Verbindlichkeit schlechterdings» (I, 771) ausdrückt, muss sich an der Notwendigkeit des Zwecks selbst orientieren. Was aber kann als ein notwendiger Zweck des «ich soll» gewiss sein, der die Verbindlichkeit zu einer moralischen Größe macht?

All das war noch recht abstrakt. Doch mit seiner Antwort hat Kant bereits den Grundgedanken angedeutet, den er in seiner Ethik dann entfalten und auch anschaulich begründen wird. «Und nun kann ich mit wenigem anzeigen: daß, nachdem ich über diesen Gegenstand lange nachgedacht habe, ich bin überzeugt worden, daß die Regel: Tue das Vollkommenste, was durch dich möglich ist, der erste *formale Grund* aller Verbindlichkeit zu *handeln* sei.» (I, 771) Mit seiner *Untersuchung über die Deutlichkeit der Grundsätze der natürlichen Theologie und der Moral*, die 1764 von der Akademie veröffentlicht wurde, hat Kant den ersten Preis zwar nicht gewonnen; den erhielt am 31. Mai 1763 Moses Mendelssohn. Aber Kants Schrift wurde von der Akademie mit der preisgekrönten Arbeit als «beinahe gleich»[3] beurteilt.

1763 hat Kant den «*ersten formalen* Grund» für jedes verbindliche Sollen noch psychologisch abzustützen versucht. Dazu brachte er das Gefühl ins Spiel. Jeder Mensch kann unmittelbar empfinden, was gut ist. In seiner moralischen Intuition zeigt sich jene Evidenz, nach der die Akademie gefragt hatte. Wie sehr damals die Wende zum Gefühl mit Kants eigener Persönlichkeit und Charakterstruktur zusammenhing, dokumentieren seine *Beobachtungen über das Gefühl des Schönen und Erhabenen*, die 1764 erschienen. Er hat sie in der wäldlichen Einsamkeit von Moditten geschrieben, im kleinen Häuschen des Försters Wobser, wo er sich in den Semesterferien gern aufhielt. Hier fand er die nötige Ruhe, um sich vor allem über Gefühle klar werden zu können und eine neue Form zu finden, über sie zu schreiben. Jedenfalls lässt dieser Text Kant als einen ausgezeichneten Beobachter und Darsteller menschlicher Eigenarten erkennen. Er war nicht nur ein analytisch denkender Naturforscher, Logiker und Metaphysiker. Auch für die Irrungen und Wirrungen der menschlichen Innenwelt besaß er einen scharfen Blick. Aufmerksam betrachtete er die unterschiedlichen Empfindungen, die verschiedene Menschen angesichts der vielfältigen Dinge haben. Warum genießt der eine, wovor sich ein anderer ekelt? Warum ist jemand von Dingen gerührt, die andere zum Lachen reizen oder gleichgültig sein lassen? «Das Feld der Beobachtungen dieser Besonderheiten der menschlichen Natur erstrecket sich sehr weit und verbirgt annoch einen reichen Vorrat zu Entdeckungen, die eben so anmutig als lehrreich sein.» (I, 825)

Vor allem seine *Beobachtungen über das Gefühl des Schönen und Erhabenen* oder sein *Versuch über Krankheiten des Kopfes* zeigen den 40-jährigen Kant als einen äußerst sensiblen Analytiker des menschlichen Verhaltens und Seelenlebens. Man spürt die Wirkung, die Rousseau auf Kant ausgeübt hat, dessen Schriften er 1762 zu lesen begann. Von Newton hatte der junge Student Kant einst die Grundsätze einer naturwissenschaftlichen Weltbetrachtung übernommen, die in seiner *Theorie des Himmels* ihren ersten Höhepunkt erreichte. Von Rousseau lernte er einen neuen Blick auf den Menschen. Vor allem die Paradoxa Rousseaus halfen ihm, in die verborgenen Winkel der menschlichen Seele zu schauen. Die unlösbar scheinenden Widersprüche zwischen menschlicher Natur und zivilisierter Gesellschaft, zwischen dem natürlichen Menschen und den hinter Masken verborgenen Zeitgenossen hatten auch Kant affiziert. In der bürgerlichen Gesellschaft sind «Ränke und falsche Kunstgriffe» (I, 889) allmählich zu gewöhnlichen Maximen geworden und haben das Spiel der menschlichen Handlungen reichlich verwickelt. Unter Schelmen und Ganoven gilt der «gute Mann» nur noch als Einfaltspinsel.

Doch Rousseau hatte ihm nicht nur die Augen für menschliche Schwächen geöffnet, denen Kant durchaus auch amüsante Seiten abzugewinnen wusste. Durch Rousseau war überhaupt Kants praktisches Erkenntnisinteresse am Menschen geweckt worden. 1765 hat er an den Rand seiner 1764 erschienenen *Beobachtungen über das Gefühl des Schönen und Erhabenen* bemerkt, dass seine Neigung zur Forschung ihn früher auf die Abwege einer menschenverachtenden Überheblichkeit zu verführen drohte. Er hatte alles auf die Erkenntnis der physikalischen Welt gesetzt. «Es war eine Zeit da ich glaubte dieses allein könnte die Ehre der Menschheit machen u. ich verachtete den Pöbel der von nichts weis. *Rousseau* hat mich zurecht gebracht. Dieser verblendende Vorzug verschwindet, ich lerne die Menschen ehren.»[4] Kant wollte nicht länger wie ein einäugiger Zyklop nur seine theoretische Neugierde an Welttatsachen befriedigen. Rousseau setzte ihm ein zweites Auge ein, um auch die praktische Tiefendimension des menschlichen Lebens beachten und erkennen zu können.

Wenn Kant, wie Hamann schrieb, bereits 1764 «*Sittlichkeit* im Kopf» hatte, dann vor allem in Gestalt subjektiver Prinzipien, die als Grundsätze oder Maximen das menschliche Wollen und Handeln bestimmen. Es ging ihm von Anfang an um mehr als um empirische Psychologie subjektiver Eigenarten. Kants *Beobachtungen* zielten bereits auf einen Charakter, bei dem moralische Prinzipien eine entscheidende Rolle spielen, sei es im Guten oder im Bösen. Besonders die melancholische Gemütsverfassung war

Jean-Jacques Rousseau (1712–1778)

eng mit der «echten Tugend aus Grundsätzen» (I, 839) verbunden, die Kant für edel und ehrwürdig hielt, im Unterschied etwa zur flatterhaften, nur an wechselnden Belustigungen interessierten Neigung des Sanguinikers. Offensichtlich tendierte Kants eigener Charakter dazu, seine Empfindungen und Gefühle unter Grundsätze zu ordnen.

Für die erhabenen Qualitäten eines Lebens nach Maximen hat Kant 20 Jahre lang eine ethische Letztbegründung gesucht. Eine empirische Seelenlehre war ihm zu wenig. Am Horizont seines Philosophierens tauchte eine Metaphysik der Sitten auf. Schon am 31. Dezember 1765 schrieb Kant an den bekannten Mathematiker und Philosophen Johann Heinrich Lambert, der in Berlin Mitglied der Akademie der Wissenschaften war, dass es endlich an der Zeit sei, gegen das «ewige Getändel der Witzlinge und die ermüdende Schwatzhaftigkeit der itzigen Skribenten» die eigentümliche Methode der Metaphysik klar zu machen und damit die so lange schon gewünschte «Revolution der Wissenschaften» herbeizuführen. Er selbst hätte dazu schon Ausarbeitungen fertig, «worunter die *metaphysische Anfangsgründe der natürlichen Weltweisheit, und die metaph: Anfangsgr: der praktischen Weltweisheit* die ersten sein werden.» (Br, 42) Davon ist nichts erschienen. Wahrscheinlich war Kant sich noch unsicher darüber, wie sich empirische Untersuchungen dessen, was die Menschen praktisch tun, mit der metaphysischen Begründung dessen verbinden lassen, was in der Natur des Menschen zur Sittlichkeit drängen soll. Fünf Jahre später, am 2. September 1770, teilte er Lambert in dieser Hinsicht mit, dass er nun endlich zu jenem Begriff der Metaphysik gekommen sei, der auch auf dem weiten Feld der Moral einen sicheren Gang gestattet. Noch im Winter, schrieb Kant, wolle er versuchen, seine «Untersuchungen über die reine moralische Weltweisheit, in der keine empirische Prinzipien anzutreffen sind, u. gleichsam die Metaphysik der Sitten in Ordnung zu bringen u. auszufertigen.» (Br, 70)

Um 1770 ist Kant endgültig klar geworden, dass seine «Metaphysik der Sitten» den Bereich möglicher Beobachtungen menschlicher Verhaltensweisen und Gefühle übersteigen muss, um einen «Anfangsgrund» finden zu können; dass sie sich nicht darauf beschränken darf, anmutige und lehrreiche Entdeckungen zu machen; und dass sie auch nicht bei den Maximen stehen bleiben kann, die ja nur die subjektiven Prinzipien des Wollens und Handelns einzelner Subjekte sind. Als Metaphysiker der Sittlichkeit wollte Kant in größter Klarheit und Reinheit das «Sittengesetz» denken, das oberste Prinzip der Moralität überhaupt, wobei empirische Phänomene keine Rolle spielen sollten.

Doch die Ausarbeitung dieses Gedankens musste länger als ein Jahrzehnt aufgeschoben werden. Denn am 31. März 1770 war Kant durch königliche Kabinettsorder zum Professor der Logik und Metaphysik berufen worden. Seine moralische Profession war nicht berücksichtigt worden. Andere Aufgaben drängten sich vor. Zehn Jahre arbeitete Kant an seiner *Kritik der reinen Vernunft*, in der die praktische Philosophie nur angedeutet werden konnte. Die Metaphysik der Erfahrung und die dialektische Logik des Scheins standen im Vordergrund. Erst nach Abschluss seiner Auseinandersetzung mit der reinen theoretischen Vernunft konnte Kant sich wieder der praktischen Vernunft zuwenden, seiner eigentlichen Bestimmung.

Nun also liegt am 8. April 1785 endlich seine *Grundlegung zur Metaphysik der Sitten* vor. Sofort wird sie unter seinen Freunden herumgereicht. Bürgermeister Hippel, in dessen Haus Kant am Samstag, den 9. April, «einem großen Schmause beywohnte», bekommt ein Exemplar als Gastgeschenk. Am nächsten Tag schon leiht er es Hamann zum Durchlesen, «womit ich auch in einigen Stunden fertig wurde – Sie können sich leicht vorstellen, wie? Und es noch denselben Tag wider zu Hause schickte.» Das schreibt Hamann am 14. April an seinen «herzlich geliebtesten Freund» Herder in Weimar; und er fährt fort: «Statt der *reinen Vernunft* ist hier von einem andern Hirngespinst und Idol die Rede, dem *guten Willen*. Daß K. einer unserer *scharfsinnigsten* Köpfe ist, muß ihm auch sein Feind einräumen, aber leider! ist dieser Scharfsinn sein böser Dämon.»[5]

Freundlicher ist der Ton im Brief vom 22. April 1785 an Kriegsrat Scheffner. Nachdem er Hippel besucht hat und dabei sein Gelübde, wie der heilige Johannes an diesem Tag weder zu essen noch zu trinken, «leider! weidlich gebrochen» hat, geht Hamann zu Kant. Es ist dessen 61ster Geburtstag. Von ihm ist er «wo nicht ohne alle mein Verdienst und Würdigkeit, doch wider und über alle Erwartung – mit einem noch für kein Geld feilem Exemplar seiner Grundlegung zur Metaphysik der Sitte, beehrt und erfreut worden.»[6] Drei Wochen später, am 12. Mai, schreibt er wieder an Scheffner, wobei er das Exemplar der *Grundlegung*, das er von Kant erhalten hat, beilegt. Doch er weist auch darauf hin, dass er es sich noch einmal zu einer genaueren und ausführlicheren Lektüre vornehmen will. Es gebe noch zahlreiche Unklarheiten zu erhellen. «*Reine Vernunft* und *guter Wille* sind noch immer Wörter für mich, deren Begriff ich mit meinen Sinnen zu erreichen nicht im stande bin, und für die Philosophie habe ich keine *fidem implicatam.* Ich muß allso mit Gedult die Offenbarung dieser Geheimniße abwarten.»[7]

Wie schon in seiner *Metakritik über den Purismum der Vernunft* und auch in seinem Einspruch gegen Kants Aufklärungskonzept hat Hamann auf das entscheidende Problem von Kants Ethik hingewiesen, das heute noch so umstritten ist wie 1785. Mit Kants *Grundlegung zur Metaphysik der Sitten* scheint ein Bruch in die Welt eingeschrieben worden zu sein, der nicht mehr zu kitten ist. «Das Feld der Moral ist nicht von dieser Welt.»[8] Das ist noch immer ein beliebter Einwand gegen Kants Idee der Sittlichkeit. Im günstigsten Fall ist sie nur eine jener philosophischen Abstraktionen, die für den alltäglichen Verstand unbegreifbar sind. Im schlimmsten Fall ist sie eine bloße Erfindung, die mit dem Leben nichts zu tun hat. Vor allem Friedrich Nietzsche hat Kants Moralbegriffe als leere Idole attackiert, als «Hirngespinste, in denen sich der Niedergang, die letzte Entkräftigung des Lebens, das Königsberger Chinesentum ausdrückt. (…) Eine Handlung, zu der der Instinkt des Lebens zwingt, hat in der Lust ihren Beweis, eine *rechte* Handlung zu sein: und jener Nihilist mit christlich-dogmatischen Eingeweiden verstand die Lust als *Einwand.*»[9] Kant sei nur ein Fanatiker der leeren, reinen Form, ein verwachsener Begriffskrüppel. Der Vorwurf ist also nicht ganz neu, wird aber immer wieder gern erhoben: «Moralische Vernunft konstituiert sich durch die Fähigkeit zum Ausschluß der Sinnlichkeiten. Solche Manöver sind aus Wahnsystemen gut bekannt.»[10]

Bereits Kants *Vorrede* zu seiner *Grundlegung* muss Hamann provoziert haben. Denn hier hat Kant scharf zwischen Empirie und Reinheit unterschieden. Im Leben, wie es tatsächlich stattfindet, spielen diffuse Handlungsweisen und Überzeugungen eine wichtige Rolle. Kant bestreitet nicht, dass es in der praktischen Philosophie auch um empirische Phänomene gehen kann. Es ist ja nicht zu leugnen, dass der Wille des Menschen auch «durch die Natur affiziert wird» (IV, 11). Schließlich ist der Wille des Menschen nicht frei vom menschlichen Leib mit seinen Sinnen,

Begehrlichkeiten und Lüsten. Unterschiedliche Temperamente spielen eine Rolle, die eine empirische Seelenkunde untersuchen kann. Auch der Einfluss der sozialen Umwelt kann nicht hoch genug eingeschätzt werden. Kant gesteht durchaus zu, dass die Ethik einen empirischen Teil haben kann, den er als *«praktische Anthropologie»* (IV, 12) bezeichnet. In ihr finden die Sinnlichkeit, das Gefühl der Lust und Unlust, die Affekte und Leidenschaften, auch der Charakter einer Person ihren Platz. Doch Kant hält auch eine reine Moralphilosophie für möglich und erstrebenswert. Gerade in einer Zeit, in der die Sitten allerlei Verderbnis unterworfen sind, hält er es für einen Versuch wert, das sittliche Gesetz in seiner Reinheit und Echtheit freizulegen. Das aber kann nur eine Metaphysik der Sitten, in deren Zentrum die Idee eines «möglichen *reinen* Willens» (IV,15) steht, der, da es hier um Moral geht, zugleich ein reiner *«guter Wille»* (IV, 18) sein muss.

DREI ÜBERGÄNGE ZUR PRAKTISCHEN VERNUNFT

Als habe er an seinen Freund und Widerstreiter Hamann gedacht, der keine philosophische Ader zu besitzen behauptet und mit seinen Sinnen den Begriff des *«guten Willens»* nicht erreichen zu können vorgibt, hat Kant seine *Grundlegung zur Metaphysik der Sitten* in drei Schritten vollzogen. Er hat *drei Übergänge* geschaffen, über die man ihm von den diffusen Moralvorstellungen zum guten Willen, von den Sinnen zum Begriff, von alltäglichen Vorstellungen zur moralphilosophischen Erkenntnis folgen kann.

Übergang I: vom alltäglichen Moralbewusstsein zur philosophischen Aufklärung. Um den reinen Kern der Moral freizulegen und den Begriff des Sittlichen klar und deutlich zu bestimmen, nimmt Kant zunächst eine Art phänomenologischer Reduktion vor. Er säubert den Begriff des sittlich Guten, indem er ein strenges Prüfverfahren vornimmt. Was kann denn als wirklich «gut» in moralischer Hinsicht bezeichnet werden? Dass es sich dabei nicht um Tatsachen der Welt handeln kann, sondern um Fähigkeiten von Subjekten, setzt Kant voraus. Gut und böse kann, in ethischer Sicht, nur ein Subjekt sein, das zu einem Moralbewusstsein überhaupt in der Lage ist. Aber welches subjektive Vermögen kann als Quelle des Guten gefunden werden? Ist es die geistige Fähigkeit des Menschen? Nein, denn Intelligenz, Verstand, Witz oder wissenschaftliche Kenntnisse können auch schädlich oder böse eingesetzt werden. Ist es sein Temperament? Nein, denn man kann mit Mut, Beharrlichkeit, Geduld oder Begeisterung sowohl Gutes als auch Böses tun. Ist es sein Glück? Nein, denn mit möglichen Glücksgütern wie Macht, Reichtum, Anerkennung oder Gesundheit kann es einem zwar gut gehen, aber das hat selbst keinen moralischen oder sittlichen Wert. Ist es also der Charakter? Man braucht zwar, Kant zufolge, einen Charakter, um überhaupt als moralisches Wesen gelten zu können, aber der Charakter selbst ist ja nicht von sich aus gut. Was also bleibt? Mit einer einfachen Bestimmung setzt Kants *Grundlegung* ein: «Es ist überall nichts in der Welt, ja auch außer derselben zu denken möglich, was ohne Einschränkung für gut könnte gehalten werden, als allein ein *guter Wille.*» (IV, 18) Keine vorgeschriebenen oder gemeinsam ausgehandelten Gesetze, keine Glücksgefühle, keine utilitaristischen Nützlichkeitserwägungen, keine äußeren Güter oder inneren Talente können für das oberste Prinzip der Sittlichkeit konstitutiv sein. Der Wille allein besitzt ethischen Wert.

Das ist ein völlig neuer Ton in der Moralphilosophie. Nicht ohne Befremden lenkt er die Aufmerksamkeit auf eine reine Größe, die in sich begründet sein soll. Wie ein «Juwel» glänzt sie als etwas, «das seinen vollen Wert in sich selbst hat.» (IV, 19) Ist das nur eine «hochfliegende Phantasterei» (IV, 20), wie Kant zu bedenken gibt? Um diesen Einwand zu zerstreuen, knüpft er dort an, wovon jeder Moralphilosoph ausgehen muss. Er kann nicht von außen Verhaltensweisen beobachten, um darauf eine wissenschaftliche Theorie aufzubauen. Er muss sich auf jene Erfahrungen und Einsichten beziehen, über welche die Menschen in moralischer Hinsicht lebenspraktisch bereits verfügen. Kant versucht zu zeigen, dass der Grundbegriff des guten Willens «dem natürlichen gesunden Verstande beiwohnet und nicht so wohl gelehret als vielmehr nur aufgeklärt zu werden bedarf.» (IV, 22) Wiederholt appelliert er an das, was jeder weiß, auch wenn es ihm noch nicht völlig klar ist. Um bewusst zu machen, was er aufklären will, führt er gern Fallbeispiele an. Exemplarisch erläutern sie die besondere Qualität des guten Willens. Statt Vorschriften aufzustellen und durchsetzen zu wollen, bietet Kant Vorbilder an, mit denen er zeigen will, was als wahre Sittlichkeit gelten kann.

Kant vertraut darauf, dass jeder Mensch, wenn er nicht völlig verroht ist, über ein entwickeltes Moralbewusstsein verfügt, das zu subtilsten Überlegungen und Beurteilungen fähig ist, wenn es um die moralische Qualität menschlichen Handelns und Wollens geht. Er braucht dazu weder Wissenschaft noch Philosophie. In seiner *Methodenlehre der reinen praktischen Vernunft* hat Kant auf die vielen Gespräche verwiesen, in denen gern über den sittlichen Wert dieser oder jener Handlung und die entsprechenden Absichten der Handelnden räsoniert wird. «Diejenige, welchen sonst alles Subtile und Grüblerische in theoretischen Fragen trocken und verdrießlich ist, treten bald bei, wenn es darauf ankommt, den moralischen Gehalt einer erzählten guten oder bösen Handlung auszumachen, und sind so genau, so grüblerisch, so subtil, alles, was die Reinigkeit der Absicht, und mithin den Grad der Tugend in derselben vermindern, oder auch nur verdächtig machen könnte, auszusinnen, als man bei keinem Objekte der Spekulation sonst von ihnen erwartet.» (IV, 289f.) Aber auch größere Kinder verfügen bereits über dieses Vermögen, den reinen Gehalt eines guten Willens in den Handlungen der Menschen fühlen oder erkennen zu können. Man muss ihnen keinen Katechismus vorbeten. Es genügt, ihnen lehrreiche Geschichten zu erzählen, um sie über den Wert eines guten Willens aufzuklären. Und schließlich weiß selbst der «ärgste Bösewicht, wenn er nur sonst Vernunft zu brauchen gewohnt ist» (IV, 90f.), was ein guter Wille ist, auch wenn er wegen seiner Neigungen und Antriebe nicht bereit ist, ihm zu folgen.

An zahlreichen Beispielen aus dem alltäglichen Leben und aus der Literatur, selbst ausgedacht oder von anderen gehört, hat Kant paradigmatisch erläutert, worauf er als Moralphilosoph hinauswill. In der Regel sind es Fälle, bei denen der gute Wille sich in gefahrvollen Situationen zu bewähren hat. Je größer die Bedrohung, desto reiner kann dieser Juwel funkeln. Es ist eine Moral des Dennoch, die Kant als vorbildlich entwirft. Am erhellendsten ist die Geschichte, die Kant in der *Methodenlehre der reinen praktischen Vernunft* einem zehnjährigen Knaben zur moralischen Aufklärung vorlegt, um zu demonstrieren, dass auch er bereits in der Lage ist, den Gehalt und die Größe des reinen guten Willens erfassen zu können. «Man erzähle die Geschichte eines redlichen Mannes, den man bewegen will, den Verleumdern einer unschuldigen, übrigens nicht vermögenden Person (wie etwa Anna von Boleyn auf Anklage Heinrichs VIII. von England) beizutreten.» (IV, 292) Man bietet ihm zunächst große Geschenke oder einen hohen Rang an, was er ausschlägt. Das ist zwar lobenswert, aber zeugt noch nicht wirklich von der Kraft seines guten Willens, kein falsches Zeugnis abzulegen. Man greift also zum Gegenmittel und droht mit Verlusten. Die besten Freunde, die zu den Verleumdern überlaufen, kündigen ihm die Freundschaft; Verwandte drohen ihn zu enterben; Mächtige kränken und verfolgen ihn; und ein Landesfürst droht ihm mit dem Verlust der Freiheit, ja des Lebens selbst. «Um ihn aber, damit das Maß des Leidens voll sei, auch den Schmerz fühlen zu lassen, den nur das sittlich gute Herz recht inniglich fühlen kann» (IV, 292f.), lässt man seine bedrohte Familie ihn um Nachgiebigkeit anflehen. Kein Wunder, dass sich der redliche Mann wünscht, den Tag nie erlebt zu haben, der ihn einem so unaussprechlichen Schmerz aussetzt. Dennoch bleibt er seinem Vorsatz treu, ohne zu wanken oder zu zweifeln. Und die Moral von der Geschicht? «So wird mein jugendlicher Zuhörer stufenweise, von der bloßen Billigung zur Bewunderung, von da zum Erstaunen, endlich bis zur größten Verehrung, und einem lebhaften Wunsche, selbst ein solcher Mann sein zu können (obzwar freilich nicht in seinem Zustande) erhoben werden; und gleichwohl ist hier die Tugend nur darum so viel wert, weil sie so viel kostet, nicht weil sie etwas einbringt.» (IV, 293)

Übergang II: von der populären Glückseligkeit zum kategorischen Imperativ. Kant hat die Geschichte vom redlichen Mann nur erzählt. Vielleicht gab es diesen Menschen nicht, der sich durch nichts dazu verführen ließ, die unschuldige Anne Boleyn zu verleumden, weder durch Verlockungen und Belohnungen noch durch Qualen und Schmerzen. Hätte er sie überhaupt retten können durch seine Aufrichtigkeit und Wahrhaftigkeit? Jedenfalls ist die zweite Frau Heinrichs VIII. am 19. Mai 1536 wegen angeblichen Verrats hingerichtet worden. Sie war nicht sein letztes Opfer. Doch unabhängig davon, wie auch immer die reale Weltgeschichte verlief, lässt Kants biographisches Beispiel die Eigenart seiner Ethik erkennen. Sie ist keine empirische Psychologie oder praktische Anthropologie. Sie basiert nicht auf der Erfahrung vom tatsächlichen Tun und Lassen der Menschen; denn jeder weiß doch, dass es im wirklichen Leben meist nicht so zugeht, wie Kants kleine Geschichte eines guten Willens andeutet. Stattdessen bringt sie Werte ins Spiel, die wir uns «denken» können hinsichtlich dessen, was «ohne Einschränkung für gut könnte gehalten werden» (IV, 18). Ob jemand unter Androhung der Todesstrafe zu dieser uneigennützigen Tat bereit wäre oder nicht, könne zwar niemand sicher behaupten. Aber dass er dazu in der Lage sein könnte, verweist auf ein Vermögen, das ihm ohne den Gedanken an ein moralisches Prinzip unbekannt geblieben wäre. Die gehäuften Konjunktive verweisen auf die Problematik, die sich durch drei Eigenarten dieses moralphilosophischen Paradigmas skizzieren lässt.

Erstens wird nicht jeder so mutig sein wie Kants Held, wahrscheinlich nur die wenigsten, vielleicht sogar niemand. Früher oder später werden die angebotenen Güter oder die zugefügten Schmerzen zu groß sein, um nicht ein Verleumder zu werden. Gerade ein aufmerksamer Beobachter der menschlichen Stärken und Schwächen wie Kant hat große Zweifel, «ob auch wirklich in der Welt wahre Tugend angetroffen werde.» (IV, 35) Er selbst hält es sogar für unmöglich, mit völliger Gewissheit feststellen zu können, ob dieser Mann wirklich einen so guten Willen hatte, wie es scheint. Vielleicht war er nur seines Lebens überdrüssig und setzte seine Aufrichtigkeit als ein kluges Mittel ein, um nicht von eigener Hand sterben zu müssen. Dann aber wäre sein standhaftes Verhalten keine sittliche Tat gewesen.

Zweitens werden es immer nur Einzelne sein, die bereit sind, die Kosten zu bezahlen, die dem Wert der Tugend entsprechen. Solange es einem gut geht, kann man auch seinem guten Willen folgen. Kants Beispiel erzählt dagegen vom unbeschreiblichen Schmerz, in dem der gute Wille auf die härteste Probe gestellt wird. Sein Wert bemisst sich an der Größe dessen, was man zu erdulden vermag, um seinem Willen, kein falsches Zeugnis gegen einen Unschuldigen zu geben, treu zu bleiben. Es ist gleichsam nur eine negative Triebfeder der reinen praktischen Vernunft, die Kant einführt, um den inneren Wert eines guten Willens ermessen zu können. In seiner *Kritik der praktischen Vernunft* wird er es noch einmal unterstreichen. Nur im Schmerz haben wir den «ersten, vielleicht auch einzigen Fall» (IV, 193), bei dem wir eine Beziehung zwischen einer reinen praktischen Vernunfterkenntnis und einem Gefühl der Lust oder Unlust herstellen können.[11]

Wenn Kant davon spricht, dass im Fall des redlichen Mannes die Tugend nichts «einbringt», sondern viel «kostet», dann spielt er drittens mit einer Opposition, die er später klar konturieren wird. Er unterscheidet zwischen dem, was einen *«Preis»* hat, und dem, was einen «inneren Wert, d. i. *Würde*» (IV, 68) besitzt. Alles, was einen Preis hat und auch etwas einbringen kann, lässt sich vergleichen und miteinander gleichwertig setzen, wobei das Geld das allgemeinste Äquivalent ist, für das sich alles kaufen lässt, was man benötigt. Das aber, was eine Würde besitzt, ist unvergleichbar und in sich wertvoll, wobei «das Wort *Achtung* allein den geziemenden Ausdruck der Schätzung abgibt.» (IV, 69) Zu dieser Bewunderung wird Kants jugendlicher Zuhörer durch sein Vorbild «erhoben». In ihm wird jenes Gefühl des Erhabenen wachgerufen, das für Kants eigenen moralischen Enthusiasmus die größte Rolle spielt.

Wie einzigartig und lebenspraktisch kaum realisierbar der reine gute Wille auch sein mag, seine erhabene Größe leuchtet dennoch jedem ein, der über einen «gemeinen» moralischen Menschenverstand verfügt. Anders sieht es auf dem Gebiet der «populären» Moralphilosophie aus. Während Kant wie eine sokratische Hebamme den Menschen nur zum Bewusstsein bringt, was ihnen schon vertraut ist, setzt er sich nun radikal von allen bisherigen Bemühungen ab, die Idee der Sittlichkeit aus Phänomenen oder Vorstellungen abzuleiten, die mit ihr nichts zu tun haben. Es war populär und seit der Antike in zahlreichen Variationen entfaltet, auf Vollkommenheit oder Glückseligkeit, auf gute Gefühle oder strenge Gottesfurcht, auf gesellschaftlich vereinbarte Gesetze oder angeborene natürliche Neigungen zu setzen, um Moral begründen zu können. All das aber führte nur zu einem Wirrwarr ohne Klarheit.

Vor allem gegen eine Moral der Glückseligkeit wendet Kant seine polemische Kritik. Das betrifft besonders Christian Wolffs *Vernünfftige Gedancken von der Menschen Thun und Lassen zur Beförderung ihrer Glückseeligkeit (Deutsche Ethik)* von 1720, auf die Kant wiederholt anspielt. Er kann zwar nichts dagegen haben, dass die Menschen glücklich sind oder glücklich sein wollen. Aber was hat das mit Ethik zu tun, mit dem Wesentlich-Guten, das in sich seine Würde besitzt? Nichts! Denn oft sind es doch gerade Schmerz und Unglück, an denen sich die wirkliche moralische Stärke und die Idee der Sittlichkeit beweisen. Zudem ist es, wie Kant ironisch zu bedenken gibt, «ein Unglück, daß der Begriff der Glückseligkeit ein so unbestimmter Begriff ist, daß, obgleich jeder Mensch zu dieser zu gelangen wünscht, er doch niemals bestimmt und mit sich selbst einstimmig sagen kann, was er eigentlich wünsche und wolle.» (IV, 47) Will er Reichtum? Das kann Neid und Sorgen auf den Hals ziehen. Viel Erkenntnis? Das führt vielleicht zu einer erschreckenden Einsicht in zahlreiche Übel, die man jetzt glücklicherweise noch nicht erkennen kann.

Wünscht er sich ein langes Leben? Das kann ja auch ein langes Elend sein. Wenigstens Gesundheit? Oft hat doch gerade die Schwäche des Körpers zu einem glücklichen Leben geführt, während die unbeschränkte Gesundheit zu Ausschweifungen verführen kann, die ins Unglück stürzen lassen.

Die populäre Absicht auf Glückseligkeit lässt sich nur durch «hypothetische Imperative» lenken. Sie empfehlen, welche Mittel unter bestimmten Bedingungen vielleicht zu einem angestrebten Zweck eingesetzt werden sollen. Es sind pragmatische Vorschriften, die uns auf unseren Vorteil aufmerksam machen und möglicherweise nützlich sind. Sei sparsam, wenn du reich werden willst! Treibe Sport, wenn du gesund sein willst! Denk positiv, wenn du Erfolg haben willst! Vielleicht helfen solche Empfehlungen. Aber sie gelten nur hypothetisch und sind auf Zwecke ausgerichtet, denen selbst kein moralischer Wert zukommt.

Um dagegen eine Richtlinie oder einen Maßstab für den reinen guten Willen selbst zu haben, der als einziger Kandidat eines Guten ohne Einschränkung gelten kann, braucht es einen anderen Imperativ. Er muss «kategorisch» sein, um der Unbedingtheit des guten Willens zu entsprechen, der sich gegen jede äußerliche Bedrohung oder Verführung, gegen Schmerzen und Glückseligkeiten gleichermaßen in seiner Reinheit behaupten können soll. So gelangt Kant schließlich zu jener berühmten Formel, mit der er den Grundsatz der Sittlichkeit auf eine radikal neue Weise aufklärt. Sie ist die am ausführlichsten diskutierte Aussage eines europäischen Philosophen, die unauflöslich mit Kants Namen verbunden ist: «Der kategorische Imperativ ist also ein einziger, und zwar dieser: *handle nur nach derjenigen Maxime, durch die du zugleich wollen kannst, daß sie ein allgemeines Gesetz werde.*» (IV, 51) Wir werden ihn näher betrachten, wenn wir uns mit Kants «Moral ohne Gott» beschäftigen, die ihm ziemlich viel Ärger einbrachte und die Zensurgewalt kirchlicher und staatlicher Autoritäten auf den Plan rief.

Übergang III: von der Sinnenwelt ins unbegreifliche Reich der praktischen Vernunft. Während Übergang I an das allgemeine

Moralbewusstsein anknüpft und Übergang II sich von der populären Moralphilosophie absetzt, bietet Übergang III zugleich eine Orientierung wie eine Warnung. Er deutet auf das autonome Reich der Sittlichkeit hin, an dessen Grenzbefestigung der Hinweis steht: Vorsicht vor der unsinnigen Schwärmerei im Geisterreich! Die Gefahr, die droht, basiert auf jener Spaltung, die Kant bereits 1770 in seiner dritten Dissertation vorgenommen hat, mit der er sich für die Ernennung zum ordentlichen Professor für Logik und Metaphysik qualifizierte: *De mundi sensibilis atque intelligibilis forma et principiis* (Von der Form der Sinnen- und Verstandeswelt und ihren Gründen). Auf dem Feld der praktischen Philosophie hat er sie auf den Menschen in moralischer Hinsicht bezogen.

Auf der einen Seite gibt es die vielen Individuen mit ihren Sinnlichkeiten und Leidenschaften, ihren Interessen und Neigungen, ihren Hoffnungen und Ängsten. Sie gehören zur empirischen Sinnenwelt, in der sie vielfältigsten heteronomen Lebensbedingungen ausgesetzt sind, die sie pragmatisch zu bewältigen versuchen. Auf der anderen Seite soll das Subjekt eines reinen guten Willens stehen, das nur seinem eigenen unbedingten kategorischen Imperativ folgt. Es gehört zur Verstandeswelt, deren sittlicher Gehalt in seiner eigenen autonomen Vernunft praktisch begründet ist. Gleichsam zwischen beiden steht der zum moralischen Handeln und Wollen fähige vernünftige Mensch. Er muss ein Doppelleben führen. Er befindet sich in einem «Widerstreit» (IV, 93) und hat «zwei Standpunkte» (IV, 88), aus denen er sich betrachten und über sein Wollen und Handeln urteilen kann.[12] Dieses Können setzt, wie Kant postuliert, voraus, dass die beiden Standpunkte in moralphilosophischer Hinsicht «nicht allein gar wohl beisammen stehen *können*, sondern auch, *als notwendig vereinigt*, in demselben Subjekt gedacht werden müssen.» (IV, 93)

Doch wie steht es mit der Voraussetzung dieser waghalsigen Konstruktion? Ist nicht die eigenständige Welt der reinen praktischen Vernunft nur eine fiktive Gedankenwelt, die mit unserer alltäglichen Welt des Handelns und Wollens nicht zu vermitteln ist?

Kant selbst hat davor gewarnt, dass die praktische Vernunft «nicht in dem für sie leeren Raum transzendenter Begriffe, unter dem Namen der intelligibelen Welt, kraftlos ihre Flügel schwinge, ohne von der Stelle zu kommen, und sich unter Hirngespinsten verliere.» (IV, 100) Hamann hat sofort dieses Stichwort aufgegriffen und gegen Kant gewendet. Dass es sich in Kants Metaphysik der Sitten nur um ein lebensfremdes Idol und ein reines Gespinst im Kopf des Philosophen handelt, gehört zu den beliebten Standardeinwänden gegen seine Moralphilosophie. Doch nicht zu übersehen ist auch, dass Kants *Grundlegung* seit mehr als 200 Jahren noch immer zum Nachdenken anregt. Im Streit alternativer Ethikkonzepte behauptet sie sich in ungebrochen provokanter Frische. *Das Reale einer Illusion*[13] ist gegenwärtig noch so umstritten wie 1785, als schon die ersten Kritiker Kant vorhielten, dass seine Metaphysik dem Verstand gewöhnlicher Menschen unbegreifbar bleiben muss. «Was wollen wir bei Menschen, deren beinahe einzige Triebfedern Neigung zum Vergnügen und Abscheu vom Schmerz ist, wohl durch diese Vorstellung ausrichten?»[14]

Kant weiß selbst, dass seine praktische Philosophie in der Tat auf einem Standpunkt beruht, der zwar fest sein soll, aber «weder im Himmel, noch auf der Erde, an etwas gehängt, oder woran gestützt wird.» (IV, 57) Denn er basiert weder auf den empirisch feststellbaren Fakten der Welt (Erde), die man beobachten und beschreiben kann, noch kann er sich an die religiösen Fiktionen (Himmel) hängen, an die man glauben kann. Aus dieser prekären Lage rettet sich Kant durch einen kritischen Gedanken, den er bereits 1766 in seiner Auseinandersetzung mit dem träumenden Geisterseher Swedenborg angedeutet hat. Die Idee der Sittlichkeit, die er anhand zahlreicher Beispiele moralischen Handelns zu denken aufgegeben hat, übersteigt zwar den Bereich des Faktischen. Aber sie wird dadurch zu keiner imaginären Größe, die man als solche visionär sehen oder spiritualistisch empfinden könnte. «Dadurch, daß die praktische Vernunft sich in eine Verstandeswelt hinein *denkt*, überschreitet sie gar nicht ihre Grenzen, wohl aber, wenn sie sich *hineinschauen, hineinempfinden* wollte.» (IV, 95) Dieses Hineindenken kann nur im Nachvollzug dessen geschehen, worauf die erzählten Handlungen exemplarisch hindeuten. Man kann sich den reinen guten Willen des redlichen Mannes denken, der sich weigert, eine unschuldige Person zu verleumden. Ob er tatsächlich in seiner uneingeschränkten Reinheit existiert, kann jedoch nicht sicher festgestellt werden.

Streng genommen lässt sich die Idee der Sittlichkeit, sofern Kant sie von allen erfahrungsorientierten Beimischungen säubern wollte, überhaupt nicht begreifen und sprachlich ausdrücken. An der äußersten Grenze aller praktischen Philosophie, die nichts mit der empirischen Seelenlehre verbinden soll, taucht das Unerklärbare und Unbegreifliche auf. Denn die reine praktische Vernunft sucht zwar «rastlos das Unbedingt-notwendige, und sieht sich genötigt, es anzunehmen, ohne irgend ein Mittel, es sich begreiflich zu machen. (...) Und so begreifen wir zwar nicht die praktische unbedingte Notwendigkeit des moralischen Imperativs, wir begreifen aber doch seine *Unbegreiflichkeit*, welches alles ist, was billigermaßen von einer Philosophie, die bis zur Grenze der menschlichen Vernunft in Prinzipien strebt, gefordert werden kann.» (IV, 101f.)

Allen Philosophen, die eine systematische, gar wissenschaftliche Begründung der Ethik anstreben, seien sie nun utilitaristisch an den nützlichen Folgen menschlicher Handlungen interessiert oder diskursethisch[15] am erreichbaren Konsens vernünftiger Gesprächspartner, muss Kants Pointe als absolute Provokation erscheinen. Auf Resonanz stößt sie dagegen bei denjenigen, deren Denken sich an Paradoxien reibt und die jenes Gefühl für das Erhabene schätzen, an das Kant wiederholt appelliert, wenn er über das *«moralische Gesetz in mir»* (IV, 300) mit immer neuer und zunehmender Hochachtung und Ehrfurcht nachdenkt. So hat Sören Kierkegaard in seinen *Philosophiske Smuler* (Philosophische Brocken) von 1844 Kants Motiv der Grenze aufgegriffen und die moralische Selbsterkenntnis, hin- und hergerissen zwischen tierischen Begierden und göttlicher Reinheit, als das «absolute Paradox (eine metaphysische Grille)» eines Unbekannten entwickelt, das man zu erkennen strebt. «Die paradoxe Leidenschaft des Verstandes stößt also ständig an dieses Unbekannte, das wohl da ist, aber auch unbekannt und insofern nicht da ist. Weiter kommt der Verstand nicht, und doch kann er es in seiner Paradoxie nicht lassen, dahin zu kommen und sich damit zu beschäftigen. (...) Was also ist das Unbekannte? Es ist die Grenze, zu der man beständig kommt.»[16]

Im Zwiegespräch mit Kant hat Jean-François Lyotard *Le Différend* (Der Widerstreit) geschrieben und ist in vier großen Exkursen auch Kants Übergängen und Begrenzungen gefolgt; und wiederholt hat dieser Vordenker der Postmoderne das Erhabene in seiner Undarstellbarkeit zu begreifen versucht, das er als das zentrale Problem des 21. Jahrhunderts prognostizierte.[17] Neben Kant war es vor allem Ludwig Wittgenstein, von dem Lyotard seine Winke erhielt. Das war kein Zufall. Denn wie eine Paraphrase Kants klingt, was Wittgenstein sein Leben lang über Ethik dachte und schrieb. Bereits am 4. August 1916, während er an der Front die bestialische Wirklichkeit des Ersten Weltkriegs erduldete, notierte er sich in sein *Tagebuch*: «Wäre der Wille nicht, so gäbe es auch nicht jenes Zentrum der Welt, das wir das Ich nennen, und das Träger der Ethik ist. Gut und böse ist wesentlich nur das Ich, nicht die Welt. Das Ich, das Ich ist das tief Geheimnisvolle.»[18] In seinem *Tractatus logico-philosophicus* (6.421) war 1921 dann zu lesen, dass es keine Sätze der Ethik im Sinne einer Beschreibung von Tatsachen geben kann: «Sätze können nichts Höheres ausdrücken. Es ist klar, daß sich die Ethik nicht aussprechen läßt. Die Ethik ist transcendental.»

Doch das hieß nicht, dass Probleme der Werte, der Moral, des Sollens für den Menschen keine Rolle mehr spielen. Im Gegenteil, für Wittgenstein gab es nichts Wichtigeres. Er wollte ein «gutes» Leben nach moralischen Grundsätzen führen. Nur muss man wissen, dass jeder Versuch einer tatsachenorientierten Begründung der Ethik sich in einer Paradoxie verstrickt. Man will sie zur Sprache bringen und kann es nicht. In seinem *Vortrag über Ethik*, den er Ende 1929 im Verein der «Heretics» in Cambridge hielt, hat Wittgenstein diese Überzeugung noch einmal zusammengefasst, eng an Kant angelehnt. Sobald er versuchte, bestimmten Erlebnissen, Willensakten oder Handlungen einen «absoluten oder ethischen Wert» wie eine tatsächlich bestehende Eigenschaft zuzuschreiben, drängte es ihn, «gegen die Grenzen der Sprache anzurennen, und dies ist, glaube ich, der Trieb aller Menschen, die je versucht haben, über Ethik und Religion zu schreiben oder zu reden. Dieses Anrennen gegen die Wände unseres Käfigs ist völlig und absolut aussichtslos. Soweit die Ethik aus dem Wunsch hervorgeht, etwas über den letztlichen Sinn des Lebens, das absolut Gute, das absolut Wertvolle zu sagen, kann sie keine Wissenschaft sein. Durch das, was sie sagt, wird unser Wissen in keinem Sinne vermehrt. Doch es ist ein Zeugnis eines Drangs im menschlichen Bewußtsein, das ich für mein Teil nicht anders als hochachten kann und um keinen Preis lächerlich machen würde.»[19] Nicht zufällig hat Wittgenstein am Ende seines Vortrags in der ersten Person Singular gesprochen. Es schien ihm wesentlich zu sein, dass es auf dem Feld der Ethik nichts zu konstatieren gelte, sondern dass er «nur als Persönlichkeit hervortreten und in der ersten Person sprechen»[20] könne.

In seinem Gespräch mit Moritz Schlick, dem Doyen des Wiener Kreises einer metaphysikkritischen Wissenschaftlichen Weltauffassung[21], hat Wittgenstein am 30. Dezember 1929 noch einmal unterstrichen, worauf auch Kant in seinen moralischen Erzählungen nur exemplarisch hinweisen konnte, ohne es selbst in seiner Reinheit aussagen oder benennen zu können. Als überzeugter Empirist und Kritiker Kants hat Schlick seine *Fragen der Ethik* im Hinblick auf psychologisch feststellbare Sachverhalte zu beantworten versucht. «*Kants* Konstruktion verstößt gegen die psychologischen Tatsachen und hat daher kein Interesse für uns. Moralisches Handeln ist überhaupt nicht möglich, oder es entspringt aus natürlichen Neigungen.»[22] Statt wie Kant auf absolute Werte oder einen reinen guten Willen zu intendieren, die Schlick nur als leere Worte galten, bezog er sich vor allem auf menschliche

Glücks- und Lustgefühle. Er brachte wieder zur Sprache, wovon die Popularphilosophen des 18. Jahrhunderts, vor allem Christian Wolff, gehandelt hatten: das Streben nach Glückseligkeit. Dagegen hat Wittgenstein entschieden Einspruch erhoben. Was Schlick als Kants «Sprung ins Nichts»[23] lächerlich zu machen versuchte, hat er, ganz im Sinne Kants und Kierkegaards, als eine paradoxe Intention hoch geachtet. Es ist das Unbegreifliche und Unbekannte, das sich einer tatsachenorientierten Sprache entzieht und nur in einem Philosophieren vorscheint, das bis an die äußerste Grenze der menschlichen Vernunft und Sprache strebt. Als Kantianer gab er zu bedenken: «Es ist apriori gewiß: Was immer man für eine Definition zum Guten geben mag – es ist immer nur ein Mißverständnis, das Eigentliche, was man in Wirklichkeit meint, entspreche sich im Ausdruck. Aber die Tendenz, das Anrennen, *deutet auf etwas hin.*»[24]

MORAL OHNE GOTT

«Aristoteles sagt: meine lieben Freunde, es gibt keinen Freund!» (IV, 609) Das war einer jener leichten und sinnreichen Witze, die wie Blitze aus heiterem Himmel Kants Freunde zugleich amüsierten und irritierten. Sollte man darüber lachen? Kant hat das aristotelische Paradoxon wahrscheinlich durch den Essay *Über die Freundschaft* (1580) des philosophierenden Moralisten Michel de Montaigne kennen gelernt, der zu seinen Lieblingsschriftstellern gehörte. Kants ehemaliger Student und späterer Vertrauter Ehregott Andreas Christoph Wasianski, der ihn in seinen letzten Lebensjahren betreut hat, gab sich die größte Mühe, diese Aussage seines verehrten Kant zurückzuweisen. Er konnte ihm in diesem Fall unmöglich zustimmen. Denn es gebe doch wahre und echte Freunde. Am Ende soll es Wasianski sogar gelungen sein, Kant umzustimmen. Denn früher, als Kant sich selbst genug gewesen war und das Leiden nur dem Namen nach kannte, brauchte er vielleicht wirklich keinen Freund. Aber jetzt, 1800, im Greisenalter und durch Schwäche fast bis zum Hinsinken geneigt, suchte er eine Stütze und fand sie in Wasianski. «Als ich daher bei Gelegenheit seiner sehr andringenden Freundschaftsversicherung meinen Unglauben mit Beziehung auf jenes Paradoxon äußerte, war er offenherzig genug, zu gestehen, daß er jetzt mit mir einerlei Meinung sei und Freundschaft für keine bloße Chimäre halte.»[25] Welch eigenartiges Missverständnis dessen, worauf Kant als Ethiker hindeutete und was ihm nun, geschwächt und auf Hilfe angewiesen, als offenherziges Geständnis im Mund verdreht wurde.

Auch Montaigne hatte diesen vier provozierenden Worten widersprochen, die einen verrückt zu machen drohten: «o philoi, oudeis philos», von denen nicht sicher ist, ob sie wirklich von Aristoteles stammen. Stattdessen knüpfte er an die Antwort an, die Aristoteles auf die Frage «Was ist ein Freund?» gegeben hatte: «Eine einzige Seele, die in zwei Körpern wohnt.» Gegen die Verneinung beschwor er die einmalige, die alles überragende Freundschaft, bei der «zwei Seelen verschmelzen und derart ineinander aufgehen, daß sie sogar die Naht nicht mehr finden, die sie einte.»[26] An dieser Entgegnung hat Jacques Derrida, der Philosoph der Differenz und Kritiker jeder in sich stabilen Präsenz, nicht nur die Unruhe bemerkt, durch die jede Identität des Territoriums aus den Fugen gebracht wird: eine Seele in zwei Körpern. Derrida hat auch die unaufhebbare Spannung entfaltet, die zwischen der Anrede an die anwesenden Freunde («meine lieben Freunde») und dem folgenden Urteil über die Freundschaft («es gibt keine Freunde») besteht.[27] Ohne Kant zu erwähnen, folgte er dessen Differenzierung zwischen der Beschreibung tatsächlich bestehender Freundschaften und der unbegreiflichen und unsagbaren ethischen Idee einer Freundschaft, für deren sittliche Reinheit es im Leben keine empirische Anschauung geben kann.

Kant hat nicht bezweifelt, dass Menschen sich freundschaftlich nahe sein können. Er hat es ja selbst gelebt und empfunden. Er war gern im Kreis seiner Freunde, mit denen er sich, wie schon

«Kant und seine Tischgenossen».
Gemälde von Emil Doerstling, 1892

seine ersten Biographen nachdrücklich unterstrichen, eng verbunden fühlte. «Äußerst tätig war er für lebende Freunde, wo er irgend etwas für diese wirken konnte»[28], lobte Borowski und konnte dafür auf zahlreiche Beispiele verweisen. Ein Freund zu sein, auf den man sich verlassen kann, gehörte zu Kants Maximen. Im § 46 der Tugendlehre seiner *Metaphysik der Sitten* hat er noch 1797, im Alter von 73 Jahren, enthusiastisch das hohe Lied der Freundschaft angestimmt, dieser «innigsten Vereinigung der Liebe mit der Achtung». Aber er gab zugleich zu bedenken, dass Freundschaft in ihrer Reinheit oder Vollständigkeit als erreichbar vorzustellen nur ein «Steckenpferd der Romanenschreiber» (IV, 609) sein kann, gegen das er die aristotelische Sentenz ins Spiel brachte. Er hielt Freundschaft für ein Ideal, das in der Ausübung zwar unerreichbar, aber dennoch als ein Maximum der guten Gesinnung anzustreben ist. Ob dieses Streben sein Ziel in besonderen Fällen wirklich erreicht hat, kann nicht festgestellt werden.

Denn Kant hielt es für gänzlich unmöglich, durch Erfahrung auch nur einen einzigen Fall mit völliger Gewissheit ausmachen zu können, bei dem das Handeln der Freunde wirklich dem inneren Wert und der erhabenen Würde der Freundschaft aus reiner Sittlichkeit entspricht. Er konnte sich ja nicht einmal selbst sicher sein, ob nicht auch in seinen Freundschaften pragmatische Nützlichkeitserwägungen und Klugheitsregeln eine Rolle spielten. Aus dieser unauflösbaren Irritation, in der zugleich das Gefühl für das Erhabene und der Charakter des Melancholikers wirksam waren, befreite der ironische Scherz, mit dem Kant seinen geselligen Verkehr zu würzen wusste. Nur mit dem paradoxen Anspruch an die Freunde, dass es keine Freunde gibt, konnte er auf das hindeuten, was sich in seiner ethischen Absolutheit jeder Sprache der Tatsachen entziehen muss.

Mit Fallbeispielen, in denen er sich selbst als Charakter zu erkennen gab, hat Kant das letztlich Unbegreifliche erläutert, wofür er als Persönlichkeit eintrat, so gut er konnte. Auch in seiner Formel des kategorischen Imperativs haben sich lebensgeschichtliche Spuren eingeschrieben. Es wurde schon früh darauf hingewiesen: «Kant lebte wie er lehrte.»[29] Aber war es nicht eher umgekehrt? Stammte das, was er als philosophische Lehre formulierte, nicht aus seinen Lebenserfahrungen? Waren nicht die Ideale und Pflichten abgeleitet aus der Lebensform, die er wollte und durch jene Maximen festigte, die seiner Persönlichkeit entsprachen?

Man muss Kants Charakter berücksichtigen, um der Intention seiner Ethik folgen zu können. Die «Selbstbezüglichkeit reiner praktischer Vernunft», die als logische Struktur von *Kants Moralphilosophie* rekonstruiert worden ist[30], bezieht sich auf Kants eigenes Selbst. Auch als reiner Moralphilosoph hat Kant von sich gesprochen. Für diese Wendung zu seinem Ideal-Ich sprechen bereits die Fallbeispiele, an denen er zeigte und philosophisch begründete, was er selbst für gut hielt. Der Krämer, der nicht nur wegen der betriebswirtschaftlichen Klugheit seine Kunden in der Regel korrekt bedient, sondern weil er ehrlich aus Grundsätzen ist; der leidende Mensch, dem jede Lust am Leben zwar vergangen ist und der dennoch sein Leben erhält, weil es als solches einen unschätzbaren Wert besitzt; der Arme, der finanziell am Ende ist, aber dennoch kein falsches Versprechen über die Rückgabe des geliehenen Geldes geben will; der Ehrliche, der das Depositum, das sich in seinen Händen befindet, nicht verheimlicht, obwohl dessen Eigentümer gestorben ist und es keinen Hinweis gibt, wo es sich befindet; der redliche Mann, der selbst unter Androhung des Todes nicht bereit ist, eine Unschuldige lügnerisch zu beschuldigen: In all diesen Fällen werden jene Maximen befolgt, die Kant auch für sein eigenes Handeln als moralische Richtlinien hoch schätzte und mit dem Bewusstsein seiner humanen Existenz verknüpfte.

Selbstverständlich leugnete er nicht, dass Menschen auch nach gegenteiligen Maximen handeln. Sie übervorteilen andere, wenn das nicht herauszukommen droht; sie folgen der Maxime: «Wenn mir das Leben mehr Schmerz als Freude bereitet, will ich Selbstmord begehen»; sie haben es sich zur Maxime gemacht: «Wenn ich mich in Geldnot zu sein glaube, so will ich Geld borgen und versprechen, es zu bezahlen, ob ich gleich weiß, es werde niemals geschehen» (IV, 53); sie verschweigen, was bei ihnen hinterlegt worden ist, weil sie der Maxime folgen, ihr Vermögen auch durch illegale Mittel zu vergrößern, sofern sie dabei nicht erwischt werden; oder sie legen falsches Zeugnis ab, weil ihnen ihr eigenes Schicksal wichtiger ist als das anderer.

Wenn man beobachtet, wie Individuen tatsächlich handeln und welchen lebensgeschichtlich ausgebildeten subjektiven Grundsätzen sie dabei folgen, dann gibt es keine Gründe, an einen reinen guten Willen der Menschen zu glauben. Noch in seinen späten *Reflexionen zur Anthropologie* notierte Kant: «Die Frage: Ist der Mensch Gut oder Böse? ist schweer zu beantworten.»[31] Er neigte wohl eher zu einer pessimistischen Antwort. Doch es war nicht Kants praktisches Erkenntnisinteresse, zu erfahren, was in der Welt tatsächlich alles gewollt und wie in ihr wirklich gehandelt wird. Auch ging es ihm nicht darum, einzelne Handlungen unter mögliche Gesetze zu subsumieren und danach zu beurteilen. Das war Aufgabe der Rechtslehre. «Die Ethik gibt nicht Gesetze für die Handlungen (denn das tut das Ius), sondern nur für die Maximen der Handlungen.» (IV, 519) Als Metaphysiker der Sitten versuchte Kant zu begründen, warum Maximen wie Ehrlichkeit, Lebensmut, Treue im Versprechen, freundschaftliches Wohlwollen und Wahrhaftigkeit als sittlich gut gelten können, dagegen Maximen wie Unehrlichkeit, Selbstmord aus Lebensüberdruss, falsches Versprechen, feindselige Missgunst und Lüge verworfen werden müssen. Für diese *Grundlegung* brauchte er ein Unterscheidungskriterium. Kant wollte keinen neuen Grundsatz aller Sittlichkeit einführen oder erfinden, als wären vor ihm die Menschen moralisch unwissend oder in ständigem Irrtum gewesen. Er suchte nur eine einfache Formel, um den Grund festigen und genau bestimmen zu können, aus dem Handlungsmaximen als gut gelten können. Dass man also seine Handlungen zunächst nach ihren subjektiven Grundsätzen (Maximen) betrachten muss, setzte er voraus. Aber dann kommt es darauf an, diese Grundsätze einer vernünftigen «Probe» (IV, 331) zu unterwerfen. Nur wenn sie diese Prüfung bestehen, kann ihnen das Prädikat der Moralität zugesprochen werden. Zu nichts anderem diente der kategorische Imperativ[32], dieses erstaunliche Grundgesetz der reinen praktischen Vernunft: «Handle so, daß die Maxime deines Willens jederzeit zugleich als Prinzip einer allgemeinen Gesetzgebung gelten könne.» (IV, 140)

Konkretes individuelles Handeln, selbst gewählte und gewollte Maxime und allgemeines, objektives Gesetz werden durch den kategorischen Imperativ in einer Formel zusammengefügt, die zur kritischen Prüfung des sittlichen Gehalts befolgter Maximen dienen kann. An seinen Fallbeispielen hat Kant es exemplarisch vorgeführt. Das Ergebnis war immer das gleiche. In einzelnen konkreten Situationen kann man zwar lügen, betrügen oder stehlen wollen. Wenn ein Mensch sich «in Verlegenheit befindet, daraus er sich auf andere Art nicht ziehen kann» (IV, 30), wird er nicht unbedingt moralisch handeln. Aber daraus kann nicht gefolgert werden, dass man es als allgemeines Gesetz auch wollen könne, lügen, betrügen, verleumden oder stehlen zu dürfen, wann immer einem danach der Sinn steht. Die Befolgung solcher Maximen würde nämlich, um nur das Beispiel des vorsätzlich falschen Versprechens zu zitieren, zu einem Orientierungsverlust im gesellschaftlichen Zusammenleben führen, den niemand, sofern er zur vernünftigen Überlegung fähig ist, wirklich wollen kann. «Denn die Allgemeinheit eines Gesetzes, daß jeder, nachdem er in Not zu sein glaubt, versprechen könne, was ihm einfällt, mit dem Vorsatz, es nicht zu halten, würde das Versprechen und den Zweck, den man damit haben mag, selbst unmöglich machen, indem niemand glauben würde, daß ihm was versprochen sei, sondern über alle solche Äußerung, als eitles Vorgeben, lachen würde.» (IV, 53)

Seit mehr als 200 Jahren wird darüber gestritten, ob Kants Argumentation in sich schlüssig ist, ob sein kategorischer Imperativ als Prüfverfahren und probates Unterscheidungskriterium verlässlich ist, ob eine Maximen-Ethik zur Rekonstruktion des moralischen Gemeinsinns und Handelns ausreicht, ob durch die bloße Formel eine substanzielle Begründung der Sittlichkeit möglich ist oder ob es sich dabei nur um ein Hirngespinst ohne lebenspraktischen Bezug handelt. Es gibt keine moderne Moralphilosophie, die sich nicht auf Kant bezieht. Ohne Kants Ethik ist nicht zu verstehen, was John Rawls als Theorie der Gerechtigkeit entwickelt hat oder Jürgen Habermas als Diskursethik, Emmanuel Levinas als Primat des unbedingten Gefordertseins in der Ethik oder Karl-Otto Apel als postkantischen Universalismus.[33] Und auch Alternativen wie der Utilitarismus eines John Stuart Mill oder der Empirismus eines Moritz Schlick konnten sich nur als Gegenpositionen zu Kants Ethik profilieren. Dieser Wirkungsgeschichte kann hier nicht weiter gefolgt werden. Vergegenwärtigen wir stattdessen den kulturpolitischen Konflikt, in den der alte Kant mit seiner «Metaphysik aus dem Sittlichen»[34] geraten ist.

Zum Streitfall wird vor allem, dass Kants Maximen-Ethik als eine Moral ohne Gott erscheint. 1785, in der *Grundlegung zur Metaphysik der Sitten*, taucht der Gottesbegriff nur zwei Mal auf.

In beiden Fällen spielt er eine lediglich negative Rolle. Er dient nur dazu, die besondere Qualität des guten Willens und des moralischen Gesetzes herauszustellen, die nun von allen moraltheologischen Beigaben auf radikale Weise befreit ist.

Im ersten Fall geht es um die Frage, warum das Kriterium des moralischen Handelns als ein Imperativ formuliert worden ist. Kants Antwort: Weil jeder Mensch ein Doppelwesen ist, das in sich den Widerstreit zwischen natürlichen Neigungen und vernünftiger Sittlichkeit austragen muss. Der Mensch, selbst wenn er seinem guten Willen folgen will, fühlt in sich ein mächtiges Gegengewicht gegen alle Moralgesetze, die er zu denken in der Lage ist. Um diesen unaufhebbaren «Widerstand der Neigung gegen die Vorschrift der Vernunft *(antagonismus)*» (IV, 55) moralphilosophisch zu kennzeichnen, braucht es einen Imperativ. Dieses Sollen hat Kant zufolge nur für Wesen einen Sinn, deren Wollen in konkrete Lebensbedingungen eingebunden ist, mit ihren Verführungen und Ablenkungen, sinnlichen Neigungen und pragmatischen Nützlichkeitserwägungen. Ein Tier, dessen natürliches Verhalten durch den Instinkt gesteuert wird, braucht keinen Imperativ zu befolgen. Ebenso wenig die Wesen, deren vollkommen guter Wille durch keine Leidenschaften und Sinnlichkeiten verführt wird. «Daher gelten für den *göttlichen* und überhaupt für einen *heiligen* Willen keine Imperativen; das *Sollen* ist hier am unrechten Orte, weil das *Wollen* schon von selbst mit dem Gesetz notwendig einstimmig ist.» (IV, 43)

Im zweiten Fall handelt es sich um die Frage: Von wem stammt dieser Imperativ, der dem Menschen sagt, wie er handeln soll? Kants Antwort: von keinem anderen als von ihm selbst! Die Freiheitsmaxime des Aufklärers, «Habe Mut, dich deines *eigenen* Verstandes zu bedienen!», erklärt den Menschen zu seinem eigenen Gesetzgeber. Das Sollen, dem er folgen kann, entstammt seinem autonomen Wollen. Diese Selbstgesetzgebung des Willens hat Kant zum obersten Prinzip der Sittlichkeit erklärt. Es ist nicht die Natur, die den Menschen an ihrem Gängelband führt; es ist nicht der Staat, der ihn zur Befolgung von Moralgesetzen zwingt;

es sind keine göttlichen Gebote oder heiligen Schriften, die ihm vorschreiben, was er tun soll, wenn er guten Willens ist. Jeder Mensch ist selbst sein eigener Gesetzgeber. Der kategorische Imperativ ist ein Appell an sich selbst, wobei im «du» das auf sich selbst gestellte Individuum mit seinesgleichen in ein allgemeines Verhältnis eingebunden ist. Denn es ist deine eigene Vernunft, mit der du deine selbst gewählten Maximen der Probe unterwirfst, ob sie als Prinzip einer allgemeinen Gesetzgebung gelten können. 1785 leitet Kant die rationalen Gründe der Sittlichkeit ganz aus der Freiheit des menschlichen Willens ab, statt «von einem göttlichen allervollkommensten Willen.» (IV, 78) Aus keinem anderen Grund wird er im *Beschluss* seiner *Kritik der praktischen Vernunft* von 1788 *«das moralische Gesetz in mir»* (IV, 300) preisen. Denn es hat nichts mehr mit der Leitung irgendeines *anderen* zu tun. Es ist in sich selbst begründet und «unmittelbar mit dem Bewußtsein meiner Existenz» (IV, 300) verknüpft. Durch das selbst gewollte Gesetz hat sich die sittliche Persönlichkeit in eine Welt erhoben, «die wahre Unendlichkeit hat». (IV, 300)[35]

ERSTER PREUSSISCHER KULTURKAMPF

Am 17. August 1786 stirbt, nach 46 Jahren Herrschaft, Friedrich der Große. Damit geht in Preußen auch das Jahrhundert der Aufklärung zu Ende. Jetzt wird wahr, worauf Kants Student Plessing ihn schon am 15. Oktober 1783 in seinem Brief aus Berlin hingewiesen hat. Damals klang es noch wie eine Verschwörungstheorie, die im Kreis der Berliner Aufklärer zirkulierte. Traurige Zeiten der Schwärmerei, des Aberglaubens und der Unwissenheit sollten bevorstehen, und große Einschränkungen der Denkfreiheit drohten. Auf diese Befürchtung hatte Kant 1784 in der *Berlinischen Monatsschrift* mit seiner *Beantwortung der Frage: Was ist Aufklärung?* reagiert, in der er vor allem die uneingeschränkte Freiheit des Gelehrten einforderte, von seiner eigenen Vernunft

Friedrich Wilhelm II. und seine Mätresse Gräfin von Lichtenau

öffentlich Gebrauch machen zu können. Den Hauptpunkt der Aufklärung, «die des Ausganges der Menschen aus ihrer selbstverschuldeten Unmündigkeit» (VI, 60), hatte er dabei besonders auf *«Religionssachen»* gelegt. Darin sah er sich mit Friedrich II. einig, der es selbst für Pflicht hielt, «in Religionsdingen den Menschen nichts vorzuschreiben, sondern ihnen darin volle Freiheit zu lassen.» (VI, 59f.) Jeder sollte nach seiner Façon selig werden können.

Dabei sieht es zunächst gar nicht so schlecht aus. Man war

Friedrichs II. müde. Der Tod dieses zurückgezogen lebenden und einsam regierenden Monarchen scheint nur wenige betrübt zu haben. Jetzt tritt ein junger König an seine Stelle, der zwar auch herrschen und seine preußische Pflicht erfüllen will. Aber er will auch das Leben genießen. Schon als Kronprinz hat der Neffe des Alten Fritz zahlreiche Mätressen um sich, und die schöne, kaum gebildete Wilhelmine Enke hat ihm bereits fünf oder sechs Kinder zur Welt gebracht. Man weiß um die anstößigen Liebeshändel des «dicken Wilhelm», der beim Volk beliebt ist und in seinem Temperament so ganz anders als der große Friedrich. Er gilt als weich, nachgiebig und undiszipliniert. In der preußischen Geschichtsschreibung ist er meist recht schlecht behandelt worden. Aber es ist auch nicht zu übersehen, dass unter seiner Herrschaft «in dem vorher so nüchternen, ja ärmlichen und rauhen Staat eine Kulturblüte und Talentschwemme begann, die fünfzig Jahre angehalten hat, und man kann dem König nicht jedes Verdienst daran absprechen.»[36]

Es ist kein hagerer Asket und zynischer Freigeist, sondern ein sinnlicher und frommer Mann mit eindrucksvoller Figur, der am 17. September 1786 nach Königsberg kommt, um sich dort als König Friedrich Wilhelm II. krönen und huldigen zu lassen. Kant, der in diesem Jahr zum ersten Mal als Rektor der Königsberger Universität tätig ist, hat die entsprechenden universitären Feierlichkeiten zu leiten. Er muss die Vorbereitungen für die Festveranstaltung organisieren und den neuen König im Namen der Universität begrüßen. Begleitet von einigen Senatsmitgliedern wird Kant ihm am 18. September auf dem Schloss vorgestellt und von ihm mit größter Hochachtung begrüßt. Der Kulturkampf, der bald beginnen und zehn Jahre lang dauern wird, geht nicht direkt von Friedrich Wilhelm II. aus, den Kant noch 1798, im Rückblick auf seinen Konflikt mit der preußischen Zensur, als einen tapferen, redlichen, menschenliebenden und – «von gewissen Temperamentseigenschaften abgesehen» – durchaus vortrefflichen Herrn lobt, «der auch mich persönlich kannte, und von Zeit zu Zeit Äußerungen seiner Gnade an mich gelangen ließ.» (VI, 267)

Unter seiner Herrschaft ist Kant zum Mitglied der Berliner Akademie ernannt worden und erhielt am 3. März 1789 auch eine Extrazulage von 220 Talern jährlich zur Aufbesserung seines doch recht spärlichen Professorengehalts.

Die gegen die Aufklärung gerichtete Kultur- und Religionspolitik geht vor allem von einem Geistlichen aus, der schon den jungen Kronprinzen in seinen spiritistisch-mystischen Bann gezogen hat und von 1783 bis 1786 sein geistiger und politischer Lehrer war. Bereits 1781 hat er ihn als Mitglied des legendären Ordens der Rosenkreuzer gewinnen können, der um 1760 in Form eines alchimistischen Geheimbundes von einigen Freimaurerlogen aufgenommen worden war. Unter seinem Einfluss verband sich die sinnliche Lebenslust des Prinzen mit einer frömmelnden Gläubigkeit, die Friedrich Wilhelm oft zum Weinen gebracht hat. Dann saß er stundenlang grübelnd da, schwärmte von Geistern und will auch mehrmals Jesus vor sich gesehen haben.

Johann Christoph Wöllner (1732–1800) ist ein religiöser Geisterseher, den Friedrich II. als einen «betriegerischen und Intriganten Pfafen, sonst weiter nichts»[37] charakterisiert hat, um seine Nobilitierung abzulehnen. Kaum ist sein Neffe an der Macht, wird Wöllner geadelt. Zwei Jahre später, am 3. Juli 1788, entlässt Friedrich Wilhelm II. den aufgeklärten Königlich Preußischen Staatsminister Freiherr von Zedlitz und setzt J. C. von Wöllner als Geheimen Staats- und Justizminister und «Chef des geistlichen Departements» ein. Wöllner und seine Hintermänner haben es eilig. Schon sechs Tage später, am 9. Juli, tritt das Wöllner'sche *Edikt, die Religionsverfassung in den preußischen Staaten betreffend* in Kraft. Es wird unter hoher Strafandrohung befohlen, dass kein Geistlicher, Prediger oder Schullehrer der protestantischen Religion die verderblichen und widerlegten Irrtümer verbreiten darf, die «mit vieler Dreistigkeit und Unverschämtheit durch den äusserst gemissbrauchten Namen *Aufklärung* unter das Volk»[38] ausgebreitet worden sind. Das scheint vor allem die freien Geister in Berlin zunächst nicht besonders beeindruckt zu haben. Der nächste Schlag folgt einige Monate später. Als Waffe im Streit um das Religionsedikt wird eine strenge Zensurmaßnahme vorgenommen. Am 19. Dezember 1788 wird das *Erneute Census-Edict für die Preussischen Staaten* erlassen. Die Pressefreiheit wird radikal eingeschränkt. Durch staatliche Zensur soll verhindert werden, was gegen die von Thron und Kanzel verlautbarten Grundsätze der Religion und des Staates gerichtet ist. Am 14. Mai 1791 wird als drittes gegenaufklärerisches Kampfmittel eine geistliche «immediate Examinationskommission» (unabhängige Prüfungskommission) am Berliner Oberkonsistorium eingerichtet. Sie entscheidet, welche Kandidaten der Theologie ihre geistlichen Ämter erhalten und welche Bücher in Preußen publiziert werden dürfen. Zu ihren Mitgliedern werden Gefolgsleute Wöllners ernannt. Neben einem Prediger und einem Katechismusverfasser nehmen der Gymnasiallehrer und Geisterseher Gottlob Friedrich Hillmer und der Pfarrer Hermann Daniel Hermes die Schlüsselpositionen in dieser Zensurbehörde ein, die endgültig mit dem liberalen Oberkonsistorium der unter Friedrich II. eingestellten freigeistigen Beamten ein Ende macht.

Seit September 1791 sind Hillmer und Hermes die preußischen Oberzensoren. Durch Kabinettsorder beziehen sie am 19. Oktober 1791 auch die Monats-, Zeit- und Gelegenheitsschriften in die Zensur ein. Das betrifft vor allem die *Berlinische Monatsschrift*. Sie ist, wie ihr Herausgeber Johann Erich Biester in seiner Autobiographie später schreiben wird, besonders dem Minister von Wöllner ein Dorn im Auge: «Der Minister sagt dem Herausgeber selbst: dass seine Zeitschrift anstößig, und dieserwegen für ihn keine Hoffnung sei Mitglied der Akademie zu werden, wozu ihn der Graf von Herzberg vorgeschlagen hatte.»[39] In diesem kulturpolitischen Klima beginnt nun auch der alte Kant eine zunehmend wichtige Rolle zu spielen.

Vielleicht hat Wöllner schon Anstoß genommen an Kants Beitrag *Über das Misslingen aller philosophischen Versuche in der Theodizee*, der im Septemberheft 1791 erschienen ist. Nachdem Biester einige Jahre vergeblich versucht hat, den berühmten Kant in seinen publizistischen Widerstand gegen die Wöllner'sche Politik einzubinden, hat Kant nun endlich Stellung bezogen. Der religionspolitische Hintergrund seines Beitrags ist deutlich erkennbar. Kant wählt sich das doppelgesichtige Thema, das ihn schon seit einigen Jahren beschäftigt: Wie ist überhaupt das moralisch Böse möglich, wenn es einen gütigen und weisen Weltschöpfer gibt? Und wie kann es einen Gott geben, wenn die Zweckwidrigkeiten und die Übel in der Welt den Menschen zu überwältigen drohen? Dieses altbekannte «Hiob-Problem» war vor allem durch Leibniz aktualisiert worden, dessen *Abhandlungen über die Theodizee von der Güte Gottes, der Freiheit des Menschen und dem Ursprung des Übels* 1720 in deutscher Sprache erschienen waren.[40] Bemerkenswert ist, dass Kant den Leibniz-Begriff (von griechisch *theos*, Gott, und *dike*, Recht) wörtlich nimmt und das problematische Verhältnis zwischen göttlicher Güte und real existierendem Bösen von vornherein als einen «Rechtshandel» (VI, 105) begreift. Es geht um Anklage und Verteidigung. In diesem Streitfall aber kann, Kant zufolge, weder der religiöse Glaube noch ein theologisches Dogma einen vernünftigen Urteilsspruch fällen. Ein kritisches Prüfverfahren «vor dem Gerichtshofe der Vernunft» (VI, 105) muss stattfinden, das Kant scharfsinnig dann Schritt für Schritt, Argument für Argument durchführt. Seine Lösung hat er wieder an einem Fallbeispiel erläutert. In der Rolle des «redlichen Mannes», wie man ihn schon aus Kants früheren moralphilosophischen Schriften kennt, taucht nun Hiob auf, dessen Schmerzen ihn zu seiner moralischen Gesinnung des Dennoch bewegen.

Auch im alttestamentarischen *Buch Hiob* ging es bereits um eine «Disputation». Denn zwischen dem guten, frommen und gottesfürchtigen Hiob, der das Böse mied, aber dennoch von schlimmsten Übeln und schrecklichsten Krankheiten heimgesucht wurde, und seinen Freunden, die ihn scheinbar zu trösten versuchten, kam es zu einem Streit, bei dem beide Parteien ihre jeweiligen Theodizeen und Gesinnungen ins Spiel brachten. Hiobs Freunde traten dabei, in Kants aktualisierter Lesart, wie «dogmatische Theologen» einer Inquisition oder eines «Oberkonsistoriums» (VI, 119) auf: Weil der gerechte Gott alle Sünder für ihre Verbrechen straft, muss Hiob schuldig sein. So haben diese religiösen Schmeichler, die den göttlichen Richterspruch zu kennen glauben, a priori ihr Urteil gefällt. Hiob dagegen spricht, wie er selbst denkt und wie ihm zu Mute ist. Weil er weiß, schuldlos zu sein und ein gottgefälliges Leben geführt zu haben, wovon ihn auch nichts abbringen wird, kann er seinen Freunden nicht Recht geben. Warum er als redlicher Mann so sehr zu leiden hat, weiß er dagegen nicht. Das ist für ihn im unerkennbaren Willen jenes Gottes begründet, der in sich eins ist. «Er macht's wie er will.» (VI, 117)

In diesem Widerstreit steht Kant ganz auf Seiten Hiobs. Während seine ihn anklagenden Freunde etwas zu wissen vorgeben, was sie nicht wissen können, hat Hiob freimütig die Unerforschlichkeit des göttlichen Willens bekannt und seine Schmerzen als Prüfung seiner moralischen Redlichkeit empfunden. Gegen jede religiöse Gewissheit und theologische Dogmatik hat er damit eine «Aufrichtigkeit des Herzens» bewiesen, die zugleich eine «Aufrichtigkeit in Bemerkung des Unvermögens unserer Vernunft» (VI, 119) angesichts der Theodizee ist. An diesem Punkt des Rechtshandels angekommen, fällt Kant seinen revolutionären Schiedsspruch zum Hiob-Problem: «Mit dieser Gesinnung bewies er, dass er nicht seine Moralität auf dem Glauben, sondern den Glauben auf die Moralität gründete: in welchem Falle dieser, so schwach er auch sein mag, doch allein lauter und echter Art, d. i. von derjenigen Art ist, welche eine Religion, nicht der Gunstbewerbung, sondern des guten Lebenswandels, gründet.» (VI, 119) Wöllner und seine glaubensdogmatischen Zensoren ist die Stoßrichtung dieser Umkehr nicht verborgen geblieben. Während Kant seine moralische Gesinnung zur Grundlage eines guten Handelns erklärte, mussten sie sich in der verwerflichen Rolle von Hiobs Freunden erkennen, die religiöse Dinge nur zum Schein behaupten können und sich heuchlerisch in einen Gott einschmeicheln, wie sie sich ihn selbst einbilden.

Nun hat Kant 1791 in seinem *Theodizee*-Aufsatz für die *Berlinische Monatsschrift* zwar für eine säkularisierte «Religion des guten Lebenswandels» plädiert, die seinem eigenen Charakter und seiner moralphilosophischen Grundüberzeugung entspricht. Aber es gibt noch ein großes Problem zu lösen, das seit der *Grundlegung zur Metaphysik der Sitten* von 1785 wie ein komplementäres Kontrastbild das moralisch Gute begleitet. Wie steht es mit dem lasterhaften Lebenswandel, mit der bösen Gesinnung, mit dem «Moralischbösen» (VI, 108) also, ohne das ja auch das Gute gar nicht gedacht werden kann? Bisher hat Kant es sich mit seiner Antwort leicht gemacht. Er vertraute auf den in jedem Menschen vereinigt gedachten Widerstreit zwischen Sinnlichkeit und Vernunft, heteronom erlebten Neigungen und autonom gewolltem Sittengesetz. In dieser *«natürlichen Dialektik»* (IV, 33) bietet die praktische Philosophie ihre Hilfe und zeigt einen Weg, wie man sich aus der Gefahr retten kann, durch diese Zweideutigkeit «um alle sittlichen Grundsätze gebracht zu werden.» (IV, 33) Die Rollen sind also klar verteilt gewesen. Frei, autonom und sittlich gut ist der Mensch im intelligiblen Reich vernünftiger Wesen. Unfrei, heteronom und moralisch böse wird er durch seine sinnlichen Neigungen und natürlichen Antriebe. Selbst der «ärgste Bösewicht» sollte nur infolge seiner «Begierden im Felde der Sinnlichkeit» (IV, 91) zur bösen Tat verführt worden sein, während er mit seiner Vernunft sich seines eigenen guten Willens bewusst zu sein vermochte.

Wie aber steht es, wenn nicht die sinnlichen Begierden den Menschen zum Bösen verführen, sondern wenn er mit klarem Bewusstsein das Böse will? Kant hat selbst ja nicht geleugnet, dass Menschen durchaus nach Maximen handeln können, die sie nicht als Grundlage einer allgemeinen Gesetzgebung wollen. In voller Freiheit und ohne Leitung eines anderen entscheiden sie sich, böse zu sein. Diese Autonomie des bösen Willens galt es zu reflektieren. Während die ethischen Hauptschriften den internen Zusammenhang zwischen guten moralischen Maximen und objektivem Sittengesetz untersucht haben, wendet Kant sich ab 1792 dem moralischen Faktum zu, dass sich der Mensch willentlich dem kategorischen Imperativ entziehen kann.

Kant plant, in einer Serie von Beiträgen für die *Berlinische Monatsschrift* als Religionsphilosoph von seiner Vernunft öffentlich Gebrauch zu machen. Seine Akzente hat er klar gesetzt. Die tätige Gesinnung eines guten Lebenswandels besitzt absolute Priorität gegenüber religiösen Überzeugungen. Wenn aber, wovon Kant überzeugt ist, die Religion aus der Moral hervorgeht, dann kann nur die Moralphilosophie eine Grundlage bieten, auf der Glaubenslehren kritisch untersucht werden können. 1792 beginnt Kant die natürliche Religion und den christlichen Glauben vor dem Gerichtshof der praktischen Vernunft zu verhandeln. Im Februar schickt er Biester sein Manuskript *Über das radikal Böse in der menschlichen Natur*. Doch mit dieser «Natur» sind nun nicht mehr die natürlichen Antriebe und sinnlichen Begehrlichkeiten des Menschen bezeichnet. Gemeint ist nur der subjektive Grund des Gebrauchs menschlicher Freiheit, sofern er zum Guten wie zum Bösen befähigt. Das ist der neue Gedanke, mit dem Kant das Problem des Moralisch-Bösen lösen will: Nur der Mensch, der weder instinkthaft wie ein Tier in seiner natürlichen Umwelt lebt noch mit absoluter Güte wie ein Gott in seiner Transzendenz weilt, besitzt die Freiheit, guten oder bösen Maximen folgen zu wollen. «Der Mensch ist von Natur gut, oder, er ist von Natur böse: so bedeutet dieses nur so viel, als: er enthält einen (uns unerforschlichen) ersten Grund der Annehmung guter, oder der Annehmung böser (gesetzwidriger) Maximen.» (IV, 667f.) Nicht nur das Gute, sondern auch das Böse ist eine Möglichkeit menschlicher Selbstbestimmung. Nur so kann dem Menschen auch sein Hang zum Bösen als selbstverschuldet «zugerechnet» (IV, 683) werden. «Was der Mensch im moralischen Sinne ist, oder werden soll, gut oder böse, dazu muß er *sich selbst* machen, oder gemacht haben.» (IV, 694) Die dialektische Spannung liegt also nicht mehr zwischen verführerischer Triebdynamik und einem reinen guten Willen, sondern ist in der Autonomie menschlicher Willensakte selbst begründet. Das Moralisch-Böse ist «radikal», weil es die Wurzel aller Sittlichkeit verdirbt und zugleich der Existenz des Menschen entspricht, ein lebendes, vernünftiges und der Zurechnung fähiges Wesen zu sein. Überspitzt gesagt: Einerseits schützt Vernunft allein nicht vor Bösartigkeit, sondern ist auch die Voraussetzung dieses Bösen beim Menschen; wie andererseits der Mensch moralisch gut handeln kann, «nicht *weil* er vernünftig ist, sondern *obwohl* er vernünftig ist.»[41]

Zensor Hillmer hat das noch durchgehen lassen. Im April 1792 erscheint Kants Abhandlung in der *Berlinischen Monatsschrift*. Dem nächsten Beitrag *Von dem Kampf des guten Prinzips, mit dem bösen, um die Herrschaft über den Menschen* wird dagegen die Druckerlaubnis verweigert. Am 18. Juni schreibt Biester an Kant, wie empört er darüber ist, «daß ein Hillmer u. Hermes sich anmaßen wollen, der Welt vorzuschreiben, ob sie einen Kant lesen soll oder nicht. – Es ist dies so eben passirt; ich weiß nun durchaus noch nicht, was weiter zu thun ist.» (Br, 572) Er interveniert bei den Zensoren, schreibt auch an den König selbst. Seine Beschwerden werden, mit Bezug auf das Religionsedikt, als unbegründet zurückgewiesen. In dieser angespannten Situation entscheidet sich Kant, seine ursprünglich für die *Berlinische Monatsschrift* geplanten vier Beiträge als eigenständiges Buch veröffentlichen zu lassen. Dazu muss er jedoch einen Umweg gehen. Zunächst lässt er sich von der Theologischen Fakultät der Königsberger Universität bescheinigen, dass derartige Aufsätze von einer Philosophischen Fakultät zu zensieren seien. Dann legt er sie dieser Fakultät an der sächsisch-weimarischen Universität Jena vor, mit deren Genehmigung sie dann auch außerhalb Preußens gedruckt werden. Zur Ostermesse 1793 erscheint *Die Religion innerhalb der Grenzen der bloßen Vernunft. Vorgestellt von Immanuel Kant.*

Kants Religionsschrift ist ein Höhepunkt der europäischen Aufklärung. Keine andere Schrift zeigt so deutlich, worin ihr kritisches Geschäft besteht. Mit seiner geistigen Kraft, seiner moralischen Gesinnung und seinem sokratisch geschulten Agnostizismus, dass Gottes Existenz weder zu beweisen noch zu widerlegen ist, wendet sich Kant der christlichen Glaubenslehre zu. Noch ein letztes Mal bedient er sich dabei jenes Sinnbildes einer

Grenze, das ihm bereits in der Auseinandersetzung mit dem Geisterseher Swedenborg und in der *Kritik der reinen Vernunft* zur Klärung des Verstandesgebrauchs gedient hat. Wenn er jetzt die Religion innerhalb der Grenzen der bloßen Vernunft philosophisch untersucht, dann geht es ihm nicht darum, die Religion «*aus* bloßer Vernunft (ohne Offenbarung)» (VI, 267f.) abzuleiten. Denn Kant hält es zwar nicht für gewiss, aber doch für möglich, dass die religiösen Lehren «von übernatürlich inspirierten Männern» (VI, 268) stammen und tatsächlich die unbegreifliche Transzendenz Gottes zur Sprache bringen. Kant will nur das deutlich machen und philosophisch prüfen, «was im Text der für geoffenbart geglaubten Religion, der Bibel, *auch durch bloße Vernunft* erkannt werden kann.» (VI, 268) Das ist die revolutionäre Kehre, die den religionskritischen Diskurs der Moderne einleitet und gegen jeden denkbaren Fundamentalismus profiliert. Die Heilige Schrift ist kein göttliches Dogma, dem man bedingungslos zu folgen hat. Sie ist ein Text, der an den Maßstäben der theoretischen und praktischen Vernunft gemessen werden kann. Und so behandelt Kant (1) die Lehre von der Erbsünde hinsichtlich des «radikal Bösen»; (2) die Erlösungsvorstellung im Hinblick auf den Kampf zwischen dem guten und dem bösen Prinzip; (3) die Kirche als Glaubensinstitution, die er in eine Tugendgesellschaft transformiert; und schließlich (4) die religiösen Rituale (wie Beten, Kirchgang, Opfern, Kasteien, Wallfahrten), die er mit dem provokanten, gesperrt gedruckten Grundsatz in ihre Grenzen weist: *«Alles, was, außer dem guten Lebenswandel, der Mensch noch tun zu können vermeint, um Gott wohlgefällig zu werden, ist bloßer Religionswahn und Afterdienst Gottes.»* (IV, 842) Im Licht dieser Maxime ist auch jedes Pfaffentum nur die Organisation einer Kirche, «sofern in ihr ein *Fetischdienst* regiert, welches allemal da anzutreffen ist, wo nicht Prinzipien der Sittlichkeit, sondern statutarische Gebote, Glaubensregeln und Observanzen die Grundlage und das Wesentliche desselben ausmachen.» (IV, 852f.)

In der *Vorrede zur Ersten Auflage* hebt Kant die beiden Punkte hervor, die ihn zu seiner kritischen Religionsphilosophie und Moraltheologie legitimiert und motiviert haben. Zum einen plädiert er noch einmal entschieden für jene Publizität, die allein das Geschäft der Aufklärung ermöglicht. Das Öffentlichkeitsprogramm von 1784 wird aktualisiert, jetzt gegen das Religions- und Zensuredikt des preußischen Staates gerichtet. Der Geistliche, der für das Seelenheil seiner Gemeindemitglieder zu sorgen hat, unterliegt zwar kirchlichen Vorschriften, die er nicht verletzen darf. Aber als Gelehrter und philosophierender Theologe, der vor einem Publikum von seinem wissenschaftlich geschulten Verstand öffentlichen Gebrauch macht, muss er volle Freiheit haben. Die Zensur darf keine Zerstörung auf dem Feld der Wissenschaften anrichten. Zum andern unterstreicht Kant wieder jenen Gedanken, den er bereits in seiner Hiob-Interpretation entwickelt hat. Zuerst kommt die Moral. Auf ihrer Grundlage kann sich dann der Glaube entwickeln, der erst so zu einer echten Religiosität führt, die nicht im ritualisierten Afterdienst erstarrt. Wenn dagegen die Religion der Moral vorhergeht, wird sie immer nur eine herrschaftliche Position einnehmen und als ein Instrument der Staatsgewalt unter Glaubensdespoten instrumentalisiert werden.

Zweifellos hat der 70-jährige Kant den Konflikt mit der Zensur provoziert. Schon seit einiger Zeit ist ihm bewusst gewesen, dass das Berliner Religionstribunal gegen seine Lehre alle Mittel einzusetzen bereit ist und ihm sogar das öffentliche Schreiben verboten werden soll. Auch der König höchstpersönlich ist daran interessiert, dass dem Treiben des Königsberger Philosophen ein Ende bereitet wird. Einen letzten Anlass bietet Kants Aufsatz *Das Ende aller Dinge*, der im Juni 1794 in der *Berlinischen Monatsschrift* erscheint. Nachdem Kant zunächst dogmatische und mystische Lehren von den «letzten Dingen» wie Ewigkeit, Weltende, Jüngstes Gericht und ewige Ruhe ironisch aufgeklärt hat, wendet er sich am Schluss gegen die Torheiten des neuen religionspolitischen Kurses. Wenn durch Autorität und Gebote das Christentum als Volksreligion durchgesetzt wird, dann muss es seine «moralische Liebenswürdigkeit» (VI, 189) endgültig verlieren. Sollte es einmal so weit kommen, so würde «der *Antichrist*, der ohnehin für den Vorläufer des jüngsten Tages gehalten wird, sein (vermutlich auf Furcht und Eigennutz gegründetes) obzwar kurzes Regiment anfangen.» (VI, 190) Wer damit gemeint ist, muss jedem Leser klar gewesen sein. Die Berliner christlichen Glaubensdespoten sind der Antichrist! Unter ihrer Herrschaft tritt das Ende aller Dinge in moralischer Hinsicht ein.

Die Zensurbehörde muss handeln, vor allem auch angesichts des großen Publikumsinteresses an Kants *Religion innerhalb der Grenzen der bloßen Vernunft*, die Ostern 1794 bereits in zweiter, vermehrter Auflage erscheint. Unvermeidbar sind die «Bannstrahlen aus dem Gewölke der Hofluft»[42], die Kant bereits am 4. Mai 1793 in einem Brief an den Herrn Doktor und Professor Carl Friedrich Stäudlin in Göttingen vorhergesagt hat. Am 1. Oktober 1794 ergeht eine Kabinettsorder in Form eines «Königlichen Reskripts» (VI, 268) an Kant, das ihm am 12. Oktober zugestellt wird. «Auf Seiner Königl. Majestät allergnädigsten Spezialbefehl» verfügt Wöllner, dass Kant in Zukunft sich nichts mehr in Religionsdingen zu Schulden kommen lassen darf. Der König und er haben schon seit einiger Zeit mit großem Missfallen beobachtet, wie Kant seine Philosophie «zu Entstellung und Herabwürdigung mancher Haupt- und Grundlehren der heiligen Schrift und des Christentums mißbraucht». Das sei unverantwortlich und «gegen Unsere, Euch sehr wohl bekannte, landesväterlichen Absichten» gehandelt. Nach dieser Ermahnung folgt dann die unverhohlene Drohung: «Wir verlangen des ehsten Eure gewissenhafteste Verantwortung, und gewärtigen Uns von Euch, bei Vermeidung Unserer höchsten Ungnade, daß Ihr Euch künftighin nichts dergleichen werdet zu Schulden kommen lassen, sondern vielmehr, Eurer Pflicht gemäß, Euer Ansehen und Eure Talente dazu anwenden, daß Unsere landesväterliche Intention je mehr und mehr erreicht werde; widrigenfalls Ihr Euch, bei fortgesetzter Renitenz, unfehlbar unangenehmer Verfügungen zu gewärtigen habt. Sind Euch mit Gnade gewogen.» (VI, 268)

Sein Antwortschreiben, das er zusammen mit dem königlichen

Spezialbefehl vier Jahre später in der Vorrede zum *Streit der Facultäten* öffentlich machen wird, zeigt den alten Kant in ungebrochener Streitlust und mit großem Verantwortungsbewusstsein. Er behandelt die königliche Order nicht als unkritisierbaren Machtspruch, sondern als Anklage, gegen die er sich zur Wehr setzt. Kant ist absolut nicht dazu bereit, die Maxime der Aufklärung aufzugeben. Als Gelehrter unterwirft er sich allein den Regeln der wissenschaftlichen Vernunft. Nur ihnen ist er bei seiner kritischen Überprüfung der Religion gefolgt. Er hat durchaus «große Hochachtung für die biblische Glaubenslehre im Christentum» (VI, 271), aber nur, sofern diese Lehre mit dem reinsten moralischen Vernunftglauben zusammenstimmt und so «zur Gründung und Erhaltung einer wahrhaftig seelenbessernden Landesreligion» taugt. Noch einmal stellt Kant nachdrücklich klar, wo für ihn die Prioritäten liegen. Offenbarungen und historisch überlieferte Beweisgründe sind nur «zufällig» und für eine aufrichtige und ernsthafte Religiosität nicht wesentlich. Denn nur aus der praktischen Vernunft und ihren sittlichen Maximen kann Allgemeinheit, Einheit und Notwendigkeit der Glaubenslehre hervorgehen, «die das Wesentliche einer Religion überhaupt ausmachen, welches im Moralisch-Praktischen (dem, was wir tun *sollen*) besteht.» (VI, 271) Allein das selbst gemachte moralische Gesetz in mir ist die Quelle eines Glaubens, der nur aus ihr seine Kraft und Würde beziehen kann. Den königlich-ministeriellen Vorwurf aber, verantwortungslos gehandelt zu haben, weist er mit einem leicht ironischen Hinweis zurück: «weshalb ich auch jetzt in meinem 71sten Lebensjahre, wo der Gedanke leicht aufsteigt, es könne wohl sein, daß ich für alles dieses in kurzem einem Weltrichter als Herzenskündiger Rechenschaft geben müsse, die gegenwärtige, mir wegen meiner Lehre abgeforderte, Verantwortung, als mit völliger *Gewissenhaftigkeit* abgefaßt freimütig einreichen kann.» (VI, 272)

Dieser Kandidat des Todes

Letzte Werke, letzte Fragen, letzte Jahre

**Kant.
Zeichnung in Schattenrissmanier
von Puttrich, um 1798**

Es ist eine große Sünde, alt geworden zu seyn; dafür man aber auch ohne Verschonen mit dem Tode bestraft wird.
(Br, 767)

Mit seiner moralphilosophischen Kritik der Glaubenswahrheiten hat Kant alle fundamentalistischen Positionen herausgefordert. Kaum ist seine Religionsschrift erschienen, ist sie schon heftig umstritten. Für überzeugte Atheisten macht sie zu viele Zugeständnisse an den christlichen Glauben. Seine orthodoxen Gegner, vor allem auf protestantischer Seite, sehen Kant dagegen als einen Ketzer, der die christliche Religion mit teuflischer Bosheit untergräbt. Die preußische Staatsmacht verbietet ihm, sich weiter mit religiösen Themen öffentlich zu befassen. Auch die Pietisten beziehen Stellung. Bemerkenswert sind vor allem die Briefe, die Kant Anfang 1795 aus dem Wuppertal zugeschickt bekommt, aus Elberfeld, Gemarke und Barmen. Sie stammen von dem Arzt Dr. Samuel Collenbusch (1724–1803), dem bedeutendsten Führer des niederrheinischen Pietismus.

Collenbusch, wie Kant bald 71 Jahre alt, hat sich im Sommer 1794 mehrmals dessen moral- und religionsphilosophische Schriften vorlesen lassen; denn seine Augen waren durch den grauen Star getrübt, und als Arzt sieht er voraus, bald völlig blind zu sein. Am 23. Januar 1795 diktiert Collenbusch jenen Brief an den lieben Herrn Professor Kant, den Walter Benjamin 1936 in seine Sammlung *Deutsche Menschen. Eine Folge von Briefen* aufgenommen hat, um aus dem Schweizer Exil gegen die nationalsozialistische Herrschaft an jenes andere Deutschland zu erinnern,

das im Zeitalter der Aufklärung sich mit all seinen Widersprüchen herausgebildet hat. Der gottgläubige Collenbusch kann sich nicht vorstellen, dass es Kant «ein Ernst sein sollte, was Sie da geschrieben haben. Ein von aller Hoffnung ganz reiner Glaube und eine von aller Liebe ganz reine Moral, das ist eine seltsame Erscheinung in der Republik der Gelehrten.»[1] Gegen diese Reinheit stellt der pietistische Arzt seinen Glauben, mit dem er sich am Ende
ins göttliche Jenseits imaginiert: «Die Auferstehung der Toten halte ich für eine Ausübung der seine Kreaturen bessernden Liebe Gottes. Ich freue mich darauf.»

Man weiß nicht, ob Kant geantwortet hat. Aber sicher ist, dass ihm diese Freude völlig fremd gewesen ist, die ihm der gläubige Pietist so offenherzig mitteilt. Das erhellt nicht zuletzt der Weg, den der alte Kant einschlägt, im Unterschied zu Collenbusch. Während dieser sich auf seine Auferstehung als Toter freut, entwickelt Kant im Vollbesitz seiner geistigen Kräfte neue Projekte. Hier und jetzt will er arbeiten und sein Glück versuchen, statt von einer himmlischen Zukunft zu träumen, die sich jeder Erkenntnis entzieht. Voller Enthusiasmus beobachtet er den Verlauf der Französischen Revolution und entwirft eine rechtliche Ordnung, in der mit dem ewigen Kriegführen ein Ende gemacht werden kann. Er begeistert sich für die makrobiotische *Kunst, sein Leben zu verlängern*. Und er arbeitet bis zur endgültigen Erschöpfung an seinem letzten *Übergang von den metaphysischen Anfangsgründen der Naturwissenschaft zur Physik*, mit dem er wieder dorthin zurückkehrt, wo er einst begann. Die lebendigen Kräfte der physischen Welt werden Kants letztes Thema, bevor er, wie sein Vater, an völliger Entkräftung stirbt.

Als Kant im Februar 1795 von Collenbusch auf sein mangelndes Gottvertrauen hingewiesen wird, das ohne Hoffnung und Liebe sei, hat er andere Sachen im Kopf. Sein Denken und Fühlen kreist um historisch-politische Ereignisse. Aufmerksam verfolgt er vor allem die epochalen Veränderungen, die jenseits des Rheins stattfinden, denkt über ihre Ursachen, Wirkungen und Perspektiven nach und versucht, sie geschichtsphilosophisch zu verarbeiten. Seit der Dritte Stand, der als inhomogene Einheit alle Nichtadeligen umfasste, sich am 17. Juni 1789 zur Nationalversammlung erklärte, seit die Volksmassen am 14. Juli das Pariser Stadtgefängnis, die Bastille, gestürmt haben, am 4. August die Feudalrechte und die grundherrlichen Autoritäten hinweggefegt worden sind und am 26. August die «natürlichen, unveräußerlichen und heiligen» Menschen- und Bürgerrechte erklärt worden sind, um als symbolischer Kern die nachfolgende Entwicklung zu legitimieren, ist Kant ein begeisterter Republikaner und Kommentator der Französischen Revolution. Er verbindet seinen lebenslangen Freiheitswunsch mit der politischen Zeitgeschichte. Seine eigenen Ideale der Freiheit, Gleichheit und Selbstständigkeit[2] erkennt er wieder im revolutionären Ruf nach *liberté*, *égalité*, *fraternité*. Er politisiert seine kritische Philosophie, die er nun in eine weltgeschichtliche Perspektive rücken kann. Seine Kritik findet ihre Analogie in der Politik; und seine *Beantwortung der Frage: Was ist Aufklärung?* wird verknüpft mit dem Problem: Was ist Revolution?

Je älter er wird, desto radikaler wird Kant. Viele Bekannte und Freunde wundern sich, mit welchem Enthusiasmus er in den 90er Jahren alles beobachtet und diskutiert, was in Frankreich geschieht. Er hat sich zwar schon immer für politische Nachrichten interessiert. Aber nach 1789 hat ihn ein wahrer «Heißhunger»[3] nach den neuesten Zeitungen ergriffen, deren Inhalt sein «angenehmes Tischgespräch» bildet. Besonders in kritischen Situationen, in denen sich der weitere Verlauf der Revolution auch angesichts des europäischen Koalitionskriegs (1792–1797) gegen Frankreich entscheidet, ist er auf Nachrichten so begierig, «daß er der Post wohl meilenweit entgegengegangen wäre, und man konnte ihn mit nichts mehr erfreuen, als mit einer frühen authentischen Privatnachricht.»[4] Ständig will er über die französischen Ereignisse diskutieren. Die Freunde beginnen bereits darüber zu klagen, dass Kants Gespräche an Mannigfaltigkeit und Reichhaltigkeit verlieren. «Die große Begebenheit beschäftigte seine Seele so sehr, daß er in Gesellschaften fast immer auf sie, wenigstens auf Politik, zurückkam.»[5] Sie verstehen nicht, dass Kants Begeisterung auch nicht nachlässt, als die Revolution ihre Kinder zu fressen beginnt und die revolutionären Führer in die Spirale des Terrors geraten. Vor allem 1793/94 fallen die Köpfe unter der Guillotine, und als schließlich Maximilian Robespierre im April 1794 seine Diktatur errichtet und den Kult des «Höchsten Wesens» einführt, wird auch er bald Opfer eines Komplotts und mit 21 seiner Anhänger am 28. Juli guillotiniert. Der folgende «weiße Terror» richtet sich gegen militante Jakobiner, bis schließlich im August 1795 eine Direktorialverfassung erlassen wird, die weitgehend dem Ideal einer liberal-bürgerlichen Republik entspricht, auch wenn sie von den neuen Machthabern selbst umgangen wird, was wieder zu neuen Aufständen und blutigem Terror führt.

Es wundert nicht, dass angesichts dieser Entwicklung auch viele Deutsche, die anfänglich die revolutionäre Verwirklichung der Freiheits-, Gleichheits- und Brüderlichkeitsideale begrüßt haben, ernüchtert worden sind und ihre Begeisterung in eine antirevolutionäre Abwehr umgeschlagen ist. Kant aber lässt sich auch durch das Chaos und den Terror nicht davon abschrecken, selbst «an den vornehmsten Tafeln der Revolution das Wort zu reden.»[6] Er fürchtet nicht, als «Jakobiner» ins schwarze Register der preußischen Staatsfeinde zu geraten. Noch im Juni 1798, als ihn der schwäbische Gymnasialdirektor und Theologieprofessor an der Universität Heidelberg Johann Friedrich Abegg (1765–1840) besucht, wird der 74-jährige Kant mit außerordentlicher Lustigkeit sich nicht nur seinen guten Rheinwein schmecken lassen, um seine Lebensgeister zu wecken, sondern auch begeistert die Franzosen loben. Mit ganzer Seele liebe er deren Sache und lasse sich auch «durch alle die Ausbrüche der Immoralität pp. nicht irre» machen; und weil er den religiösen Glauben seines Besuchers kennt, weiß er seinem Lob auch die passende Wendung zu geben: «Sie haben Ideen in Bewegung gebracht, verbreitet, die nicht mehr auszutilgen seyn werden. Wie bei der Schöpfung alles chaotisch aufgerollt war, so auch bei der Revolution: nun schwebt der Geist Gottes darüber und wird nach und nach scheiden und ordnen.»[7]

Man hält solche Äußerungen des alten Kant, weil man ihn weiterhin achtet, für bloße Eigenheiten seines Charakters. Fehlgeleitet durch ein ungestümes Freiheitsbedürfnis neige Kant zum Altersstarrsinn. Wie sonst könne er den Verlauf der Französischen Revolution so idealisieren und seine Augen vor dem realen Schrecken und blutigen Chaos verschließen? Fast alle Zeitgenossen, die seine Schriften kennen, sind zudem davon überzeugt, dass Kant sich hier selbst widerspricht. Denn in Wirklichkeit sei er ja doch ein entschiedener Gegner jeder Revolution. «Gerade er würde sich nach seinen Grundsätzen und nach seinen Äußerungen am ersten und am eifrigsten einem jedem Versuch einer Staatsumwälzung entgegengesetzt haben.»[8] Nie habe er den gewaltsamen Umsturz einer machthabenden Regierung gutgeheißen, weder rechtlich noch politisch.

Doch die von Abegg notierte Äußerung Kants über das schöpferische Chaos der Französischen Revolution dokumentiert eine wesentlich tiefere Einsicht. Schritt für Schritt und über längere Zeit hat sie sich entwickelt und erst 1798 ihren klarsten Ausdruck gefunden. Es geht um das historische Schicksal einer Idee, die man nicht mehr vergessen wird. Wie also verhält es sich wirklich mit Kants affektiver Teilnahme an den revolutionären Ereignissen in Frankreich, die er als Epochenwende in der Menschheitsgeschichte miterlebt, obwohl nur aus der Distanz eines Unbeteiligten? In Frage steht das Verhältnis zwischen Philosophie und Politik, Aufklärung und Revolution, jene Frage also, die Michel Foucault zufolge seit dem 18. Jahrhundert in unser Denken eingeschrieben ist und «uns in unsere Aktualität führt und zu dem, was wir sind.»[9]

Bereits seine *Kritik der reinen Vernunft* hat Kant selbst nicht nur als rein philosophische Lösung erkenntnistheoretischer Probleme gesehen. Wenn er sie als den wahren Gerichtshof einsetzte, vor dem die immer währenden Streitigkeiten der dogmatischen, despotischen Metaphysik nicht kriegerisch, sondern prozessual geklärt werden können, dann hat er dabei keinen anderen Richter anerkannt als eine «allgemeine Menschenvernunft, worin ein jeder seine Stimme hat.» (II, 640) Um diese Stimme zu Gehör bringen zu können, muss man frei sein. Jeder muss seine Gedanken, seine Zweifel und seine Überzeugungen einer freien und öffentlichen Prüfung aussetzen können. Freiheit der Kritik ist der oberste Wert in einem Zeitalter, in dem keine Machtsprüche, weder religiöser noch rechtlicher oder staatlicher Ordnung, mehr ungeprüft anerkannt werden. Das betrifft sogar die Vernunft selbst. Auch sie muss sich der freien Kritik unterwerfen, sofern sie Achtung verdienen will. «Auf dieser Freiheit beruht sogar die Existenz der Vernunft, die kein diktatorisches Ansehen hat, sondern deren Ausspruch jederzeit nichts als die Einstimmung freier Bürger ist, deren jeglicher seine Bedenklichkeiten, ja sogar sein Veto, ohne Zurückhaltung muß äußern können.» (II, 631)

In dieser Hinsicht sah Kant sich nicht nur mit dem aufgeklärten König Friedrich II. einig. Unterstützt fand er sich vor allem durch den königlichen Staatsminister für Kirchen- und Unterrichtsangelegenheiten Karl Abraham Freiherr von Zedlitz, dem er seine *Kritik der reinen Vernunft* gewidmet hat. Schließlich hatte er bereits am 1. August 1778 einen Brief von Zedlitz erhalten, der bei Marcus Herz Vorlesungen im Geist des Königsberger Philosophen hörte und sich bei Kant dafür bedankte, von ihm die Freiheit des kritischen Philosophierens gelernt zu haben. Das sei doch viel wichtiger als ein rein beruflich ausgerichtetes Studium an den drei oberen Fakultäten (Theologie, Jura, Medizin) mit all den «gedruckten Anweisungen, Leges, Reglements» (Br, 176).

Hinzu kommt, dass Kant seine *Kritik* als eine «Revolution» der Denkweise inszeniert hat. Das Erkenntnissubjekt soll sich nicht länger durch die Natur «am Leitbande gängeln lassen.» (II, 23) Als mündiges Subjekt soll es der Souverän der Erkenntnis werden und die Natur nach seinen eigenen Prinzipien zu erkennen versuchen. Nur so kann es einen Weg finden, auf dem es nicht herumtappt, sondern den «sicheren Gang einer Wissenschaft» (II, 22) einschlagen kann.

Während die politische Dimension von Kants *Kritik der reinen Vernunft* hinter der gedanklichen Strenge logischer Deduktionen und dialektischer Schlüsse verblasste, trat sie in seinen populären Beiträgen zur aufklärerischen *Berlinischen Monatssschrift* in den Vordergrund. Schon in seiner *Idee zu einer allgemeinen Geschichte in weltbürgerlicher Absicht* wurde im November 1784 gegen all die Torheiten und kindischen Eitelkeiten, gegen Bosheiten und Zerstörungssucht, die auf der großen Weltbühne vorherrschen, ein menschlicher Vernunftgebrauch in Stellung gebracht, der frei und gänzlich aus sich selbst heraus auf einen «allgemeinen weltbürgerlichen Zustand» (VI, 47) ohne Krieg, Zerstörung, politische Herrschsucht und religiöse Machtsprüche zielt. Dass dazu manche «Revolutionen der Umbildung» (VI, 47) stattfinden müssen, hat Kant nicht verschwiegen. Einen Monat später hat er es in seiner *Beantwortung der Frage: Was ist Aufklärung?* noch einmal unterstrichen. Gegen alle religiösen und staatlichen Vorschriften plädierte Kant für die Freiheit, «von seiner Vernunft in allen Stücken *öffentlichen Gebrauch* zu machen.» (VI, 55) Dann werde das eigenständige Denken, ohne Leitung eines andern, schließlich auch auf die Sinnesart des Volkes wirken und es zur «Freiheit zu handeln» (VI, 61) befähigen, bis endlich sogar die Regierung es besser findet, den Menschen nicht mehr als Maschine im Staatswesen funktionieren, sondern ihn in seiner Würde autonom handeln zu lassen.

All diese Überlegungen fanden im Vorfeld der Französischen

Revolution statt. Sie dokumentieren die Hoffnungen eines radikalen Aufklärers, der seine philosophische Arbeit zugleich als politische Aktion begriff. Es ist deshalb auch nicht verwunderlich, dass die Französische Revolution, kaum hatte sie begonnen, in Kants Philosophie ihre Spuren hinterließ. Schon in der *Kritik der Urteilskraft*, in der Kant 1790 seine Theorie sowohl der Ästhetik als auch der Zweckmäßigkeit (Teleologie) der Natur entwickelte, wurde die «neuerlich unternommene gänzliche Umbildung eines großen Volks zu einem Staat» (V, 487) erwähnt, um damit analogisierend auf die besondere «Organisation» der Natur hinzuweisen, sofern sie nicht der blinden Kausalität unterliegt, sondern in ihrer inneren Vollkommenheit zweckmäßig organisiert ist. Wie die lebendigen Formen der natürlichen Dinge sich teleologisch organisieren, so hat die Revolution in Frankreich dazu geführt, dass jedes gesellschaftliche Mitglied «nicht bloß Mittel, sondern zugleich auch Zweck» (V, 487) des Ganzen sein soll, zu dem es mit seinen freigesetzten Möglichkeiten beiträgt. Das war keine Biologisierung politisch-sozialer Ereignisse. Es richtete sich vielmehr gegen jede Staatsform, deren Untertanen lediglich Objekte der Verwaltung und Herrschaft sind.

Kant hat seine Begeisterung für die «gänzliche Umbildung» 1790 noch sehr zurückhaltend formuliert, versteckt in einer Fußnote und in einem naturphilosophischen Kontext. Deutlicher wurde er drei Jahre später, als seine *Religion innerhalb der Grenzen der bloßen Vernunft* die preußische Zensur nicht mehr passieren konnte. Denn nicht zuletzt aus Angst vor dem Virus der französischen Freiheitsbewegung hatten Hillmer und Hermes ihre Publikation in Preußen verboten. Kants Angriff auf die Dogmatik der Theologie, die Glaubensgebote der Pfaffen und das Sklavenjoch des Glaubens erschien als Gefährung einer staatlichen Ordnung in Gottes Namen. Diese Zensurmaßnahme verschärfte Kants Ton. Je stärker die gesetzlichen und religiösen Machtsprüche, desto radikaler sein Freiheitsbekenntnis. Gegen die immer wieder wiederholte obrigkeitsstaatliche Verlautbarung, dass im Staat, im Haus und in der Kirche geherrscht werden müsse, weil die Staatsbürger, die Leibeigenen oder die Menschen überhaupt zur Freiheit «noch nicht reif» wären, wandte Kant ein: «Nach einer solchen Voraussetzung aber wird die Freiheit nie eintreten; denn man kann zu dieser nicht *reifen*, wenn man nicht zuvor in Freiheit gesetzt worden ist (man muß frei sein, um sich seiner Kräfte in der Freiheit zweckmäßig bedienen zu können). Die ersten Versuche werden freilich roh, gemeiniglich auch mit einem beschwerlicheren und gefährlicheren Zustande verbunden sein, als da man noch unter den Befehlen, aber auch der Vorsorge anderer stand; allein man reift für die Vernunft nie anders, als durch *eigene* Versuche (welche machen zu dürfen man frei sein muß).» (IV, 862f.)

Während Kant die Rohheit und Gefährlichkeit der Freiheitsbewegung, mit Blick auf die Ereignisse in Frankreich, als unvermeidlich darstellte, wurde in Paris König Ludwig XVI. geköpft, ein Revolutionstribunal errichtet und der systematische Terror legalisiert. Antiklerikale Gruppen schlossen oder zerstörten Kirchen und führten republikanische Vernunftkulte ein. Da konnte es nicht ausbleiben, dass die Zensurmaßnahme gegen Kant verschärft wurde. Es war den Machthabern ja nicht entgangen, dass der berühmte Philosoph jeden kirchlichen «Fetischdienst» (IV, 852) mit all seinen Statuten, Geboten, Glaubensregeln und Überwachungen ablehnte und offen mit den revolutionären Umtrieben in Frankreich sympathisierte. Durch königliche Kabinettsorder wurde am 1. Oktober 1794 von ihm verlangt, sich vor allem in Religionsfragen nichts mehr zuschulden kommen zu lassen.

Über Religion durfte er also nichts mehr publizieren. Kant hielt sich daran. Aber zugleich gewann seine politische Argumentation an Profil. Jetzt griff er die staatliche Ordnung und ihre majestätischen Gesetze direkt an. Unter dem Eindruck des am 5. April 1795 in Basel geschlossenen Sonderfriedens zwischen Frankreich und Preußen schrieb er seinen philosophischen Entwurf[10] *Zum ewigen Frieden*, der gegen Ende des Jahres erschien und ein durchschlagender publizistischer Erfolg wurde. In jedem Satz ist die Lust zu spüren, mit der Kant alle Formen der Despotie angriff und gegen sie die republikanische Regierungsform stellte, die in Frankreich unter revolutionären Geburtswehen zu verwirklichen versucht wurde. Vor dem Gerichtshof der Vernunft verhandelte er den großen menschheitsgeschichtlichen Fall: Unter welchen Bedingungen ist die Aufgabe zu lösen, zwischen den Staaten und Völkern einen Frieden zu schaffen, der nicht nur ein vorübergehender Waffenstillstand ist, sondern auf Dauer Schluss macht mit diesem ewigen Töten und Getötetwerden, zu dem die Menschen von ihren Machthabern wie Maschinen abgerichtet und eingesetzt werden? Was die Leser nicht nur 1795 an diesem streng komponierten und klar entwickelten Werk faszinierte, sondern auch heute noch nichts an politischer Aktualität verloren hat, war Kants enge Verknüpfung konkreter zeitgeschichtlicher Analysen mit einer systematischen rechtsphilosophischen Reflexion. Kants Entwurf gehört noch immer zum Besten, was das alte Europa als aufgeklärte Alternative zu einer reinen Machtpolitik zu bieten hat, die davon ausgeht, dass internationales Recht die eigene staatliche Sicherheit nicht garantieren kann und deshalb auch der völkerrechtswidrige präventive Einsatz kriegerischer Mittel gegen andere Staaten gerechtfertigt sei.

Kant hat seine Friedensschrift, die er stilistisch wie einen Friedensvertrag formulierte, nicht ohne satirischen Hintersinn *Zum ewigen Frieden* genannt. Das sah aus wie der Witz auf einem Gasthausschild, auf dem ein Friedhof gemalt ist. Der «ewige» Friede spielte auf das fromme Bild des Todes als das *Ende aller Dinge* an, das Kant in der Juniausgabe 1794 der *Berlinischen Monatsschrift* als «Übergang aus der Zeit in die Ewigkeit» (VI, 175) persifliert hatte. Es ist nur eine dunkle Vorstellung der Einbildungskraft ohne Erfahrungsgehalt, um die Angst vor dem Tod zu besänftigen. War also auch der philosophische Entwurf eines «ewigen Friedens» nur ein süßer Traum oder eine sachleere Idee, über die der praktische Politiker, der welterfahrene Machthaber oder die Staatsoberhäupter, «die des Krieges nie satt werden können» (VI, 195), nur lachen können?

Kant hat sein Friedenskonzept nicht als Philosophenkönig entworfen, der den Realpolitikern vorschreiben will, was sie tun sollen. Er hat nur als Philosoph, der sich sein freies Urteil nicht durch den Besitz von Macht oder Gewalt verderben lässt, allgemeine Maximen «über die Bedingungen der Möglichkeit des öffentlichen Friedens» (VI, 227) entwickelt und begründet, die man zurate ziehen sollte, wenn man nicht nur vorübergehende Waffenstillstände will, sondern einen wirklichen Frieden anzustreben versucht. Im Mittelpunkt stand dabei die Idee eines gesetzlichen Zustands, der gestiftet werden muss, um nach und nach Schluss machen zu können mit der gesetzlosen Freiheit der Wilden und Mächtigen, die sich wie in einem gesetzlosen Naturzustand unablässig bekriegen. Durch rechtliche Verfassungen wird die Macht unter Kontrolle gehalten. Nur wenn die Politik sich der Idee des Rechts unterordnet, ist Frieden möglich. «Das Recht der Menschen muß heilig gehalten werden, der herrschenden Gewalt mag es auch noch so große Aufopferung kosten.» (VI, 244)

In drei Definitivartikeln hat Kant die grundlegenden Prinzipien für das Staatsbürgerrecht, das Völkerrecht und das Weltbürgerrecht entworfen. Das waren keine Ideen für die Ewigkeit. Es waren Maximen für einen gesetzlichen Zustand, der zu seiner Zeit als realisierbar erschien. Vor allem die Ereignisse im revolutionären Frankreich spielten eine zentrale Rolle, auch wenn Kant sie nicht direkt erwähnt hat. Bereits im Ersten Definitivartikel, wonach die Verfassung eines jeden Staates, der zum Frieden fähig sein kann, «republikanisch» sein muss, stärkte der französischen Republik den Rücken gegen alle monarchistischen oder despotischen Staaten, mit denen sie im Krieg lag. Rechtliche Freiheit und rechtliche Gleichheit in einem «bürgerlich-gesetzlichen Zustande» (VI, 203) sind die Bedingungen der Möglichkeit eines ewigen Friedens. Auch der Zweite Definitivartikel, der die Idee eines Völkerrechts innerhalb eines föderalen Völkerbunds ohne hegemoniale Vormacht entwirft, spielte auf Frankreich an. Es diente Kant als Vorbild, an dem sich die «objektive Realität» der Idee der Föderalität darstellen ließ: «Denn wenn das Glück es so fügt: daß ein mächtiges und aufgeklärtes Volk sich zu einer Republik (die ihrer Natur nach zum ewigen Frieden geneigt sein muß) bilden kann, so gibt diese einen Mittelpunkt der föderativen Vereinigung für andere Staaten ab, um sich an sie anzuschließen, und so den Freiheitszustand der Staaten, gemäß der Idee des Völkerrechts, zu sichern, und sich durch mehrere Verbindungen dieser Art nach und nach immer weiter auszubreiten.» (VI, 211f.)

Schließlich hat Kant in einem Ersten Anhang, der vom Widerstreit zwischen Moral und Politik handelt, die Revolution selbst zur Sprache gebracht. Gegen alle «politischen Moralisten», die sich ihre religiösen oder moralischen Überzeugungen so hinbiegen, wie sie es machtpolitisch für zweckdienlich halten, hat Kant für die «moralischen Politiker» geworben. Sie richten ihre praktische Politik an Handlungsmaximen aus, die dem kategorischen Imperativ entsprechen: «Handle so, daß du wollen kannst, deine Maxime solle ein allgemeines Gesetz werden.» (VI, 239) Aus dieser Verpflichtung wiederum wurde der Grundsatz abgeleitet, dass der moralische Politiker die «Gebrechen in der Staatsverfassung oder im Staatenverhältnis» (VI, 233) so bald wie möglich abzuschaffen habe. Friedliche Mittel sind dabei vorzuziehen. Kant sprach sich für Reformen aus, die den Freiheits- und Gleichheitsidealen des öffentlichen Rechts angemessen sind. Denn Revolutionen, mit denen die Ungerechtigkeiten und Mängel der gesellschaftlichen und staatlichen Ordnung sofort und ungestüm abgeschafft werden, drohen in Gesetzlosigkeit auszuarten. Aber die Fußnote zu diesem Appell an den Reformwillen der Machthaber zeigt, womit Kant sympathisierte: Die Französische Revolution, die gewaltsam die feudalen Verhältnisse des Ancien Régime beseitigte, sollte auch in Preußen wie ein «Ruf der Natur» gehört werden, um «eine auf Freiheitsprinzipien gegründete gesetzliche Verfassung, als die einzige dauerhafte, durch gründliche Reform zu Stande zu bringen.» (VI, 234)

Als Johann Friedrich Abegg im Juni 1798 Kant besucht und mit ihm mehrere Gläser Rheinwein trinken muss, debattieren sie auch über die Ereignisse in Frankreich. Dass es Kant mit seiner Begeisterung für die Franzosen und ihre Revolution ernst ist, steht nicht nur für Abegg außer Frage. Es findet sich auch in Kants Schrift *Der Streit der Facultäten*, auf deren Veröffentlichung er gerade ungeduldig wartet. Der Tod Friedrich Wilhelms II. am 10. November 1797 und die Entlassung des Ministers Wöllner im März 1798 haben es Kant ermöglicht, noch einmal seine kritische Haltung zu Kirche und Staat, zu Religion und Gesetz frei und öffentlich zu äußern. Dafür bedankt er sich bei der neuen «aufgeklärten» Regierung Friedrich Wilhelms III., von der er glaubt, dass sie «das Fortschreiten der Kultur im Felde der Wissenschaften wider alle neue Eingriffe der Obskuranten sichern wird.» (VI, 274)

Dabei sind es vor allem zwei Punkte, die für Kants Haltung zur Revolution kennzeichnend sind. Besonders von französischer Seite sind sie interessiert zur Kenntnis genommen worden, nicht nur damals, sondern auch in der aktuellen politischen Philosophie. Während nämlich deutsche Philosophen (wie Jürgen Habermas, Otfried Höffe oder Wolfgang Kersting) sich darauf konzentrieren, den argumentativen Gehalt von Kants politischen Schriften zu rekonstruieren, zu kommentieren oder zu aktualisieren[11], haben unter anderem Michel Foucault oder Jean-François Lyotard den politisch-historischen Enthusiasmus[12] des alten Kant lebendig werden lassen und seine Frage von 1798 neu gestellt: Was ist die Revolution?

Geschichtszeichen. Die erste Frage, die sich Kant im philosophischen Streit mit der juristischen Fakultät stellt, lautet, ob die Menschheit sich in einem beständigen Fortschritt zum Besseren befindet. Durch unmittelbare Erfahrung ist diese Frage nur schwer mit Ja zu beantworten. Alles scheint nur aufgebaut zu werden, um wieder zerstört werden zu können. Jeder Frieden ist nur die Vorstufe zu neuen Kriegen. Immer wieder rollt der Stein des Sisyphus in die Tiefe. Man könnte über dieses grausame «Possenspiel» (VI, 354) unserer Gattung lachen, wenn es nicht so traurig wäre. Man wird keine historisch-politische Erfahrungstatsache finden, die als Ursache oder Urheber eines wahren geschichtlichen Fortschritts gelten kann. Aber es ist, Kant zufolge, dennoch sinnvoll, im Innern der Geschichte ein Ereignis zu identifizieren, das auf den möglichen Fortschritt hinweist. Diese Begebenheit ist nicht selbst die Ursache der geschichtlichen Entwicklung zum Besseren. Sie kann nur ein hindeutendes «*Geschichtszeichen*» (VI, 357) sein, das in der Lage ist, gleichermaßen im Rückblick, in der aktuellen Wahrnehmung und im Vorblick für die Idee des Fortschritts zu zeugen.

Ein solches Zeichen hat Kant zu seiner Zeit auftauchen sehen. Aber es ist nicht die Französische Revolution selbst, wie man zunächst vermuten könnte. Denn all die wichtigen Taten oder Untaten innerhalb der chaotischen Revolutionsgeschichte, durch die das Kleine groß und das Große klein gemacht worden ist, sind keine wirklichen Beweise für den Fortschritt. Der revolutionäre Umsturz stülpt die Verhältnisse nur um. Er kann einen zivilisatorischen Rückfall mit sich bringen, und hätte man die Chance, mit der Revolution noch einmal zu beginnen, so unterließe man sie lieber. Zu viel Blut ist geflossen. Aber was sich für immer verändert hat und nie mehr vergessen wird, ist die «Denkungsart der Zuschauer, welche sich bei diesem Spiele großer Umwandlungen *öffentlich* verrät.» (VI, 357) Die menschliche Begeisterung für die revolutionären Ideen und Aktionen ist das Geschichtszeichen, das die Frage nach dem Fortschritt positiv beantworten lässt. Kants Urteil über die Französische Revolution konzentriert sich auf das moralische Gefühl derjenigen, die selbst weit vom Schauplatz der Revolution entfernt sind: «Die Revolution eines geistreichen Volks, die wir in unseren Tagen vor sich gehen sehen, mag gelingen oder scheitern; sie mag mit Elend und Greueltaten dermaßen angefüllt sein, daß ein wohldenkender Mensch sie, wenn er sie, zum zweitenmale unternehmend, glücklich auszuführen hoffen könnte, doch das Experiment auf solche Kosten zu machen nie beschließen würde – diese Revolution, sage ich, findet doch in den Gemütern aller Zuschauer (die nicht selbst in diesem Spiele verwickelt sind) eine *Teilnehmung* dem Wunsche nach, die nahe an Enthusiasm grenzt, und deren Äußerung selbst mit Gefahr verbunden war, die also keine andere, als eine moralische Anlage im Menschengeschlecht zur Ursache haben kann.» (VI, 358)

Enthusiasmus. Die Revolution selbst ist also kein Zeichen. Elend, Gewaltsamkeiten und Gräueltaten sprechen nicht gerade für den humanitären Fortschritt, und auch die revolutionären Heldentaten sind nur vorübergehende Momente im Lauf der Zeit. Das Geschichtszeichen des möglichen Fortschritts ist ein Gefühl, das mit Moral zu tun hat. Es geht um Mentalitäten, um Gemüt, Wunsch, Teilnahme und Enthusiasmus. Noch ein letztes Mal bringt der alte Kant jenes Gefühl für das Erhabene ins Spiel, das ihn selbst charakterisiert. Es ist seine «Teilnehmung am Guten mit *Affekt*, der *Enthusiasm*» (VI, 359), den er bereits 1764 in seinen *Beobachtungen über das Gefühl des Schönen und Erhabenen* zum ersten Mal beschrieben und reflektiert hat. Die Selbstanalyse hat seinen eigenen melancholischen Charakter erhellt. Der Mensch von melancholischer Gemütsverfassung duldet keine Ketten und fühlt die Freiheit als eine große erhabene Idee, die ihn begeistert. Dass in der «Ausartung dieses Charakters» (I, 842) der Freiheitseifer zum Enthusiasmus neigt, sah Kant auch als Gefährdung. Er versuchte, diesen Affekt zu kontrollieren, um nicht wie ein Verrückter im Wachen zu träumen. Davor warnte er sich selbst 1764 in seinem *Versuch über die Krankheiten des Kopfes*, in dem er den Enthusiasmus mit dem Anschein von Phantasterei versah und an den Rand des Wahnsinns rückte, «in an sich guten moralischen Empfindungen.» (I, 896) Aber Kant war zugleich davon überzeugt, dass ohne Enthusiasmus niemals «in der Welt etwas Großes ausgerichtet» worden ist.

Wie jeder Affekt mag dieser Gemütszustand blind sein und kann deshalb der Vernunft nicht wirklich gefallen. Aber ästhetisch verdient er, wie Kant 1790 in der *Kritik der Urteilskraft* ausführte, Hochachtung, weil er den Menschen für Ideen empfänglich sein lässt, «welche dem Gemüte einen Schwung geben, der weit mächtiger und dauerhafter wirkt, als der Antrieb durch Sinnenvorstellungen.» (V, 363) Nach dem «bestirnten Himmel über mir» und dem «moralischen Gesetz in mir» hat am Ende die «Revolution eines geistreichen Volks» zum dritten und letzten Mal Kants Gemüt mit Bewunderung und Ehrfurcht erfüllt.

DIE KUNST, DAS LEBEN ZU VERLÄNGERN

Kant hat seine affektive Teilnahme an der Französischen Revolution im Zweiten Abschnitt einer Streitschrift öffentlich gemacht. Sie erscheint 1798 im *Streit der Facultäten*, in dem die «untere» philosophische Fakultät demonstriert, was die drei «oberen» Fakultäten von ihr lernen können. Ursprünglich war es anders geplant. Das «Geschichtszeichen» ist bereits 1796 für die *Berliner Blätter* konzipiert worden, Johann Erich Biesters Nachfolgeorgan für die im gleichen Jahr eingestellte *Berlinische Monatsschrift*. Doch der Berliner Stadtpräsident hat die Veröffentlichung untersagt. Kants historisch-politischer Enthusiasmus, der nur aufs Moralische zielen sollte, erschien ihm als Gefahr für die staatliche Ordnung. Denn wo hat Kant die Sicherung eingebaut, um den Sprung von der distanzierten Beobachtung zur revolutionären Aktion, von der moralischen Begeisterung zur politischen Umwälzung zu verhindern? Seine unschuldigen Hinweise, dass er doch nur empfohlen habe, die preußische Regierung solle die Franzosen nicht kriegerisch am «Republikanisieren» hindern, und dass der Schauplatz der Revolution doch so weit entfernt sei, waren nicht sehr überzeugend. Die Staatsmacht besaß ein gutes Gespür für die Provokation, die von Kants Teilnahme an einem «Guten» ausging, das er auf die Französische Revolution projizierte.

Auch der Erste Abschnitt im *Streit der Facultäten*, in dem Kant die Theologen philosophisch herausgefordert hat, ist bereits einige Jahre früher geschrieben worden, in engem Zusammenhang mit der *Religion innerhalb der Grenzen der bloßen Vernunft* von 1793. Dieses Plädoyer für moralische Authentizität, «d. i. der

Gott in uns» (VI, 315), und gegen einen entfremdeten Kirchenglauben ist ebenfalls an der Zensur gescheitert, sodass Kant in dieser Auseinandersetzung die günstige Gelegenheit zur Veröffentlichung abwarten musste, die er erst nach dem Tode König Friedrich Wilhelms II. gekommen sah.

Mit dem dritten Streitfall sieht es anders aus. Zwar geht es auch hier um eine Differenz. Der Philosoph streitet mit dem Mediziner. Und auch dabei hat Kant wieder die moralisch-praktische Seite seines Denkens besonders betont. Im Mittelpunkt steht der Mensch als physisch-geistiges Doppelwesen. Er ist natürlicher Körper, der durch technische Mittel des Arztes behandelt werden kann; und zugleich eine seelisch-moralische Person, deren Gefühle und Gemütszustände, Charakter und Wille eine wichtige Rolle spielen im Komplex von Gesundheit, Erkrankung und Heilung. Doch im Unterschied zum Konflikt mit der Kirchen- und Staatsmacht, gegen die er sich zur Wehr setzt, ist die Auseinandersetzung mit der Medizin durch ein Geschenk angeregt worden, das Kant gern angenommen hat. In seiner dankbaren Entgegnung hat er sich, wie in keiner anderen Schrift, selbst zum Gegenstand gemacht. Ohne Selbstzensur lässt er «sein *Ich laut* werden» und spricht von seiner «eigenen Erfahrung an sich selbst.» (VI, 372) Wie eine Beichte, die der Patient vor seinem Arzt ablegt, liest sich der Dritte Abschnitt im *Streit der Facultäten.* Das ist nicht nur eine Veröffentlichung intimer Gefühle und Verhaltensweisen. Es ist zugleich das Dokument eines moralischen und geistigen Willens, der sich selbst noch vom Gängelband des Körpers und seiner physiologischen Mechanismen zu befreien versucht hat: *Von der Macht des Gemüts, durch den bloßen Vorsatz seiner krankhaften Gefühle Meister zu sein.*

Es beginnt mit einem *Antwortschreiben an Herrn Hofrat und Professor Hufeland*, in dem Kant sich für das «lehrreiche und angenehme Buch» (VI, 371) bedankt, das ihm am 12. Dezember 1796 zugeschickt worden ist: *Die Kunst, das menschliche Leben zu verlängern. Makrobiotik.* Christoph Wilhelm Hufeland (1762–1836) war auch für Kant kein Unbekannter.[13] Nach Beendigung seines Studiums in Jena war Hufeland von 1783 bis 1793 in Weimar als Arzt tätig, wo er nicht nur in engem Kontakt mit Christoph Martin Wieland, Johann Gottfried Herder, Friedrich Schiller und Johann Wolfgang von Goethe stand. Auch der Weimarer Hof hatte Interesse an der medizinischen Forschung und ärztlichen Arbeit Hufelands gezeigt und ihn zum Hofmedikus ernannt. Denn dieser sowohl praktisch begabte als auch wissenschaftlich aufgeklärte Mediziner war nicht nur daran interessiert, wie man Krankheiten heilt. Er wollte wissen, wie Krankheiten entstehen im Zusammenspiel von einwirkenden Ursachen mit der Gegenwirkung der Lebenskräfte und -organe. Der praktische Effekt dieses «pathogenen» Erkenntnisinteresses lag auf der Hand. Wenn man weiß, wie Krankheitsursachen zu Krankheiten werden, dann erhalten vorbeugende Maßnahmen einen hohen Wert; und wenn man erkannt hat, wie sich das organische Leben gesund erhalten lässt, dann kann sich daraus auch eine Fähigkeit entwickeln, *das menschliche Leben zu verlängern*. In Jena, wo Hufeland seit 1793 als Professor der Medizin tätig ist und engen Kontakt zu Johann Gottlieb Fichte, August Wilhelm und Friedrich Schlegel, auch zu Novalis hatte, schrieb er sein populäres Hauptwerk, das bald zum allgemeinen Bildungsgut des Bürgertums wurde und Hufeland zu einem der meistgelesenen deutschen Autoren der nächsten Jahrzehnte machte.

Hufeland hat seine *Makrobiotik* nicht allein für Ärzte, sondern für ein Publikum geschrieben, das darüber aufgeklärt werden wollte, wie der menschliche Wunsch nach einem langen Leben vernünftig verwirklicht werden kann ohne Quacksalberei, verworrenen Spiritismus und haltlose Versprechungen. Es schien Hufeland, wie er im Juli 1796 in der Vorrede zur ersten Auflage seiner *Makrobiotik* schrieb, «also nützlich und nötig, die Begriffe über diesen wichtigen Gegenstand zu berichtigen und auf gewisse feste und einfache Grundsätze zurückzuführen, wodurch diese Lehre Zusammenhang und systematische Ordnung bekäme, die sie bisher nicht hatte.»[14]

Das betraf zunächst und vor allem den Begriff «Lebenskraft».

Christoph Wilhelm Hufeland.
Stich von C. Müller

Hufeland sah die Schwierigkeit, diese Kraft begrifflich klar und deutlich zu fassen, die er als eine Grundursache alles Lebens verstand. «Wo der Philosoph das Wort Kraft braucht, da kann man sich immer darauf verlassen, daß er in Verlegenheit ist, denn er erklärt eine Sache durch ein Wort, das selbst noch ein Rätsel ist; – denn wer hat noch mit dem Wort Kraft einen deutlichen Begriff verbinden können?» Schwerkraft, Anziehungskraft, elektrische und magnetische Kraft, Reproduktionskraft, Urteilskraft, Seelenkraft, Geisteskraft, Einbildungskraft usw.: Sie alle bedeuten im Grunde nichts weiter als «das X in der Algebra, die unbekannte Größe, die wir suchen.»[15]

Doch Hufeland hat nicht nur zur Klärung dieser Wunderkraft X des Lebens beigetragen, indem er seine Lehre systematisierte. Er hat die festen und einfachen Grundsätze seines ganzen Systems in einen größeren Zusammenhang gestellt, der weit über den Rahmen der Medizin hinausging. Vor allem interessierte ihn der moralische Aspekt seiner Kunst, das Leben zu verlängern. «Wer kann vom menschlichen Leben schreiben, ohne mit der moralischen Welt in Verbindung gesetzt zu werden, der es so eigentümlich zugehört?»[16] Das war eine rhetorische Frage. Denn ganz im Geist der Aufklärung verband Hufeland den Wunsch, dass die Menschen gesünder und länger leben, mit dem Bestreben, dass sie auch besser und sittlicher werden. «Wenigstens kann ich versichern, daß man eins ohne das andere vergebens suchen wird und daß physische und moralische Gesundheit so genau verwandt sind wie Leib und Seele.»[17]

Feste Grundsätze, begriffliche Klärung der «Lebenskraft», moralische Intention: Mit dieser Trias sah sich Hufeland mit dem nun bereits 72-jährigen Philosophen in Königsberg einig, dem er am 12. Dezember 1796 seine *Makrobiotik* als Beweis der Verehrung schickte mit der Bitte, «über einige darin enthaltene und für das philosophische Tribunal gehörige Ideen nachzudenken, wodurch ich unsrer Kunst zugleich einen Vorteil zu verschaffen hoffe.»[18] Weil es das Schiff in Lübeck nicht rechtzeitig erreicht hat, kommt das Geschenk erst drei Monate später bei Kant an. Gern will er das Buch des hoch geschätzten Autors lesen, teilt er Ende März 1797 Hufeland mit, und sich dabei den Genuss der Lektüre nur langsam gönnen. Denn er will seinen neugierigen Appetit immer rege halten und sich dabei auch die «kühne aber zugleich seelenerhebende Idee von der selbst den physischen Menschen belebenden Kraft der moralischen Anlage in ihm» (Br, 722) völlig klar machen. Kant sieht die Gemeinsamkeit der praktischen Interessen und philosophischen Intentionen. Hufeland hat viel von ihm gelernt, nun will er sich dafür dankbar zeigen. Er selbst habe ja auch über diese Idee nachgedacht. Vielleicht werde er demnächst Hufeland sogar Beobachtungen mitteilen, «die ich hierüber an mir selbst zu diesem Behuf in Absicht auf Diät gemacht habe.»[19]

Es bleibt nicht nur bei der Möglichkeit, die Kant andeutet. Er schreibt tatsächlich einen langen Bericht über seine eigenen Grundsätze der Diätetik, in dem er nicht nur über sein Leben, seine Stimmungen, Gewohnheiten und Krankheiten öffentlich Auskunft gibt, sondern auch die praktisch-moralische *Macht des Gemüts* als ein rein «psychologisches Arzneimittel» (Br, 723) preist, mit der körperliche und seelische Krankheiten abgehalten werden können. Am 6. Februar 1798 schickt er seine freimütige Selbstauskunft an Hufeland (Br, 767), der sie sofort in seinem *Journal der practischen Arzneykunde und Wundarzneykunst* veröffentlicht und sich einleitend ungeheuer darüber freut, seinen Lesern Ideen und Entwicklungen des Königsberger Weisen mitteilen zu können, «die für jeden denkenden Arzt höchst interessant sein müssen, und die zugleich über die individuelle geistige und körperliche Diätetik dieses großen Mannes sehr lehrreiche Notizen erteilen.»[20] Einige Monate später wird Kant, zusammen mit dem Brief an Hufeland, seinen Bericht als Dritten Abschnitt zum *Streit der Facultäten* beifügen.

Hufelands Buch war Kant aus dem Herzen gesprochen. Denn der Makrobiotiker spielte sich nicht als ein Herrscher über den Körper auf, der seine Mittel geschickt einzusetzen wusste. Er war kein bloßer «Vernunftkünstler» (VI, 371), der sich nur in seinem medizinischen Spezialgebiet auskannte. Kant schätzte an Hufeland den Philosophen, der seine Erkenntnisse auf den wesentlichen Zweck des menschlichen Daseins bezog. Als «gesetzgebendes Glied im Korps der Ärzte» entwickelte und praktizierte er eine «Universalmedizin» (VI, 372), die zwar nicht bei allen Menschen für alles zu helfen beanspruchte, aber doch einen ganzheitlichen Aspekt besaß, der bei keiner ärztlichen Maßnahme fehlen sollte. Dieses Universalmittel war keine Technik. Es war eine lebenspraktische «Kunst», die als solche philosophisch begründet und praktisch-moralisch orientiert sein musste.

Nicht nur in seinem Antwortschreiben an Hufeland hat Kant auf diese Kunst hingewiesen, wie man Krankheiten abhalten kann. Auch alle Biographen, die ihn persönlich kannten und, je älter er wurde, desto öfter mit ihm über Gesundheit und Krankheit, Alter und Sterblichkeit sprechen mussten, haben auf diesen Aspekt besonderen Wert gelegt. Borowski berichtete, dass Kant es für ein Werk der von ihm praktizierten *Kunst* hielt, «zu einem hohen Alter, das zu erreichen *er ehedem* sich nicht vorstellte, gelangt zu sein.»[21] Jachmann schilderte die genaue Aufmerksamkeit, mit der Kant seine körperlichen Aktionen und Reaktionen beobachtete, daran interessiert, ein hohes Alter zu erreichen. «Kants Körper war von der Natur gewiß nicht zu einer achtzigjährigen Lebensdauer bestimmt. Er hat der Natur das Leben abgezwungen. Das ganze Gebäude seines Körpers war so schwach, daß nur ein Kant es so viele Jahre unterstützen und erhalten konnte.»[22] Und auch Wasianski, der Vertraute in seinen letzten Lebensjahren, stellte fest, dass Kant stolz darauf war, wie ein gymnastischer Künstler auf dem schwankenden, schlaffen Seil des Körpers nicht sein Gleichgewicht verloren zu haben. «Er sah daher auch seine Gesundheit und sein hohes Alter fast als sein eigenes Werk an; ja als ein Kunststück, wie er es selbst nannte.»[23]

Solange er zurückdenken konnte, ist Kant nie ganz frei von einem leichten Schmerz gewesen. Es war ein Drücken unter der Brust, das ihn nie verlassen hat. Das war aber auch das einzige Übel, über das er sich ab und zu beschwerte und wogegen er sich von Dr. Trummer, seinem alten Schulfreund, Pillen geben ließ. Er führte es auf seine flache und enge Brust zurück, die für die Bewegung des Herzens und der Lunge zu wenig Spielraum ließ. Auch seine «natürliche Anlage zur Hypochondrie, welche in früheren Jahren bis an den Überdruß des Lebens grenzte» (VI, 379), glaubte er dieser Beklommenheit zu verdanken. Aber er brauchte sich darum nicht mehr zu kümmern, als er die Ursache dieser Herzbeklemmung als «bloß mechanisch und nicht zu heben» erkannt hatte. Ähnlich ging er mit den Schmerzen um, die ihm Gichtanfälle im hohen Alter bereiteten. Die besonders morgens auftretende «glühende Röte der Zehen des linken Fußes» (VI, 383) hoffte er nach und nach durch das stoische Mittel beheben zu können, «seine Aufmerksamkeit von einem solchen Leiden abzuwenden.» Anstatt seine Ernährungsgewohnheiten zu verändern und nicht mehr so viel Braten oder Würste zu essen und Wein zu trinken, vertraute er auf die Macht seines Gemüts.

Ernsthaft krank ist Kant sein Leben lang nicht gewesen. Keinen einzigen Tag hat er wegen Krankheit im Bett verbracht. Darauf war er stolz, und er hielt es für einen Effekt seines Willens, der sich an selbst verschriebenen Grundsätzen der Diätetik orientierte. Das war keine Therapeutik, um Krankheiten zu heilen. Es war eine praktisch-philosophische Kunst, um die Lebenskraft sowohl in moralischer als auch in gesundheitlicher Hinsicht so gut und so lange wie möglich wirken zu lassen. Es war ein Programm, das 200 Jahre später von seinen psychoanalytisch gebildeten Kritikern gern als zwanghafte Triebkontrolle eines «hochgepanzerten Abwehr-Ich»[24] gegen den Ansturm der Sinnlichkeit interpretiert wurde, von begeisterten Nachfolgern dagegen zur *Theorie der natürlichen Magie*[25] ausgebaut worden ist, in der die «Macht des Gemüts» ihre ganze Kraft für das Leben entfalten kann. Kant selbst formulierte es als eine Reihe von Maximen, wie man sie nicht nur aus den Biographien kennt, sondern auch aus dem Bericht für Hufeland: Kopf und Füße möglichst kalt halten; die Füße in eisigem Wasser waschen (was die Gichtschmerzen gelindert hat); dagegen den Bauch, besonders bei kaltem Wetter, stets wärmen; nicht länger als sieben Stunden schlafen; denn «das Bett ist das Nest einer Menge von Krankheiten» (VI, 376); keinen Mittagsschlaf halten; im kalten Zimmer schlafen; durch die Nase atmen, um Schnupfen und Husten zu verhindern; ein Pfeifchen rauchen, um die Verdauung zu befördern; Wasser und Wein trinken, um die festen Speisen besser verarbeiten zu können; regelmäßig spazieren gehen, bei jedem Wetter, dabei aber Schweißausbruch vermeiden; beim Essen und Gehen nicht angestrengt nachdenken, sondern sich nur dem leichten, freien Spiel der Einbildungskraft überlassen.

So lange wie möglich wollte Kant gegen die Sterblichkeit ankämpfen, «als dem demütigendsten Ausspruch, der über ein vernünftiges Wesen nur gefällt werden kann (‹du bist Erde und sollst zu Erde werden›).» (VI, 374) Die Endlichkeit des menschlichen Lebens war für den Mann des Geistes eine ungeheure Provokation. Deshalb gehörte Goethes Ausruf, den Hufeland als Motto seiner *Makrobiotik* gewählt hatte, auch zu seinen Lieblingszitaten: «Süßes Leben! Schöne freundliche Gewohnheit des Daseyns und Wirkens! – von dir soll ich scheiden?»[26] Der melancholische Unterton ist nicht zu überhören, der auch bei dieser letzten Frage um Leben und Tod mitspielte. Kant neigte zur Melancholie. Er war kein Freund der Lustigkeit, die sich oberflächlich von der Hoffnung nährt, dass alles gelingt und gut wird. Der Leichtsinn war ihm fremd, und oft näherte er sich der Schwermut, wenn er die großen Gefahren sah, die es zu überstehen galt. Er empfand das Leben nicht wirklich als schön. Aber sein melancholisches Gefühl für das Erhabene ließ ihn das Leben schätzen als eine sich selbst begehrende Macht, deren Rätsel durch keine theoretische Erkenntnis gelöst werden kann.

Kant hat den Tod nicht gefürchtet. Er hat ihn verachtet, weil er zu ihm verurteilt worden war und ihm nicht entkommen konnte. Als freiheitsliebender Philosoph, der schon früh Mündigkeit zu seiner Lebensmaxime erklärt hatte, wollte er keinesfalls wie jener «Kandidat des Todes» (VI, 391) enden, den er bei Hufeland skizziert fand. Deshalb konnte er sich mit dem fast 40 Jahre jüngeren Mediziner in einem Punkt absolut nicht einverstanden erklären. Es ging um die makrobiotische Vorstellung vom Alter und seiner adäquaten Behandlung. Zwar wird Kant sich über die Paradoxie amüsiert haben, mit der Hufeland empfahl, im Alter sich pflegen zu lassen, Ungemächlichkeit (zum Beispiel das Spazierengehen bei schlechtem Wetter) zu vermeiden und seine Lebenskraft zu schonen: Weil man im Alter mit der noch verfügbaren Lebenskraft sparsam umgeht, reicht sie länger. Man würde also, paradox gesagt, im Alter früher sterben, wenn man nicht so alt wäre. Gerade die Nähe zum Tod ist ein Mittel, länger zu leben.[27] Für Kant dagegen bewirkte diese senile Passivität gerade das Gegenteil. Seine Diätetik wollte mit Gemächlichkeit nichts zu tun haben, die doch nur ein «allmähliches Erlöschen der Lebenskraft aus Mangel der Übung» (VI, 375) zur Folge haben könne.

Kant wollte aktiv bleiben, solange es ging. Er wollte seine Lebenskraft nicht schonen, um schließlich wie ein «vegetierendes

Wesen» (VI, 391) auf niedriger Stufe zu leben, also nur essen, gehen und schlafen zu können, für die «bürgerliche Existenz» aber unbrauchbar zu sein. Wenn die Kunst, das Leben zu verlängern, am Ende dahin führte, unter den Lebenden nur noch in seiner animalischen Lebensform geduldet zu werden, dann wollte er diese Perspektive nicht ins Programm der Diätetik aufnehmen. Kant wollte sich den gewohnten Genuss des Lebens nicht schmälern, um länger zu leben, und «ein schwächliches Leben durch Entsagungen in ungewöhnliche Länge ziehen.» (VI, 391) Die Diätetik als moralisch-praktische Kunst eines selbständigen Menschen, Leiden und Krankheit so gut wie möglich zu vermeiden, sollte das Leben auch leidenslos enden lassen können. Am besten wäre es, «durch einen Schlagfluß in der Nacht»[28] zu sterben.

OPUS POSTUMUM ODER: DER LETZTE ÜBERGANG

Um sich von äußeren Zufälligkeiten und Einflüssen weitgehend unabhängig zu machen und die Lebenskraft im Fluss zu halten, empfahl Kant auch das Philosophieren als eine Art Universalmedizin. Schon als junger Student hatte er in der Philosophie für sich eine Kraft entdeckt, die seinem freien Lebenslauf alle Hindernisse zu überwinden helfen sollte. Auch jetzt, gebückt unter der Last der Jahre, fühlt er in der Philosophie noch immer eine Energie, «welche die körperlichen Schwächen des Alters in gewissem Maße durch vernünftige Schätzung des Werts des Lebens wohl vergüten kann.» (VI, 377) Doch er täuscht sich auch nicht über die zunehmende Kraftlosigkeit, die nicht nur seinen Körper ergreift, sondern auch seine geistige Arbeit zu hindern droht. In seinem Bericht an Hufeland deutet Kant zum ersten Mal an, dass er sich seit etwa 1796 für einige Kopfarbeiten desorganisiert fühle. Eine Art «Kopfbedrückung» verkrampfe sein Gehirn, die zwar das Denken selbst nicht verhindere, aber seine Konzentration erschwert. Er hält es «für eine Gicht, die sich zum Teil aufs

Gehirn geworfen hat» (VI, 389), führt es auch auf die außerordentlich hohe Luftelektrizität zurück, unter deren schädlichem Einfluss, wie er in der Zeitung gelesen hat, ungewöhnlich viele Katzen gestorben sein sollen. (Br, 792) Es gelingt ihm oft nicht mehr richtig, im Wechsel der vielfältigen Vorstellungen und Gedanken die Einheit des Bewusstseins zu erhalten. Dann beginnt er etwas zu sagen oder zu schreiben, weiß auch noch, wovon er ausgegangen ist und wohin er gehen will, aber ist plötzlich zerstreut und muss seine Zuhörer oder sich selbst fragen: «wo war ich doch? Wovon ging ich aus?» (VI, 390) Doch das soll ihn nicht hindern, sich noch an ein letztes großes Werk zu wagen, mit dem er bestimmte Lücken in seinem philosophischen System ausfüllen und damit sein kritisches Geschäft beschließen will.

Kant fühlt sich zwar schwach. Aber er hat nun auch mehr Zeit, sich auf die geistige Herausforderung einzulassen, die ihn die nächsten Jahre seines Lebens produktiv sein lässt. Wie es seit langer Zeit zur festen Gewohnheit geworden ist, muss ihn sein Diener Lampe jeden Morgen um Viertel vor fünf Uhr wecken und so lange im Schlafzimmer warten, bis sein Herr aufgestanden ist. Er kleidet sich an, zieht einen gelblichen Schlafrock mit rotseidener Binde über, setzt eine Schlafmütze auf, über der er noch ein kleines dreieckiges Hütchen befestigt. Dann geht er in sein Arbeitszimmer, trinkt zwei Tassen milden Blütentee und raucht eine Tonpfeife Tabak. Um fünf Uhr sitzt er an seinem Schreibtisch. Jetzt hat er den ganzen Vormittag Zeit. Denn nach 40-jähriger Lehrtätigkeit, mit insgesamt 268 Vorlesungszyklen, hat er am 23. Juli 1796 zum letzten Mal hinter dem Katheder gestanden. Zwar hat er für die kommenden Semester noch Kollegs angekündigt, fühlt sich dazu jedoch nicht mehr in der Lage. Die nächsten sechs Jahre wird Kant jeden Morgen schreiben, auch wenn die Freunde und Bekannten nicht recht wissen, was er da auf Hunderten von Seiten zu Papier bringt. Sie wissen nur, dass das Manuskript vom «Übergange von der Metaphysik der Natur zur Physik»[29] handelt und Kant selbst es für sein Hauptwerk hält, sein «Chef d'œuvre»[30]. Doch man zweifelt an seinem Urteil, das man seiner nachlassenden geistigen Kraft zuschreibt. Weiß Kant nicht mehr recht, was er tut? Ist das nur die verzeihliche Schwäche eines Greises für das jüngste Kind?

Die voluminöse Papiermasse hat nach Kants Tod eine Odyssee erlebt. Sie verblieb in der Hand von Verwandten brüderlicherseits, war zeitweilig auch verschwunden. Große Teile, auch mit dazu gehörenden Vorarbeiten, hat Rudolf Reicke stückchenweise in der *Altpreußischen Monatsschrift* (1882–1884) herausgegeben. Das ganze Manuskript wurde schließlich 1885 vom Hamburger Pastor Albrecht Krause für 800 Mark erworben, als die Königliche Bibliothek in Berlin diesen Preis für zu hoch empfand. 1888 hat Krause eine populärwissenschaftliche Darstellung des nachgelassenen Werks publiziert, ohne dessen Struktur oder Gedanken vermitteln zu können. Das Ganze schien völlig diffus zu sein, ein Wust unzusammenhängender Notizen, und die besten Kenner von Kants Philosophie hielten es für eine Sammlung vollkommen sinnloser Sätze und ein trauriges Zeichen von Kants zerrüttetem Denkorgan. Erst 1920 wurde durch *Kants Opus postumum dargestellt und beurteilt von Erich Adickes* eine neue Perspektive eröffnet.[31] Kants Übergang von der Metaphysik zur Physik erschien als ein reifes Alterswerk, trotz seiner wuchernden Form. Obwohl Adickes forderte, das ganze Manuskript abzudrucken, hat sich die Kant-Kommission zunächst dagegen entschieden, es in die Akademie-Ausgabe *Kant's Gesammelte Schriften* aufzunehmen. Und als es dann doch als Band XXI (1936) und Band XXII (1938) *(Kant's handschriftlicher Nachlaß)* auf 1269 Seiten veröffentlicht wurde, hat man Kants eigene Signaturen, wie die Texte zusammenhängen, nicht zur Kenntnis genommen. Die vielen Papiere waren auf ihrer Wanderschaft durch Privatbesitz in völlige Unordnung geraten, «als sei das ganze Bündel aus der Tischschublade gefallen und dann ohne Rücksicht auf die ursprüngliche Reihenfolge wieder aufgelesen worden.»[32] Viele Passagen gehören nicht zum eigentlichen Werk, sondern sind nur Alltagsnotizen; und vieles, was dazugehört und sich auf losen Blättern findet, ist nicht ins *Opus postumum* aufgenommen worden.

Erst durch die bahnbrechenden Monographien von Vittorio Mathieu (1958 und 1989), Hansgeorg Hoppe (1969) und Burkhard Tuschling (1971) ist die Qualität von Kants letzter Arbeit erkennbar geworden[33] und hat zu einer intensiven Auseinandersetzung mit seinem *Übergang von den metaphysischen Anfangsgründen der Naturwissenschaft zur Physik* geführt, wie die erste Formulierung auf einem losen Blatt vom Sommer 1796 lautet.[34] Ein letzter Übergang dieses Philosophen also, dessen ganzes Werk von dichotomen Trennungen und angestrebten Vermittlungen durchzogen ist: zwischen Anschauung und Verstand, Erfahrung und Idee, sinnlichem Begehren und reinem Willen, empirischer Seelenkunde und reiner Moralphilosophie, praktischer und theoretischer Vernunft, physikalischer Forschung und metaphysischen Grundsätzen. Es galt eine Brücke über eine Kluft zu bauen. Mit ihr wollte Kant einen Weg zur bestehenden Natur selbst eröffnen, zur wirklichen Welt, zur besonderen und konkreten Physik unserer tatsächlichen Welt, zu der auch der Mensch als leibliches Wesen mit seinen Kräften gehört. «Physik ist die Lehre von bewegenden Kräften, welche der Materie zu eigen sind.»[35]

Vor allem die Arbeitsweise des alten Kant, der jeden Morgen schreibt und schreibt, hat dazu beigetragen, ihm auf seinem Übergang nur schwer folgen zu können. Vermutlich hat er an verschiedenen Gedanken gleichzeitig gearbeitet, sie auf verschiedene Blätter notiert, die er zunächst noch nicht einmal chronologisch geordnet hat. Es war Mathieu, der die neue «zellenartige Struktur des Manuskripts»[36] und die damit verbundene Denkweise Kants verdeutlicht hat. Abgesehen von einigen losen Blättern, wenigen Quartblättern und dem so genannten «Oktaventwurf» hat er nämlich sein Übergangswerk auf riesige Druckbögen geschrieben, die so gefaltet waren, dass sich jeweils vier Seiten ergaben. Die einzelnen Bögen und Seiten enthalten dabei jeweils einen Gedanken. Wie in den Zellen eines Organismus verdichtet sich in den Seiten des Textes dabei stets das ganze Konzept, wobei unterschiedliche Aspekte beleuchtet werden. Das *Opus postumum* ist fraktal organisiert wie das Weltsystem. Das Ganze spiegelt sich in

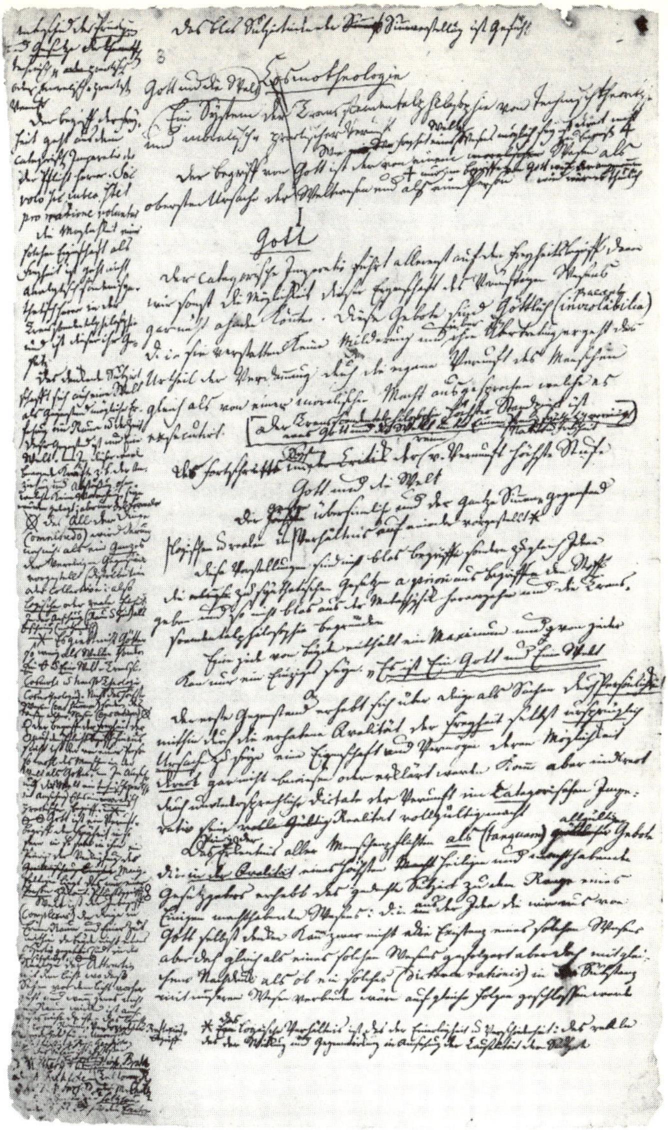

Opus postumum.
«Es ist Ein Gott und Eine Welt»

seinen Teilen, die sich selbstähnlich ins Unbegrenzte vervielfältigen. «Kant wollte und mußte das Werk jedesmal *als Ganzes denken*. Die beschriebene zellenartige Struktur des Manuskripts ergibt sich aus dem Bedürfnis nach schriftlichen *Denkunterlagen*, gewissermaßen um ‹schriftlich zu denken›.»[37]

Aus der Fülle der Gedanken, die das breite Spektrum von einer naturwissenschaftlichen Konzeption der Materie bis zu einer «Selbstsetzungstheorie» umfassen, die das Ich zum Original aller Objekte erklärt und das personale Subjekt als Vermittlungsinstanz zwischen imaginiertem Gott und unbegreifbarem Weltganzen inthronisiert, soll hier nur ein Element herausgegriffen werden. Denn biographisch bemerkenswert ist vor allem die Rückkehr, mit der sich Kant 50 Jahre später wieder seinem ersten großen Thema zuwendet: den *lebendigen Kräften* der natürlichen Körper. Damals hatte er sie mit jugendlichem Übermut seiner *wahren Schätzung* unterworfen, die dem Selbstbewusstsein der eigenen Kräfte entsprach. Jetzt fühlt er ihre zunehmende Schwächung; und auf paradoxe Weise gewinnt sein Denken über die bewegenden Kräfte an Tiefe, Folgerichtigkeit und innerem Zusammenhang, je mehr er unter ihrem Mangel leidet. Gleich aber bleibt die problematische Fragestellung: Wie können diese lebendigen und bewegenden Kräfte begriffen werden, wenn sie einerseits, wie 1746 behauptet, «gänzlich aus der Gerichtsbarkeit der Mathematik ausgeschlossen werden» (I, 175) bzw. sich dem 1786 erhobenen Anspruch verweigern, «daß in jeder besonderen Naturlehre nur so viel *eigentliche* Wissenschaft angetroffen werden könne, als darin *Mathematik* anzutreffen ist» (V, 14)?

Bereits 1746 hatte Kant darauf bestanden, dass Körper aus ihrem Inneren infolge lebendiger Kräfte eine Bewegung erzeugen können, die nicht von außen durch andere bewegte Körper verursacht wird. Kant wusste, dass der Grund dieses Gedankens «metaphysisch» (I, 76) war und den zeitgenössischen Naturwissenschaftlern nicht gefallen konnte. Dennoch war er sich sicher: «Hierauf gründe ich mich.» Mit dieser Formel drückte er sowohl seine existenzielle Situation aus, als autonomes Ich auf seiner selbst vorgezeichneten Bahn nicht gehindert zu werden (I, 19), als auch seine metaphysische Überzeugung, dass lebendige Kräfte der Materie als solcher innewohnen. (I, 77) Zwischen subjektiver Dynamik und objektiver Naturkraft bestand eine Analogie, auch wenn deren Grund unbekannt blieb.

In seinem Elementarsystem der bewegenden Kräfte hat Kant 1798 diesen Gedanken wieder aufgegriffen. Er unterscheidet zwischen zwei Arten von Bewegungskräften. Wieder ist es Isaac Newton, dessen Werk schon den jungen Studenten begeistert hat und dem er nun ein letztes Mal Tribut zollt. Einerseits gibt es Kraftwirkungen, die durch vorausgehende körperliche Bewegungen verursacht werden. Die Grundsätze dieser Bewegung hat Newton in seinem «unsterblichen Werk»[38] *Philosophiae naturalis principia mathematica* formuliert. Andererseits gibt es eine ursprünglich bewegende Kraft als solche, die der Materie selbst innewohnt. Die Grundsätze dieser eingeborenen Antriebskraft können jedoch nicht berechnet werden. Sie lassen sich nur durch eine dynamische Physiologie begründen, eine *Philosophiae naturalis principia physiologica*[39], die sich auf das Leben konzentriert.

Der alte Kant ist nicht zum entschiedenen Gegner oder Antagonisten Newtons geworden, wie oft behauptet worden ist. Er polemisiert zwar gern gegen das große Vorbild, aber er weiß noch immer, wie viel er Newton und seinen *Principia* verdankt. Schließlich hat er sein ganzes kosmologisches Weltsystem 1755 *nach Newtonischen Grundsätzen* modelliert und aus dem Chaos geschaffen. Aber er hat Newtons *Principia mathematica* in ihre Grenzen verwiesen. Sie ermöglichen nicht, das erfahrbare Ganze zu begreifen, zu dem auch die «physiologischen Anfangsgründe» der Naturforschung gehören.

Um diese erfahrbare Gesamteinheit zu begründen, hat Kant um 1799 seine letzte Wende vollzogen. Er hat den «Äther» oder Wärmestoff als realen Erklärungsgrund jeder möglichen Erfahrung eingeführt. Weil der allverbreitete und unbeschränkte Wärmestoff alle Weltkörper in ein System verbindet und in die «Gemeinschaft der Wechselwirkung versetzt», verbinden sich alle Wahrnehmungen und Einzelerfahrungen zu «*Einer* Erfahrung»[40]. Pflanzenphysiologen hatten diesen Wärmestoff zuerst eingeführt, um bestimmte Phänomene der Vegetation erklären zu können. Damit hat Kant sich nicht zufrieden gegeben. Er universalisiert ihn und macht 1799 aus diesem nur hypothetisch angenommenen Stoff das reale «oberste Prinzip des Überganges von den metaph. Anf. Gr. der N. zur Physik»[41]. Als Materie mag dieser Äther-Stoff zwar niemals empirisch nachgewiesen worden sein. Kant spielt selbst mit dem Gedanken, dass es sich bei seinem Äther nur um ein Hirngespinst, eine bloße Idee oder ein reines Gedankending handeln könne. Aber er ist davon überzeugt, dass allein dieser Wärmestoff die Grundlage, das Medium und die Möglichkeit aller bewegenden Kräfte sein kann, die im ganzen Universum ihr ewiges Spiel spielen. «Es existiert ein allverbreiteter, alldurchdringender, innerlich allbewegender (agitierender) und in dieser Agitation gleichförmig beharrender (perennierender) Elementarstoff *Wärmestoff* genannt.»[42]

Kants *Übergang* ist kein radikaler Bruch mit Newtons *Principia mathematica*. Er ist ein Schritt in ein anderes Territorium, in dem die *Principia physiologica* die wesentliche Rolle spielen. Lebensvorgänge, die sich dem mathematischen Zugriff entziehen, sind das letzte, alles entscheidende Thema des alten Kant. Nur wenn er sie begreifen kann, hält er sein System für vollendet.

Wissenschaftsgeschichtlich ist Kants Ätherkonzeption auf zeitgenössische Auseinandersetzungen über Wärmephänomene bezogen worden, wie sie sich vor allem im Streit um die Existenz oder Nichtexistenz des Verbrennungsstoffs «Phlogiston» abgespielt haben. Aber wichtiger ist doch der unübersehbare anthropomorphe Hintergrund dieser ganzen Konstruktion aus lebendigen Kräften, physiologischen Prinzipien und universalem Wärmestoff. Es geht um den Menschen, dessen Lebenskraft Kant zum Original aller Erfahrungsmöglichkeiten überhaupt erklärt hat. Nur wenn sich das Subjekt seiner bewegenden Kräfte selbst bewusst ist und mit ihnen frei agiert, können die physischen Eigenschaften der Materie wirklich begriffen werden. Es ist die eigene Leiberfahrung, die Kants Alterswerk charakterisiert. Letztlich kann nur die Körperlichkeit des Subjekts, das aus sich selbst seine lebendigen und bewegenden Kräfte entfaltet, die transzendentale Bedingung einer ganzheitlichen Welterfahrung sein, die menschlich ist.

Der Begriff «Kraft», aus dem sich die fraktale Struktur dieses unabgeschlossenen letzten Werks entfaltet, erinnert nicht zufällig an Hufelands makrobiotische Untersuchungen zur Lebenskraft, die dieser Arzt-Philosoph als allgemeinste, feinste, durchdringendste und unsichtbarste Tätigkeit der Natur feierte. «Sie erfüllt, sie bewegt alles, sie ist höchst wahrscheinlich der Grundquell, aus dem alle übrigen Kräfte der physischen, vorzüglich organischen, Welt fließen.»[43] Denn Kant begann seine Arbeit am *Übergang* gerade zu jener Zeit, als er Hufelands *Kunst, das Leben zu verlängern* zugeschickt bekam mit der Bitte, über einige darin enthaltene Ideen philosophisch nachzudenken. In seinem Bericht an Hufeland über die *Macht des Gemüts* hat Kant 1798 sein Ich laut werden lassen und von seinen körperlichen Erfahrungen gesprochen. Auch die lebendigen Kräfte, die er in seinem *Opus postumum* zur Sprache bringt, hängen mit Kants Körper- und Leseerfahrung zusammen. Zwar betont er mehrmals den Unterschied zwischen lebendiger Kraft *(vis viva)* und Lebenskraft *(vis vitalis)*. Er ordnet die Lebenskraft dem organischen Reich der Natur zu, während er die lebendigen Kräfte mit der Mechanik und Dynamik der Materie überhaupt verbindet. Aber trotz dieser Trennung stellt Kant auch die Gemeinsamkeit fest: «Lebendige Kraft ist nicht Lebenskraft nicht organisch sondern mechanisch. Doch kann nach der Analogie mit der organischen auch die mechanische oder umgekehrt vorgestellt werden.»[44]

ES IST GUT

Kant war ein Mann des 18. Jahrhunderts. Als es zu Ende geht, verliert auch er zunehmend an Kraft. Er will sein Hauptwerk vollenden, aber weiß nicht, wie weit er ist und ob es ihm gelingt. «Die Anstrengung, die *Kant* auf die Ausarbeitung dieses Werkes verwandte, hat den Rest seiner Kräfte schneller verzehrt»[45], berichtet der Diakon an der Tragheimer Kirche E. A. Ch. Wasianski, der dem zunehmend schwächer werdenden Kant in den letzten Jahren hilfreich zur Seite steht, ab November 1801 seinen Haushalt führt, sich um seine Geldangelegenheiten kümmert und auch der erste Autor sein wird, der 1804 ausführlich *Immanuel Kant in seinen letzten Lebensjahren* schildert. Es sind fünf Jahre einer fortschreitenden Entkräftung, die den Körper und Geist schwächer und schwächer werden lässt. Sein Körper ist nie sehr kräftig gewesen. Aber jetzt magert er auffallend ab und verliert seine Muskelkraft. Kant selbst spricht fast täglich darüber und weist die Tischfreunde darauf hin, dass er nun bald das Minimum an Muskelsubstanz erreicht habe. Er beginnt aus Schwäche zu stürzen. Zunächst lacht er darüber und bemerkt scherzhaft, dass er wegen der Leichtigkeit seines Körpers ja nicht schwer fallen könne. Auch schläft er zunehmend vor Müdigkeit auf seinem Stuhl ein, fällt herunter und bleibt oft liegen, weil er sich nicht selbst helfen kann, bis ihm jemand zu Hilfe kommt. Auch kleine Katastrophen passieren, die Kant recht gelassen hinnimmt. Beim morgendlichen Lesen und Schreiben sinkt sein Kopf ins Kerzenlicht; «die baumwollene Nachtmütze entzündete sich und stand in hellen Flammen auf seinem Kopfe.»[46] Ohne zu erschrecken, nimmt er sie mit bloßen Händen ab, legt sie auf den Boden und tritt die Flamme aus.

Langsam fällt Kant in jenen Zustand zurück, aus dem er sich schon früh befreit hatte. Der Philosoph der Autonomie, der Selbsttätigkeit und gedanklichen Freiheit regrediert zum unmündigen Kind. Schon 1799 klagt er, obwohl mit scherzhaftem Ton,

Das Shariyat-Ki-Sugmad 1, S.183

Das Wahrheitsbewußtsein des Menschen ist die Substanz seiner Darlegung. Es ist die Absicht des ECK-Chela unter der Führung des Mahanta, seine Bewußtseinsebene zu verändern. Wenn dies nicht geschieht, besteht wenig Notwendigkeit für den Chela, auf dem Weg von Licht und Ton zu verbleiben. Es handelt sich nicht um das Erwerben von Wissen, sondern um das Verstehen der Wahrheit. Wer nach Wissen trachtet, wird erfahren, daß dies nicht das letztendliche Ziel des ECK-Chela ist.

Das Bewußtsein ist das ECK, aber nicht Gott SELBST. In dem Moment, in dem der Chela ein Bewußtsein seiner selbst als das ECK besitzt, hat er sich im Wort, der Stimme Gottes etabliert. Dies ist die Realisation der Seele, die auf der fünften Ebene eintritt. Sie führt in die Gottrealisation, das höchste Ziel aller Chelas, die dem Weg von ECK folgen.

Jede Seele ist der spirituelle Funke Gottes

der in einen physischen Körper gekleidet ist. Der Körper braucht nicht zu sterben, damit die Seele während der Zeit, in der sie auf der Erde wohnt, das spirituelle Universum erreicht.

184) Der Mensch muß nichts anderes werden, als er ist, um göttliche Führung, göttlichen Schutz, göttliche Weisheit und göttliches Verstehen durch den Lebenden ECK-Meister zu erhalten. Er muß nur erkennen, daß Gott ist, und daß er als Seele, ebenfalls ist.

Die Seele ist nie etwas anderes als dies. Sie befindet sich immer in der Ewigkeit. Sie ist immer im gegenwärtigen JETZT. Sie ist immer im himmlischen Zustand Gottes. Dies sind die drei Prinzipien von ECKANKAR, die sie verstehen lernen und sich gut einprägen muß. Aus diesen Prinzipien entspringen die Doktrin und die Philosophie von ECK. Mehr ist nicht zu sagen und nicht weniger. .. „Die Seele existiert, weil das SUGMAD es will."

über seine Schwäche: «*Meine Herren, ich bin alt und schwach, sie müssen mich wie ein Kind betrachten.*»[47] Er hasst die Unmündigkeit, in die er nun unverschuldet gerät. Als er sich nicht mehr in der Lage sieht, seinen Haushalt zu organisieren, notiert er sich zwischen seinen letzten philosophischen Überlegungen zur subjektiven Selbstsetzungstheorie: «Ein *Kopf* – ein *Pinsel.* Ein Kopf ist der aus eigenen Kräften was vermag. Ein Pinsel der, dem ein Anderer die Hand führen muß.»[48] Wie Beschwörungsformeln gegen diesen Rückfall klingen die zahlreichen Variationen, mit denen Kant seinen Wunsch nach Selbsttätigkeit ausdrückt: «Ich mache mich selbst.» «Wir machen alles selbst.» «Das Subject macht sich selbst.» Der Zwang zur Wiederholung zeigt das Dilemma, in dem Kant sich befindet. Je weniger er selbst machen kann, desto emphatischer setzt er seine geistige Energie auf den konstruktiven Akt der Selbstsetzung.

Die Regression lässt sich nicht aufhalten. Immer mehr fühlt Kant sich wie «dieser Kandidat des Todes», von dem er 1798 Hufeland berichtet hat. Er beginnt als ein Wesen zu vegetieren, «was für seine animalische Existenz gesund, für die bürgerliche (zu öffentlichen Geschäften verpflichteten) Existenz aber krank, d. i. invalid, heißt.» (VI, 391) Wie eine große Sünde empfindet er, alt geworden zu sein, hat er am 6. Februar 1798 an Hufeland geschrieben und mit dem spöttischen Hinweis ergänzt: «dafür man aber auch ohne Verschonen mit dem Tode bestraft wird.» (Br, 767)

Es ist ein langer Abschied, den Kant vom Leben nimmt. Von Wasianski ist er detailliert festgehalten und beschrieben worden. Auch von seinem Kollegen, Professor Johann Gottfried Hasse, der seit 1801 wöchentlich zweimal bei Kant zu Gast ist, gibt es ausführliche Schilderungen.[49] Der englische Autor Thomas de Quincey hat bereits 1827 *Die letzten Tage des Immanuel Kant* literarisiert. Es gibt Hörspiele und Spielfilme, in denen der greise, oft kauzige Kant die Hauptrolle spielt.[50] Das alles kann hier nicht nacherzählt werden. Erinnert werden soll nur daran, wie Kant selbst sein unaufhaltsames Dasein zum Tode wahrnahm und beurteilte.

In ihrer fundamentalen Kritik an den Rationalitätsstrukturen der Aufklärung, gegen die sie das *Andere der Vernunft* aufwerten, haben Hartmut und Gernot Böhme zu analysieren versucht, dass Kants Umgang mit Alter, Krankheit und Tod auf einer tief greifenden Verdrängung beruht. Mit ungeheurer Verpanzerung und Selbstdisziplinierung habe er alles abgewehrt, was ihn an das große Trauma seines Lebens erinnern könnte. Unverarbeitet nämlich sei die Trennung von der Mutter, die im 13-jährigen Kant katastrophale Anomien ausgelöst habe, die sich in irritierenden Rätselspuren seines Lebens äußern: Er besucht seine Freunde nicht, wenn sie krank sind, obwohl er sich ständig nach ihrem Zustand erkundigt; er zeigt sich gefasst, fast gleichgültig, wenn ein Freund oder naher Bekannter gestorben ist, und beschränkt sich auf die Feststellung «es ist vorbei», man müsse «den Toten bei den Toten ruhen lassen»[51]; in seiner *Metaphysik der Sitten* hat er es 1797 als Zeichen der Weisheit empfohlen, in einem unausweichlichen Todesfall zu sich selbst zu sagen: «Was geht's mich an?» (IV, 594); er neigt zur Melancholie und denkt an Selbstmord, verbietet ihn sich aber durch moralische Rationalisierung. So baue Kant jeder Trauer vor; denn sie würde sich «mit dem überwältigenden Schmerz über den Tod der Mutter assoziieren: und genau dies muß Kant vermeiden.»[52] Schließlich sei daran zu erinnern, «daß der kritische Rationalist Kant die Unsterblichkeit als notwendige Idee der Vernunft rettet und damit die Möglichkeit, auf ewig mit einem allmächtigen Selbst-Objekt zu verschmelzen.»[53]

Da diese psychoanalytisch orientierte Imagination der toten Mutter weder zu verifizieren noch zu falsifizieren ist, kann sie zwar nicht ernsthaft diskutiert werden. Bedenkenswert sind aber zwei letzte Fragen, auf die dabei die Aufmerksamkeit gelenkt worden ist. Wie steht es mit Kants Vernunftidee der Unsterblichkeit und mit seinem lakonischen «es ist vorbei»?

Was wird mit mir geschehen, wenn ich gestorben bin? Was können wir, fragt Kant, sicher wissen über diesen Zustand «nach dem Tode des Menschen, wo seine Materie zerstreuet wird» (III, 649)? Bei der Beantwortung dieser Frage scheinen für die menschliche Einbildungskraft keine Grenzen zu bestehen. Mit der einfachsten Antwort, dass sich ihre Leiche langsam auflösen wird, können sich viele Menschen nur schwer anfreunden. Stattdessen wird an alles Mögliche geglaubt, von der leiblichen Auferstehung über geisterhaftes Herumspuken bis zur spirituellen Wiedergeburt, von der seelischen Glückseligkeit im Paradies bis zum ewigen Schmoren in der Hölle. Für die Vorstellung einer körperlichen Auferstehung der Toten, auf die sich der Arzt Samuel Collenbusch freute, wie er Kant am 23. Januar 1795 mitteilte, kann der greise Kant zwar kein rechtes Verständnis aufbringen: «Wem ist wohl sein Körper so lieb, daß er ihn gern in die Ewigkeit mit sich schleppen möchte, wenn er seiner entübrigt sein kann.» (VI, 305) Aber wie steht es mit der Seele? In seiner Verteidigung gegen die Anklage seitens seiner Königlichen Majestät hat der 70-jährige Kant im Oktober 1794 zum ersten Mal auf seinen Tod hingewiesen und dabei mit dem Gedanken gespielt, «es könne wohl sein», dass er bald für sein Leben und Denken «einem Weltrichter als Herzenskündiger» (VI, 272) Rechenschaft geben müsse. Glaubte er also an eine Art Leben nach dem Tode? Schon 30 Jahre früher, in seiner Analyse des Geistersehers Swedenborg, der sich ins Reich der Toten träumte, um wiedergeboren zu werden, hatte Kant 1766 darauf verwiesen, dass ein tugendhaftes Leben den Menschen hoffen lassen kann, dafür in einer «anderen, künftigen Welt» (I, 989) belohnt zu werden. Im Schlusskapitel der *Kritik der reinen Vernunft* verband er die existenzielle Schlüsselfrage *«Was darf ich hoffen?»* (II, 677) mit der Idee einer unsterblichen Seele, die für ihn zu den höchsten Zwecken des menschlichen Daseins gehörte. Und im Beschluss seiner *Kritik der praktischen Vernunft* verortete er das «moralische Gesetz in mir» in einer intelligiblen Welt, die «wahre Unendlichkeit» (IV, 300) besitzt.

Aber in all diesen Fällen hat Kant die «unsterbliche Seele» nur als eine Metapher für die außerzeitliche und übersinnliche Dimension verwendet, in die sich die moralische Persönlichkeit erheben und hineindenken kann. Sie drückt eine Hoffnung aus. Sie bezeichnet nichts, sondern deutet ethisch auf etwas hin. Sie ist

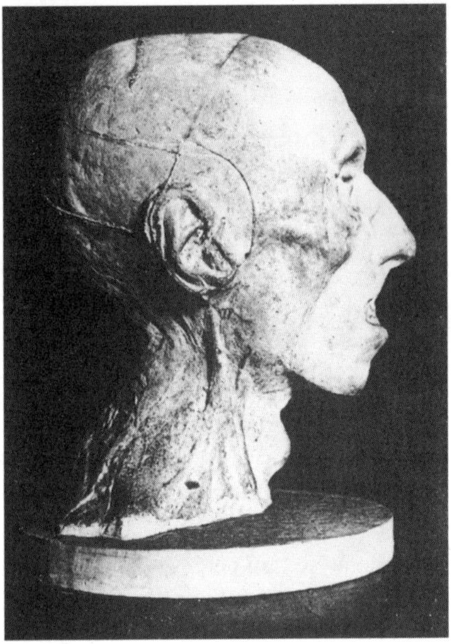

Kants Totenmaske

denkbar allein als eine Idee in moralischer Hinsicht. Auf dem Feld des theoretisch Erkennbaren kann sie dagegen keine Rolle spielen, noch nicht einmal als eine Hypothese, für die eine sachhaltige Bestätigung zumindest logisch denkbar sein muss. Ob die Seele des Menschen tatsächlich unsterblich ist oder nicht, ob es eine andere, künftige Welt wirklich gibt oder nicht, lässt sich grundsätzlich weder beweisen noch widerlegen. Wir werden es niemals wissen können. Denn es übersteigt die Grenzen jeder möglichen Erfahrung überhaupt, die ja immer nur im Leben selbst gemacht werden kann, in dieser einen diesseitigen Welt. «Was wir nach dem Tode sein und vermögen werden, können wir schlechterdings nicht wissen.» (III, 649) Streng genommen ist bereits der Gedanke an eine vom Körper getrennte Seele nur eine praktisch-philosophische Imagination, die theoretisch oder empirisch nicht begründet werden kann. Denn dazu müsste man den paradoxen Versuch wagen, «die Seele noch im Leben außer den Körper zu versetzen, welcher ohngefähr dem Versuche ähnlich sein würde, den jemand mit geschlossenen Augen vor dem Spiegel zu machen gedachte, und auf Befragen, was er hiemit wolle, antwortete: ich wollte nur wissen, wie ich aussehe, wenn ich schlafe.» (III, 649f.)

Auch in einem seiner letzten Gespräche hat Kant am 2. Juni 1803 dieses sokratische Nichtwissen betont. Als er Hasse gegenüber klagt: «Mit mir kann es nicht lange dauern, ich werde täglich schwächer», fragt ihn dieser, was er sich denn von der Zukunft verspreche, und erhält nach längerer Pause die Antwort: «Nichts bestimmtes.» Einige Zeit zuvor hat Kant ähnlich geantwortet: «Von dem Zustand weiß ich nichts.»[54] Typisch für Kants Haltung ist in diesem Zusammenhang auch ein vertrautes Gespräch, das er mit Jachmann geführt hat. Als Gedankenexperiment entwarf Kant das Angebot eines mächtigen Engels, man könne entweder ewig leben oder mit seinem Lebensende gänzlich zu existieren aufhören. Wofür würde sich ein vernünftiger Mensch mit voller Besonnenheit und reifer Überlegung entscheiden? Kants eigene Meinung war, «daß es höchst gewagt wäre, sich für einen völlig unbekannten und doch ewig dauernden Zustand zu entscheiden und sich willkürlich einem ungewissen Schicksal zu übergeben, das ungeachtet aller Reue über die getroffene Wahl, ungeachtet alles Überdrusses über das endlose Einerlei und ungeachtet aller Sehnsucht nach einem Wechsel dennoch unabänderlich und ewig wäre.»[55]

Nicht nur das gewusste Nichtwissenkönnen ist in diesem Argument bemerkenswert. Charakteristisch für Kant ist ebenso sein Hinweis auf einen «Wechsel», der viel wichtiger und aufregender ist als das endlose Einerlei eines ewigen Lebens oder einer immer währenden Seelenruhe. Wie Wasianski berichtet hat, sah Kant das Leben überhaupt als einen «steten Wechsel»[56], wozu für ihn auch Erkrankungen und Heilprozesse gehörten. Nicht zuletzt deshalb erkundigte er sich immer lebhaft nach dem Zustand seiner Freunde, wenn sie erkrankt waren. Die Dynamik des Lebens interessierte ihn. Dagegen ließ ihn der Tod eigenartig gleichgültig. Der gänzliche Verlust der Lebenskraft bedeutete für ihn eine Erstarrung, die sich dem Lauf der Zeit entzieht. Tot zu sein erschien ihm als ein permanenter, unabänderlicher Zustand, «von dem *eine* Nachricht statt aller hinlänglich sei, wobei sich nun nichts mehr ändern ließe.»[57]

Wenn Kant sich mit der einen Feststellung «es ist vorbei» begnügte, dann war das kein Zeichen der Verdrängung oder seiner Unfähigkeit zu trauern. Vor allem der Tod seines besten Freundes Joseph Green 1786 ging ihm sehr nah, auch der Tod Hippels zehn Jahre später. «Es ist vorbei» war die Kehrseite einer Lebensbejahung, in deren Perspektive der Tod als ein gleichgültiges Phänomen erschien. Darin fand auch jene philosophische Grundhaltung ihren Ausdruck, die Kant für eine «erhabene Vorstellungsart des *Weisen*» (IV, 594) hielt, wie ihn sich die antiken Stoiker gedacht hatten. Kant fühlte sich ihnen verwandt, und Schriften von Seneca und Epiktet gehörten lebenslang zu seiner Lieblingslektüre. Sogar ins Programm seiner Diätetik hat er den Stoizismus aufgenommen, weil er nicht nur als Tugendlehre zur praktischen Philosophie gehöre, sondern auch als philosophische «Heilkunde», als Macht der Vernunft im Menschen nämlich, «über seine sinnlichen Gefühle durch einen sich selbst gegebenen Grundsatz Meister zu sein.» (VI, 375)

Stoisch aber war nicht nur dieser Akt der Selbstbeherrschung im Interesse einer diätetisch gestärkten Lebenskraft. Stoisch war auch das *meditare mortem*, die ruhige und gefasste Vergewisserung des eigenen Sterbenmüssens. Wie eine Erinnerung an Senecas Mitteilung an Lucilius – «Wer zu sterben gelernt hat, Sklave zu sein hat er verlernt»[58] – hört sich an, was Kant seinen Freunden sagte, als es mit ihm zu Ende ging: *«Meine Herren, ich fürchte nicht den Tod, ich werde zu sterben wissen.»*[59]

Am 8. Oktober 1803 wird Kant zum ersten Mal in seinem Leben ernstlich krank. Ein Schlaganfall, wie bei seinem Vater, lässt ihn plötzlich zur Erde stürzen. Damit ist, wie Wasianski berichtet, der Grund gelegt «zur Auflösung seiner physischen

Existenz.»[60] Er erholt sich zwar wieder, aber der Schlag hat ihn so entkräftet, dass Kants Wille zum Leben gebrochen ist. Bald kann er seinen Namen nicht mehr schreiben, sieht und hört kaum noch etwas, erkennt dann auch die Menschen nicht mehr, die um ihn sind. Er ist gelassen und sanft. Sein Körper ist fast zum Skelett ausgemergelt. Im Februar 1804 sieht er wie eine Totengestalt aus, und oft liegt er bewusstlos in seinem Bett.

Die Nacht zum 12. Februar verbringt er wie betäubt, aber wach. Wasianski ist im Zimmer geblieben. Um ein Uhr deutet Kant an, Durst zu haben. Wasianski gibt ihm eine versüßte Mischung aus Wein und Wasser zu trinken. Es scheint ihn ein wenig zu stärken. Vielleicht hat es ihm geschmeckt, vielleicht hat er auch genug. Vielleicht denkt er an sein Leben und sein Sterben. Zwar undeutlich, aber doch verständlich flüstert er: *«Es ist gut.»* Gegen vier Uhr morgens legt er sich zurecht in eine gerade, völlig regelmäßige Lage, die er nicht mehr verändern wird. Wasianski steht an seinem Sterbebett. Am Vormittag verändert sich sein Ausdruck. Seine Augen sind offen, aber völlig starr und gebrochen. Das Gesicht ist totenblass. Seine Beine und Hände sind ohne jede Wärme. Schließlich setzt sein Atmen aus. Der Puls schlägt noch einige Sekunden, dann ist er nicht mehr zu fühlen. Es ist elf Uhr. Der Arzt, der jetzt ins Zimmer kommt, bestätigt nach gründlicher Untersuchung «die Wirklichkeit seines Todes»[61].

ANHANG

Gedenkstein
an der Königsberger Schlossmauer

Tabellarischer Lebenslauf

1724 Am 22. April wird K. in Königsberg geboren. Sein Vater ist der Riemermeister Johann Georg Kandt, seine Mutter Anna Regina, geb. Reuter.

1730 K. tritt in die Hospitalschule ein.

1731 K. besucht mit seiner Mutter die Bet- und Bibelstunden von Franz Albert Schultz, der seine Begabung erkennt.

1732 Im Herbst wechselt K. auf das pietistische Collegium Fridericianum. Beginn der schulischen «Jugendsklaverei». Freundschaft mit Johann Cunde und David Ruhnken.

1737 Am 18. Dezember stirbt K.s Mutter.

1739 David Hume: *A Treatise of Human Nature* (anonym).

1740 K. wird am 24. September an der Albertus-Universität immatrikuliert. Regierungsantritt Friedrichs II. (bis 1786). K. studiert ohne klares Berufsziel Naturwissenschaften, Philosophie, Mathematik, Theologie, Literatur und Sprachen, u. a. bei den Professoren Schultz, Johann Gottfried Teske und Christian Friedrich Ammon. Am meisten lernt er bei dem jungen Extraordinarius der Logik und Metaphysik Martin Knutzen, der ihm Isaac Newtons *Mathematische Grundlagen der Naturphilosophie* (1687) zum Selbststudium leiht. Freundschaft mit Johann Heinrich Wlömer und Christoph Friedrich Heilsberg.

1744 Komet über Königsberg. Knutzen: *Vernünftige Gedanken von den Cometen.* Ostern erlebt Emanuel Swedenborg in London seine Christusvision, ein Jahr später erscheint ihm Gottvater selbst.

1746 Am 24. März stirbt K.s Vater an völliger Entkräftung. K. verlässt die Universität ohne Abschluss. *Gedanken von der wahren Schätzung der lebendigen Kräfte*, die erst 1749 publiziert werden.

1747 In London erscheinen die ersten Bände der *Arcana Coelestia* (Himmlische Geheimnisse) von Swedenborg (fünf Bände bis 1758).

1748 Beginn der Hauslehrerzeit, zunächst bei Pastor Daniel Andersch in Judtschen bei Gumbinnen. Hume: *Philosophical Essays concerning Human Understanding* (seit 1758 unter dem populären Titel: *An Enquiry concerning …*).

1749 Die ältesten erhaltenen Briefe K.s vom 23. August, seine *Gedanken* von 1746 betreffend, die jetzt erst erschienen sind.

1750 Pierre Louis Moreau de Maupertuis: *Essai de cosmologie.* Georges Louis LeClerc Buffon: *Allgemeine Naturgeschichte.* Thomas Wright of Durham: *New hypothesis of the universe.* K. wird Hauslehrer bei der Familie des Majors Bernhard Friedrich von Hülsen in Groß-Arnsdorf bei Osterode (Ostpreußen).

1751 Am 29. Januar stirbt Knutzen. Die französische *Enzyklopädie* erscheint, herausgegeben von Denis Diderot und Jean Le Rond d'Alembert (bis 1780 insgesamt 35 Bände).

1753 Vielleicht hat K. als Hauslehrer in der Familie des Grafen Johann Gebhard Keyserling zu Rautenburg (Kreis Tilsit-Niederung) gearbeitet. Er freundet sich mit der philosophisch interessierten Gräfin Charlotte Amalie an, von der das erste gezeichnete Bildnis K.s stammt.

1754 K. kehrt nach Königsberg zurück und arbeitet als wissenschaftlicher Publizist. Er ist mehrfach Gast auf dem Schloss Capustigall des Grafen Keyserling, etwa zwei Meilen von Königsberg entfernt. Juli: *Untersuchung der Frage, ob die Erde in ihrer Umdrehung um die Achse einige Veränderung erlitten habe.* August: *Die Frage, ob die Erde veralte, physikalisch erwogen.*

1755 *Allgemeine Naturgeschichte und Theorie des Himmels.* Am 17. April reicht K. seine Magisterarbeit *De igne* (Über das Feuer) ein. Examen am 13. Mai. Am 27. September legt K. seine Habilitationsschrift vor: *Principiorum primorum cognitionis metaphysicae nova dilucidatio* (Neue Erhellung der ersten Grundsätze metaphysischer Erkenntnis). Deutsche Übersetzung von Humes *Philosophical Essays* (1748) unter dem Titel: *Philosophische Versuche über die menschliche Erkenntniß*, die K.s Denken einen neuen Schwung geben. Lehrbefugnis an der Albertus-Universität. Beginn der universitären Arbeit als Magister. Erste Vorlesungen im Haus des befreundeten Orientalistik-Professors Georg David Kypke, wo K. auch wohnt.

1756 Drei Veröffentlichungen zum Erdbeben in Lissabon. Am 8. April schreibt K. an Friedrich II. und bewirbt sich vergeblich um die außerordentliche Professur von Knutzen. Am 10. April Disputation über seine dritte Dissertation: *Metaphysicae cum geometria iunctae usus in philosophia naturali, cuius specimen I. continet monadologiam physicam* (Der Gebrauch der Metaphysik, sofern sie mit der Geometrie verbunden ist, in der Naturphilosophie, dessen erste Probe die physische Monadologie enthält). Am 25. April legt K. sein Programm für das Sommersemester vor: *Neue Anmerkungen zur Erläuterung der Theorie der Winde.* Beginn des Siebenjährigen Kriegs (bis 1763).

1757 Programm für das Sommersemester: *Entwurf und Ankündigung eines Collegii der physischen Geographie.*

1758 Am 22. Januar besetzen die Russen Königsberg. Programm für das Sommersemester: *Neuer Lehrbegriff der Bewegung und Ruhe.* Theodor Gottlieb Hippel studiert zwei Semester bei Kant. Am 14. Dezember bewirbt sich K. vergeblich bei Zarin Elisabeth um Johann David Kypkes Professur für Logik und Metaphysik. Zahlreiche russische Offiziere beginnen, bei K. zu studieren.

1759 Gemeinsam mit Hamann plant K. eine *Physik für Kinder*. Beginn der Hamann-Kant-Korrespondenz. Hamann: *Sokratische Denkwürdigkeiten*. Programm für das Wintersemester: *Versuch einiger Betrachtungen über den Optimismus*. Preußen verliert die Schlacht bei Kunersdorf gegen Russland und Österreich.

1760 Am 6. Juni schreibt K. an eine trauernde Mutter, deren Sohn 1759 bei ihm zu studieren begonnen hat und der im Alter von 21 Jahren gestorben ist: *Gedanken bei dem frühzeitigen Ableben des Herrn Johann Heinrich von Funk*. Johann Jacob Kanter eröffnet seinen Buchladen mit Lesetreffpunkt. Zu seinen Kunden gehören bald K., Hamann, Herder, Hippel u. a.

1762 Januar: Zarin Elisabeth stirbt. Peter III. wird russischer Zar. Im Juli wird er ermordet, und Katharina II. besteigt den russischen Thron. Ende der russischen Besetzung Königsbergs. *Die falsche Spitzfindigkeit der vier syllogistischen Figuren*. K. lernt das Werk Jean-Jacques Rousseaus kennen, der sein Menschenbild verändert. Rousseau: *Emile oder Über die Erziehung*. Rousseau: *Contrat social* (dt. *Der Gesellschaftsvertrag*, 1763). Johann Gottfried Herder studiert bei K. (bis 1764).

1763 *Der einzig mögliche Beweisgrund zu einer Demonstration des Daseins Gottes. Versuch den Begriff der negativen Größen in die Weltweisheit einzuführen*. Interesse an Swedenborg. Friede von Hubertusburg.

1764 Im Januar hört man von Jan Komarnicki, dem «Ziegenpropheten», und seinem achtjährigen «wilden Kind». Am 28. Januar wird die erste Ausgabe der «Königsbergischen Gelehrten und Politischen Zeitungen» ausgeliefert. Hamann wird erster «Direktor» der Zeitung, an der auch K., Herder und Johann George Scheffner mitarbeiten. Horace Walpole schreibt die erste Gothic Novel: *Castle of Otranto*. Im Häuschen des Försters Wobser in Moditten schreibt K. seine *Beobachtungen über das Gefühl des Schönen und Erhabenen*. 13. bis 27. Februar (in «Königsbergische Gelehrte und Polititische Zeitungen»): *Versuch über die Krankheiten des Kopfes*. Im August lehnt K. die Professur für Dichtkunst (nach dem Tod von Prof. Johann Georg Bock) ab. Preisschrift der Akademie der Wissenschaften in Berlin: *Untersuchung über die Deutlichkeit der Grundsätze der natürlichen Theologie und der Moral*. Den ersten Preis erhält Moses Mendelssohn. Beginn der Bekanntschaft mit dem englischen Kaufmann Joseph Green, der sein innigster Freund wird.

1765 Hippels Lustspiel: *Der Mann nach der Uhr*, an Greens Charakter und Tageslauf orientiert. Programmschrift für das Wintersemester: *Nachricht von der Einrichtung seiner Vorlesungen in dem Winterhalbenjahre von 1765–1766*. Im Oktober bewirbt sich K. um die Stelle des Unterbibliothekars an der Königlichen Schlossbibliothek. Beginn des Briefwechsels mit Johann Heinrich Lambert. Gottfried Wilhelm Leibniz: *Nouveaux essais sur l'entendement humain* (1704).

1766 April: K. wird Unterbibliothekar an der Schlossbibliothek (bis 1772). Er zieht in das Haus des Buchhändlers Kanter. Anonym erscheinen die

Träume eines Geistersehers, erläutert durch Träume der Metaphysik. Erste erhaltene Briefe an und von Moses Mendelssohn.

1767 K. vermittelt dem arbeitslosen Hamann eine Übersetzerstelle in der Zollverwaltung, die von Franzosen geleitet wird.

1768 In den «Königsbergischen Frag- und Anzeigungs-Nachrichten» erscheint im Februar *Von dem ersten Grunde des Unterschiedes der Gegenden im Raume.*

1769 Das «große Licht» von 1769, in dem K. die Subjektivität von Raum und Zeit erblickt. K. erhält im Oktober einen Ruf an die Universität Erlangen, den er im Dezember ablehnt.

1770 Januar: Ruf an die Universität Jena, den K. ebenfalls ablehnt. Nach dem Tod von Professor Langhansen bewirbt sich K. am 16. März um eine Professur an der Königsberger Universität. Am 31. März wird er durch Kabinettsorder Friedrichs II. zum Professor Ordinarius der Logik und Metaphysik ernannt. Am 2. Mai wird er in einer Senatssitzung als Professor feierlich eingeführt. Am 21. August tritt K. sein neues Amt an mit der Verteidigung seiner lateinisch geschriebenen Inaugural-Dissertation: *De mundi sensibilis atque intelligibilis forma et principiis* (Von der Form der Sinnen- und Verstandeswelt und ihren Gründen). Respondent ist sein Lieblingsschüler Marcus Herz.

1771 Am 5. und am 12. Juli erscheint in den «Königsbergischen Gelehrten und Politischen Zeitungen» Hamanns Hume-Übersetzung: *Nachtgedanken eines Zweiflers* (*Treatise* I, 4, 7).

1772 Am 21. Februar entwickelt K. in einem Brief an Herz den Grundgedanken der *Kritik der reinen Vernunft.* K. gibt seine Stelle als Unterbibliothekar an der Schlossbibliothek auf. Erste Teilung Polens. Preußen erhält Westpreußen.

1775 Programm für das Sommersemester: *Von den verschiedenen Racen der Menschen.* Beginn des amerikanischen Freiheitskriegs, den K. begrüßt.

1776 *Aufsätze, das Philanthropin betreffend.* Hume stirbt. K. wird Dekan der Philosophischen Fakultät. 4. Juli: Unabhängigkeitserklärung der amerikanischen Kolonien. Erklärung der Menschenrechte.

1777 Hamann wird Packhofverwalter im Hafen.

1778 Minister Karl Abraham Freiherr von Zedlitz will K. an die Universität Halle berufen. K. lehnt erneut ab, Königsberg zu verlassen. Mitglied des Senats der Königsberger Universität. Rousseau und Voltaire sterben. Erster Band der humoristischen *Lebensläufe nach aufsteigender Linie,* deren Autor anonym bleibt. Der letzte, vierte Band erscheint 1782. (Erst 1796, kurz nach seinem Tod, wird Hippel von K. als Verfasser der *Lebensläufe* bekannt gegeben.)

1779 Friedrich Viktor Leberecht Plessing beginnt bei K. zu studieren. K. zum zweiten Mal Dekan. Hippels *Lebensläufe*, Zweiter Band, in dessen Examensszene der Dekan der Philosophischen Fakultät (der skurrile «Professor Großvater») ausführlich aus K.s *Vorlesungen über Philosophische Enzyklopädie* zitiert, die erst 1961 veröffentlicht worden sind.

1780 7. Dezember: Hippel wird zum dirigierenden Oberbürgermeister von Königsberg ernannt.

1781 Im Mai erscheint die *Kritik der reinen Vernunft*, gewidmet dem Königlichen Staatsminister Freiherr von Zedlitz.

1783 In Berlin organisiert sich die geheime «Mittwochsgesellschaft», um für die Aufklärung zu streiten. Johann Erich Biester und Friedrich Gedike gründen die «Berlinische Monatsschrift», für die K. bis 1796 insgesamt 15 Beiträge schreibt. *Prolegomena zu einer jeden künftigen Metaphysik, die als Wissenschaft wird auftreten können*. Durch Vermittlung Hippels kauft sich K. im Dezember ein eigenes Haus in der Prinzessinstraße, nahe dem Schloss.

1784 Hamann schreibt seine *Metakritik über den Purismum der Vernunft*. Angeregt durch Plessing, formuliert K. seine *Idee zu einer allgemeinen Geschichte in weltbürgerlicher Absicht*, die im November in der «Berlinischen Monatsschrift» erscheint. Dezember: *Beantwortung der Frage: Was ist Aufklärung?* In seinem Brief vom 18. Dezember an Christian Jacob Kraus formuliert Hamann seine Kritik an K.s Konzept der Aufklärung.

1785 Januar (und November): *Rezension* von Herders *Ideen zur Philosophie der Geschichte der Menschheit*. März: *Über die Vulkane im Monde*. April: *Grundlegung zur Metaphysik der Sitten*. Mai: *Von der Unrechtmäßigkeit des Büchernachdrucks*. November: *Bestimmung des Begriffs einer Menschenrace*. Streit zwischen Friedrich Heinrich Jacobi und Mendelssohn über Spinoza und den Pantheismus.

1786 Januar: *Mutmaßlicher Anfang der Menschengeschichte*. Ostern: *Metaphysische Anfangsgründe der Naturwissenschaft*. Sommersemester: K. wird Rektor der Universität. Am 17. August stirbt Friedrich II., und sein Neffe übernimmt als König Friedrich Wilhelm II. die Regierungsgeschäfte. Vom 17. bis 21. September weilt der neue König in Königsberg zur Krönungsfeier. Am 19. September organisiert K. die Universitätsfeier zur Huldigung Friedrich Wilhelms II., dem er dabei auch vorgestellt wird. Joseph Green stirbt. Vertiefte Freundschaft K.s mit Hippel. Als seine Reaktion auf den Jacobi-Mendelssohn-Streit erscheint im Oktober: *Was heißt: Sich im Denken orientieren?* Am 7. Dezember wird K. zum auswärtigen Mitglied der Berliner Akademie gewählt.

1787 Zweite Auflage der *Kritik der reinen Vernunft*. K. richtet sich in seinem Haus einen eigenen Haushalt mit Köchin und Diener ein.

1788 Januar: *Über den Gebrauch teleologischer Prinzipien in der Philosophie*. Im Sommer wird K. zum zweiten Mal Rektor der Universität. *Kritik der praktischen Vernunft*. Am 21. Juni stirbt Hamann in Münster. Am 3. Juli wird Freiherr von Zedlitz als Minister entlassen. Johann Christoph von Wöllner wird Justizminister und «Chef des geistlichen Departements». 9. Juli: Wöllner'sches Religionsedikt. Am 19. Dezember tritt das «Zensuredikt» in Kraft.

1789 Am 14. Juli wird das Pariser Staatsgefängnis, die Bastille, gestürmt. Beginn der Französischen Revolution. 4. August: Die Nationalversammlung beschließt in Frankreich die Aufhebung des Feudalsystems. 26. August: Erklärung der Menschen- und Bürgerrechte.

1790 *Kritik der Urteilskraft*. Dritte Auflage der *Kritik der reinen Vernunft*. K. fühlt sich durch kritische Einwände von Johann August Eberhard herausgefordert und verteidigt seine Vernunftkritik: *Über eine Entdeckung, nach der alle neue Kritik der reinen Vernunft durch eine ältere entbehrlich gemacht werden soll.*

1791 Mai: Wöllner richtet die «unabhängige Prüfungskommission» am Berliner Oberkonsistorium ein. Im August kommt Fichte nach Königsberg, um K. kennen zu lernen. Die «Berlinische Monatsschrift» veröffentlicht im September: *Über das Mißlingen aller philosophischen Versuche in der Theodizee.*

1792 April: *Über das radikale Böse in der menschlichen Natur*. 14. Juni: Verbot der Fortsetzung der in der «Berlinischen Monatsschrift» begonnenen Artikelserie zu Fragen der Religion. 21. September: Die französische Nationalversammlung erklärt Frankreich zur Republik.

1793 Am 21. Januar wird König Ludwig XVI. auf der Guillotine hingerichtet. Ostern: *Die Religion innerhalb der Grenzen der bloßen Vernunft*. September: *Über den Gemeinspruch: Das mag in der Theorie richtig sein, taugt aber nicht für die Praxis.*

1794 Mai: *Etwas über den Einfluß des Mondes auf die Witterung*. Juni: *Das Ende aller Dinge*. Am 28. Juli wird K. in die Petersburger Akademie der Wissenschaften aufgenommen. Am 29. Juli wird in Paris fast die ganze Commune guillotiniert. Ende der Schreckensherrschaft. 1. Oktober: Königliches Reskript an K. wegen seiner Kritik der Religion. Am 12. Oktober erhält K. die königliche Kabinettsorder, die ihm verbietet, weiterhin öffentlich «Religionsdinge» zu behandeln.

1795 5. April: Friede von Basel zwischen Preußen und Frankreich. Preußen zieht seine Truppen aus dem Revolutionskrieg zurück. *Zum ewigen Frieden* erscheint.

1796 *Anhang zu Sömmering: Über das Organ der Seele*. Mai: *Von einem neuerdings erhobenen vornehmen Ton in der Philosophie*. Am 23. Juli hält K. seine letzte Vorlesung. Oktober: *Verkündigung des nahen Abschlusses eines Traktats zum ewigen Frieden in der Philosophie*. Die «Berlinische Monatsschrift» wird eingestellt. Beginn der Aufzeichnungen, die K. bis 1802 fortgesetzt hat, um seine Naturphilosophie weiterzuentwickeln: *Übergang von den metaphysischen Anfangsgründen der Naturwissenschaft zur Physik*. (Sie werden erst 1936/38 unter dem Titel *Opus postumum* vollständig veröffentlicht.) Im Juli beginnt eine öffentliche Debatte um die Autorschaft an den *Lebensläufen nach aufsteigender Linie*, die auch K. zugeschrieben werden. 6. Dezember: *Erklärung wegen der von Hippel'schen Autorschaft*. Am 12. Dezember schickt Christoph Wilhelm Hufeland seine *Makrobiotik. Die Kunst, das Leben zu verlängern*, die K. mit einem persönlichen Bericht über seine diätetischen Erfahrungen beantwortet.

1797 *Metaphysische Anfangsgründe der Rechtslehre*. Am 14. Juni ehrt die Königsberger Studentenschaft K. aus Anlass seiner 50-jährigen Schriftstellertätigkeit. *Die Metaphysik der Sitten*. September: *Über ein vermeintes Recht, aus Menschenliebe zu lügen*. Friedrich Wilhelm II.

stirbt am 10. November. Der neue König Friedrich Wilhelm III. regiert bis 1840.

1798 Im März wird Wöllner als Minister entlassen. Hufeland veröffentlicht K.s Brief *Von der Macht des Gemüts* in Nr. 5 seines «Journal der practischen Arzneykunde». Im Juni und Juli wird K. mehrmals von Johann Friedrich Abegg besucht, der darüber in seinem *Reisetagebuch von 1798* berichtet. Im Herbst erscheint *Der Streit der Facultäten*, in dem sich auch K.s Brief an Hufeland befindet. *Anthropologie in pragmatischer Hinsicht.*

1801 Am 14. November bittet K. um seine Entbindung von den Pflichten eines Senatsmitglieds der Königsberger Universität. Er setzt Ehregott Andreas Christoph Wasianski zum Verwalter seines Vermögens ein. K. verlässt sein Haus nicht mehr.

1802 K. entlässt im Januar Martin Lampe, der fast 40 Jahre lang sein Diener gewesen ist. Seine Stelle übernimmt Johann Kaufmann, den Wasianski ausgesucht hat. *Physische Geographie*, herausgegeben von Theodor Friedrich Rink.

1803 *Über Pädagogik*, herausgegeben von Rink. 9. April: letzter erhaltener Brief von K. Am 8. Oktober erleidet er einen Schlaganfall; zum ersten Mal ist er ernstlich krank. 15. Dezember: letzte Eintragung ins Tagebuch.

1804 Am 12. Februar, um elf Uhr morgens, stirbt K. in Königsberg. Am 18. Februar wird er begraben. Die Gedächtnisfeier der Universität findet am 23. April statt. Mai: *Über die Fortschritte der Metaphysik seit Leibniz und Wolff* (1793 begonnene Entwürfe K.s zur 1791 gestellten Preisfrage der Berliner Akademie), herausgegeben von Rink. Es erscheinen die Kant-Biographien von Ludwig Ernst Borowski, Reinhold Bernhard Jachmann und E. A. Ch. Wasianski.

Anmerkungen

Kant-Statuette nach dem Denkmal
von Chr. D. Rauch in Königsberg

Ich habe mir die Bahn schon vorgezeichnet

1 Emil Arnoldt: Kants Jugend und die ersten fünf Jahre seiner Privatdozentur im Umriss dargestellt. In: E. A.: Gesammelte Schriften. Band III. Berlin 1908, S. 103–210, S. 109, Anm.
2 Ebd., S. 108, Anm.
3 Ebd., S. 109, Anm.
4 Friedrich Theodor Rink: Ansichten aus Immanuel Kant's Leben. Zitiert nach Rudolf Malter (Hg.): Immanuel Kant in Rede und Gespräch. Hamburg 1990, S. 16
5 Borowski, S. 11
6 AA XIII, S. 461 (Br, 751). Vgl. Karl Vorländer: Immanuel Kants Leben. Hamburg 1986, S. 3f.
7 Vgl. Kants «Anthropologie» (VI, 414f.)
8 F. T. Rink: Ansichten aus Immanuel Kant's Leben, a. a. O., S. 16
9 Borowksi, S. 11
10 Jachmann, S. 143
11 Wasianski, S. 222
12 Wasianksi, S. 223
13 VI, 711. Vgl. Traugott Weiss: Kant und die Pädagogik. Zürich 1970
14 Vgl. Manfred Sommer: Identität im Übergang: Kant. Frankfurt/Main 1988, S. 22ff.
15 Vgl. IV, 300. Vgl. Peter Probst: Kant. Bestirnter Himmel und moralisches Gesetz. Würzburg 1994
16 Samuel Gottlieb Wald: Gedächtnißrede auf Kant am 23. April 1804. In: Joachim Kopper und Rudolf Malter (Hg.): Immanuel Kant zu ehren. Frankfurt/Main 1974, S. 70
17 Christian Wolff: Vernünfftige Gedancken von Gott, der Welt und der Seele des Menschen, auch allen Dingen überhaupt («Deutsche Metaphysik»). Halle 1720 (= Gesammelte Werke. I. Abt., Deutsche Schriften, Band 2. Hildesheim – Zürich – New York 1983, S. 2)
18 Vgl. Benno Erdmann: Martin Knutzen und seine Zeit. Leipzig 1876 (repr. Nachdruck Hildesheim 1973), S. 22–35
19 Borowski, S. 11
20 Wasianski, S. 221f.

21 S. G. Wald: Gedächtnißrede, a. a. O., S. 52

22 Christian Schiffert: Nachricht von den jetzigen Anstalten des Collegii Fridericiani. Königsberg 1741. In: Heiner F. Klemme (Hg.): Die Schule Immanuel Kants. Hamburg 1994, S. 65

23 Fritz Glause: Geschichte des Königlichen Friedrichs-Kollegiums. In: Gemeinschaft ehemaliger Friderizianer (Hg.): Festschrift zur 275. Wiederkehr des Gründungstages des Friedrichs-Kollegiums zu Königsberg i. Pr. 1698–1973. Hamburg 1973, S. 6. Vgl. Gustav Zippel: Geschichte des Königlichen Friedrichs-Kollegiums zu Königsberg Preussen. Königsberg 1898

24 Borowski, S. 66

25 Hippel's Selbstbiographie (1790/91). In: Theodor Gottlieb von Hippel's Sämmtliche Werke. Zwölfter Band. Berlin 1835 (Photomech. Nachdruck Berlin – New York 1978), S. 39f.

26 Kants Vorlesung (Anthropologie) des Wintersemesters 1788/89. AA XXV, 2, S. 1496

27 Chr. Schiffert: Nachricht von den jetzigen Anstalten, a. a. O., S. 64

28 Br, 91. Zum Verhältnis zwischen Kant und Ruhnken (1723–1798) vgl. Karl Vorländer: Immanuel Kant. Der Mann und das Werk. Hamburg 1992, S. 38ff.

29 Borowski, S. 12

30 S. G. Wald: Gedächtnißrede, a. a. O., S.52

31 Borowski, S. 66

32 Zu Kants Studium an der Albertina vgl. Karl Vorländer: Immanuel Kant, a. a. O., S. 44–62; Manfred Kuehn: Kant. Cambridge 2001, S. 61–86

33 Emil Arnoldt: Kants Jugend, a. a. O., S. 115

34 Christoph Friedrich Heilsberg (1726–1807). In: Rudolf Malter (Hg.): Immanuel Kant in Rede und Gespräch, a. a. O., S. 20f.

35 S. G. Wald: Gedächtnißrede, a. a. O., S. 53

36 Borowski, S. 13

37 S. G. Wald: Gedächtnißrede, a. a. O., S. 53

38 Heilsberg. In: R. Malter (Hg.): Immanuel Kant in Rede und Gespräch, a. a. O., S.21

39 Jachmann, S. 110

40 Borowski, S. 14

41 Borowski, S. 13

42 Borowski, S. 72. Zu Martin Knutzen vgl. Benno Erdmann: Martin Knutzen und seine Zeit. Hildesheim 1973. Engelhard Weigl: Schauplätze der deutschen Aufklärung. Reinbek bei Hamburg 1997, S. 133–148

43 Hans-Joachim Waschkies: Physik und Physikotheologie des jungen Kant. Amsterdam 1987, S. 34

44 Martin Knutzen: Philosophischer Beweiß von der Wahrheit der Christlichen Religion, darin aus ungezweifelten Gründen der Vernunft nach mathematischer Lehr-Art dargethan und behauptet wird. Königsberg 1740

45 Ernst Cassirer: Kants Leben und Lehre. Darmstadt 1972, S. 23

46 S. G. Wald: Gedächtnißrede, a. a. O., S. 72

47 Vgl. Hans-Joachim Waschkies: Physik und Physikotheologie des jungen Kant, a. a. O., S. 80

48 Vgl. Martin Knutzen: Vernünftige Gedanken von den Cometen, darinnen die Natur und Beschaffenheit nebst der Art und den Ursachen ihrer Bewegung untersuchet und vorgestellet. Franckfurt am Main und Leipzig 1744

49 Ebd., S. 5

50 Borowski, S. 67

51 Stephen Hawking: Eine kurze Geschichte der Zeit. Reinbek bei Hamburg 1988, S. 17. Vgl. Isaac Newton: Mathematische Grundlagen der Naturphilosophie. Hamburg 1988

52 Samuel Clarke: Der Briefwechsel mit G. W. Leibniz von 1715/16. Hamburg 1990, S. 10

53 Originaltitel des Briefwechsels: A collection of papers which passed between the late learned Mr. Leibniz an Dr. Clarke in the years 1715/16 relating to the principles of natural philosophy and religion

54 Vgl. Carolyn Iltis: The Controversy over Living Forces. University of Wisconsin 1967; Larry Laudan: The Vis Viva Controversy, a Post-Mortem. In: Isis 59 (1968), 131–143; Ernan McMullin: Newton on Matter and Activity. Notre Dame 1978

55 Vgl. Erich Adickes: Kant als Naturforscher. Zwei Bände. Berlin 1924/25. Band I, S. 65–144

56 Zit. nach G. E. Lessing: Gesammelte Werke. Erster Band. Berlin 1954, S. 169

57 Die Anthropologie-Vorlesung des Wintersemesters 1788/89 (AA XXV, 2, S. 1496)

58 Zu Kant in Judtschen vgl. Bernhard Haagen: Auf den Spuren Kants in Judtschen. In: Altpreußische Monatsschrift 48 (1911), 382–412 und 528–556; Fritz Schütz: Immanuel Kant, Studiosus Philosophiae, in Judtschen. In: Kant-Studien 11 (1916), 226–229

59 Jachmann, S. 110

Der bestirnte Himmel über mir

1 Vgl. I, 517–521. Kant bezieht sich auf die Monadologie von Leibniz, zieht dazu aber die beiden Kräfte von Newton heran. Vgl. I. Newton: Opticks (1704). London 1952, S. 349ff.

2 Brief vom 28. Oktober 1759 an Johann Gotthelf Lindner (Br, 17)

3 Vgl. Brigitte Falkenburg: Kants Kosmologie. Die wissenschaftliche Revolution der Naturphilosophie im 18. Jahrhundert. Frankfurt/Main 2000

4 Vgl. Hans-Joachim Waschkies: Physik und Physikotheologie des jungen Kant. Amsterdam 1987

5 Isaac Newton: Mathematische Grundlagen der Naturphilosophie. Hamburg 1988

6 Ebd., S. 230

7 Ebd., S. 11

8 Edmond Halley: Geleitwort. In: Ebd., S. 7f.

9 Ebd., S. 169

10 Vgl. Karl Vorländer: Immanuel Kants Leben. Hamburg 1986, 4. Aufl., S. 34f.
11 Borowski, S. 14
12 Vgl. Pierre Louis Moreau de Maupertuis: Versuch einer Kosmologie. Berlin 1751
13 Vgl. Georges Louis LeClerc, Comte de Buffon: Allgemeine Historie der Natur, nach allen ihren besonderen Teilen abgehandelt. Erster Theil. Hamburg und Leipzig 1750
14 Vgl. Referat eines Anonymus über Thomas Wright of Durham's neue Hypothesis von dem Weltgebäude. In: Freye Urtheile und Nachrichten zum Aufnehmen der Wissenschaften und der Historie überhaupt. In drei Stücken. Hamburg 1751
15 Christian Freiherr von Wolff: Vernünfftige Gedancken von Gott, der Welt und der Seele des Menschen, auch allen Dingen überhaupt, den Liebhabern der Wahrheit mitgetheilet. Halle 1720
16 Vgl. Hans Blumenberg: Die kopernikanische Wende. Frankfurt/Main 1965
17 Vgl. Benoit Mandelbrot: Die fraktale Geometrie der Natur. Basel u. a. 1987; Manfred Schroeder: Fraktale, Chaos und Selbstähnlichkeit. Heidelberg u. a. 1994
18 Vgl. Alexandre Koyre: Von der geschlossenen Welt zum unendlichen Universum. Frankfurt/Main 1969; Giordano Bruno: Über das Unendliche, das Universum und die Welten. Stuttgart 1994
19 Vgl. Platon: Timaios 28 a; 29 a
20 Vgl. Hans-Georg Gadamer: Antike Atomtheorie (1935). In: H.-G. G.: Der Anfang des Wissens. Stuttgart 1999, S. 101–128
21 «Entreprise veritablement extravagante!» In: P. L. M. de Maupertuis: Essai de Cosmologie (Nachdruck Œuvres I. Hildesheim–New York 1974), S. 45f.
22 Voltaire: Œuvres completes de Voltaire. Tome 31. Paris 1785, S. 27
23 Vgl. Helmut Mann: Dasein und Wesen Gottes in Kants frühen Schriften. Teil I: Kants Physikotheologie. München 1969; Josef Schmucker: Die Ontotheologie des vorkritischen Kant. Berlin – New York 1980
24 Vgl. Demokrit: Physik. In: Wilhelm Capelle (Hg.): Die Vorsokratiker. Stuttgart 1968, S. 396f.
25 Zitiert nach Diogenes Laertius: Leben und Meinungen berühmter Philosophen. Hamburg 1990, 3. Aufl., S. 258f.
26 Friedrich Christian Lesser: Die Testaceotheologie. Zitiert nach Raffaele Ciafardone: Die Philosophie der deutschen Aufklärung. Stuttgart 1990, S. 224. Vgl. William Derham: Physico-Theology, or a demonstration of the being and attributes of God. London 1713
27 Willam Derham: Astrotheology. London 1715. Dt. Übers. Hamburg 1732
28 Vgl. Samuel Clarke: Der Briefwechsel mit G. W. Leibniz von 1715/16. Hamburg 1990, S. 10
29 Gottfried Wilhelm Leibniz: Die Theodizee I. (Philosophische Schriften 2.1). Frankfurt/Main 1986, S. 283
30 Ebd., S. 219
31 Jachmann, S. 151f.
32 Vgl. Rudolf Unger: «Der bestirnte Himmel über mir …». Zur geistesge-

schichtlichen Deutung eines Kant-Wortes. In: R. U.: Gesammelte Studien. 2. Band. Darmstadt 1966, S. 40–66

33 Vgl. Steven J. Dick: Plurality of Worlds. Cambridge – London – New York 1982; Arthur O. Lovejoy: Die große Kette der Wesen. Frankfurt/Main 1985, Kap. IV; Karim Akerma: Außerirdische Einleitung in die Philosophie. Extraterrestrier im Denken von Epikur bis Jonas. Münster 2002

34 Blaise Pascal: Gedanken. Leipzig 1987, S. 96

35 Vgl. Bernard Le Bovier de Fontenelle: Gespräche von mehr als einer Welt zwischen einem Frauenzimmer und einem Gelehrten. Leipzig 1727

36 Vgl. Christiaan Huygens: Cosmotheoros. 1698

37 Vgl. Christian Freiherr von Wolff: Vernuenfftige Gedancken von den Absichten der natuerlichen Dinge, den Liebhabern der Wahrheit mitgetheilet («Deutsche Teleologie»). (= Gesammelte Werke. 1. Abt., Band 7. Hildesheim – New York 1980)

38 Alexander Pope: Vom Menschen. Hamburg 1993, S. 19

39 Vgl. Hans Hoppe: Die Kosmogonie Emanuel Swedenborgs und die Kantsche und Laplacesche Theorie. In: Emanuel Swedenborg: 1688–1772. Naturforscher und Kundiger der Überwelt. Württembergische Landesbibliothek Stuttgart 1988, S. 30–38

40 Vgl. Emanuel Swedenborg: Homo maximus. Der himmlische und der leibliche Mensch. Weilheim 1962

41 Immanuel Kant: Wahrheitsgetreuer Bericht über meine Reise in den Himmel verfaßt von Immanuel Kant. München 1997

42 Vgl. Christian Begemann: Furcht und Angst im Prozeß der Aufklärung. Frankfurt/Main 1987; Christine Pries (Hg.): Das Erhabene. Weinheim 1989; Manfred Geier: Kant, Freud, King. Drei Versuche, dem Schrecken standzuhalten. In: Welfengarten 1 (1990), 164–183

Ich weiß nicht, ob es Geister gibt

1 Horaz: Ars Poetica. Die Dichtkunst. Stuttgart 1980, S. 4f.

2 Kants Raisonnement über einen schwärmerischen Abenteurer. In: Felix Groß (Hg.): Immanuel Kant in Darstellungen von Zeitgenossen. Darmstadt 1993, S. 84

3 Vgl. Norbert Hinske (Hg.): Die Aufklärung und die Schwärmer. Hamburg 1988

4 Vgl. I. Kant: Träume eines Geistersehers. Textkritisch hg. und mit Beilagen versehen von Rudolf Malter. Stuttgart 1994, S. 111

5 Ebd., S. 118–124

6 Ebd., S. 118

7 Vgl. Böhme, Hartmut und Gernot Böhme: Das Andere der Vernunft. Frankfurt/ Main 1985, S. 229–273

8 Ludwig Wittgenstein: Tractatus logico-philosophicus 4.112. Vgl. zu Wittgenstein als Kantianer: Erik Stenius: Wittgensteins Traktat. Frankfurt/ Main 1969, S. 279–296; S. Morris Engel: Wittgenstein und Kant. In: Hein-

tel, Peter und Ludwig Nagl (Hg.): Zur Kantforschung der Gegenwart. Darmstadt 1981, S. 301–343

9 Vgl. Gottlieb Freischütz: Swedenborgs verborgene Wirkung auf Kant. Würzburg 1992

10 Vgl. Platon: Phaidon 81 d

11 Horace Walpole: Die Burg von Otranto. Zürich 1988, S. 11. Vgl. dazu: Hans Brittnacher: Ästhetik des Horrors. Frankfurt/Main 1994, S. 25–115

12 Aristoteles: Metaphysik 995a, 31/32

13 Zit. nach Borowski, S. 86

14 Ebd., S. 88

15 Vgl. zu Swedenborg: J. G. Mittnacht (Hg.): Emanuel Swedenborg's Leben und Lehre. Frankfurt/Main 1880; Martin Lamm: Swedenborg. Leipzig 1922; Ernst Benz: Swedenborg in Deutschland. Frankfurt/Main 1947; Ernst Benz: Emanuel Swedenborg. München 1948; Württembergische Landesbibliothek Stuttgart (Hg.): Emanuel Swedenborg (1688–1772), Naturforscher und Kundiger der Überwelt. Stuttgart 1988

16 Vgl. Bernhard Bron: Das Wunder. Göttingen 1975; Lorraine Daston: Wunder, Beweise und Tatsachen. Zur Geschichte der Rationalität. Frankfurt/Main 2001

17 Vgl. Emanuel Swedenborgs Traumtagebuch. Aus dem Jahre 1744. Hamburg 1925 (nach dem Druck der Handschrift von 1859 aus dem Schwedischen übersetzt)

18 Vgl. Martin Lamm (Hg.): Swedenborg. Leipzig 1922, S. 147ff.

19 Ebd., S. 157

20 In Martin Lamm: Swedenborg, a. a. O., S. 177

21 Zit. nach J. G. Mittnacht (Hg.): Emanuel Swedenborg's Leben und Lehre, a. a. O., S. 21

22 Die deutsche Übersetzung des lateinisch geschriebenen Originals erschien unter dem Titel: Himmlische Geheimnisse, welche in der Heiligen Schrift oder in dem Worte des Herrn enthalten, und nun enthüllt sind. Zugleich die Wunderdinge, welche gesehen und gehört worden sind in der Geisterwelt und im Himmel der Engel. 16 Bände. 1866–1893

23 In: J. G. Mittnacht (Hg.): Emanuel Swedenborg's Leben und Lehre, a. a. O., S. 589f.

24 Ebd., S. 590

25 Ebd., S. 557

26 Ebd., S. 570f.; 584f.

27 E. Swedenborg: Himmel und Hölle, beschrieben nach Gehörtem und Gesehenem. Zürich 1977, S. 148

28 Eine wichtige Rolle spielte dabei der protestantische Special-Superintendent im Württembergischen Herrenberg, Friedrich Christoph Oetinger. Vgl. F. Chr. Oetinger: Swedenborgs und anderer Irrdische und himmlische Philosophie. Zur Prüfung des Besten ans Licht gestellt von Friederich Christoph Oetinger. Franckfurt und Leipzig 1765. Vgl. Ernst Benz: Swedenborg in Deutschland. Frankfurt/Main 1947

29 Vgl. Rudolf Carnap: Überwindung der Metaphysik durch logische Analyse der Sprache. In: Erkenntnis 2 (1931), 219–241

30 Ludwig Wittgenstein: Tractatus logico-philosophicus. Vorwort
31 Vgl. Manfred Geier: Ignorabimus. In: Welfengarten. Jahrbuch für Essayismus 5 (1995), 40–49

Der kritische Weg ist allein noch offen

1 AA XVIII, S. 69. Vgl. Giorgio Tonelli: Die Umwälzung von 1769 bei Kant. In: Kant-Studien 54 (1963), 369–375; Josef Schmucker: Was entzündete in Kant das große Licht von 1769? In: Archiv für Geschichte der Philosophie 58 (1976), 393–434
2 Johann Georg Hamann: Sämtliche Werke. Historisch-kritische Ausgabe von Josef Nadler. 6 Bände. Wien 1949–1957. Band IV, S. 364–370. Vgl. Lothar Kreimendahl: Kant. Der Durchbruch von 1769. Köln 1990
3 Borowski, S. 69
4 J. G. Hamann: Sämtliche Werke IV, S. 364
5 Ebd., S. 367
6 Vgl. Wolfgang Carl: Der schweigende Kant. Die Entwicklung zu einer Deduktion der Kategorien vor 1781. Göttingen 1989
7 Karl Vorländer: Immanuel Kant. Hamburg 1992, S. 85
8 Theodor von Schön an Karl Rosenkranz 1. Dezember 1848. In: Werner Stark: Wo lehrte Kant? In: Joseph Kohnen (Hg.): Königsberg. Frankfurt/Main u. a. 1994, S. 107
9 Vgl. Joseph Kohnen (Hg.): Königsberger um Kant. Berlin 1993; Fritz Gause: Kants Freunde in der Königsberger Kaufmannschaft. In: Jahrbuch der Albertus-Universität 9 (1959), 49–67
10 Borowski, S. 78
11 Theodor Gottlieb von Hippel: Lebensläufe nach aufsteigender Linie (= Th. G. v. Hippel's sämmtliche Werke. Bände 1–4). Berlin – New York 1978, Band 1, S. 139. Vgl. Joseph Kohnen: Hippel als Kritiker des deutschen Universitätswesens. In: J. Kohnen (Hg.): Königsberg, a. a. O., S. 265–288
12 Theodor Gottlieb von Hippel: Lebensläufe. Band 2, S. 153
13 Ebd., S. 155
14 Ebd., S. 166
15 Ebd.
16 Johann Georg Hamann: Briefwechsel. 6 Bände. Wiesbaden 1955–1975. Band IV, S. 55
17 AA XXIX, S. 3–45 (Kleinere Vorlesungen: Philosophische Enzyklopädie); vgl. Hamilton Beck: Kant and the Novel. In: Kant-Studien 74 (1983), 271–301
18 Vgl. zu Hippel: Joseph Kohnen: Theodor Gottlieb von Hippel. Eine zentrale Persönlichkeit der Königsberger Geistesgeschichte. Lüneburg 1987; Anke Lindemann-Stark: Leben und Lebensläufe des Theodor Gottlieb von Hippel. St. Ingbert 2001
19 AA XII, S. 387
20 J. G. Hamann: Briefwechsel IV, S. 70

21 Vgl. Christian Jacob Kraus. In: R. Malter (Hg.): Immanuel Kant in Rede und Gespräch, a. a. O., S. 175
22 Vgl. Br, 189. Zu Hamanns Unterstützung vgl. Heinrich Weber: Hamann und Kant. München 1904, S. 64ff.
23 Th. G. v. Hippel: Sämmtliche Werke XIV, S. 223
24 J. G. Hamann: Briefwechsel IV, S. 356
25 J. G. Hamann: Briefwechsel IV, S. 323
26 Diogenes Laertius: Leben und Meinungen berühmter Philosophen. Hamburg 1990, S. 10
27 J. G. Hamann: Sämtliche Werke IV, S. 366
28 Ebd.
29 Vgl. Manfred Kuehn: Hume's Antinomies. In: Hume Studies 9 (1983), 25–45; Wolfgang Carl: Der schweigende Kant. Göttingen 1989
30 Michel Foucault: Was ist Kritik? Berlin 1992, S. 28
31 Peter F. Strawson: Die Grenzen des Sinns. Frankfurt/Main 1992, S.140
32 Vgl. Slavoj Zizek: Die Nacht der Welt. Frankfurt/Main 1998, S. 25–58
33 J. G. Hamann: Sämtliche Werke IV, S. 367
34 Jean-Jacques Rousseau: Emile oder Über die Erziehung. Stuttgart 1990, S. 549/552. Vgl. Reinhard Brandt: Rousseau und Kants «Ich denke». In: Reinhard Brandt und Werner Stark (Hg.): Autographen, Dokumente und Berichte. Hamburg 1994, S. 1–18
35 Vgl. Manfred Sommer: Identität im Übergang: Kant. Frankfurt/Main 1988. In seinem Beitrag zu Sömmerings «Über das Organ der Seele» wird Kant 1796 von einer bloß «virtuellen Gegenwart» der Seele reden. (VI, 256). Vgl. auch Dieter Sturma: Kant über Selbstbewußtsein. Hildesheim u. a. 1985
36 Vgl. Norbert Hinske: Kants Weg zur Transzendentalphilosophie. Stuttgart u. a. 1970, Kap. II; Josef Schmucker: Das Weltproblem in Kants Kritik der reinen Vernunft. Bonn 1990; Stefan Schmauke: «Wohltätigste Verirrung». Kants kosmologische Antinomien. Würzburg 2002
37 Vgl. Jean-François Lyotard: Der Widerstreit. München 1987. Zu Antinomien als Anlass des Philosophierens vgl. Manfred Geier: Das Sprachspiel der Philosophen. Reinbek bei Hamburg 1989
38 Pörschke in: R. Malter (Hg.): Immanuel Kant in Rede und Gespräch. Hamburg 1990, S. 184
39 Ebd., S. 152
40 Zu Kants Kritik der Gottesbeweise vgl. Wolfgang Cramer: Gottesbeweise und ihre Kritik. Frankfurt/Main 1967; Giovanni B. Sala: Kant und die Frage nach Gott. Berlin – New York 1990
41 J. G. Hamann: Sämtliche Werke IV, S. 364
42 Gilles Deleuze und Felix Guattari: Was ist Philosophie? Frankfurt/Main 2000, S. 9
43 Vgl. Herbert James Paton: Kant's Metaphysics of Experience. 2 Vols. London 1936; Wolfgang Stegmüller: Gedanken über eine mögliche rationale Rekonstruktion von Kants Metaphysik der Erfahrung. In: Ratio 9 (1967), 1–30; 10 (1968), 1–31; Peter F. Strawson: Die Grenzen des Sinns. Frankfurt/Main 1992.
44 Vgl. Rudolf Eisler: Kant-Lexikon (1930). Hildesheim – Zürich – New York

1994. Bereits 1788 erschien in Jena: Carl Christian Erhard Schmid: Wörterbuch zum leichtern Gebrauch der Kantischen Schriften. Neu hg. und eingeleitet von Norbert Hinske, Darmstadt 1998

45 Vgl. Forum für Philosophie Bad Homburg (Hg.): Kants transzendentale Deduktion und die Möglichkeit von Transzendentalphilosophie. Frankfurt/Main 1988; Hans Michael Baumgartner: Kants «Kritik der reinen Vernunft». Anleitung zur Lektüre. Freiburg i. Br. 1996, 4. Aufl.; Peter Baumann: Durchgehender Kommentar zu den Hauptkapiteln der «Kritik der reinen Vernunft». Würzburg 1997

46 Michel Foucault: Die Ordnung des Diskurses. München 1974, S. 18

47 Vgl. Isaac Newton: Mathematische Grundlagen der Naturphilosophie. Hamburg 1988, S. 227f.

48 Ebd., S. 44

49 Oswald Bayer: Zeitgenosse im Widerspruch. Johann Georg Hamann als radikaler Aufklärer. München 1988; Oswald Bayer (Hg.): Johann Georg Hamann. Tübingen 1998; Bernhard Gajek (Hg.): Hamann – Kant – Herder. Frankfurt/Main u. a. 1987

50 J. G. Hamann: Briefwechsel IV, S. 293

51 Ebd., S. 278

52 Zit. nach Heinrich Weber: Hamann und Kant. München 1904, S. 69

53 In J. G. Hamann: Schriften zur Sprache. Frankfurt 1967, S. 215

54 J. G. Hamann: Metakritik über den Purismum der Vernunft. In: Ebd., S. 222. Zu Hamanns «Metakritik» vgl. Hansjörg Alfred Salmony: Johann Georg Hamanns metakritische Philosophie. Band 1. Zollikon 1958; Josef Simon: Vernunftkritik und Autorschaft. In: J. Simon (Hg.): J. G. Hamann. Schriften zur Sprache. Frankfurt 1967, S. 9–80; Oswald Bayer: Hamanns Metakritik im ersten Entwurf. In: Kant-Studien 81 (1990), 435–453. Zu Hamanns Sprachkonzept vgl. Manfred Geier: «Ein Sklave der frei denkt». In: M. G.: Die Schrift und die Tradition. München 1985, S. 56–89

55 J. G. Hamann: Metakritik über den Purismum der Vernunft, a. a. O., S. 227

Habe Mut, dich deines eigenen Verstandes zu bedienen!

1 J. G. Hamann: Briefwechsel V, S. 289–292. Vgl. zur Diskussion des strittigen Problems Ehrhard Bahr (Hg.): Was ist Aufklärung? Thesen und Definition von Kant, Erhard, Hamann, Herder u. a. Stuttgart 2000

2 J. G. Hamann: Briefwechsel V, S. 289

3 Vgl. Karl Vorländer: Immanuel Kant. Der Mann und das Werk. Hamburg 1992. II, S. 32

4 Vgl. Peter A. Alt: Aufklärung. Stuttgart–Weimar 1996; Raffaele Ciafardone: Die Philosophie der deutschen Aufklärung. Stuttgart 1990; Norbert Hinske (Hg.): Was ist Aufklärung? Darmstadt 1990, 4. Aufl.; Werner Schneiders: Die wahre Aufklärung. Freiburg i. Br. – München 1974; Werner Schneiders: Hoffnung auf Vernunft. Hamburg 1990

5 Oswald Bayer: Zeitgenosse im Widerspruch. Johann Georg Hamann als Aufklärer. München 1988, S. 139
6 AA XV, S. 673
7 Max Horkheimer und Theodor W. Adorno: Dialektik der Aufklärung. Lichtenstein 1955, S. 37; Hartmut und Gernot Böhme: Das Andere der Vernunft. Frankfurt/Main 1985
8 Michel Foucault: Was ist Aufklärung? Was ist Revolution? In: die tageszeitung 2. Juli 1984, Magazin S. 10; vgl. M. Foucault: Was ist Aufklärung? In: Eva Erdmann, Rainer Forst, Axel Honneth (Hg.): Ethos der Moderne. Frankfurt–New York 1990, S. 35–54
9 Jürgen Habermas: Zu Foucaults Vorlesung über Kants «Was ist Aufklärung?». In: die tageszeitung 7. Juli 1984, Magazin S. 13
10 Johann Wolfgang Goethe: Kampagne in Frankreich. Duisburg, November. dtv-Gesamtausgabe Band 27, S. 130ff.
11 Zu Kant-Zedlitz vgl. Karl Vorländer: Immanuel Kant, a. a. O., S. 203–207
12 AA X, S. 337
13 AA X, S. 338
14 AA X, S. 339
15 Friedrich Christoph Nicolai: Ueber meine gelehrte Bildung, über meine Kenntniß der kritischen Philosophie und meine Schriften dieselbe betreffend, und über die Herren Kant, J. B. Erhard, und Fichte. Berlin – Stettin 1799 (Nachdruck Brüssel 1968), S. 65. Zur Mittwochgesellschaft vgl. Norbert Hinske (Hg.): Was ist Aufklärung? Darmstadt 1990, 4. Aufl., S. XXIV–XXXI
16 F. Chr. Nicolai: Ueber meine gelehrte Bildung, a. a. O., S. 65
17 Vgl. Michael Fischer: Die Aufklärung und ihr Gegenteil. Die Rolle der Geheimbünde in Wissenschaft und Politik. Berlin 1982; Helmut Reinalter (Hg.): Freimaurer und Geheimbünde im 18. Jahrhundert in Mitteleuropa. Frankfurt/Main 1983
18 AA X, S, 350
19 Zitiert nach Norbert Hinske: Kants Beziehungen zu den Schaltstellen der Berliner Aufklärung. In: Dina Emundts (Hg.): Immanuel Kant und die Berliner Aufklärung. Wiesbaden 2000, S. 57
20 Vorrede der «Berliner Monatsschrift». In: N. Hinske (Hg.): Was ist Aufklärung? a. a. O., S. 3
21 E. v. K.: Vorschlag, die Geistlichen nicht mehr bei Vollziehung der Ehen zu bemühen. In: ebd., S. 96
22 Johann Heinrich Zöllner: Ist es rathsam, das Ehebündniß nicht ferner durch Religion zu sanciren? In: ebd., S. 115
23 Gisbert Beyerhaus: Kants «Programm» der Aufklärung aus dem Jahre 1784. In: Zwi Batscha (Hg.): Materialien zu Kants Rechtsphilosophie. Frankfurt/Main 1976, S. 151
24 Christian Wolff: Vernünfftige Gedancken von dem gesellschaftlichen Leben der Menschen und insbesonderheit dem gemeinen Wesen. Halle 1721 (= Gesammelte Werke. I. Abt., Band 5, S. 92)
25 Horaz: Sämtliche Werke. München 1967. Teil II: Satiren und Briefe, S. 142

26 Vgl. Franco Venturi: Was ist Aufklärung? Sapere aude! In: Rivista Storica Italiana 71 (1959), S. 119–130; Martin Wulsow: Erkühne dich, vernünftig zu sein. In: Frankfurter Allgemeine Zeitung Nr. 86, 11. April 2001, S. N 6
27 Detlef Döring: Beiträge zur Geschichte der Gesellschaft der Alethophilen in Leipzig. In: D. D. und Kurt Nowak (Hg.): Gelehrte Gesellschaften im mitteldeutschen Raum, 1650–1820, Teil I. Stuttgart – Leipzig 2000
28 Heinrich Wuttke: Ueber Christian Wolff den Philosophen (1841). In: Christian Wolff: Gesammelte Werke. I. Abt., Deutsche Schriften. Band 10. Biographie. Hildesheim–New York 1980, S. 35
29 Vgl. Dieter Wuttke: Humanismus in den deutschsprachigen Ländern und Entdeckungsgeschichte 1493–1534. In: D. W.: Dazwischen. Band II. Baden-Baden 1996, S. 514f.
30 Zur Programmidee des Selbstdenkens vgl. Norbert Hinske: Die tragenden Grundideen der deutschen Aufklärung. In: R. Ciafardone (Hg.): Die Philosophie der deutschen Aufklärung. Stuttgart 1990, S. 419ff.; zur Aktualität vgl. Simone Dietz, Heiner Hastedt, Geert Keil und Anke Thyen (Hg.): Sich im Denken orientieren. Frankfurt/Main 1996
31 Die beiden ministeriellen Reskripte von Zedlitz sind zitiert bei Gisbert Beyerhaus: Kants «Programm» der Aufklärung aus dem Jahre 1784, a. a. O., S. 161–164
32 E. F. Klein: Über Denk- und Druckfreiheit. An Fürsten, Minister, und Schriftsteller. In: N. Hinske (Hg.): Was ist Aufklärung? a. a. O., S. 404
33 Vgl. Bernhard Taureck (Hg.): Friedrich der Große und die Philosophie. Stuttgart 1986
34 E. F. Klein: Über Denk- und Druckfreiheit, a. a. O., S. 403
35 J. G. Hamann: Briefwechsel V, S. 289–292
36 Vgl. Oswald Bayer: Selbstverschuldete Vormundschaft. Hamanns Kontroverse mit Kant um wahre Aufklärung. In: O. B.: Umstrittene Freiheit. Tübingen 1981, S. 66–96
37 Deutsche Übersetzung in: Hans Eichner (Hg.): Johann Georg Hamann. Ausgewählte Schriften. Berlin 1994, S. 93–99
38 Vgl. Kurt Christ: Jacobi und Mendelssohn. Eine Analyse des Spinozastreits. Würzburg 1988
39 J. G. Hamann: Briefwechsel VI, S. 350
40 Otfried Höffe: Immanuel Kant. München 2000, 5. Aufl., S. 19
41 Hartmut und Gernot Böhme: Das Andere der Vernunft. Frankfurt/Main 1985, S. 482
42 Borowski, S. 46
43 Jachmann, S. 131
44 Borowski, S. 56
45 Jachmann, S. 161
46 Vgl. Joseph Kohnen (Hg.): Königsberger um Kant. Berlin 1993. Zu Kant und den Frauen vgl. Wolfgang Ritzel: Immanuel Kant. Zur Person. Bonn 1975, Kap. 4; Ursula Pia Jauch: Immanuel Kant zur Geschlechterdifferenz. Wien 1988
47 Jachmann, S. 157
48 Borowski, S. 76

49 Zit. in Rudolf Malter (Hg.): Immanuel Kant in Rede und Gepräch, a. a. O., S. 57

50 Jachmann, S. 127

Das moralische Gesetz in mir

1 J. G. Hamann: Briefwechsel II, S. 234

2 Christian Wolff: Vernünfftige Gedancken von der Menschen Thun und Lassen zu Beförderung ihrer Glückseeligkeit. Halle 1720 (= Gesammelte Werke. I. Abt., Band 4, S. 143)

3 Vgl. Karl Vorländer: Immanuel Kant. Der Mann und das Werk, a. a. O., S. 155

4 AA XX, S. 44

5 J. G. Hamann: Briefwechsel V, S. 418

6 J. G. Hamann: Briefwechsel V, S. 421

7 J. G. Hamann: Briefwechsel V, S. 434

8 Hartmut und Gernot Böhme: Das Andere der Vernunft. Frankfurt/Main 1985, S. 339. Vgl. Dieter Schönecker und Allen W. Wood: Kants «Grundlegung zur Metaphysik der Sitten». Ein einführender Kommentar. Paderborn u. a. 2002

9 Friedrich Nietzsche: Der Antichrist. In: Werke III. Hg. von Karl Schlechta. Frankfurt/Main – Berlin – Wien 1972, S. 617f.

10 H. und G. Böhme: Das Andere der Vernunft, a. a. O., S. 342.

11 Vgl. Jacques Lacan: Die Ethik der Psychoanalyse. Das Seminar Buch VII. Weinheim – Berlin 1996, S. 100

12 Vgl. Jean-François Lyotard: Der Widerstreit. München 1987

13 Vgl. Alenka Zupancic: Das Reale einer Illusion. Kant und Lacan. Frankfurt/Main 2001

14 Zit. nach Karl Vorländer: Einleitung zu Immanuel Kant: Grundlegung zur Metaphysik der Sitten. Hamburg 1965, 3. Aufl., S. XV

15 Vgl. John Stuart Mill: Der Utilitarismus (1861). Stuttgart 1976; Albrecht Wellmer: Ethik und Dialog. Frankfurt/Main 1986; Jürgen Habermas: Moralbewußtsein und kommunikatives Handeln. Frankfurt/Main 1983; Jürgen Habermas: Die Einbeziehung des Anderen. Frankfurt/Main 1996

16 Sören Kierkegaard: Philosophische Brocken (= Werke V). Hamburg 1964, S. 42f.

17 Vgl. Jean-François Lyotard: Der Widerstreit. München 1987; Christine Pries (Hg.): Das Erhabene. Weinheim 1989

18 Ludwig Wittgenstein: Tagebücher 1914–1916. In: Schriften. Frankfurt 1960, S. 172f.

19 Ludwig Wittgenstein: Vortrag über Ethik. Frankfurt/Main 1989, S. 18f.

20 Ludwig Wittgenstein: Wittgenstein und der Wiener Kreis (= Schriften 3). Frankfurt/ Main 1967, S. 117

21 Vgl. Manfred Geier: Der Wiener Kreis. Reinbek bei Hamburg 1992; Man-

fred Geier: Das Glück der Gleichgültigen. Reinbek bei Hamburg 1997, S. 73ff.

22 Moritz Schlick: Fragen der Ethik (1930). Frankfurt/Main 1984, S. 97

23 Ebd., S. 133

24 Ludwig Wittgenstein: Wittgenstein und der Wiener Kreis, a. a. O., S. 69

25 Wasianski, S. 218

26 Jacques Derrida/Michel de Montaigne: Über die Freundschaft. Frankfurt/Main 2000, S. 75

27 Vgl. Jacques Derrida: Der mich begleitet. In: Ebd., S. 5–59

28 Borowksi, S. 54

29 Jachmann, S. 124

30 Vgl. Klaus Steigleder: Kants Moralphilosophie. Stuttgart 2002

31 Reflexionen zur Anthropologie (AA XV, S. 496)

32 Vgl. Herbert J. Paton: Der kategorische Imperativ. Berlin 1962; Rüdiger Bubner (Hg.): Kants Ethik heute. Göttingen 1983; Christian Schoor: Kants Kategorischer Imperativ als Kriterium der Richtigkeit des Handelns. Tübingen 1989; Dieter Schönecker: Kant: Grundlegung III. Die Deduktion des kategorischen Imperativs. Freiburg i. Br. – München 1998; Ralf Ludwig: Kant für Anfänger. Der kategorische Imperativ. München 1995, 6. Aufl. 2000; Peter Baumanns: Kants Ethik. Würzburg 2000

33 Vgl. John Rawls: Theorie der Gerechtigkeit. Frankfurt/Main 1975; Emmanuel Levinas: Die Spur des Anderen. Freiburg – München 1983; Karl-Otto Apel: Diskurs und Verantwortung. Frankfurt/Main 1990; Jürgen Habermas: Die Einbeziehung des Anderen. Frankfurt/Main 1996; John Rawls: Geschichte der Moralphilosophie. Frankfurt/Main 2002; John Rawls: Gerechtigkeit als Fairness. Frankfurt/Main 2003

34 Vgl. Jean Grondin: Kant zur Einführung. Hamburg 1994

35 Vgl. Emmanuel Levinas: Totalität und Unendlichkeit. Freiburg i. Br. – München 1987

36 Sebastian Haffner: Preußen ohne Legende. O. O. 1998, S. 172

37 Vgl. Paul Schwartz: Der erste Kulturkampf in Preußen um Kirche und Schule (1788–1798). Berlin 1925, S. 36

38 Zit. nach Norbert Hinske (Hg.): Was ist Aufklärung? Darmstadt 1990, 4. Aufl., S. XXXIII

39 Ebd., S. XXXV

40 Vgl. Wilhelm Schmidt-Biggemann: Theodizee und Tatsachen. Frankfurt/Main 1988; Johannes Brachtendorf: Kants Theodizee-Aufsatz. In: Kant-Studien 93 (2002), S. 57–83

41 Christoph Schulte: radikal böse. Die Karriere des Bösen von Kant bis Nietzsche. München 1988, S. 77. Vgl. Konrad Paul Liessmann (Hg.): Faszination des Bösen. Wien 1997; Otfried Höffe: Ein Thema wiedergewinnen: Kant über das Böse. In: Otfried Höffe und Annemarie Pieper (Hg.): F. W. J. Schelling. Über das Wesen der menschlichen Freiheit. Berlin 1995, S. 11–34

42 Br, 634. Vgl. Emil Fromm: Immanuel Kant und die preussische Censur. Hamburg – Leipzig 1894; Emil Fromm: Zur Vorgeschichte der Königlichen Kabinetsordre an Kant vom 1. Oktober 1794. In: Kant-Studien 3 (1899), S. 142–147

Dieser Kandidat des Todes

1 AA XII, S. 2f.. Vgl. Walter Benjamin: Deutsche Menschen. Frankfurt/Main 1977, S. 26f.
2 Vgl. Forum für Philosophie Bad Homburg (Hg.): Die Ideen von 1789. Frankfurt/Main 1989; Götz Landwehr (Hg.): Freiheit, Gleichheit, Selbstständigkeit. Zur Aktualität der Rechtsphilosophie Kants für die Gerechtigkeit in der modernen Gesellschaft. Göttingen 1999
3 Borowski, S. 68
4 Jachmann, S. 154
5 Jachmann, S. 158
6 Johann Daniel Metzger. Zitiert nach Rudolf Malter (Hg.): Immanuel Kant in Rede und Gespräch. Hamburg 1990, S. 351
7 Johann Friedrich Abegg: Reisetagebuch von 1798. Frankfurt/Main 1976, S. 147/198
8 Jachmann, S. 155
9 Michel Foucault: Was ist Aufklärung? Was ist Revolution? In: die tageszeitung 2. Juli 1984, Magazin S. 11. Vgl. Peter Burg: Kant und die Französische Revolution. Berlin 1974
10 Vgl. Georg Cavallar: Pax Kantiana. Wien – Köln – Weimar 1992; Volker Gerhardt: Immanuel Kants Entwurf «Zum ewigen Frieden». Darmstadt 1995; Otfried Höffe (Hg.): Immanuel Kant: Zum ewigen Frieden. Berlin 1995; Reinhard Merkel und Roland Wittmann (Hg.): «Zum ewigen Frieden»: Grundlagen, Aktualität und Aussichten einer Idee von Immanuel Kant. Frankfurt/Main 1996
11 Vgl. Jürgen Habermas: Faktizität und Geltung. Frankfurt/Main 1992; Otfried Höffe: Kategorische Rechtsprinzipien. Frankfurt/Main 1990; Otfried Höffe: «Königliche Völker». Zu Kants kosmopolitischer Rechts- und Friedenstheorie. Frankfurt/Main 2001; Wolfgang Kersting: Wohlgeordnete Freiheit. Immanuel Kants Rechts- und Staatsphilosophie. Berlin – New York 1984, 2. Aufl. Frankfurt/Main 1993
12 Vgl. Michel Foucault: Was ist Aufklärung? Was ist Revolution? a. a. O.; Jean-François Lyotard: Der Widerstreit. München 1987, S. 270–282; Jean-François Lyotard: Der Enthusiasmus. Kants Kritik der Geschichte. Wien 1988
13 Vgl. Wolfgang Genschorek: Christoph Wilhelm Hufeland. Leipzig 1977, 2. Aufl.; Klaus Pfeifer: Christoph Wilhelm Hufeland. Halle 1968
14 Christoph Wilhelm Hufeland: Die Kunst, das menschliche Leben zu verlängern. Makrobiotik. Hg. von Karl E. Rothschuh. Stuttgart 1975, S. 17
15 Ebd., S. 49
16 Ebd., S. 18
17 Ebd., S. 19
18 Zit. nach W. Genschorek: Christoph Martin Hufeland, a. a. O., S.229
19 Br, 722. Zur Geschichte des Körpers und hygienisch-diätetischen Sorge um sich vgl. Philipp Sarasin: Reizbare Maschinen. Frankfurt/Main 2001
20 Zit. nach W. Genschorek: Christoph Martin Hufeland, a. a. O., S. 229
21 Borowski, S. 47

22 Jachmann, S. 162
23 Wasianski, S. 204
24 Hartmut und Gernot Böhme: Das Andere der Vernunft. Frankfurt/Main 1985, S. 442
25 Vgl. Ernst Marcus: Theorie der natürlichen Magie, gegründet auf Kants Weltlehre. München 1929; Salomon Friedlaender: Katechismus der Magie. Heidelberg 1925 (unveränderter Nachdruck Freiburg i. Br. 1978)
26 Christoph Martin Hufeland: Die Kunst, das menschliche Leben zu verlängern, S. 13
27 Ebd., S. 464
28 Borowski, S. 48
29 Wasianski, S. 260
30 Hasse. Zit. nach R. Malter (Hg.): Immanuel Kant in Rede und Gespräch, a. a. O., S. 548
31 Erich Adickes: Kants Opus postumum dargestellt und beurteilt. Berlin 1920. Nachdruck Vaduz 1978
32 Vittorio Mathieu: Kants Opus postumum. Hg. von Gerd Held. Frankfurt/Main 1989, S. 57
33 Vittorio Mathieu: La Filosofia transcendentale e l'Opus postumum de Kant. Torino 1968; Hansgeorg Hoppe: Kants Theorie der Physik. Frankfurt/Main 1969; Burghard Tuschling: Metaphysische und transzendentale Dynamik in Kants Opus postumum. Berlin – New York 1971; Vittorio Mathieu: Kants Opus postumum, Frankfurt/Main 1989
34 (AA XX, 463). Vgl. Siegfried Blasche, Wolfgang R. Köhler, Wolfgang Kuhlmann und Peter Rohs (Hg.): Übergang. Frankfurt/Main 1991; Choi, So-In: Selbstbewußtsein und Selbstanschauung. Eine Reflexion über Einheit und Entzweiung des Subjekts in Kants «Opus postumum». Berlin 1996; Eckhart Förster: Kant's Final Synthesis. Cambridge/Mass. – London 2000
35 AA XXI, 166
36 Vittorio Mathieu: Kants Opus postumum. Frankfurt/Main 1989, S. 61
37 Ebd., S. 70
38 AA XXII, 164
39 Ebd.
40 AA XXI, 579
41 AA XXI, 600
42 Ebd.
43 Christoph Wilhelm Hufeland: Die Kunst, das menschliche Leben zu verlängern. Stuttgart 1975, S. 50
44 AA XXII, 189
45 Wasianski, S. 260
46 Wasianski, S. 210
47 Wasianski, S. 208
48 AA XXI, 134
49 Der alte Kant. Hasse's Schrift: Letzte Äußerungen Kants und persönliche Notizen aus dem opus postumum. Hg. von Artur Buchenau und Gerhard Lehmann. Berlin – Leipzig 1925
50 Vgl. Thomas de Quincey: Die letzten Tage des Immanuel Kant. München

1984; Die letzten Tage des Immanuel Kant (arte 24. April 1993); Kant. Hörspiel von Ute Scharfenberg. DeutschlandRadio Berlin / NDR 2001

51 Borowski, S. 54

52 Hartmut und Gernot Böhme: Das Andere der Vernunft. Frankfurt/Main 1985, S. 513

53 Ebd., S. 477

54 Hasse. In: R. Malter (Hg.): Immanuel Kant in Rede und Gespräch, a. a. O., S. 569

55 Jachmann, S. 151

56 Wasianski, S. 198

57 Ebd.

58 Seneca: An Lucilius. Briefe über Ethik. Darmstadt 1974, S. 26. Vgl. Manfred Geier: Das Glück der Gleichgültigen. Reinbek 1997, Kap. 2, S. 85–111

59 Wasianski, S. 209

60 Wasianski, S. 252

61 Wasianski, S. 269

Literatur

Werkausgaben

Die *Schriften* von Kant werden zitiert – z. B. I, 26 (= Band, Seite) – nach: Immanuel Kant: Werke in sechs Bänden. Hg. von Wilhelm Weischedel. Wiesbaden 1956–1964 (Nachdruck Darmstadt 1963–64; Sonderausgabe 1998). Seitenidentische Taschenbuchausgabe I–X, Darmstadt 1975; I–XII Frankfurt/Main 1984

Der *Briefwechsel* wird zitiert – z. B. Br, 65 (= Briefwechsel, Seite) – nach: Immanuel Kant: Briefwechsel. Auswahl und Anmerkungen von Otto Schöndörffer. Mit einer Einleitung von Rudolf Malter und Joachim Kopper. Dritte, erw. Auflage, bearbeitet von Rudolf Malter. Hamburg 1986

Immanuel Kant: Gesammelte Schriften, begonnen von der Königlich Preußischen Akademie der Wissenschaften. 1. Abtlg. (Bde. I–IX): Werke; 2. Abtlg. (Bde. X–XIII): Briefwechsel; 3. Abtlg. (Bde. XIV–XXIII): Nachlaß. Berlin 1900–1955; 4. Abtlg. (Bde. XXIV–XXIX): Vorlesungen. Berlin 1966ff. (= AA: Akademie-Ausgabe)

Zu Kants Leben

Abegg, Johann Friedrich: Reisetagebuch von 1798. Hg. von Walter und Jolanda Abegg in Zusammenarbeit mit Zwi Batscha. Frankfurt/Main 1976

Borowski, Ludwig Ernst: Darstellung des Lebens und Charakters Immanuel Kant's (1804). In: Felix Groß (Hg.): Immanuel Kant. Sein Leben in Darstellungen von Zeitgenossen. Darmstadt 1993, S. 1–102

Botul, Jean-Baptiste: Das sexuelle Leben des Immanuel Kant. Leipzig 2001

Brandt, Reinhard und Werner Stark (Hg.): Autographen, Dokumente und Berichte. Zu Edition, Amtsgeschäften und Werk Immanuel Kants. Hamburg 1994

Cassirer, Ernst: Kants Leben und Lehre (1918). Darmstadt 1972. Hamburg 2001

Fischer, Kuno: Kants Leben und die Grundlage seiner Lehre. Mannheim 1860

Groß, Felix (Hg.): Immanuel Kant. Sein Leben in Darstellungen von Zeitgenossen. Die Biographien von L. E. Borowski, R. B. Jachmann und E. A. Ch. Wasianski. Dramstadt 1993
Gulyga, Arsenij: Immanuel Kant. Frankfurt/Main 1981
Hasse, Johann Gottfried: Merkwürdige Äußerungen Kant's von einem Tischgenossen. Königsberg 1804
Heller, Josef: Kants Persönlichkeit und Leben. Berlin 1924
Jachmann, Reinhold Bernhard: Immanuel Kant geschildert in Briefen an einen Freund (1804). In: Felix Groß (Hg.): Immanuel Kant. Darmstadt 1993, S. 103–187
Kohnen, Joseph (Hg.): Königsberg. Beiträge zu einem besonderen Kapitel der deutschen Geistesgeschichte des 18. Jahrhunderts. Frankfurt/Main u. a. 1994
Kuehn, Manfred: Kant. A Biography. Cambridge 2001
Malter, Rudolf (Hg.): Immanuel Kant in Rede und Gespräch. Hamburg 1990
Reicke, Rudolph (Hg.): Kantiana. Beiträge zu Immanuel Kants Leben und Schriften, Königsberg 1860
Reusch, Christian Friedrich: Kant und seine Tischgenossen. Königsberg 1847
Rink, Friedrich Theodor: Ansichten aus Immanuel Kant's Leben. Königsberg 1805
Ritzel, Wolfgang: Immanuel Kant. Zur Person. Bonn 1975
Ritzel, Wolfgang: Immanuel Kant. Eine Biographie. Berlin – New York 1985
Stavenhagen, Kurt: Kant und Königsberg. Göttingen 1949
Vorländer, Karl: Immanuel Kants Leben (1911). Hamburg 1986, 4. Aufl.
Vorländer, Karl: Die ältesten Kant-Biographien. Berlin 1918
Vorländer, Karl: Immanuel Kant. Der Mann und das Werk (1924). Hamburg 1992, 3. Aufl. (Nachdruck Wiesbaden 2003)
Wald, Samuel Gottlieb: Gedächtnißrede auf Kant am 23. April 1804. In: Joachim Kopper und Rudolf Malter (Hg.): Immanuel Kant zu ehren. Frankfurt/Main 1974, S. 50–75
Wasianski, Ehregott Andreas Christoph: Immanuel Kant in seinen letzten Lebensjahren (1804). In: Felix Groß (Hg.): Immanuel Kant. Darmstadt 1993, S. 189–271
Weber, Heinrich: Hamann und Kant. München 1904
Weis, Norbert: Königsberg. Immanuel Kant und seine Stadt. Braunschweig 1993

Gesamtdarstellungen

Adickes, Erich: Kant als Naturforscher. Zwei Bände. Berlin 1924/25
Böhme, Hartmut und Gernot Böhme: Das Andere der Vernunft. Zur Entwicklung von Rationalitätsstrukturen am Beispiel Kants. Frankfurt/Main 1985
Delekat, Friedrich: Historisch-kritische Interpretation der Hauptschriften. Heidelberg 1963
Deleuze, Gilles: Kants kritische Philosophie. Berlin 1990

Döring, Woldemar Oskar: Das Lebenswerk Immanuel Kants. Lübeck 1916. Hamburg 1964, 3. Aufl.
Erdmann, Benno: Immanuel Kant. Bonn 1902
Gerhardt, Volker: Immanuel Kant. Vernunft und Leben. Stuttgart 2002
Grondin, Jean: Kant zur Einführung. Hamburg 1994
Heintel, Peter und Ludwig Nagl (Hg.): Zur Kantforschung der Gegenwart. Darmstadt 1981
Hinske, Norbert: Kant als Herausforderung an die Gegenwart. Freiburg – München 1980
Höffe, Otfried: Immanuel Kant. München 1983, 5. Aufl. 2000
Irrlitz, Gerd: Kant-Handbuch. Leben und Werk. Stuttgart – Weimar 2002
Jaspers, Karl: Kant. Leben, Werk, Wirkung. München 1975
Kaulbach, Friedrich: Immanuel Kant. Berlin – New York 1969
Körner, Stephen: Kant. Göttingen 1980, 3. Aufl.
Kopper, Joachim und Rudolf Malter (Hg.): Immanuel Kant zu ehren. Frankfurt/Main 1974
Prauss, Gerold (Hg.): Kant. Zur Deutung seiner Theorie von Erkennen und Handeln. Köln 1973
Sandvoss, Ernst R.: Immanuel Kant. Leben, Werk, Wirkung. Stuttgart u. a. 1983
Schlüter, Wolfgang: Immanuel Kant. München 1999
Schultz, Uwe: Immanuel Kant. Reinbek bei Hamburg 1965
Scruton, Roger: Kant. Freiburg – Basel – Wien 1999
Sommer, Manfred: Identität im Übergang: Kant. Frankfurt/Mail 1988

Bildnachweis

Bildarchiv Preußischer Kulturbesitz, Berlin: 8, 23, 46, 87, 97, 111, 230, 256, 289

Archiv für Kunst und Geschichte, Berlin: 13, 55, 129, 179, 185, 223, 249, 269, 308, 313

Aus: Fritz Gause: Kant und Königsberg. Ein Buch der Erinnerung an Kants 250. Geburtstag am 22. April 1974. Verlag Gerhard Rautenberg, Leer/Ostfriesland 1974: 29, 103, 167

Aus: Heiner F. Klemme (Hg.): Die Schule Immanuel Kants. Felix Meiner Verlag, Hamburg 1994: 33

National Portrait Gallery, London: 65

Aus: Immanuel Kant und die Berliner Aufklärung. Dr. Ludwig Reichert Verlag, Wiesbaden 2000: 122, 299

Rowohlt-Archiv: 147

Scottish National Portrait Gallery, The Dean Gallery, Edinburgh: 153

Aus: Frankfurter Allgemeine Zeitung Nr. 86 vom 11.4.2001: 201

Aus: Arsenij Gulyga: Immanuel Kant. Suhrkamp Taschenbuch Verlag, Frankfurt am Main 1985: 208

Aus: Immanuel Kant. Leben, Umwelt, Werk. Geheimes Staatsarchiv Preußischer Kulturbesitz, Berlin 1974: 323

Namenregister